戦後日本におけるアメリカのソフト・パワー

战后美国在日本的软实力

半永久性依存的起源

〔日〕松田武　著

金琮轩　译

创于1897 商务印书馆 The Commercial Press

本书根据岩波书店2008年版译出

中译本序

本书作者松田武教授作为日本国内的美国研究的领导者，融汇了自己四十余年的知识储备、专业修为、人生阅历和文化体悟，以其历史学家的视野和技艺，围绕着“二战”之后美国针对日本策划与实施的国际文化战略和战术等方面的珍贵史料以及后续的解密档案，加以悉心搜集、钩沉、整理与爬梳，并在此基础上探本溯源、阐幽发微，最终得出了这样的结论：日本在精神上和心理上已然形成了对美国的半永久性依存的状态，“二战”后六十多年来的日美关系并非真正意义上的那种友好而健全的关系。

作者在分析和论证的过程中，直面并探究了如下问题：当今的日美关系格局是如何形成又是如何得以维持的？美国为何选择日本这样的曾经的敌国作为其在东亚地区最重要的同盟国？美国出于何种目的，殚精竭虑地将日本留在西方阵营，而又为此付出了怎样的代价？有着帝国抱负且民族自尊心极强的日本，为何在精神上和心理上形成了对美国的半永久性依存？这种依存关系对日本的社会、文化以及传统产生了怎样的影响？……

在揭示这些围绕日美关系诸多疑问谜底的同时，作者向读者展示了“二战”以来日美两国文化关系在各个时期的演进轨迹及其深层的内在动因。

“二战”之后，以美国为首的盟军占领日本，开始了长达近七年的占领统治。关于战后如何在日本进行改革，如何根除其军国主义思想并使其军事力量处于可支配的状态，在战争尚未结束之前美国就已经启动相关的研究。这属于当时美国最新的“地域研究”领域的组成部分。

所谓“地域研究”就是美国对其战略目标国家和地区的语言、文化、传统、习俗以及社会等重要领域进行系统研究，从而在占领某个国家和地区之后可以顺利地对其进行管理和统治。“地域研究”可以视为美国软实力的重要构成之一，也是其制定国际文化战略和战术的依据，为“二战”后确立美国在全球的霸权地位发挥了极其重要的作用。

战后的日本，整个社会处于极度匮乏与饥饿的状态之中，美国曾经打算在占领结束之后进一步加大日本的民主主义改革，将之列为首要任务。然而，自 1948 年至 1950 年，东亚地区地缘政治格局风云变幻，以杜勒斯为代表的美国战略精英认为：“阻止苏联对世界的统治，才是捍卫美国的国家安全、维护国家利益的最为重要的战略目标。”而日本对于阻挡共产主义的进攻则具有重要的军事屏障的作用。

作者在书中搜集整理的史料表明，为了防止和阻止日本向苏联阵营靠拢，坚决将其留在西方阵营中，美国在军事、经济和文化三个方面对日本实施了全面的心理战术和现实主义的策略。一方面，没有将关于美军基地的条款加入《对日媾和条约》，而是将之加入《日美安全保障条约》，让日本人感觉媾和条约是在平等基础上签订的。另一方面，为了让日本在经济上不依赖共产主义阵营，杜勒斯主张美国政府不要强求日本进行战争赔偿。他甚至亲自多次往返于东京与马尼拉之间，极力说服菲律宾政府放弃对日本的赔偿要求。与此同时，美国也对日本进行了直接和间接的经济支援。自“二战”结束至 1951 年 7 月 1 日，日本从美国得到了 20 亿美元的援助。朝鲜战争爆发之后，美国将战争特需品的订单交给日本，给日本带来了 6.34 亿美元的收入。

更为至关重要的是，为了将日本留在西方阵营，美国确立了在日本的长期的国际文化战略目标，全方位地实施其在日本的“软实力”，即加强关于美国的宣传，扩大与日本的文化交流，并使日美文化交流制度化，从而建立和巩固一个了解美国及其文化的民众基础。同时为了培养和扶植一个支持美国广泛的外交政策的亲美的、自由主义的日本领导者阶层，美国的战略精英还在日本知识界建立美国研究的学科体系，将美国研究作为日本大学教育的课程确立下来。

“二战”之前，日本的知识体系深受欧洲特别是德国的文化理念和治国方略等方面的诸多影响，后来战争使得日本知识界对欧洲文化的研究出现了断裂，而对美国文化更是缺乏系统而深入的研究。日本国民主要通过好莱坞电影认识美国，而当时的好莱坞电影充斥着暴力、色情和种族歧视的场景。在日本民众的心目中，美国是一个注重物质享受、缺少文化且动荡不安的社会。因此，无论是日本的知识界还是普通民众对美国的了解都极为有限。

不难想象，要在日本的知识界振兴美国研究，并让普通民众对美国文化产生兴趣绝非易事。培养亲美的人力资源更是一个长期而渐进的过程，也是美国针对日本的国际文化战略的终极目标之一。

为了扭转日本民众心目中的美国形象，美国人采取了一系列的宣传措施，其中最为有效和直接的方式是，在 1945 年至 1952 年的占领期间，在日本各地的电影院有选择性地、系统地放映好莱坞电影，旨在重新树立美国的国家形象，并从文化价值观念层面上对日本民众施加潜移默化的影响（参见北村弘：《银幕化的启蒙——好莱坞与战后日本的文化重建》，康奈尔大学出版社 2010 年版）。

与此同时，针对日本知识精英阶层的文化战略的实施则更为复杂而微妙，美国人不得不再次运用了心理战术。根据作者钩沉和整理的美方相关的解密档案，这一战术是按照以下步骤层层推进的：首先，尽量避免由美国政府直接出面，而主要依赖像洛克菲勒基金会、福特基金会这样的民间机构，否则可能会引起日本知识界和普通民众的警觉与抵触。其次，杜勒斯邀请洛克菲勒三世来负责与日本的文化交流事务。由于洛克菲勒基金会早在战前就曾经在日本和东南亚地区开展过慈善活动，因此，洛克菲勒在日本和东亚地区民众的心目中有着良好的印象。

洛克菲勒欣然接受了杜勒斯的委任，在对日本展开了为期近两个月的实地考察之后，向杜勒斯递交了《美日文化关系报告书》。这份报告书成为美国发展与日本的文化关系的完整方案，得到了杜勒斯以及其他美国战略家的高度赞赏和认可。

在充分考虑到了日本人的心理之后，杜勒斯将这份报告书作为机密文件保存了起来，而要求洛克菲勒争取在各个方面引导日本人自己来自觉而主动地提出问题和建议，让日本人觉得美国研究是他们需要的，也是他们自己决定要做的事情。

洛克菲勒还建设性地提出了“双向性”文化交流的理念，赢得了他的日本友人的广泛认可和支持，也为实现日美文化交流的制度化奠定了重要的理论基础。

为了扶助和振兴日本的美国研究，并在日本大学教育的固定课程中尽早地牢固确立美国研究的部分，洛克菲勒三世亲自与高木八尺、南原繁等与美国颇有渊源的日本知名学者进行联系，最终促成“美国研究研讨会”在曾经“诞生日本社会90%以上精英”的东京大学定期举办，同时选定在日本研究领域具有领先地位的斯坦福大学作为其合作大学，并由洛克菲勒基金会提供长期的资金援助。在日美双方不懈努力和通力合作之下，东京大学主办的美国研究研讨会颇有成效，由此确立了东京大学在美国研究领域的权威地位。美国研究逐渐在日本知识界流行，同时也成为具有很高地位的研究领域。

作者认为，日本的保守主义领导者在战后致力于引进西方的先进技术，在政治理论、法律、社会学、大众传媒、教育以及劳动等人文社科领域却几乎没有任何投入，这在客观上导致日本的美国研究只能主要依赖美国政府的各项交流计划，以及像洛克菲勒基金会这样的民间机构的资金援助，这是形成日本对美国的半永久性依存的至关重要的原因之一。

在笔者看来，就有效地实施帝国战略的历史与现实而言，美国悉心策划并主导的这种“双向性”文化交流的理念及其诸种形态，貌似“羚羊挂角、无迹可寻”，实则因势利导、循循善诱。最终呈现出一种下自成蹊、水到渠成的文化情势。可以说，在总体上如期地达到了既定的战略目标。

从作者的详细论述中可以看出，除了定期举办美国研究研讨会这样全国性的交流活动之外，美国基本上沿着以下路径在日本的知识阶层实施其长期的软实力战略：首先，以两国校际交流的形式进行某个学科的建设，往往由一个特定的基金会加以赞助，而整个人文社科领域中的各个学科则分别与美国各个特定的大学进行交流，同时分别由美国不同的基金会对某个特定学科实施定向赞助。

其次，就单个学科而言，其中的每个课程都是经双方“协商”之后由美方安排设置的，而且每个课程都由相关领域的美方教授首先进行讲授，直至美日双方认可的而事实上更是由美方满意的日籍教授能够取而代之为止，从而承续和保持课程设置的原有宗旨、教学方法和目标。

对照美国在世界各个目标国家和地区的相关文化战略，美国通常以各个基金会定向资助的方式，有计划有步骤地培训和培养许多重点高校或研究院的几乎所有人文社科领域的重点学科的师资队伍，旨在促使该目标国家的人文社科领域的教学科研人员在各自的教学和科研过程中，能够最大程度地运用美国化的概念、范畴、理论和方法以及教学法等，从而形成一种可以称之为“导向性的结构模式”——以美国化的思维建构起来的知识体系、价值体系、教学模式，以及与此相对应和相呼应的美国化的意识形态。

在学科的基本建设工作之外，为了更进一步强化人文社科领域各个学科中的各个学术研究群体的共识，引导其学术研究始终朝着相关战略目标所设立的方向运行，组织并建构一个以美国价值理念为核心的学术共同体，美国的相关机构通常会在一种跨学科、跨文化的对话机制框架下，举办有针对性的关于美国文化或所谓国际化、全球化等相关领域的主旨论坛。

与此同时，无论是学科研讨还是主旨论坛，都持续地按照一定的计划和步骤以图书、期刊、媒体报道以及相关的图书评论和“畅销书”排行榜等方式进行传播，从而在相关的战略目标国的知识界、思想界等文化精英云集的领域形成广泛而深刻的影响，进而通过这些领域的专家学者影响相关目标国的顶层设计，为该国的领导阶层的决策提供极具导向性的理论依据（参见安德鲁·N. 鲁宾：《权力档案——帝国、文化与冷战》，普林斯顿大学出版社 2012 年版；克里斯托弗·辛普森：《大学与帝国——冷战时期社会科学领域的金钱和政治》，纽约出版社 1998 年版）。不仅如此，在这些跨文化跨学科的对话研讨过程中，美国的有关专家和学者既可以在战略层面上对目标国那些与会的知识精英进行理念上和心理上的诱导，还可以适时地测试这个国家的知识精英对一些领域的重要问题的文化反应……

长此以往，美国锁定的这一战略目标国的整个精英阶层就基本上形成了一个内在化的颇具美式思维特征的文化心理结构，这也是松田武教授所表述的“精神和心理上的依存性状态”。

这种以美式思维为主导的“精神和心理上的依存性状态”，势必会在美国锁定的这一战略目标国铸造成这样的文化格局：以美国倡导的价值观念和意识形态为基本核心，人文社科等领域里各个学科体系之间遥相呼应、默契互动，各个单一学科之间经纬交织、环环相扣，从而演变为关涉一国之顶层战略设计的思想、知识、学术、教育等领域的文化价值体系。

显然，这是一个以盘根错节为特征并且日趋固化的文化价值体系，而从那些认同并依附这一体系的知识精英群体的基本现状来看，他们的文化人格往往表现出如下的行为模式：当以美国为首的同盟国家基于全球的文化战略考量，抛出某个议题，造出某个概念，或者投入某项联合行动之际，那些极具美式思维的知识精英就会自觉而主动地随声附和，同时还引“经”据“典”，极力证明其“合法性”和“正当性”，而全然忘却了自己祖国的核心的国家利益。更有甚者，一些知识精英反而罔顾所在国家的具体的国情、民情，罔顾本民族固有的历史和传统，按照美国化的标准对自己国家的关涉道路与制度等各个领域的施政举措或横加指责，或提出“济世良方”。

这些知识精英往往还会自觉地或者刻意地回避对他们心目中的“文化宗主国”长期以来诸多行为的批评与抨击，他们表现出的选择性沉默已经表达了自己的文化立场和价值取向。

正如本书所描述的那样，众多日本学者为进行调查研究而以补助金或者奖学金的形式从美国那里接受了许多援助。作为回报，他们积极地参与美国驻日使馆和日本各地的美国文化中心等美国文化机构组织的活动，并热心地协助美国政府驻外机构的工作。即便是在不赞同美国对外政策的情况下，他们也会三缄其口。另外，即使外界认为美国大使馆的行为是出于政治方面的考虑时，他们也会认为大使馆的行为是出于善意的。

更为引人注目的是，20 世纪 80 年代，大量的日本产品和资本进入美国市场导致了美国民众强烈的反日情绪，日美之间的贸易摩擦持续不断。美国《新闻周刊》曾经于1989年10月9日，就日本索尼公司收购哥伦比亚电影公司一事发表评论认为，日本是在收购美国的心脏，并在封面讽刺性地刊登了一幅艺妓形象的自由女神像。面对美国日益严重的反日浪潮，日本政府和实业界热切地希望日本的美国问题专家们能够适时地给出他们的专业意见和评价。然而，事与愿违，大多数美国问题专家不是保持沉默就是不出席日美关系的公开讨论会。

作者在书中列出的美国在日本高校的具体课程设置，以及基金会赞助的教授的课程及其教授的名单，是颇为耐人寻味的。笔者认为，这是一个研究美国文化战略和战术的非常独特的角度。可以说，这方面相关的研究可以充分地凸显美国锁定的战略目标国的知识界、思想界等诸多领域的精英的知识谱系的形成、思想观念的嬗变，以及他们在各个历史时期的文化心理状态和文化主张以及行为模式等方面的基本特征。与此同时，也可以进一步考察该国顶层设计所出现的复杂而微妙的变化。这应该被视为约瑟夫·奈所提出的美国所具有的“上层软实力”（参见渡边靖：《美国文化中心——美国的国际文化战略》，商务印书馆2013年版）。

或许为了使日美之间的同盟关系显得更趋团结紧密、客观中正，一度有人将这种因势而为、双向并轨、适时互动、各取所需的战略性的关系，用一个拼接出的新词加以概括——日美国（Janpanamerica）。

另外，这两个国家的关系还被界定为“太平洋大都会”（Pacific Cosmopolitans）（参见迈克尔·R. 奥斯林：《太平洋大都会——美日关系中的文化历史》，哈佛大学出版社2011年版）。

不过，作者仍然透过这一表面现象，针对日本国内知识界的现状予以尖锐的批判，并且发出了这样的呐喊：日本的知识分子已经沦为在精神上依附于美国的弱势群体。

尽管作者得出的结论是严苛的，但从本书的大量史料中却可以察觉，无论是美国还是日本，两国的战略家和知识精英始终对全球潜在的竞争对手保持着战略意义上的全面警觉，也可以说是时刻维护自身利益的忧患意识。抛开美国文化占据全球市场主导地位的现实不谈，日本的动漫、文学、电影、流行音乐、出版等在全球所具有的影响力，以及日本在战后几十年曾经一直保持作为世界第二大经济体的事实可以说明，美国和日本皆具有一种笔者认为的逆向性的战略警醒和文化自觉，即以诸种外来文化作为参照框架，在对本民族文化进行自我反思的过程中对他国文化进行有选择的借鉴和吸收，从而始终保持自身的民族文化传统以及自己相对于其他国家的优势。譬如，就全球影响力而言，日本的动漫足以与好莱坞电影相抗衡（参见伊恩·康德瑞：《动漫的灵魂——协同创造力以及日本媒体成功的故事》，杜克大学出版社 2013 年版；托尼·约翰逊·伍兹：《全球与文化视野中的日本动漫》，康特鲁姆出版集团 2010 年版）。

面对松田武教授在本书中的立论，或许一些目光敏锐的读者不禁会问，日本在国际竞争如此激烈的格局下，并且在精神上和心理上对美国有着如此半依存性状态的前提下，又是如何拓展自己的文化空间，发挥自身优势的呢？法国研究孙子兵法战略思想的专家皮埃尔·法亚德（Pierre Fayard）在其论著《武士的崛起——知识社会中的日本文化与战略》（法国波利亚出版社 2006 年版）中，从文化、空间、技术和社会等四个角度对这一问题进行了既别开生面又论之有据的探讨。

无论从哪个意义上看，本书呈现的诸多历史场景、文化交流的细节，以及双方相关领域代表人物的言谈与行止等等，对于那些关注“二战”之后日美文化关系的读者，尤其是全球范围内那些已经被美国锁定为重要战略目标的国家和地区的读者而言，想必会油然生发出一种“似曾相识燕归来”之类的感触……

谨为序。

颜子悦

2013 年 4 月于北京

谨以本书献给已故的罗伯特·W. 亚瑟和爱玛·M. 亚瑟夫妇

目　录

序　言 ix

在关于“二战”之后世界状况的评论中，极受美国国民欢迎的一项就是关于由美国主导的对日占领大获成功这件事。其理由非常明确：在战争和占领结束之后，日本成为了由法律统治的民主国家。虽然日本的政治制度有时会丧失灵活性而无法很好地发挥其功能，但是这种现象在其他民主国家也时有发生。战后日本令人咋舌的经济发展速度的确让人印象深刻。经济发展的结果便是国家财富被公平地分配给了全体国民。与 1945 年之前军国主义的日本不同，战后的日本没有做出任何威胁邻国安全与世界和平的举动。不仅如此，日本虽然不断扩充军备增强军事力量，却严守宪法中“非战”的规定。日本的新宪法是对旧宪法进行的根本性的修正，是在美国的强大压力下制定的和平宪法。除此之外，自不待言的是日本自 1945 年至今一直都是美国忠实的友好国和同盟国。本书的作者松田武认为，日本对美国一直表现出过分的忠诚。

日本实现了民主主义、经济繁荣和抑制军事力发展这三大目标。无论从何种角度而言，这都是非常了不起的。然而，我们不能忽视仍然存在着的一些崇尚战前日本价值观的新民族主义激进派，虽然那些价值观一度被认为已经完全消亡了。如果简单地认为对日占领相当容易地取得了成功并将其描述成一个一帆风顺的过程，恐怕会使民众产生一种误解。乔治·W. 布什政府中那些策划伊拉克战争的人正是因 x
为对占领日本存在着这样的误解，才会失去理智以致看不清眼前的状况。2002年初，这些策划者总认为战争会带来好的结果，因此对伊拉克战争非常乐观。并且，他们不断提起战败国日本（另外还有德国）的例子，以此来唤起民众对那个时期的记忆。但通过类比历史事件而展开讨论的方法本身就存在问题。无论谁一看便知，战后日本实现重建和民主化的要素不仅伊拉克不具备，就连布什领导的美国也非常缺乏。只不过，那种滥用历史的习惯不是轻易就能改掉的。即便是在伊拉克陷入无秩序状态之后，布什总统依然时常提及日本这个“有价值的”典型案例。

松田教授从另一个完全不同的角度研究这段历史时期。松田教授于1979年在美国威斯康星大学麦迪逊分校获得了美国外交史的博士学位之后回到日本，成为日本国内领导美国研究的学者。松田教授是战后一代的代表，这一代人对于占领时期的认识也仅仅只是“一段历史”而已。松田教授在日本学术界和“公民意识”两个领域内，亲身感受并了解了占领所留下的种种隐形遗产。在本书中，松田教授认为，对外政策由政治、经济和文化三部分构成。美国对日占领当局给这三部分中最后的“软”的部分，即文化政策领域也带来了正面和负面相混合的长期影响。他指出，如果将日美之间充满活力的文化交流和持续友好的日美关系视为占领遗产的一个方面，那么除此之外的另一个方面就是“文化侵蚀”以及不仅在日美关系的构造方面而且包括在日本国民的精神层面所体现出的对美国的依存性体质。

这是非常尖锐的评价。尤其是在我们参考了长时间从事美国研究
xi 的学者以及美国友人的评价之后，就可以更加对此肯定了。“软实力”这一概念具有申诉的力量，尤其是对那些认为美国政府的对外政策近年来愈发重视军事单边主义而对其大加批判的学者来说，这种力量更为显著。只不过大部分日本政府的官员（无论是否属于外务省）认为，“软实力”是帮助日本在未来不确定的世界中，找到自己应当扮演的理想角色的指南。然而，正如松田教授所言，软实力与文化帝国主义的界线难以区分并且极易跨界，而且它的影响必须经过很长时间

才能显现。这里提到的文化帝国主义一词在很久之前曾经非常流行，含有轻蔑的意思。

本书以占领期间和占领结束之后不久的日本作为分析的对象。书中出现的主要人物并没有直接控诉帝国主义露骨的手段，而是清楚地认识到了依靠说服力来提高影响力所面临的困难与挑战。约翰·D.洛克菲勒三世在从1951年起的一段短暂的封期内，在美国对日文化政策的实施方面扮演了重要的角色。他为了避开“文化帝国主义的问题”，极力主张今后战胜国与战败国的文化交流应该“双向性”地展开。然而，在实力极其不均等和不对称的日美两国间，洛克菲勒的主张可以说是“言易行难”。归根结底，文化交流的双向性对于美国而言，可能是多车道的高速公路，然而，对于日本而言，恐怕只是一条单行车道而已（在初期阶段，日本向美国所展示的大部分还只是日本传统审美的“文化”产物）。在许多美国人看来，美国不仅是战败国日本的最高军事司令官，还是他们的老师和布道师。直到半个世纪之后的现在亦复如是。

通过分析战后初期美国的文化政策，松田教授不仅挖掘出了一些令人不太愉快的详细的历史事实，而且还对其进行了深入研究。美国的政 xii 策不乏宽容的部分，洛克菲勒这样的美国人也拥有极强的理解能力并且十分真诚。但是他们的政策却是在冷战态势达到最高点时制定的。这些美国人虽然不懂日语，他们对日本的了解也仅局限于从日本的保守主义者那里听到的而已，但是他们却能很快理解日本人的集团主义心理。在由自称日本问题专家的美国人组成的核心集团中，他们将美国的软实力和硬实力合二为一，致力于强化美国的影响力。当我们回顾并重新审视美国政府的文化攻势时，就会发现诸如当年的媒体审查制度、公共部门和民间部门同时展开的“剿红运动”以及美国政府于1950年4月开展的“真理运动”等，都包含了乔治·奥威尔式的轻易接受坏事情的轻率态度。通过政府和民间齐心协力共同举办的宣传活动，美国式的自由和民主的崇高价值得以宣扬。然而，美国向全世界宣扬自己价值观的时期，正是黑人歧视主义主导下的美国的名誉因种族隔离政策而大大受损的时期，也是美国女性的机会平等尚未得到承认的时期，也是在麦卡锡主义的盛行之下各界讨论被严厉禁止的时期，同时还是美国支持世界各地反民族解放运动势力的时期。

在这样的历史状况下，日本对美国政府的政策及其实施附加重要的保留条件时，美国政府则认为，日本的行动是不合理且十分危险的，对此不予理会并直接驳回，即便日本的行为不是那么具有煽动性。马克思主义、社会主义以及共产主义的影响在饱受战争之苦的欧洲和亚洲地区迅速扩散，在战后初期的日本也同样具有不容忽视的影响力。有的知识分子和活动家听从苏联的安排而服从来自莫斯科的指令。不仅如此，在冷战期间，和平主义与中立主义也受到了社会各个
xiii 阶层的支持。当然，这一现象的发生，对于一个两三年前还因军国主义和世界战争而破败不堪的国家而言，并不那么令人惊讶。

在政治、思想和意识形态方面涌现出的这股复杂的潮流，至今仍然是历史学家认真研究的对象。然而，美国的冷战斗士却将政治、思想和意识形态这三个方面一概而论，基本没有认真对待那些对美国和美国政策的批判，反而将其视为证明对方无知和充满恶意的证据。在美国的军事支配下度过了六年多时间的日本国民完全被污蔑成了十分缺乏对美国的理解，或者几乎不了解美国的人。对日占领期间，美国对日本提出了各种各样的要求。美国对日占领初期的“非军事化和民主化政策”逐渐颓废；美国保护下日本再次展开军备；美国要求日本接受除苏联和中国以外的“单独媾和”条约，但是这一“宽容的”媾和条约并不适用于冲绳，他们将冲绳与日本本土割裂开来，将其作为美国新殖民地主义的军事基地；美国还要求日本不仅对中国实行军事封锁，在经济上也要对中国实施严厉的封锁政策。面对美国这一系列的所作所为，日本方面表现出了担心，也出现了一些批判美国的声音，但是却全部被当成了左翼分子不负责任的空话。从本书所提及的资料中可以看出，在1950年代初期的日本，美国负责文化政策的官员所提出的“合理性”，大都是出于类似种族歧视的文化傲慢或自我

认识的不足。

洛克菲勒提出的“双向性”的文化交流在之后开花结果，不仅带来了大学之间持续的友好关系，同时也对两国间的文化交流做出了重大贡献。东京的国际文化会馆就是初期的软实力政策的一项重要成果。另一个例子，就是松田教授在本书中详细论述的日本高等教育中美国研究的制度化。本书最具独创性同时也是最震撼读者心灵的有两 xiv
点：第一，作者用史料证明了初期的“文化”事业给冷战时期的妄想症所造成的深远影响；第二，作者还分析了经过这个阶段以后，在开始进行美国研究的日本学者眼中，这些“文化”事业究竟存在多大的问题，造成多大的负面影响。这一点同样也是用历史资料加以证明的。在这些批评中，有一点相当明确，美国研究项目是在美国丰厚的资金支持下实施的。但是，美国的资金支持却引起了关于美国政策的讨论。当人们要求日本的美国研究者对此做出简短的评论，或者研究者自己在做评论的时候，他们经过自我审查之后反而缄口噤声了。不仅如此，美国的支持，也使金字塔结构的日本大学等级制度和人事派系的惯例更加牢固。诸如此类的事件无论如何不能称之为令人感动的民主主义的范例。

另外，松田教授认为，战后初期美国的政策制定者和文化政策的负责人，没有完全抛弃固有成见，依然认为美国在道德、文化和知识方面全面领先于日本。同时，美国精心培养起来的日本精英为了表示感谢，一直默许美国的文化霸权，对此没有提出任何异议。对此，松田教授进行了强烈的批判。他认为美国软硬兼施的对日政策，其结果就是形成了日本六十多年来“难以割断的对美国的依存体制”。虽然除他之外也有学者持相同的观点，但是能够像本书一样，以独特的研究形式对自己的主张展开详细论述，同时又持有批判性立场的，恐怕就为数不多了。

最后，抑制自由活动这一心理弊病，与其说是美国人的问题，倒不如说是日本人的问题。这一问题所包含的本质性原因，也同样存在 xv
于日本以外的其他国家。但是日本是这一弊病实际产生影响的唯一场所，也是我们唯一能直接感受到美国影响力的地方。本书正是我们分析抑制自由活动的心理弊病所必需的，也是迄今为止唯一一部力作。

约翰·W. 道尔

2007 年 4 月 1 日

前言 xvii

十分庆幸我人生相当长的一段时间在位于美国威斯康星州的威斯康星大学麦迪逊分校度过，在那里我学会了“从别的视角来思考”（think otherwise）人类社会的事情，即“威斯康星精神”，并且这种精神已经不知不觉地融入我的血液了。我愈来愈强烈地体会到，为了提出新的问题以构建健全的日美关系，从全新的视角来描述历史是极其必要的。

本书所涉及的问题，即文化对于日美关系的“实质”有着怎样的影响，在与日美关系相关的问题中恐怕会引发争论，是最为敏感的也是研究者们迄今为止一直忽视的问题。2002 年 2 月 10 日，美国的著名记者托马斯·L. 弗里德曼向《纽约时报》投了新闻稿。他的这篇新闻唤醒了人们对日美文化关系相关问题的思考。弗里德曼提及美国国民的态度时，认为“国民将所有问题归咎于他人的阴谋而想要回避责任时，就等于免除了面临困境时自己应负的责任和领导者应负的责任以及自我反省的义务。迄今为止，没有一个国家能够通过这种方式实现繁荣。只有在能够自我批判的社会中，才能澄清事实的真相，从而在政治过程中解决真正的问题”。

关于本书的构思，我想向大家介绍一个小插曲。我在位于纽约市郊外的洛克菲勒档案中心做研究调查时，极其偶然地看到了洛克菲勒基金会宪章的一个章节。那是基金会的使命宣言书，其中写道：“洛克菲勒 xviii
基金会的资金是为了全人类的幸福而使用的……所谓最好的慈善活动是查明问题的原因，即从源头上断绝一切邪恶。”看了这份洛克菲勒基金会的文献之后，接受了来自美国的奖学金和补助金的我，萌发出一种强烈的愿望，即无论如何要从正面解读日美关系中的文化领域。通过全新的视角叙述日美关系史，从而理清妨碍两国关系健全发展的要因并且消除这种阻碍，这也是对于美国的宽宏大量的一种回报吧。1933 年，美国的历史学家查尔斯·A. 比尔德在美国历史学协会的年度大会上，作为会长以《作为信念的行为所叙述的历史》为题发表演说。一直以来我都把比尔德的这个演讲题目视为真理，并以此当作自己的座右铭。作为一名历史研究者，我希望将自己的信念付诸行动，因此决心撰写本书。

民主主义和信息自由

约 40 年的美国研究的经验告诉我，所谓民主主义，是向国民公开对现有秩序进行重新评估和考量的方法及过程，并对此加以保护的政治体制。在民主的公民社会中，公开政府情报无疑是极其重要的原则。广泛发布公文，使国民能够自由地获得这些信息，不仅对于民主主义的未来，而且对于政府履行说明义务，获得国民对政策的理解，推进政治改革都是十分重要的。因为公民了解信息才能够活跃民主主义，同时还能够让民主主义保持健全的状态。再加上保证言论的自由性和讨论的公开性，公民可以不断培养从而具备对于公开的并且尚未解决的问题的判断力，这对于防止政府滥用权力至关重要。

xix 在美国，过了一定的期限，公共的和私人的档案就会被公之于众，并可以查阅。幸运的是，自 2001 年至 2002 年，我作为伍德罗·威尔逊国际学术中心的研究员逗留在华盛顿期间，阅读了位于马里兰州科利奇帕克市的美国国家档案馆以及位于华盛顿的乔治·华盛顿大学的国家安全档案馆保管的关于美国政府的档案文献，同时，也阅读了位于纽约州斯利皮霍洛的洛克菲勒档案中心存放的关于洛克菲勒基金会和洛克菲勒一家的私人档案文件。本书主要是此次调查和研究的成果。然而，遗憾的是，关于日美文化关系的日本方面的档案资料，仅仅因为禁止阅读而未能得以利用。为了撰写本书开始进行调查工作的时候，东京的国际文化会馆的档案文件仍然未向公众开放。因此，关于国际文化会馆设立的文献资料，必须到洛克菲勒档案中心查阅。事实上，日本和美国的公共档案资料和私人档案资料的公开情况形成了鲜明的对比。1955 年，以“日本的国际化和国民获得政府情报的渠道”为主题在东京召开的日美研讨会上，日美之间的鲜明对比被认为是莫大的讽刺（参照 http：//www. gwu/ ~ nsarchiv/japan/1995fojaconferencecereport. htm）。

此次研讨会上，全体参会人员都希望日本进一步公开政府档案资料，遗憾的是，日本至今基本上没有采取措施以改善状况。因此，本书若是能够有助于引起对向国民公开档案资料的必要性和重要性的关注，笔者将会倍感荣幸。

xx

鸣 谢

迄今为止，长达四十多年的学习与研究过程中，我受惠于诸多恩师、同事和朋友的帮助，收到了很多亲切的忠告和鼓励的话语。我想，若是没有他们就没有现在的这本书。借此机会，对诸位长期以来所给予的支持和协作表示感谢。

首先，感谢一直以来给予我严厉的指导及温暖的鼓励的已故的威斯康星大学名誉教授梅利尔·詹森先生、已故的京都大学名誉教授今津晃先生、威斯康星大学名誉教授托马斯·J. 麦考密克先生、麻省理工学院历史学教授约翰·W. 道尔先生、一桥大学名誉教授有贺贞先生和大阪市立大学名誉教授高桥章先生。

其次，感谢从收集资料到撰写本书的过程中给予诸多关照的研究机构，现列名如下：美国国家图书馆和马里兰州科利奇帕克市的美国国家档案馆的工作人员；乔治·华盛顿大学附属图书馆的国家安全档案分析所，特别是威廉·巴主任和罗伯特·万普勒主任；洛克菲勒档案中心的达尔文·斯泰普尔顿主任及其他工作人员，以及汤姆·罗森鲍姆氏；哈佛大学赖肖尔日本研究所及其工作人员；位于阿肯色州费耶特维尔的阿肯色州立大学图书馆特别档案收藏部及其工作人员；位于威斯康星州麦迪逊的威斯康星州立历史图书馆；威斯康星大学附属纪念图书馆；美日
xxi 基金会的乔治·帕卡德氏和诧间武雄氏；伍德罗·威尔逊国际学术中心；英国剑桥大学沃尔夫森学院；东京大学大学院综合文化研究科附属美国太平洋地域研究中心及其工作人员。

再者，感谢以下诸位永远的友情和支持（敬称略）：斯坦利·卡特

勒·沃尔特·拉费贝尔、入江昭、梅尔文·莱弗勒、罗杰斯·霍林沃斯、布鲁斯·卡明斯、E. B. 史密斯、玛丽莲·杨、艾伦·亨特、帕特里克·奥布莱恩、约瑟夫·塔尔琛、劳拉·海恩、琳达·普理查德、苏珊·斯玛丽安、约翰·默尔、唐纳德·罗安、玛丽·麦克唐纳、大卫·威利斯、露西·马希尔克、比尔·鲍登、罗伯特·霍尔斯特德、罗斯梅里·莱恩、罗伯特·海瑟薇、迈克尔·格伦农、罗伯特·亚瑟、玛丽·亚瑟、杨生茂、刘绪贻、韩铁、秋田茂、石川种夫、远藤泰生、大津留（北川）智惠子、加藤（安原）洋子、菅英辉、坂本缘、佐佐木丰、杉田米行、津田约兰达、平野健一郎、东自由里、藤重仁子、松原一郎、村山裕三、“绿茶项目”的同事，以及前大阪外国语大学的诸位研究生。

为本书奠定基础的英语原著已于2007年由斯坦福大学出版社和伍德罗·威尔逊国际学术中心出版社联袂付梓出版。在此，借本书出版之际，向在初期阶段的翻译过程中对笔者予以关照的以下诸位表示谢意：藤重仁子（序章），中垣恒太郎（第一、九章），伊藤裕子（第二、九章），佐佐木丰（第二、三、六章），杉田米行（第三章），大津留（北川）智惠子（第四章），国分舞，樋口谦一郎（第五章），佐藤晶子（第七章），藤原郁郎（第八章），西川秀和（结论）。

此外，还要感谢负责本书编辑的岩波书店编辑部部长小岛洁。对于小岛洁的正确意见和建议及其纯熟的编辑技巧，我深感佩服，在此向其表示由衷的感谢。对于小岛氏介绍的编辑部的小仓淳一郎和小仓氏介绍的五十岚武士二位也致以深深的谢意。 xxii

最后，感谢包括一岁半的孙女结衣在内的我所深爱的家人。

松田武

2008年7月25日

1 # 序　章

仅仅通过文化交流，日本同美国以及其他国家之间无法建立起和平稳定的关系。政治和经济领域的政策及活动与文化交流同样重要。政治、经济、文化这三个要素的总和是决定日本同各国间长期关系的实质。

——约翰·D. 洛克菲勒三世，1951 年

马歇尔计划中美国引入了软实力……日本也一样。

——科林·鲍威尔国务卿，2003 年

2003 年 3 月，当美国不顾一切反对决心发动伊拉克战争之际，它的政策制定者援引了“二战”后对日本和德国实施军事占领的成功案例。乔治·W. 布什总统依据推测指出占领日本与占领伊拉克的相似之处，同时一再强调宽宏大量的美国的“软实力”在占领日本时发挥了巨大作用。当时，布什总统对于摧毁伊拉克的独裁统治者萨达姆·侯赛因以及重建伊拉克信心十足，因此做出了这样的宣言。前国防部副部长保罗·D. 沃尔福威茨以及国防政策委员会副主席理查德·N. 佩里等新保守主义领导者也表示，应从占领日本和德国的经验中吸取适用于伊斯兰国家伊拉克的经验。他们主张，如同德国重建时一样，日本国民完
2 全被击垮了，所以美国的硬实力和软实力对日本未来的发展方向将长期发挥决定性的作用。与此不同的是，正值伊拉克战争迫在眉睫之际，历史学家约翰·W. 道尔，向试图寻找战后对日本的军事占领和

占领伊拉克之间的相似之处的好战的布什政府，以及美国国民发出了警告。道尔认为对日占领的经验对于占领并统治伊拉克不具有任何可供参考之处。[1]

即使是2008年的现在，我们非但看不到伊拉克恢复和平的希望，甚至连复兴的迹象都没有。在极度荒废的穆斯林国家伊拉克，不但来自恐怖分子的威胁没有完全消失，国家还陷入了可能短时间内无法结束的分裂状态。与此同时，布什政府虽然几乎没有将伊拉克与战败的日本进行比较的依据，但是美国仍继续将对日占领视为“成功案例”。对日占领的长期遗产是，日本在日美关系中所体现出来的对美国半永久性的依存及其“从属性的独立”。鉴于此，布什总统所强调的对日占领这一“成功案例”是极其令人质疑的。

与伊拉克现在的情形全然不同的是，美国的对日占领是一次民主主义的实验，是由美国的硬实力和软实力两者同时支撑的。软实力在被占领国发挥作用必须具备以下两个要素：其一，占领国要在实施占领之前通过长期的地域研究，积累与被占领国及其文化相关的大量知识和信息；其二，政策制定者要最大限度地灵活运用关于被占领国地域的研究成果，深入理解被占领国的国民及其文化。占领国的领导者应该将地域研究者的学术成果转化为切实的政策，并且果断地将政策付诸实践。1941年12月8日，日本偷袭珍珠港之后，美国立即开始了对日占领的计划及其准备工作。这是实际占领日本四年之前的事情。实际上，在同日本作战的太平洋战争期间，美国的日本专家们已经对日本进行了详细的实证研究。1946年出版的文化人类学家露丝·本尼迪克特的著作 3
《菊与刀》就是一个有效的例证。[2]美国政府及其各部门机构，以及外交关系委员会（Council on Foreign Relations，CFR）、太平洋国际学会（Institute of Pacific Relations，IPR）等民间组织和专家集团也花费了大量的时间和精力，明确了美国对日占领的目的，同时也制订了许多达成此种目的所必要的具体的计划方案。[3]

无条件投降和日本的民主化

1945年，战争结束，日本无条件投降。日本国民在满腹的失望和被政府背叛的愤懑之余又夹杂着些许安心，心情可谓复杂至极。然而，人们从心底里对战争结束感到高兴这一点是毋庸置疑的。因为战争结束对于国民而言，意味着在长达 15 年的残酷战争中幸存了下来，投降意味着国民从以前近代社会社会制度的束缚和军事政权的镇压中解放出来了。换言之，日本国民在长期深受其苦的极权主义专制政权中幸存下来，现在终于从那个噩梦中解放出来了。驻日盟军总司令（Supreme Commander for the Allied Powers，SCAP）以及军部和民间的官员为了对日本社会进行彻底改革，带着各种方案来到日本。改革方案中的大部分都是美国对日本研究的产物。地域研究是美国软实力的主要构成部分。美国人为了把战败国日本重建为和平民主的国家，通过长达大约七年的占领，最大限度地灵活运用了多年对日本研究的成果。美国人实施的一系列占领改革中，具有代表性的措施包括财阀解体、农地改革、国家神道的废止以及新宪法的制定等等。

特别之处在于，日本国民对这些占领改革措施并不是像无关者一样
4 袖手旁观。之所以这么说，是因为一直以来，日本的活动家以及改革论者都希望能够用自己的双手改革自己的国家。然而，他们的这些愿望和努力无论是战前还是战时都未能有效地实现。[4]因此在战后，许多日本人为了日本的民主化而积极协助盟军最高司令官总司令部（GHQ）（以下简称“盟军总司令部”）。一位著名的日本历史学家曾经说过，占领改革是日美两国的共同事业。[5]

日本的投降以及随后美国对日的单独占领，是日本国民重建祖国以及日本作为“和平文化国家”重新出发的绝好机会。[6]包括美国研究者在内的日本知识分子，深刻反省了曾经给日本国民带来毁灭性灾难的军国主义，誓言绝不重蹈覆辙。而且，为了实现日本的民主化，他们最大程度地运用了自己的研究成果，下定决心建设新生的日本国。大多数日本研究者将美国视为经历过真正民主的公民改革的世界先进国家的典范。

社会学家罗伯特·N. 贝拉强调了以美国研究作为实现日本现代化的方法的重要性。在国际基督教大学进行的研究论文报告会上，他说：“虽然美国绝不是完美的国家，但是纵观今天的世界，很明显没有能够胜过美国的现代化国家。我坚信美国社会是完全脱离传统社会的、真正

意义上的、最富革命性的社会……我认为认真研究美国社会的实质，是每一个与现代化过程紧密相连的人必须要做的事。”[7]然而，这里必须指出的重要一点是，贝拉的报告中使用的“革命性”一词指的是合理化或者产业化的渐进过程，[8]绝非 17 世纪的清教徒革命或者 18 世纪法国大革命中得到认同的“民主革命”的特质。

无论贝拉的“革命性”一词的意义是什么，刚刚结束战争的日本，其研究者都积极地想要向美国学习。对于许多日本人而言，当时的美国
是极其光辉耀眼的存在。在对日占领初期，日本研究者对美国都抱着积 5
极肯定的态度，因此他们中的许多人都认真地致力于美国研究。在此过程中，作为全新的研究领域，美国研究的跨学科性以及学术范围之广使他们认识到，美国研究对于日本社会是极富实用性、极有价值的学问。他们中的大多数人以长期或者短期赴美留学为目标，申请富布莱特奖学金或者洛克菲勒基金会的研究补助金。人们期待在美国长期留学后能够回国为日本社会做出富有建设性的贡献。

1945 年日本投降后的大约六年之后，即 1951 年 1 月 25 日，哈里·S. 杜鲁门总统利用总统特权派遣约翰·福斯特·杜勒斯去往日本。人们通常认为，派遣“杜勒斯媾和使节团”是为同日本讲和、结束对日占领所进行的准备工作的重要一环。杜勒斯认识到，除维护美国的国家安全和国家利益之外，在日美两国间建立长期的文化关系也是十分重要的。因为他认为：“不管媾和条约的内容有多好，仅仅凭借媾和条约无法保证日本能够停留在自由主义世界。”[9]杜勒斯委托著名慈善家约翰·D. 洛克菲勒以文化关系顾问的身份加入媾和使节团。洛克菲勒自 1929 年走访京都以来，对日本抱有浓厚的兴趣，想要更多地了解日本文化。因此，他欣喜地接受了杜勒斯的请求。[10]洛克菲勒认为，美国的对外关系是由政治、经济、文化这三个重要因素构成的。他希望日美两国能够发展成为永久的友好关系，加深相互间的理解。洛克菲勒相信，两国间的这种友好关系必须在“所有关系——虽然最重要的是文化关系——的整体结果”达成后才能够实现。[11]

杜勒斯认为，此次派遣到日本的媾和使节团在媾和使节团历史上是非常独特的。因为此次使节团交给了一位成员一项特殊任务，令其

6 在文化和教育领域与日本人建立起合作关系，并探寻出一条发展道路。[12]杜勒斯提拔洛克菲勒担任文化关系顾问并将此举视为与战后的日本建立更加良好的文化关系的第一个重要步骤。也有观点认为，美国整体的对日占领政策与提拔洛克菲勒为顾问，亦可看作是美国针对共产主义的大规模文化攻势。因为，当时的美国以苏联和共产主义为对手，在世界各地展开激烈的冷战，被占领的日本被当作美国在文化冷战中极其重要的战场。另一方面，敏锐的洛克菲勒清楚地意识到，为了实现美国的国际战略而灵活使用的软实力这一政策——后来被称之为“文化帝国主义”——中隐藏着棘手的问题。因此，在战后的日美文化关系上，他慎重且灵活地运用了美国的软实力。关于这一点，耐人寻味的是，洛克菲勒提出关于软实力的尖锐看法之后，直至1990年代初，约翰·汤姆林森等历史学家才关注软实力的内在问题，从而使“文化帝国的概念”得以普及，其间相差了四十多年的时间。[13]

更重要的一点是，洛克菲勒为了不被贴上文化帝国主义者的标签，对自身的一切言行格外小心，谨慎而巧妙地采取行动。也许正是因为他的谨言慎行，他在构想日美两国的文化交流计划时，为了避免强国将自己的文化单方面强加给弱小国家的恶习，他提出了“双向”（two-way street）这一概念，并且在日本人中间进行普及。[14]例如，1951年在《东京时报》的新闻中最高法院院长田中耕太郎指出，日本在战前和战时实施文化计划时，曾将日本文化单方面地强加给被占领国家，并表示支持洛克菲勒提倡的文化“双向”的理念。[15]然而，无论洛克菲勒的“双向”一词中包含着怎样的意义，现实的情况是，
7 强大的美国还是将其文化“强加”给了战后弱小的日本。因为，显而易见，日美两国的力量是不对称、不均衡的。从进入战后日本的美国“文化”的数量中——信息量以及人数等——，可以很明显地看到美国将文化强加给日本的这一事实。但是，洛克菲勒的理念和行动比文化帝国主义概念中所包含的意义更加复杂而深刻。实际上，他的言行根据意大利政治理论家安东尼奥·葛兰西提出的“文化霸权”的概念，可以更加准确地进行理解。霸权的概念可以定义为，统治国通过巧妙地结合强制和协商这两种方法，使得其他国家自觉地遵守一定的

行为准则，朝着统治国期望的方向发展的统治国的实力。正如一位著名的政治学者所说的那样，霸权这一概念适用于根据协定形成一定秩序的情况，因此根据协定的要素的有无可以清楚地判断两国关系属于霸权性质还是非霸权性质。[16]另外，霸权的构造是，让非霸权国家接受作为普遍原理的意识形态和规则，以及与统治结构相吻合的各种制度，使双方在关于某种秩序上基本达成一致，以使这种秩序能够更为长久地得到维持。当然，霸权绝不排除使用武力。

文化和文化关系的定义

这里有必要定义本书中频繁使用的另外两个词语：文化和文化关系。正如美国外交史学家杰西卡·C. E. 吉诺-赫克特所说，在 19 世纪末，文化主要是指"高雅文化"，即美术、音乐、文学等领域的杰出作品。但是到了 20 世纪，提到美国文化，指的是所有人共有的信念和习惯等的体系。现在，文化包括大众文化和高雅文化双重含义。[17]本书 8
中使用的"文化"一词，指的不是高水平的、知识性的探求和对美的追求等狭义的文化，而是与人们的生活紧密相连的广义的文化。[18]因此，文化关系可以定义为通过人与人之间的往来，某一国家的生活方式被其他国家的人所理解，并且逐渐渗透到其他国家的范围广泛的相互接触。这种接触不仅仅是个人与集团的直接联系，还包括媒体和国民之间的联系。从这种接触中，人们形成了对外国及其文化的一些见解和态度。再与政治和经济情况相结合，国民对于外国的见解、印象以及态度会成为这个国家制定外交政策的一个决定性的因素。

直到最近，研究美国和其他国家之间的文化关系的大多数研究者都认为，两国关系是以统治—从属关系为前提的文化帝国主义关系。[19]统治指的是一个国家拥有相对别国具有压倒性优势的实力。从统治的结果来看，这个国家对于别国的影响只是单方面的。只要以此为前提，日美文化关系毫无疑问是不能够被正确地定义为双向性的文化关系的。不可否认，美国对日本的影响远远大于日本对美国的影响。然而，美国对日本的影响并不是单方面的简单的过程，不是凭借其具有压倒性优势的政治和经济实力给日本施加压力，强行地让日本人接受美国文化和美国人的思维方式。除此之外，美国文化渗透到日本社会的方式也不是日本人单纯地、被动地接受美国文化。实际上，日本国民受美国文化刺激而产生的反应是多种多样并且相当复杂的。日本人中有特别积极地、贪婪地想要学习美国文化的人，也有抵抗美国文化的流入、全面否定美国文化的人。通常情况下，日本人在引进美国文化的时候，会引进适合自己需求的一部分。也就是说，无论哪个社会团体，他们在选择汲取自己需要的部分的同时，抛弃或者拒绝接受其他部分的内容，就好像是过滤器一
9 样，他们有自己独特的方法。[20]如果从这个角度来理解日美关系的话，什么样的社会团体因为何种理由将美国文化引入日本？其选择引进的是美国文化的哪个部分？又拒绝了美国文化的哪个部分？原因何在？提出这些问题是很重要的。

活跃在美国外交史研究第一线的艾米丽·S. 罗森伯格指出，到目前为止，研究者们为了明确冷战期间自由主义世界的组成及实质，将研究焦点聚集在核武器、同盟关系体系、联合军事演习等军事问题上。但是，罗森伯格认为："以消费者为目标，通过媒体展开销售攻势的美国商品的符号学，也对巩固反共联盟的团结起到了积极作用。战后时期的政界和实业界的精英人士清楚地知道，'文化攻势'对于追求地缘政治利益和经济利益会起到非常有效的作用。"他们主张："政治或者军事上的安排所体现的那种坚固是……产生于另一种强大力量的背景下。这种强大力量指的就是，将美国视为所谓的'现代'，即必然的、人们所期待的未来这种符号学力量。"[21]如果这些观点成立的话，我们可以将对日占领和战后的日美文化关系看作是，美国通过人力资本、文化资本和物质资本的输出，试图将美国的价值观推广至全世界而付出努力的一部分。

战后，执行与各个国家间建立文化关系这一宏大任务的并不只局限于美国政府及其海外机构。迄今为止，美国的民间组织在文化交流领域被视为美国政府机构的"高级伙伴"。1956 年，德怀特·D. 艾森豪威尔总统在得克萨斯州的贝勒大学发表演说，当说到"国民和国民"之间的文化交流时，特别强调了由非政府组织主导的文化交流的重要性。[22]尽管在文化活动领域，政府各部门并不是完全没有发挥作用。[23]但

是，到目前为止，作为美国核心价值观的传递者发挥最有效作用的，是企业组织、基金会、艺术团体、大学、体育团体、工会、宣教布道团体等多种多样的非政府组织。非政府组织中最引人注目的就是从事资本、 10
商品和服务的经济贸易组织。迄今为止，虽然经济组织和政府机关都是日美关系研究的课题，然而，事实上研究者最关心的问题的还是这些经济组织。

本书的基本课题

本书主要有三个研究课题：第一，战后日美文化关系中，政府、基金会、大学三类组织之间的关系；第二，从事文化交流的组织及其相关制度，以及研究者的研究态度；第三，有关日本民主主义实质的问题。下面对这三个问题分别加以说明。

政府、基金会、大学之间的关系

本书将阐述战后日美文化关系中，政府、基金会、大学三类组织之间的共生关系。在战后的日本，政府、基金会、大学三者之间相互勾结，其影响范围极其广泛。结果，日本受美国软实力的影响，在精神和心理上陷入了半永久性依存于美国的“陷阱”。本书将解析软实力积极的和危险的两个方面。为了清晰阐明软实力内在的明暗两面，书中将使用到“文化霸权”的概念。[24]然而，本书并不是要主张软实力的行使和文化霸权的建立过程中存在某种阴谋。

此外，本书还将说明“二战”结束后日美两国的文化关系，特别
是文化交流制度化的过程。本书关注约翰·D. 洛克菲勒三世、查尔 11
斯·B. 法斯（洛克菲勒基金会人文科学部部长）以及其他著名的美国人士的活动，同时，也重点关注日本方面对日美文化交流的制度化做出重要贡献的松本重治、高木木尺等人的活动。洛克菲勒和松本等日美两国的领导者，为两国文化交流的制度化付出了巨大努力，其目的在于促进日美两国国民的相互理解。他们希望通过日美文化交流的制度化，使两国能够定期地在人员和理念两个方面进行文化交流。正是由于这些人对日美文化交流的巨大贡献，日美两国关系一直维持至今，并不断向前

发展。[25]

由于日美两国领导者的密切合作，现如今日美关系的发展程度，是1950年代初期日美文化交流刚刚实现制度化时无法想象的。日美文化交流制度和文化交流计划，将许多日本知识分子培养成了亲美的自由主义派。从这个意义上讲，日美文化交流的先驱在包括日本在内的亚太地区，成功地“稳定了某一秩序并且使之得以长久持续下去”。[26]

出乎意料的是，自1960年代至1970年代，再到1980年代，日本研究美国的创始者及其后继者意识到，战后初期研究美国的那种清新、纯净的精神和风气难以持续下去。冷战期间，为了与以苏联为首的共产主义国家作战，日美关系因此受到重视，美国研究被视为既能加深对美国的理解，又能保持日美两国关系友好稳定的最重要的研究领域之一。作为冷战的一个环节，同时也为了振兴美国研究，巨额公共资金和私人资金以隐蔽的方式投入给日本的学术机构和研究者个人。譬如，1961年，美国政府为了实施以政治理论、法律、社会科学、通信媒体、教育、劳动等领域为重点的教育文化交流计划，花费了200万美元。另外，据美国驻日本大使馆负责宣传和文化交流的官员称，美国大使馆为了向日本介绍美国文化，“积极推进民间组织的支援活动，每年政府的
12 援助资金高达100万美元”。[27]而且，据美国大使馆新闻处（USIS）的沃伦·奥布拉克称，美国大使馆新闻处“作为支援者发挥了定期的、切实的作用……1950年代初期以来，对日本的美国研究做出了相当大的贡献”。奥布拉克还具体地说明了支援方法：“为了让日本人理解美国研究在美国是如何被教授的，美国邀请日本优秀的教授访问美国，美国驻日本大使馆为此次访美计划拟订方案、筹措资金。”[28]

从美国政府对日美文化交流如此热忱相助的情况看来，1947年日本的美国学会（第一次）成立时，学会从盟军总司令部的民间情报教育局（Civil Information & Education Section，CIE）收到热烈的祝贺和支持也就不足为奇了。而且，美国为了支持其文化政策特批了大量的公共资金，所以日本的许多学术团体和研究者都得到了美国政府各种各样的援助。事实上，美国学会的基金基本上依靠一般会员的入会年费，同时，许多项目以及类似的计划也会接受美国政府或者民间慈善基金会中

一方或者双方的资金援助。[29]同样地，许多有前途的研究者也会从美国政府那里收到研究补助金、特别奖学金形式的“慷慨的”资金援助，因此就有机会去美国长期留学。事实上，许多日本的知识分子和研究者在美国的资助下到美国视察旅行、留学一年或者两年，他们频频为美国人的慷慨而感动。

但是，随着时间的推移，美国的软实力在不经意间产生了极其严重的问题。美国的软实力开始渐渐地以无形的方式对日本的研究者产生腐蚀性的影响。1981 年，美国研究的代表性历史学家有贺贞教授觉察到 13
美国研究的业绩中存在着不健全的迹象，并意识到了问题的严重性。有贺教授在概观 1980 年度的美国研究业绩时，深刻感受到在“研究方法缺乏活力、研究内容没有亮点”的业绩中所体现出来的是研究者们的颓废。于是，教授给美国学会的会员敲响了警钟：“日本的研究者必须自我反省。由于定位的模糊，创建 15 年的美国学会（第二次）让人们看到的是对于研究的惰性。”[30]不过，有贺教授没有明确说明问题的原因在于作为美国软实力的一部分的研究补助金。

研究者个人的问题

除了政府、基金会、大学之间的关系，本书还将考察进行美国研究的日本知识分子的态度。一位美国的日本评论家说，日本的学者一直都有对现代的社会、经济问题不感兴趣、不愿深入探讨的倾向。[31]本书将说明日本的大学教授大多身居象牙塔、不问天下事的原因。

1950 年代至 1960 年代，冷战局势愈演愈烈，日美关系的重要性被提升到前所未有的高度。与此相应，美国的人气和研究美国的热情在日本也随之提升。研究美国显得极富魅力，并成了当时的一种流行。其中，日本的知识界，特别是媒体界对于有关美国的信息和知识的需求急剧增加，从脱口秀等电视节目中的短评到刊登在书籍或大众杂志上的报道，美国研究的成果极受欢迎，成为了富有价值的商品化的东西。日本的研究者意识到有关美国的知识在国民中很受欢迎，另外，在职场中对升迁也发挥着很大的作用。如此一来，通过去美国留学收集到的有关美 14
国的信息和知识被商品化的同时，日本的很多美国研究者对美国的“慷慨”的依赖心理也愈发强烈。这也就意味着，这些身为道德评论家的美国的研究者，要承担起他们原本的社会责任也就愈发困难了。

1980年代，由于日本经济的崛起，日美两国在经济上产生了摩擦。最终，日美两国的关系成了政治问题，两国关系变得紧张。当时，为了使事态能够平和地解决，日本政府和国民自然而然地向日本的美国研究者们寻求有关美国的专业性见解和意见。然而，尽管社会强烈地要求他们提供有关美国的正确信息和政策建议，大多数的美国研究者依然噤声不语。因此，实业界和媒体界指责这些美国研究者实际上无法满足社会的需求。批判者抱怨说：“美国研究者不仅要加强自身的专业修养，在自己的领域之外也应积极地发言、参与活动。”[32]但是，迄今为止美国研究者所掌握的知识并不能十分有效地直接满足社会的需求。

为什么会变成这种情况呢？在美国研究创立初期，很多研究者十分活跃，意气风发。但是，后来美国政府和美国的民间基金会在与共产主义斗争的同时，为了保住在日美安全保障体制下的日美之间的“从属性和谐”，以各种各样的方式行使包括美国研究补助金在内的美国软实力，扶植日本的美国研究者，把他们培养成亲美派，企图拉拢他们。于是，许多日本的美国研究者对于美国软实力的依赖心理愈来愈强烈。而且，随之而来的是，“二战”结束后美国研究创立之初时所持有的研究热情和先驱精神逐渐衰弱，或者说是变质了。也就是说，美国研究渐渐地脱离了本来应有的面貌。不过，学会的组织结构和研究项目等硬件状况基本上没有发生大的变化。其结果是，近年来，日本的美国研究的精神“衰退和腐败（decay）”的迹象屡见不鲜。因此，正如前面所述，无论是否属于刻意，1980年代美国的软实力，从日本的美国研究者那里夺走了美国研究的存在理由，即发挥“文化性抵抗的道德评论家”的作用。

此外，美国软实力的目标还指向了战后日本社会的民主化。然而，具有讽刺意味的是，与此目标相反，美国的软实力为加强精英知识分子在日本社会中的权力和影响力助了一臂之力。不仅如此，由于为特定的大学和精英研究者提供了丰厚的研究补助金，虽然不一定是直接地，美国的软实力对于日本高等教育制度的阶层化和中央集权化发挥了重要作用。这些精英知识分子的权力至今仍然以专属学阀和封闭性的大学内部人事制度的形式维持着。洛克菲勒基金会会长迪安·腊斯克曾说："政府的温情式的援助可能会侵蚀坚韧不拔的精神，让人们变得软弱无力。"[33]美国大使馆新闻处的奥布拉克看到美国的"慷慨"所带来的意料之外的结果时，十分遗憾地表示："在我的印象中，近几年，日本的美国学会似乎没有充分积极地运用美国大使馆新闻处援助的资金。……我们不得不考虑是否还有其他更加有效的方法。"[34]

日本的民主主义和独立性

本书还将讨论关于日本民主主义的实质的问题。在占领时期，日本国民积极向美国政府学习民主主义，尤其是制度和技术方面的内容，基本上没有人反对将民主主义的法律体系和统治机构引入日本。大多数日本人和许多亲日的美国人认为，在美国主导的占领时期，民主主义的实 16
验获得了成功，使得民主主义扎根于日本。在民主的公民社会里，对公民主体性和权威性这两个方面提出异议，被认为是民主主义的活力所在，对于培育公民社会并使其不断发展极为重要。然而，支撑民主主义的这些资质，在被占领时期及其之后的日本，并没有像人们所期待的那样在日本人中间得到发展，其实倒不如说是没怎么成长。美国对日占领即将结束的1950年8月，东京大学校长南原繁遗憾地说："日本的民主主义与和平理想至今仍未能成为国民的血肉。"[35]

正如前一节所述，许多知识精英有很强的附和性并且习惯于遵从命令，不能够充分地进行独立自主的活动和构建作为精神支撑的明确的价值体系。实际上，离开日本后不久，麦克阿瑟将军于1951年5月在美国参议院军事委员会和外交委员会上发言，说日本人的行为像"12岁的少年"。[36]麦克阿瑟说这话的时候，脑海里浮现的一定是，在占领期间几乎每天与盟军总司令部的高官们联系、协助盟军总司令部的日本精英的形象。美国人不自觉地对日本人以恩人自居，以致麦克阿瑟和盟军总司令部高官们认为日本人在心理上似乎还是"小孩子"，缺乏独立意识。假如美国人对于日本精英的评价是错误的话，又假如这样的评价至今仍然在持续的话，那么不得不说在对美交涉中，日本领导者所面临的问题比想象中的要根深蒂固得多、棘手得多。

本书的结构

17 第一章讨论了作为美国文化攻势的占领改革。在本章中将简略地介绍在本书中作为分析框架所使用的概念和“世界体系的视角”，接着将详细分析占领改革。在这个部分，对出版物和电影的审查及著作权问题是关注的焦点。具有讽刺意味的是，为了在日本推广民主主义，“非民主的”审查措施被盟军总司令部的民间情报局所采用。

第二章“冷战、‘相反路线’、国家主义的兴起”，将说明美国政府和洛克菲勒基金会出于对共产主义和日本国家主义的恐惧，而在日本展开文化攻势这一历史背景。本章还将讨论导致战后日本兴起国家主义的日本保守主义。

第三章“‘软和平’与‘相称的地位’”，将从批判性地分析约翰·福斯特·杜勒斯和约翰·D. 洛克菲勒三世等美国著名领导者的世界观开始。杜勒斯和洛克菲勒分别是缔结《对日媾和条约》和使日美文化关系制度化的主要负责人。这些领导者认为日美关系是由政治、经济、文化这三种关系的总和构成的。他们坚信，《对日媾和条约》和《日美安全保障条约》，可以满足日本在这三者的所有关系中的需要，而且必须让日本国民的要求得到满足，旨在构筑长期友好的日美关系。

第四章“约翰·D. 洛克菲勒三世在东京”的主要焦点集中于洛克菲勒。本章花了很大的篇幅分析和阐述洛克菲勒作为杜勒斯媾和使节团的一员被派遣到日本后在东京开展的活动，以及媾和条约缔结之后其对日美文化关系的展望。因为洛克菲勒是日美文化交流制度化时期特别重要的人物。本章还将关注美国软实力的另一侧面，即危险的一面。美国的软实力的特征包括霸权、文化帝国主义和“半永久性依存”关系，这些也是当今日美关系的特征。

18 第五章“《美日文化关系报告书》——对抗共产主义的威胁”讨论该报告书中的日美文化关系的基本原则和洛克菲勒的政策建议。本章将文化关系和文化交流计划、信息交流计划严格区分开来，并且分析洛克菲勒的具体提案。我认为洛克菲勒提案的主要目的在于应对高涨的日本共产主义的影响力，对抗共产主义的威胁。国际文化会馆象征着日美文化交流的制度化，本章还将分析设立国际文化会馆时的交涉过程。

第六章“对日本知识分子的文化攻势”将简短地叙述美国政府机构中负责文化外交的机构，分析说明美国人如何认为日本国民由于战败而在心中产生了精神和意识形态双方面的“真空状态”，致使其容易接受共产主义的影响。接下来将详细地讨论，为了应对在日本高涨的共产主义的威胁，哈里·S. 杜鲁门总统如何投入数亿美元准备发动反对共产主义的“真理运动”，以及运动方案的制订及其具体实施的过程。此外，本章还将分析美国人对于日本人的看法，尤其是对于日本知识分子的看法，同时还将说明美国政府负责文化宣传的相关官员对于共产主义强烈的恐惧心理，以及他们如何深陷恐惧。最后，本章将讲述冷战给学术研究带来的负面影响，并说明文化冷战与日本人文科学研究的关系。

第七章“将日本人变成亲美派——1950 年度东京大学美国研究研讨会”将论述日本“第一次”设立美国学会及其活动的开展。“二战”后的 1950 年，首次举办的东京大学-斯坦福大学美国研究研讨会，是日美文化交流计划的具体实例，本章将对此进行详述。本章的后半部分将结合战后日本高等教育的民主化问题，论述日本的美国研究问题。

第八章“分权还是对抗？——京都美国研究研讨会”将围绕至今依然存在的日本学界的特征以及京都美国研究研讨会，论述关于日本知识分子的问题。其中包括东京大学与京都大学之间的相互对抗，以及研究者封闭的思维方式如何成为阻碍京都大学与同志社大学的顺利合作及 19
相互合作的原因。对于京都美国研究研讨会的成立过程的分析，证明了战后日本的美国研究从设立开始就依赖于美国资金这一事实。此后，将论述美国软实力的潜在性危险性。

最后一章“有名无实的民主主义”将批判性地分析美国的日本专家对于日本民主主义的评价，以及日本国民是如何接受美国的民主主义理念和理想的。大多数美国人认为，日本的民主主义仅仅停留在形式上，基础非常薄弱。然而，他们对于日本民主主义的评价，是再次确认了他们对于旧日本的固有印象，还是反映了他们作为温情式的保护者的装腔作势的态度。本章节将对以上问题进行论述。此外，还将就日本的现代化或者美国化与民主主义、大众消费主义的关系展开论述。本章的最后将论述，美国的实业家为了促进美国商品和服务的销售，使用了几近强制的手段，让日本人将对民主主义的理解与消费主义联系在一起，从而成功地说服了日本消费者。

最后是本书的结论。

附录 1 分析了过去十多年关于日美关系学说的历史。

附录 2 和 3 分别是参加东京大学-斯坦福大学美国研究研讨会和京都大学美国研究研讨会的美国讲师的名单。

第一章　作为美国文化攻势的占领改革 21

如果只是恢复经济实力的话，那么会将日本武装成为潜在的敌人吧。

——致驻日盟军总司令的教育交流调查报告书，1949 年

在日本，人们只是过度强调了美国的物质层面。

——约翰·D. 洛克菲勒三世，1951 年

第二次世界大战不仅破坏了战前国际社会的结构，而且造成了前所未有的人员伤亡和巨大的物质损失。它不但将大不列颠的黄金时代（英国的和平）所维持的 19 世纪自由主义的世界秩序破坏得不留丝毫痕迹，而且将世界改变得任谁都无法预料。[1]它使得世界的——政治、军事、经济、思想、科学以及文化等所有领域的——权力和权威的中心由西欧转移到了美国。因此，美国作为在军事、经济、文化等各个领域都较其他国家具有压倒性优势的超级大国而崭露头角，并作为新的世界秩序的建设者和维持者，登上了负责管理世界的霸权国家的地位。美国政府将此重任与和平的理想主义融为一体，战后立即着手实行构建新的世界秩序的宏伟计划。

美国政府想要构建的包含自由主义和资本主义特质的世界秩序是：在自由贸易、产业分工、规模经济、比较优势等经济国际主义的各项原则，以及民主主义、现代化、人权等普遍性的理念渗透到世界各个角落
的国际环境中，资本、商品、服务不受政治和地理条件的制约，跨越国 22
境进行自由流通的“门户开放的世界体系”。[2]《世界体系分析史观》将

全世界作为一个单一体系并以此来理解世界的政治、经济。根据该书的观点，霸权国家针对世界体系管理的职责分工与其他国家缔结了非正式的社会契约。依据这种隐藏着的社会契约，为了维持世界和平与秩序，霸权国家在承担国际公共财政支出的同时，获得世界各国对霸权国家的支持与合作，在世界政治和经济中发挥指导性的作用。作为回报，霸权国家能够以世界体系管理者的身份获得最大的收益分配。[3]这样的世界秩序是美国的领导者认为的最理想的秩序，也是政治家温德尔·L. 威尔基的同名著作中所谓的“一个世界”的秩序。[4]因此，自登上霸权国家的地位以来，美国需要花费包括人力资本在内的大量的国库开支。

然而，构想如此理想的世界秩序与真正建立并维持充满活力的秩序完全是两回事。之所以这么说是因为世界体系不仅规模庞大而且十分复杂，作为霸权国家的美国无论多么强大和富有，都不可能拥有足够的资源和技巧单独地、合理地管理世界体系。因此，为了维持和平安定的世界秩序，霸权国家必须具备以下两个条件。一是必须发挥世界警察的作用。世界秩序是建立在各个国家间的实力和财富的不均等以及分配的不平等的基础之上的，所形成的是犹如金字塔般的结构。[5]对于这样的世界秩序心怀不满、感到受排挤的国家，当它们反对霸权国家的领导而采取对抗立场的时候，为了维持世界秩序，霸权国家要么“封锁”这个国家，要么从正面以军事力量对其进行遏制。因为反对势力不仅无视支撑世界体系的基本原则和规则，而且很可能会破坏这些原则和规则。

23 维持世界秩序的第二个条件是，霸权国家要寻找核心的友好国家，将其拉拢为同盟国。根据将世界体系理解为一个有机体的“世界体系分析史观”所言，为了维持和运营世界体系，必须建构相对低一级的辅助体系。如今，世界上唯有一个超级大国，这个超级大国将世界划分为西半球、英国、欧亚大陆和东亚四个主要的工业中枢地区，同时将维持整个体系所产生的任务和义务分派给以上四个地区，即以分担责任的形式让各个中枢地区成为霸权国家的助手（协作者）。霸权国家构筑了诸如北大西洋公约组织（NATO）、日美同盟、美洲国家组织（OAS）等辅助体系，说服其中的核心国，试图让它们参与到平定那些不安定且容易发生冲突的地区的工作中。霸权国家只有获得了核心国的协助之后，才有可能管理整个世界体系。因此，能否拉拢核心国家成了霸权国家必不可少的条件。据此观点来看，譬如 1945 年以后，美国政府的目标就是在东亚建立辅助体系。而此项战略的中心就是日本。[6]

拉拢核心国所需要的费用以及支付的方法视当时问题的性质和具体的情况而定。费用的支付形式，有时为了保障中枢地区的安全，采用提供军事后盾或者军事援助的形式，有时会以允许核心国加入发达国家首脑会议（峰会）或八个发达国家财政部长和央行行长会议（G8）等世界级精英俱乐部的形式。为了拉拢核心国，作为与这些核心国合作的交换条件，霸权国家将其部分权利分与这些国家。然而，无论采用何种支付费用的形式，随着时间的推移，拉拢核心国的费用都会不断提高。[7]在这一点上，日美关系也绝无例外。

与此同时，美国自建国以来赋予自己的强烈的使命感不断增强。这
是一种对需要帮助的国家伸出援助之手，让民主主义和美国式的生活方 24
式传播到海外的福音主义式的使命感。美国人是将美国的理念付诸行动、精神上极其年轻而富有活力的群体。维持世界和平稳定对于有效运营和维持世界体系是必不可少的，与此相同，保持一个时刻高举着崇高理想的旗帜、经常对外扩张并不断前进的美国，换言之，保持自由主义市场经济的活力的同时不断推进美国文明，对于每一个美国国民而言都是极其重要的事情。因此，通过合众国的实力和影响力让海外的民众了解美国人的善意，正是美国外交的目的，同时也成为其行之有效的手段。在这个意义上，战后以日本的民主化和非军事化为目标的对日占领，是美国政府构想的战后世界前景在外交政策上的具体体现，亦可视为美国人的使命感和努力的体现吧。怀着如此庞大的野心以及宏伟的理想和目标，1945 年 8 月底，道格拉斯・麦克阿瑟将军以日美战争胜利者的身份得意洋洋地来到了日本。

基督教徒麦克阿瑟将军来到日本

日本向联合国投降后不久的 1945 年 8 月 30 日，美国的一架军用飞

机停在了东京近郊的厚木机场，道格拉斯·麦克阿瑟将军从这架军用飞机上走了出来。犹如20世纪的拿破仑大帝一般，他带着获胜者的傲慢和得意威风凛凛地站在那儿。麦克阿瑟将军的到来意味着盟军的对日占领开始了。对日本的军事占领一直持续到1952年4月28日，长达六年零八个月。直至1951年4月11日杜鲁门总统撤免驻日盟军总司令为止，麦克阿瑟一直担任着这一职位。

25 1945年9月2日，麦克阿瑟将军在密苏里号战舰上举行了《降伏文书》的签字仪式。签字仪式宣告着对日占领的正式开始。身材高大、有着犹如皇帝般蓝眼睛的麦克阿瑟将军大声宣布："今天，我们……聚集于此，以恢复和平为目的，签署一项庄严的协定。"接着，他宣读道："无论是战胜国还是战败国，我们都要上升至人类更崇高的尊严，唯有如此才符合我们为之服务的神圣目的。……为了创造更加美好的世界，我们期待人类的尊严和最受尊崇的愿望——自由、宽容、正义——的实现。"[8]

9月22日，美国政府为了履行《波茨坦公告》，发表了初期的对日方针，其中声明了美国关于日本必须保证"不再威胁美国以及世界的和平与安全"的决心。[9]为了达此目的，盟军总司令部将建设一个支撑日本国民自由意志的"和平的、负责任的政府"，确立为它的目标。[10]初期的对日方针中的此项声明，是"二战"后美国作为霸权国家强加给自我的使命，也是迄今为止的声明中最重要的政策公告之一。

看了美国的初期对日方针之后不难发现，联合国对日占领的目的在于实现日本的非军事化和民主化。这两个目的其实是孪生关系。一位美国人说："如果占领的结果是实现日本国民的彻底的民主化，那么大家最终所期望的和平和安全也就有可能实现了。"但是，他又补充道："如果只是恢复经济实力的话，那么会将日本武装成为潜在的敌人吧。"[11]这位美国人非常正确地理解了日本的非军事化与民主化之间不可分割的关系。与此同时，他的话也体现出了美国人强烈的使命感和对日本根深蒂固的不信任。这是因为从美国国民的视角来看，他
26 们认为实现日本民主化的占领以及各种改革是保障美国和世界安全的手段。

作为文化攻势的对日占领

1945 年 8 月 15 日，日本无条件投降，举国上下喜迎战争的结束。[12] 接连的战败，激发了日本国民的国家主义情感。如同 1806 年被拿破仑征服后的普鲁士和甲午战争后的清朝的情况一样，这种国家主义情感的膨胀确实是真理。如果说国家主义的核心是“国家的独立”，那么，直至 1950 年代日本国民的国家主义情感才逐渐到达顶峰。[13] 之所以这么说是因为，正如 1953 年小说家石川达三所说的那样：“我们在战争中已经失去了爱国心。”[14]

1945 年 8 月 15 日是日本作为一个新国家重新出发的起点，与此同时，投降也给日本国民带来了极大的不安并造成了社会各个层面的道德败坏。[15] 意气消沉的日本国民被停滞不前的社会和身心的疲惫彻底击垮了。许多日本国民在思想和文化方面都陷入了崩溃的状态，对长久以来非常重视的传统、规范、文化遗产的幻想破灭了。崇拜天皇这一传统尤其如此。由于盟军废除了日本人崇拜天皇这一习俗，全体国民都受到了极大的精神打击，精神和意识形态上都出现了空白。因此，日本国民陷入了更加混乱的状态。[16]

根据这种情况，要在拥有丰富传统的日本实现民主化，对于盟军总司令部而言，成了难以应付的一项事业。为了能够占领并且有效地统治日本这个国家，必须要有日本人的合作，而且必须动员多达数千名的美国人长期担任政策的制定者和政策实施中的管理者。理想主义高涨的占 27
领当局开始了“以在日本创造一个尊重民主主义和人权的国家为目标的长期课题”。[17] 事实上，为了把美国式的民主主义移植到日本，他们不惜付出一切努力。因为他们认为美国的安全以及日美关系的未来，与在日本的民主主义实验的成功与否密切相关。

占领军进驻日本还不到两三个月，美国的各种各样的理念和制度便接二连三地被引入日本，其中许多付诸了实践。美国人认为他们的方法比日本的方法更优越。不仅如此，他们还坚持认为美国模式是实现日本民主化所不可或缺的。盟军总司令部也确信，将美国人解决问题的方法教给日本人是“再教育”日本最好的方法。[18] 占领改革涉及广泛，即使在占领军离开日本以后，仍然长期地影响着日本社会。这体现在了日本国民生活的各个方面。

1945 年至 1952 年的对日占领期间，美国政府与盟军总司令部为了实现日本的民主化并将日本变为美国的友好国家，在占领政策中尤其重视文化方面的内容。对日占领期间，盟军总司令部的民间情报教育局为了实现这些目标而始终致力于那些令人头疼的课题。

民间情报教育局

根据 1945 年 9 月 22 日颁布的一般命令第 183 号，麦克阿瑟在盟军总司令部设置了民间情报教育局。它由六个部门组成，工作人员包括大
28 约 150 名美国人和 900 名日本人。[19]民间情报局的任务是负责管理日本的教育、宗教、媒体报道等。[20]1945 年 10 月 2 日，麦克阿瑟任命肯尼斯·R. 戴克准将为第一任局长。戴克成为对日本国民彻底实施再教育工作的负责人。他是一位自由主义改革论者，因此，他十分积极地投身此项任务。随后，他又致力于释放政治犯以及废除作为秘密警察而臭名昭著的特别高级警察等任务。[21]但是，戴克在任职七个月后的 1946 年 5 月回国了。此后，唐纳德·R. 纽金特中校继任，直至 1952 年占领结束，他一直担任民间情报教育局局长一职。纽金特曾经在斯坦福大学的研究生院攻读历史和教育学，他是盟军总司令部成员中屈指可数的日本专家之一。战前，他曾在和歌山和大阪当过教师，有着十分宝贵的教育经验。[22]

最初，民间情报教育局致力于在思想和行动两个方面，让各个阶层的国民去除军国主义和极端国家主义。因为美国人认为军国主义、极端国家主义以及基于二者的道德规范是导致日本威胁世界的主要原因。譬如 1870 年 2 月 3 日颁布的《大教宣布诏书》宣布，天皇是活着的神，其皇位由皇室的祖神太阳神（天照大神）建立，神圣且毫无间断地传承至今。不仅如此，1890 年的明治宪法规定天皇是“神圣不可侵犯的”。天皇的祖先为神的神话与战前由这种意识形态所支撑的天皇制度，也是将天皇作为活着的神而尊崇的根源所在。[23]然而，如今在美国的军事占领下，日本自古以来的禁忌被消除了。尤其是 1946 年元旦，裕仁天皇发表了“人间宣言”之后更是如此。

除此之外，1947 年 3 月 31 日，根据美国政府初期的对日方针，日本制定了《教育基本法》（也称为《教育宪章》）。《教育基本法》是新的日本宪法的精神在教育领域的运用。[24]根据《教育基本法》，29
“教育必须以完善人格为目标，将国民培养成为和平国家和社会的建设者，使他们成为追求真理和正义，尊重个人价值，勤劳负责，身心健康，富有自主精神的人”。[25]这些正是占领当局希望日本国民接受的价值观。

斯托达德教育使节团

美国政府为了响应盟军总司令部的要求，派遣特命使节团来到日本。最早提出派遣教育使节团的时间是 1945 年 5 月，正处于战争状态。当时，盟军总司令部考虑在日本实行德国式的学校教育改革和意识形态方面的再教育。[26]民间情报教育局为了完成这一任务，请求华盛顿政府派遣专业性的以及掌握技术方面的知识和信息的著名民间指导者来日本。

正因为如此，1946 年 3 月 5 日以乔治·D. 斯托达德为团长的美国教育使节团首次被派遣到日本。[27]时任纽约州教育部长、被指定为伊利诺伊大学下一任校长的斯托达德，是热衷于对日本进行“再教育”的改革论者。[28]斯托达德教育使节团在为期三周的访日期间，视察了全日本的教育机构。斯托达德教育使节团由 27 名教育人员组成，其中包括两名加拿大人以及在东京大学教授人类学的戈登·鲍尔斯。[29]为了协助斯托达德教育使节团，日本的教育部长设立了由日本教育人员组成的“教育家委员会”。这个委员会由自由派学者和教师组成，东京大学校长南原繁担任委员长。

斯托达德教育使节团在日本进行了为期一周的访谈调查和不足一周的学校视察，又花了一周时间撰写报告，于 3 月 30 日向麦克阿瑟将军提交了调查报告书。[30]斯托达德的报告论述了“如何使日本的初等、中 30
等以及高等教育最有效地推动日本的民主化”这一问题。[31]报告也极力提议，要修订教科书，其中要添加废除《教育敕语》、主张民主原则的内容——其概要已经由盟军总司令部告知，要改革高等教育，要在行政方面实行地方分权等。在六三制的教育制度中，最初的九年教育是免费的，是男女都必须接受的义务教育。[32]这些提议中不少都反映了当时美国自由主义式的最先进的教育理念。譬如，查尔斯·S. 约翰逊极力主张教育机会的均等，增加在教育方面禁止一切歧视的规定。他是费斯克大学社会科学院院长，是美国教育使节团中唯一一个非洲裔美国人。[33]

美国使节团教育报告书究竟是由谁撰写的，围绕这个问题人们一直争论不休。根据盟军总司令部经济科学局（Economic and Scientific Section，ESS）的劳动课课长西奥多·科恩的说法，按规定第一次报告书的内容是由美国教育使节团的成员撰写的。[34]但是，研究对日占领的历史学家竹前荣治却不这么认为。他认为《斯托达德报告书》是日美两国共同合作的产物，其中关于几项重要的革新措施的提议是由日本人提出的，而不是美国人。[35]竹前的观点是，民主化并不完全是盟军总司令部强加给日本国民的，反倒是日本国民心中涌起的日本原本固有的东西。实际上，正如五百旗头真所指出的那样，民主化的事业之所以得以推行，一方面是由于盟军总司令部去除了在日本实行改革的障碍，另一方面是由于日本人在改革中注入了活力，是日美双方共同努力的结果。事实上，竹前称，戈登·鲍尔斯之后承认了该报告书的内容大约60%出自日本人之手。除此之外，竹前也提及，乔治·桑塞姆对于盟军总司令部以美国方式实行的教育改革抱着怀疑的态度。据竹前称，桑塞姆认
31 为美国式的教育“无论对于哪个国家都不会是良好的模范”。桑塞姆是英国驻日本大使馆的前商务官，“二战”后与太平洋国际学会、哥伦比亚大学的东亚研究所之间建立了密切的关系。[36]

斯托达德教育使节团提议，作为去除日本军国主义思想的第一步，应该在日本积极发展考古学研究，并激励杰拉尔德·格罗特在日本发展考古学。格罗特是1931年以来作为“神圣世界的社会”（Society of the Divine World）的宣教士旅居日本的美国考古学家。[37]他坚信考古学研究对于战后对日本的再教育极其重要。因为他认为在重写日本古代史的时候，考古学的研究成果最有价值，即考古学的研究成果是阻止古代神话复活的最有效的保证。[38]

许多日本研究者也主张发展考古学研究。譬如梅原末治认为应该使用将日本历史置于世界历史的大背景的研究方法，站在更加中立的立场书写日本的历史。[39]梅原末治是东京大学的教授，活跃在考古学研究的第一线。

“为了教育的民主化”

根据初期的对日占领方针，日本国民认为“应当给予他们了解美国
和其他民主主义国家的历史、制度、文化及其成果的机会，并且积极鼓
励他们去了解这些知识”。因此，盟军总司令部将此对日占领方针付诸
了实践。[40]譬如，民间情报教育局着手如何将日本国民的思想和日常行
为民主化。民主化与非军事化是表里一体的，民主化被定位成非军事化
的内幕。盟军总司令部的官员极其注意培养日本国民的个人自由以及他
们对于民主政治过程的兴趣。与此同时，除了权利，民间情报教育局还 32
强调责任的重要性。为此，民间情报教育局希望日本人能够理解并且牢
牢记住国民所发挥的作用的重要性。

实际上，美国陆军部（1949 年改为国防部）管辖下的民间情报教育局在国务院之外，拟定了“开启民主主义之窗”的各种方案，并付诸实施。[41]首先，盟军总司令部与日本教育部都认识到在教育领域培养优秀领导者的重要性。尤其是日本教育部，不仅设立了教育指导研究所，而且于 1948 年 8 月 13 日发表了以下声明。声明称：“为了启动新的以教育民主化为目的的教育制度，当务之急是充分理解新教育计划的理念和方法，培养掌握完成此任务所需要的技术人才和指导者。”[42]

盟军总司令部和日本教育部共同策划了教育指导研究所项目。该项目的内容是让合格的日本人参加为期两周的集中讲座。民间情报教育局教育重组科顾问亚瑟·K. 卢米斯召集了 74 名杰出的美国教育指导者作为项目的负责人。他们在教育指导研究所举办的教育项目中负责 6 门课程的教授工作。[43]共有 7804 位日本教师和青年指导者参加了讲座课程。课程结束后，他们回到家乡，将课上的收获以及从该项目中受到的影响传达给了数百万日本国民。[44]参加该项目的一位大学校长后来寄来了这样的感谢信：“贵国尽心准备了极其有用的信息教授给我们，仅以此短信表达深深的谢意。贵国正确地把握了日本的情况，正在从事着真正意义上富有建设性的工作。”[45]另一位参加者在寄来的感谢信中如此写道：“为了克服困难，为了最有效地运用在研究所中学到的知识，为了完成这个具有划时代意义的日本教育改革项目，我必将竭尽全力。”[46]

33 随后，民间情报教育局的官员在汇报教育指导研究所的这一项目的效果时说道，第一次项目的参与者们将民主的内容介绍给县里的和当地的人们，产生了非常积极的效果。[47]这些项目参与者在课程结束后回到家乡，强烈地希望将民主的教育项目付诸实践。在这层意义上，可以说教育指导研究所的这个项目，对于让参加者强烈地认识到教育的地方分权和民主化的重要性，发挥了积极的作用。所谓对教育的地方分权和民主化重要性的认识，指的是参与者理解了在学校里发生的所有事情的责任都是由当地学校教育的运营管理者承担的。从民间情报教育局官员的报告和项目参与者的积极响应来看，教育指导研究所的项目可以说是获得了巨大的成功。

第二，为了完成民间情报教育局的整个项目，34 名美国教师签订了为期两年的合约，在日本的主要大学执教。这个策划案是由民间情报教育局与日本教育机构合作完成的。[48]

第三，在盟军总司令部的援助下，庆应义塾大学设置了图书管理培训学校，由美国专家负责那里的工作。为了让学生和其他的读者能够快速、顺利地借阅图书，培训图书管理员成了最为迫切的问题。在这种情况下，参加该项目的日本人就可以学到美国最先进的图书馆学的技术和方法了。[49]

第四，通过竞争激烈的考试选拔了大约 800 名学生派往美国留学，接受训练，并且实地考察美国的学院和大学，为期一年或者一年以上。除此而外，参与青年领导者培训的还有大约 500 名著名的日本人，他们在“为了日本的人员交流项目”的策划案中也被派往了美国。[50]这个项目成立的初衷是因为美国人认为只有亲眼目睹民主主义才能够了解它的
34 实际情况，才能够明白它的价值。像这样的教育领域的人员交流，“作为教授民主主义的实践性的方法被证明很有价值”。[51]

情报中心

1945 年 11 月，民间情报教育局提出了明确的目标，即在日本国民中推广美国和民主主义的相关信息，于是，在东京一座一层高的小建筑中，最早的情报中心（图书馆）成立了。翌年 2 月 1 日，菲利普 · O.

基尼被任命为情报中心主任。[52]民间情报局管辖下的情报中心，保管了大约300本1941年以来出版的美国图书。日本人对于情报中心的反响非常之大。自1946年3月17日起大约一年的时间里，有12.5万人使用过情报中心。[53]平均每天的使用人数为575人。但是情报中心的座位只有175个。自1945年在东京设置第一个情报中心开始，直至1951年，约有600万人使用过情报中心。[54]截至1948年10月底，民间情报教育局在日本的主要城市设置了17个情报中心。1950—1951年期间，又增设了5个情报中心，总数达到23个。各个情报中心分别保管至少6000册图书和400种定期刊物，以及涵盖各个领域的数以千计的文件和小册子。[55]洛克菲勒基金会的查尔斯·B. 法斯称，日本的情报中心的使用者最感兴趣的是"入门书（类似于指南手册）"，尤其是关于技术类的书籍。[56]

想要阅读美国的书籍而聚集到情报中心的日本国民不只是在东京。 35
在北海道和其他地区，民间情报教育局的情报中心也挤满了想要了解有关美国的信息的日本人。1948年6月，民间情报教育局的情报中心在札幌开设，该情报中心汇报说，开放的第一周平均每天的使用者达1800人，第二周为900人。[57]1951年和1952年，全国的情报中心大约有25万册图书、10万本小册子以及7万多种定期刊物供大家借阅。[58]这些民间情报教育局的情报中心不仅开放书籍和杂志，胶片、电影、绘画作品等也向一般市民公开，它因此成为了让许多国民觉得特别亲切的场所。[59]

随着冷战的影响在日本各个地区的不断扩大，无论谁都能清楚地意识到，情报中心的目的不只是推广有关美国和民主主义的信息。情报中心不仅发挥作为发布教材和有关教材信息的中枢机构的作用，而且变成了在日本人中间"创造亲美态度的机构"。情报中心对于社区和大学生而言是屈指可数的聚会场所，对于记者而言是调查有关美国的各种研究课题的机构，而对于知识分子而言是为加强日美文化交流举办演讲特别方便的会场。情报中心被各个群体灵活地使用。从美国的战略角度而言，情报中心主要被设置在美军集中的城市附近，因为这类地区是美军与当地日本居民最容易产生冲突的地方。[60]美国政府并不希望将这个中心称作“情报中心”，因为这个称呼的言外之意包含着谍报项目的意思。因此，美国政府后来将它改名为文化中心。[61]位于东京的美国驻日本大使馆逐渐意识到，情报中心利用教育和文化可以让更多的日本人成为美国人的朋友。而且，美国也逐渐明白在使用教育和文化手段的时候，日本人特别容易受到影响。[62]此时，日本正处于美苏两国激烈的理
36 念战争的风口浪尖。

民间情报教育局的翻译项目和初期的文化冷战

1945年底，进驻日本的美国士兵的数量约为43万人。[63]而在七年的占领期间，驻扎在日本的美国士兵每年平均为25万人。[64]这些美军包括美国的将校军官及其家人、盟军总司令部聘用的美国民间人士及其家人以及普通的美国士兵。占领日本是让许多士兵直接获取有关日本人的生活和日本文化的第一手信息的绝好机会。

一方面，太平洋彼岸的大多数美国人基本上都不了解关于日本和日本国民的信息，更谈不上正确的认识。与美国人一样，日本国民也基本上没有关于美国的知识。英语虽然是日本中等教育的必修科目，但是大学里英语成了选修课，这导致精通英语的人并不多。因此，包括美国在内的外国的知识，只是通过翻译成日语书传递给大多数的日本读者。这意味着要让日本国民了解国外的情况，就必须付出一些特别的努力，即翻译包括美国的出版物在内的国外的图书。在这种情况下，日本人与外国人之间产生误解也是不可避免的。

在占领期间，苏维埃政府向全世界宣布放弃弗拉基米尔·列宁和约瑟夫·斯大林全集的著作权。由于这一决定，外国出版社无需支付版税就可以出版列宁全集和斯大林全集的译本。其间，中日翻译出版振兴会的会员岛田政雄说：“自媾和条约缔结以来，中日翻译出版振兴会……与将所有的翻译版权转让给我们的‘国立中国’文艺协会直接取得了
37 联系……因此，翻译上完全不受约束，也不用支付版税。”[65]美国人将各个共产主义国家的这些措施视为以美国为目标的文化攻势。东京大学校长矢内原忠雄，是一位信仰基督教的经济学者，他曾经说过，虽然美国在对日占领中发挥了指导性的作用，但是俄罗斯的图书和定期刊物比美

国的出版物更容易买到。矢内原还称，在苏联和中国，版权掌握在国家手里，而且，作为对抗文化冷战的一个环节，苏联以即使未获许可或未支付版税也可以翻译任何苏联图书的方式来影响日本人。[66]

实际上，1953 年 6 月 8 日的《朝日新闻》登载了如下关于文化冷战的新闻。标题为《民主主义与共产主义阵营在翻译界和出版界的冷战》的报道如此写道："出版界的冷战还在持续。在日本，民主主义阵营与共产主义阵营在翻译领域正进行着激烈的争斗。为了在日本翻译出版更多的图书，两大阵营都采取了版权免费或者大幅度降低版权费的方法。这无疑是一场文化战争。"[67]

美国政府为了对抗苏联在日本的宣传活动，在翻译领域全力展开"真理运动"。作为对抗苏联的政策，美国政府于 1953 年的财政年度给翻译项目提供了 3 万美元的拨款。[68]因此，翻译项目成了美国驻日大使馆新闻处的"最优先课题"之一。这个翻译项目包含以下两个目标：一是将共产主义体系的缺陷印刻在日本国民的头脑中，另一个是强调自由主义的资本主义体系的健全性和优越性。美国大使馆文化资料科在翻译委员会的成立上发挥了主导作用。翻译委员会由自由亚洲委员会代表、在日本十分活跃的美国出版社查尔斯 · E. 塔特尔公司和赛文出版社代表、美国大使馆政治处代表和美国大使馆新闻处代表组成。[69]

普遍认为，出版物对于儒教文化圈的东亚人具有不可思议的广泛影 38
响力。尤其是在东亚地区识字率最高的日本，图书在"理念战争"中或许是最强大的且持久性的武器。美国大使馆一位负责文化宣传的官员说，美国绝不可能"在这样的战争中不履行职责、不作战，就将胜利拱手相让"。[70]

在此期间，在日本出版了好几部批判共产主义的重要图书。其中包括维克多 · A. 克拉夫琴科的《我选择了自由》（1947 年，1949 年译）、戴维 · J. 达林的《真正的苏维埃俄罗斯》（1944 年，1949 年译）、乔治 · 奥威尔的《动物庄园》（1945 年，1949 年译）和《一九八四》（1949 年，1950 年译）、汉斯 · 凯尔森的《布尔什维主义的政治理论》（1948 年，1950 年译）等。[71]民间情报教育局翻译项目的代表性译著包括杰克·巴赞的《人类的自由》（1939年，1950年译）、约翰·杜威的《自由与文化》（1939年，1951年译）、安德烈·莫鲁瓦的《美国历史》（1943年，1955年译）、佛洛伦斯·彼得森的《美国工会论》（1945年，1960年译）、詹姆斯·F. 伯恩斯的回忆录《老实话》（1947年，1950年译）等。[72]

一直以来，日本国民在学习西方文明的时候主要将法国视为学习的对象。英国文学和俄罗斯文学虽然不及法国文学，在国民中也有一定的声誉和人气。因此，法国文学和德国文学被积极翻译的同时，俄罗斯文学也受到了极大的关注。[73]但是，基本上没有美国文学的译著。因此，美国人深切地感受到了翻译的必要性。然而，根据盟军总司令部的方针，只有那些符合对日占领总目标的外国图书才被允许翻译和出版。

39 翻译什么？阅读什么？

“二战”结束不久，日本的图书出版业开始复苏，出版社和出版物的数量都稳步增长。[74]日本国民对美国抱有强烈的好奇心，同时也对美国文化很感兴趣。[75]比如，以下这些自1949年至1951年被翻译成日语的美国图书和杂志，反映了日本读者对什么样的书籍感兴趣。露丝·本尼迪克特的《菊与刀》（1946年，1948年译）、杰罗姆·B. 科恩的《战时战后的日本经济》（1948年，1950—1951年译）等显示了日本人对于美国人对日本人和日本问题所持有的看法非常敏感。[76]同时，日本国民通过约翰·赫西的《广岛》（1946年，1949年译）、诺曼·梅勒的《裸者和死者》（1948年，1949年译）、厄尼·派尔的《最后一章》（1946年，1950年译）等，了解到了关于美国人眼中的太平洋战争的故事。此外，日本人还争先恐后地阅读1951年翻译的马克·盖恩的《日本日记》。[77]1951年，《日本日记》在日本书店的畅销书排行榜上独占鳌头，上卷售出15.3万册，下卷售出13.7万册。[78]据说这是因为《日本日记》的主题触动了日本人的心弦。[79]这本书的主题是作为对日占领的预期目的的民主改革不过徒有其表，美军只想将日本作为应对共产主义的军事和经济的掩体。当然，盖恩对于美国对日占领所持有的批判观点，在军事占领期间是日本国民不能谈论的事情。[80]

表

	出版社数	出版发行量
1945 年	203	878
1950 年	1869	13009
1951 年	2487	15536

美国的译著中最引人注目的自然是关于美国的图书。[81]诸如查尔 40
斯·A. 彼尔德的《共和国》（1943 年，1949、1950 年译）、弗雷德里克·刘易斯·艾伦的《浮华时代——美国 20 世纪 20 年代简史》（1931 年，1940 年译）和《浮华之后——20 世纪 30 年代的美国》（1939 年，1950 年译）、哈罗德·J. 拉斯基的《美国民主》（1948 年，1955 年译）等。

文学作品中，诸如西奥多·德莱赛的《美国悲剧》（1925 年、1950 年译）、约翰·多斯·帕索斯的《义务之旅》（1946 年，1952 年译）、威廉·福克纳的《士兵的报酬》（1926 年，1952 年译）、约翰·斯坦贝克的《人鼠之间》（1937 年，1952 年译）、欧内斯特·海明威的《乞力马扎罗的雪》（1936 年，1953 年译）等世界著名作家的作品被翻译出版。[82]像玛格丽特·米切尔的《飘》（1936 年，1952 年译）这样的人气小说更是受到极大的关注。米切尔的《飘》与同名小说改编成的电影《乱世佳人》在日本的上映期正好重叠，从而刷新了美国小说的销售纪录。[83]据阿尔弗雷德·A. 克诺夫出版社的哈罗德·斯特劳斯称，日本国民阅读的通常是美国的畅销书，包括约翰·赫西的《广岛》、珀尔·巴克（赛珍珠）的《大地》（1931 年，1953 年译）、威廉·福克纳的《坟墓的闯入者》（1948 年，1951 年译）。[84]

关于海外杂志部分，1945 年 12 月前后盟军总司令部批准出版《时代》周刊和《新闻周刊》。1946 年，两本杂志在东京发行的第一版的销量总共为 1.7 万册，但是之后猛涨到 2.99 万册。1946 年 6 月，《读者文摘》杂志也进入到日本市场。[85]1950 年，日文版的《读者文摘》杂志售出了 130 万册，成为在日本发行的杂志中最受欢迎的杂志。[86]当时，《时

41 代》周刊和《新闻周刊》也都发行了日文版。人们认为《读者文摘》在日本大获成功的主要原因是日本读者对美国的强烈的求知欲。一位研究《读者文摘》的历史学家称，该杂志受欢迎的程度反映了“二战”后日美的文化关系和地缘政治关系。在日本能够买到《读者文摘》意味着对于日本读者而言，他们能够经常买到“文章中充满了关于道德的内容”的杂志、作为“美国价值的守护者”的杂志了。[87]除了《读者文摘》之外，周刊《纽约时报》的英文版也在日本发行了。此外，还发行了《生活》（*Life*）、《科利尔周刊》（*Collier's*）、《美国人》（*American*）以及《妇女家庭伴侣》（*Women Home Companion*）等杂志。[88]1949 年，根据民间情报教育局的指令，日本的杂志刊载了从美国、英国、澳大利亚、联合国的出版物中摘录的 7500 则文章。[89]

总体而言，美国政府的文化项目对于扩大美国书籍和杂志在日本的市场份额起到了很大的推动作用。由于民间情报教育局的图书馆直接将图书捐赠给个人，日本国民对于美国书籍和杂志的兴趣与关注得到了极大的满足。美国驻日本大使馆提交给国务院的《关于日本的美国情报教育局国家报告》（USIE Country Paper on Japan；USIE 全称为“United States Information and Education Service”）中写道：“在盟军支援的书籍捐赠项目中，美国的教育机构、政府机关、出版社以及民间人士向日本教育机构捐赠了数千册图书。”[90]同时，他们对日本出版社也给予了前所未有的支持。这些支持包括帮助日本出版社从美国出版社获得版权，以及为了实现美国情报教育局项目的目标，在出版极其重要的图书的时候确保所需要的纸张等。据哈罗德·斯特劳斯说：“为了让出版有所盈利，必须要售出 2500 到 3000 册图书。”[91]代理参事官奈尔斯·W. 邦德说：
42 “可能需要通过某种形式给出版社发放补助金。”[92]实际上，美国情报教育局采用了翻译奖励制度。为了达到美国情报教育局项目的目的，翻译奖励制度被极其频繁地运用。所谓翻译奖励制度，指的是向出版社承诺事先购买下第一版所规定的发行数，同时，一般情况下，美国情报教育局以出版社出售给零售商的价格即以高出批发价的价格从出版社购买图书。在此制度下，美国情报教育局可以避免无条件地支付补助金，而且出版社在结算的时候至少不用担心出现赤字。通过翻译奖励制度能够向美国大使馆新闻处提供用于配置情报中心和捐赠给个人所需要的图书数量。[93]实际上，以保证购买一定数量的图书说服日本出版社，就足以出版美国政府所期望出版的图书了。[94]虽然并不是特别提及日本，1952 年 11 月，美国国务院国际信息局情报中心服务局局长的一席话证明了此事。他说："与购买配给美国国内图书馆的图书所支出的费用一样，我们将花费大约预算的一半来购买捐赠给海外的图书。"[95]如此看来，日本市场的美国图书可以认为是检测日美文化关系紧密度的晴雨表。[96]

审查制度——以非民主主义的方法宣传民主主义

为了改变日本的军国主义思想和极端的国家主义思想，并教给他们美国的民主主义价值观，盟军总司令部的官员理所当然地认为，基于两次世界大战的经验，要对审阅以及报道机构给予行政上的指导。[97]事实上，在军事占领开始之前，为了实现日本非军事化和民主化的目标，美 43
国政府决定最大限度地利用媒体。1945 年初，由国务院、陆军部、海军部组成的三部调整委员会（State-War-Navy Coordinating Committee，SWNCC）下属的远东小委员会的委员长尤金·H. 杜曼说："改变日本民众基本的思考方式是我们在这场战争中最重要的任务。"为了实现对日占领的目标，该远东小委员会认为运用"一切媒体和传播手段"是理所当然的事情。为了对抗法西斯主义和共产主义的意识形态，确保美国在日本的长期的政治利益，远东小委员会强烈希望在恢复和平之后，战时宣传活动和心理战争的方法可以被继续运用。[98]

占领当局为了在日本的政治、经济、文化等各个领域确立民主原则而竭尽全力。尤其是民间情报教育局在密切关注能够让日本人振奋的有关民主主义的理念和信息的同时，还通过图书教诲日本人。但是，他们又不希望给人以强迫日本人的印象。[99]民间情报教育局为了实现此目标，准备了两种战术。一是，为了净化思想和言论，盟军的民事审查支队（Civil Censorship Detachment，CCD）通过审查限制管理日本媒体。民间情报教育局希望控制对美国有害的信息以及不合心意的译著在日本的发布和出版。[100]其主要目的在于防止日本人和其他国家利用媒体批判、反对对日占领。二是，除了控制有关对日占领目的的信息，为了宣传美国

的民主主义理念，情报普及分科（后称情报科）要最大限度地利用媒
44 体。但是，民间情报教育局很快意识到了这个战术面临的窘境，一方面拥护言论自由，另一方面又限制言论自由。占领当局者认为要平衡这两个战术是“言之易，行之难”的。因为民间情报教育局的政策和行动是以控制民主主义来普及民主主义，这是自相矛盾的行为。

根据第 12 号文件，面向日本读者的所有书籍都必须获得情报科的许可。[101]因此，民间情报教育局报道出版科和民间谍报局（Civil Intelligence Section，CIS）合作开展对翻译和出版的审阅。情报科由民间人士唐纳德·布朗、民间情报教育局局长唐纳德·纽金特中校和纽金特的秘书、女子军团的格林纳·克鲁上尉三人组成。[102]布朗是核心人物，负责从海外运到日本的所有书籍。他在决定翻译书籍的时候，将盟军总司令部的政策目的和日本纸张不足的情况都考虑在内。[103]布朗出生于俄亥俄州，毕业于匹兹堡大学，曾是在东京发行的英文报纸《日本广告报》（*The Japan Advertiser*）的记者。1945 年 12 月，他再次来到日本，直至占领结束都在民间情报教育局工作。[104]格林纳·克鲁战前曾经在神户女子学院担任秘书，因此很了解日本。这三位审阅了英文版的图书之后，再协商决定允许将哪些图书翻译成日语。

占领初期，虽然许多日本人对美国抱有强烈的好奇心，但同时也对盟军总司令部发布的信息和出版物持怀疑态度。实际上，在军事占领的情况下，日本人对美国的消极回应是不可避免的。尤其是民间情报教育局的审查和媒体管制惹恼了日本国民中的一些特定人群，特别是知识分子和大学生。大多数情况下，盟军总司令部的指令都是腾空而降，不作充分说明，也不允许大家议论，他们为此感到了盟军总司令部的审阅制度所带来的侮辱。[105]在审查制度下，知识分子不能随心所欲地撰写和出
45 版有关欧洲现代史、美国现代史以及政治问题的文章和图书，因此他们对占领当局感到十分厌恶。然而，为了不让占领当局察觉到他们对于军事占领的批判态度，他们在一定程度上压抑了自己的情绪，努力不直接表现出来。日本专家纳尔逊·C. 斯平克斯认为，随着对日占领渐近尾声，日本人感到可以比以往任何时候更自由地批判美国人的言行，在他们中间反美情绪不断高涨。斯平克斯毕业于斯坦福大学日本研究专业，

是威廉·J. 西博尔德的政治顾问。西博尔德是美国驻日本大使馆外事处处长，同时也是盟军总司令部对日理事会外事部部长。[106]

总体而言，所有的日本人都对官僚作风的繁杂的审查手续感到不满。比如，赠送个人礼物、交换书籍的时候，无论何种情况都必须通过民间情报教育局审查官的审查。甚至美国友人寄来的赠送给日本个人的书籍也会因为审查而被没收。[107]当得知盟军总司令部的审查比日本军部的审查更加严格时，日本的知识分子生发出极其反感的情绪。共同通讯社的专务理事松方三郎和东京大学教授、美国法律的专家高柳贤三抱怨说，盟军总司令部的审查制度缺乏正确性，难以预测。1947 年 6 月，20 名教授聚集在关西学院大学讨论大学教育的时候，纷纷表示了对于盟军总司令部审查制度的不满。一位教授说由于盟军总司令部的审查，很难客观叙述西方历史和亚洲历史，因为盟军总司令部将所有批判美国的内容作为审查的对象。[108]

包括知识分子在内，人们纷纷指出盟军总司令部是耽误自己的作品出版的罪魁祸首，并对此感到相当不满。譬如，民间情报教育局将美国律师协会的日语杂志的出版推迟了两周，因为托马斯·L. 布莱克摩尔向这个法律专业杂志投稿的论文中带有些许批判盟军总司令部政策的内容。[109]布莱克摩尔事件暴露了民间情报教育局审查制度的矛盾。虽然民 46
间情报教育局努力普及民主主义的理念，但与此相反，审查官在盟军总司令部的权力和权威下又管制民主主义的理念。关于民间情报教育局的审查制度，洛克菲勒基金会的查尔斯·B. 法斯说："虽然我们希望让日本国民学习言论自由，但是盟军总司令部的军事审查恐怕比日本军部的审阅更加严格。"[110]位于仙台的第九兵团军政府的哈伦·R. 斯坦森上校批判说，盟军总司令部的审查管制了书籍的自由流通，这种审查是错误的。他认为："即使有一些不合心意的图书，但是相比而言，让日本到处都充满图书则是更为理想的状态。"[111]

民间情报教育局教育科的陆军航空队少校马克·T. 奥尔认为，审查所产生的问题的大部分原因在于布朗，因此对他进行了强烈谴责。[112]奥尔少校是教育问题的专家，他曾多次尝试要获得民间情报教育局的出版许可，但是由于布朗的缘故数月未能获得任何进展，对此他感到极其愤怒。事实上，奥尔为了从民间情报教育局获得出版许可，花费了好几个月的时间。[113]不仅奥尔否定了布朗的工作态度，青年教育专家唐纳德·泰伯也认为纽金特和布朗两人都是“无能的、令人担心的”官员。泰伯称，纽金特和布朗不将工作重点放在如何提出富有建设性的活动方案上，而是在制定对部下的管理方法上投入了更多的精力。[114]有传言说布朗无法信任自己的部下，因此他的部下都失去了干劲。[115]

教育顾问 F. N. 柯林格尔也将布朗视为阻碍事情顺利进行的障碍。他说：“占领开始后不久，日本国民迫切想要阅读书籍。但是，由于数
47 月都未能给日本提供大量的书籍，美国可能错过了最好的时机。”[116]民间情报教育局的社会舆论调查分析官哈伯特·帕辛也指出，美国对日占领的成效不理想的原因在于军事审查导致工作过度迟滞。[117]帕辛说：“日本人的偏好又逐渐回到了过去他们学习的对象（法国、英国、德国等）。因为他们对于美国文化的兴趣和关心一直都没有得到满足。”[118]然而，尽管日本国民曾高度评价德国文化，但是，“二战”以来，德国图书的日文译著急剧减少，因为日本出版社很难与德国出版社取得联系。[119]

民间情报教育局的罗伯特·B. 特克斯特严厉地批判了盟军总司令部，指责他们为了给日本国民提供学习民主主义的机会，竟耗费了如此长的时间。他说：“数千册的图书搁置在仓库长达一年甚至更长的时间，这使得几十万受过教育的日本人不能够阅读到有关民主主义世界的书籍，错过了这个极其重要的民主化时期。”[120]特克斯特在 1946 年春天至 1948 年 7 月的留日期间，任和歌山县地方司令部民间情报教育局局长。在此期间，他四处奔走，十分认真地观察日本民主化的实情。斯特克斯所著的《在日本的失败》一书获得了很高的评价，他在书中写道：“从美国派往日本的富有经验的图书管理员们，在书籍被搁置仓库的这段时间里在东京到处闲逛。”[121]

不仅日本人，活跃在日本的外国记者也对盟军总司令部的严格规定感到失望。每次外国记者离开东京的时候，参谋二部都必须向盟军总司令部提出申请，从盟军总司令部获得许可。参谋二部的部长是陆军少将查尔斯·威洛比。他是盟军总司令麦克阿瑟的左膀右臂。外国的通讯员，尤其是苏联人觉得参谋二部的官僚主义过于严重，手续也过于形式主义。苏联记者认为盟军总司令部的保卫政策是一种屈辱，也是侮辱。

他们在行动的时候，按照规定，无论何时何地参谋二部的官员都紧随其 48
后。开展行动的时候，他们必须出示通行证，而且无论是去餐厅、旅馆还是搭乘火车，所到之处都竖立着“禁止入内”的牌子。据说，他们经常陷入错觉，仿佛自己是“参谋二部的俘虏”。[122]事实上，这些外国记者虽然有着强烈的被压迫感，但是又不得不在日本生活。他们被允许访问的地方仅限于面向美国人的电影院、美国人常去的酒吧以及像舞厅那样在日本已被“美国化”了的场所。不仅如此，他们的生活与普通日本人的生活完全隔离。因此，苏联记者基本上无法随意地观察到真正的日本。[123]他们感到占领当局只让他们看到“被美国化了的日本”，而刻意隐藏“真正的日本”。他们不得不认为盟军总司令部如此监视外国记者的目的在于，通过只展现在日本取得成效的那部分美国文化，让外国记者对美国文化的伟大留下深刻印象。此外，他们还认为住在日本的美国人并不一定都“体现了文化、文明和民主主义”。[124]

著作权问题

翻译出版美国书籍必须要从美国出版社获得著作权许可。在民间情报教育局的翻译项目中，著作权问题成了翻译出版美国作品的巨大障碍。基于民间情报教育局的翻译项目，日本的出版社签订了翻译出版多达 490 本美国图书的合约。然而，实际可以出版的图书只有 250 本。[125]
譬如，1952 年，日本总计出版了 1174 本译作，其中美国的译作只有 49
103 本。[126]与之相比，法国的译作约为 330 本，英国的译作在 200 本以上，苏联的译作为 370 本。[127]根据国务院文化情报项目的负责人多萝西·R. 沃德的报告，1952 年的日本图书出版市场中美国图书的占有率只有苏联的三分之一。为此，沃德感叹说美国的文学作品在日本读者中不受欢迎。[128]然而，格林纳·克鲁反驳称日本到处都是苏联图书的传闻毫无根据，是虚假的。根据第 12 号文件，面向日本读者的图书必须从民间情报教育局情报科获得出版许可，所以苏联图书越来越难进入日本。克鲁反过来批判华盛顿政府没有投入更多的资金提供更多的美国图书。克鲁将华盛顿政府作为攻击对象，因为一年多以来，民间情报教育局在每周的电传会议上不断要求华盛顿政府提供资金，但是一直没有得到回应。[129]

美国图书在日本人中不受欢迎的原因是什么呢？第一可以说是著作权的问题。[130]如前所述，著作权问题使得美国作品无法在日本翻译出版。虽然日本人想出版美国作品，但是他们为此必须从盟军总司令部或者美国陆军部获得著作权的许可。没有获得著作权则意味着从这本书出版开始计算的 28 年内，日本都没有权利将其翻译成日文在日本国内出版。因为根据当时的著作权条约，美国著作权的有效期限为 28 年。[131]与此相对，英国和法国的著作权的有效期限为 10 年，过了这个期限就可以免费翻译。[132]而且，美国的著作权费用一般都很高，这就削弱了美国在日本出版业的竞争力。[132]例如，法国和英国的图书著作权的费用一般为
50 6%，而美国则为 8%—10%。[133]

美国图书在日本人中不受欢迎的第二个原因在于，美国出版社要求的昂贵的版税和著作权经纪人的复杂且令人费解的操作惯例。这些要素相互作用，导致日本出版商要获得美国图书的著作权十分困难。由于不切实际的昂贵的版税（10%—20%），美国几家大型出版社开始失去其在日本的翻译版权市场。日本最大的出版社岩波书店取消了与麦格劳-希尔出版公司就出版译作进行的交涉。因为麦格劳-希尔出版公司通常向日本出版社要求 18% 的版税。[134]1945—1952 年的对日占领期间，日美两国的出版商在交涉著作权问题时，使用了两种方法。一是根据民间情报教育局的规则，著作权将出售给出价最高的投标者。二是通过当地的美国著作权经纪人，尤其是像乔治·托马斯·福斯特这样有名的人物。福斯特是美国国家广播公司（National Broadcasting Company，NBC）广播和电视节目组在远东地区的总监，根据盟军总司令部第 12 号文件，他在 1943 年 3 月获得了著作权代理人的资格。福斯特从美国的著作权所有者处购得著作权，再出售给日本的出版商，扮演着“著作权销售人”的角色。因为在这个行业福斯特基本上没有竞争者，所以传言他是“垄断者”。当日本出版商被要求支付很高的版权使用费的时候，他们怀疑是福斯特想要牟取暴利。当福斯特因为收取昂贵的手续费被广为人知的时候，也证明了日本人对他的怀疑是对的。[135]1935 年 6 月，除了福斯特之外，阿尔弗雷德·A. 克诺夫出版社也与作为其他出版社在日本

的代理的查尔斯·E. 塔特尔公司合作，在日本开设了小型的美国著作权代理公司。查尔斯·E. 塔特尔公司向日本出版社收取合理的版税，因而接手了大量的工作。不过塔特尔公司在 1952 年申请了 150 本书的 51
著作权，但是最终只获得了 50 本图书的著作权。[136]

美国图书在日本不受欢迎的第三个原因是不利于日本的外汇管理规定和纸张的不足。因此，日本国民出版图书和杂志就愈加困难了。麦格劳-希尔世界新闻社的阿尔菲厄斯·W. 杰瑟普说："因为用日元购买美国图书的价格太高了，有些日本人购买一本美国图书就要花费半个月的薪水。"[137]民间情报教育局局长唐纳德·R. 纽金特承认，有关翻译工作被大幅推迟的原因在于迟迟没有解决著作权问题。与此同时，他认为另一个原因在于主张以美元结算而拒绝日元的美国出版商。纽金特认为，以美元结算的政策是不切实际的，也是没有意义的。[138]总而言之，由于这些问题，美国的译作在很长一段时间里都无法到达日本国民的手中。

1948 年 5 月，民间情报教育局终于允许日本出版商可以直接联系外国的著作权所有者，并明确了获得翻译和出版权的各项手续。[139]1949 年起，日本出版商开始直接与外国的著作权所有者直接联系。[140]事实上，截止到 1949 年 12 月，出版商通过民间情报教育局签订了多达 374 册外国图书的翻译合约。这些图书中 324 册是美国图书，都是盟军总司令部推荐的对于促进对日占领目的的实现很有价值的书。[141]此后，民间情报教育局依然会浏览外国图书的列表，继续进行审查，只是其目的仅在于确认图书的主题是否过于偏激。[142]

盟军总司令部的官僚主义 52

盟军总司令部民政局在实行民主化和非军事化方面积极辅佐麦克阿瑟将军。[143]民政局在盟军总司令部的官僚机构中占据中心地位，在政治民主化方面进行了许多富有实际意义的改革。[144]1945 年 12 月至 1951 年 4 月，民政局由陆军上校考特尼·惠特尼负责。惠特尼也是一名律师，被称为"巴丹男子"。[145]因为他是菲律宾游击队活动中的指挥官，有着与麦克阿瑟共同行动的经验。

实际上，民政局进行了连续的政治改革。战后不久，民政局释放了监狱里的政治犯。[146]这些政治犯大多是共产主义者。1946年11月3日，日本国民在盟军总司令部的指挥下通过了新宪法。新宪法确立了人民主权的原则，禁止将战争作为实施国家政策的手段。[147]同时规定女性在法律上与男性一律平等，拥有选举权。[148]根据新宪法的规定，公民可以参与各种公众问题，由此日本的政治发生了巨大变化（关于美国的民主主义制度和日本国民的反应，请参照第二章）。

盟军总司令部是有着严格的阶级制度的行政机构。从理论上讲应该是很有效率的，然而，实际上，在组织和行政上，盟军总司令部为殖民地行政所面临的问题而苦恼。这些问题大多数是源自盟军总司令部对日本的间接统治。究其原因，在于盟军总司令部与现场工作的官员之间联系不够且缺乏合作。

盟军总司令部下属的横滨第八军本部指挥着京都第一军团的军政本部和仙台第九军团，同时还直接监督东京-神奈川、中国和四国三个地
53 区。另一方面，第一军团管理和运营近畿、东海-北陆、九州三个地区的军政本部。而第九军团管理和运营北海道、东北和关东三个地区的军政本部。地方军政官员的作用在于同现场工作的官员保持联系。[149]以民间情报教育局局长唐纳德·R.纽金特为例，在发送指令方面，纽金特没有向县级负责教育的官员直接下达命令的权力，甚至也不能直接联系现场官员。他要联系现场官员的方法十分复杂。首先从横滨的第八军本部到京都的第一军团，然后从第一军团到兵库县的地方军司令部，接着从战术指挥官到军政官员，再从军政官员到负责教育的官员，必须经过上述各个阶段才能取得联系。而要接受现场官员报告的话，其流程则与上述流程正好相反。[150]

民间谍报局的威廉·L. 马吉斯特蒂指出，盟军总司令部与现场军政官员的联络手段非常糟糕，要实现军政目的，这种军事组织是不适合的。他认为这个问题的原因就在于军事组织。他还指出军政支队的战术司令官很无知。他很不满地说，战术司令官不仅不了解日本，也不怎么关心日本国民的再教育。[151]民间情报教育局负责社会教育的官员对在地方工作的美国官员的批评更为严厉。在地方学校视察一周后，他焦躁地说道："在盟军总司令部，大家都容易抱有一种幻想，觉得只要与专家

或者与教育部的官员们协商的话，就能解决一些问题。但是，真正的工作必须要由与当地学校有直接联系的军政官员来做……而大多数军政官员只是一群为了迎合上司意见而行动的人。有资格去落实这项工作的人和关心这项工作的人不到‘整体’的10%。”[152]

另外，他在地方参观学习的时候发现，地方的军政官员不仅无能而且妄自尊大、存在种族歧视。最后，他几乎是直言不讳地说道：“我们 54
没辙了。”[153]律师托马斯·L. 布莱克摩尔批判盟军总司令部与地方军政缺乏一体性。他意识到，虽然盟军总司令部的目标是实现日本行政机构的地方分权，但是“宪兵司令官为了维持法律和秩序，他们却以维持一个高效的、中央集权制的警察力量为目标”。布莱克摩尔报告称：“改革警察组织的决定只持续了12个月。”[154]

盟军总司令部也对人事问题感到苦恼。因为人事问题与组织问题一样严重。麦克阿瑟将军与他的亲信们清楚地表明了这个问题的性质。《泰晤士报》驻东京的通讯记者弗兰克·霍利是麦克阿瑟将军的崇拜者。他认为，虽然麦克阿瑟将军能够凭借获得的信息做出最稳妥的判断，但是传送到将军手里的信息的质量“十分糟糕”。[155]霍利称，“麦克阿瑟将军是一个有责任感、重情义的人，他现在仍然看重与巴丹的那些伙伴们之间的情分。将军的身边尽是一些没什么才能的人，而能够将信息提供给他的却只有这些人”。[156]纳尔逊·斯平克斯也与霍利有同感。斯平克斯说，麦克阿瑟的虚荣心很强，他无法忍受对自己的批判性意见。因此麦克阿瑟只将那些奉承自己的人安置在身边。[157]斯平克斯还指出：“总司令身边有太多喜欢在日本人面前自恃伟大的无知小人。”不仅如此，他还道出了以下令人难以置信的事实。他有一位在经济科学局工作的友人，战前只有6个月银行职员的工作经验。尽管如此，战后，这个美国人却对拥有300年传统的日本银行制度和银行家指手画脚。[158]

迪恩·鲍曼曾经是战略情报局（Office of Strategic Services，OSS）
的一员，任职于国务院日本-韩国经济问题科，他对于日本经济的趋势 55
有着与斯平克斯相同的担心。他说，由于麦克阿瑟在美国备受称赞，所以他没有足够关注日本的经济状况，很多问题都被束之高阁。鲍曼说：“麦克阿瑟将军拒绝对日本经济负责。然而，由于占领的各种措施，日本国民无法对日本经济承担起全部责任。”他还补充道：“‘奢侈的占领’给日本经济增添了不必要的负担。”[159]鲍曼的分析无疑是正确的。譬如，1946年，日本政府将国家预算的三分之一，即1200亿日元花在了美国占领军的经费支出上。[160]1946年以后，日本政府每年为了支付占领军的经费必须从国家预算中拨出400亿日元。1952年，占领军经费高达2210亿日元。日本国民支付了50亿美元（约2兆日元）的占领军经费。[161]在叙述关于占领军性质的时候，乔治·F. 凯南在《回忆录》中如此写道：“占领机构是一个巨大的负担，在很多方面都具有寄生性质。我个人觉得十分遗憾，为了各种各样的占领目的，日本国民被迫缴纳各种税款。而且并不能保证参加占领的官员完全没有中饱私囊的情况。”[162]

事实上，盟军总司令部代替日本做了所有的决定。但是，盟军总司令部的美国官员却说对日本政府负责任的应该是日本人，对日本人进行了十分严厉的训斥。盟军总司令部还要求日本政府各部门必须录用美国顾问以处理盟军总司令部的指令。[163]正如犀利的斯平克斯看到的那样，如此情况下，期望日本出现有能力的领导者仿佛天方夜谭。斯平克斯认为，无论占领的成果如何，大半的功劳应该归于积极配合的日本国民。如果日本人不配合盟军总司令部而采取否定态度的话，那么对日占领可
56 能会变得极为困难。除此之外，斯平克斯还认为，占领体制产生了双重官僚机构。所谓双重官僚机构指的是日本政府的官僚机构和盟军总司令部的官僚机构。由于方针政策的瞬息万变，受多重规定限制的日美两国的双重官僚机构，以及审查中过分官僚的形式主义等原因，日本国民的进取精神陷入了窒息状态。[164]这是盟军总司令部对日本进行“间接统治”的一个侧面，同时也可以认为是反映外国军事占领统治的复杂性以及双重标准的一个例证。

第二章　冷战、“相反路线”、国家主义的兴起 57

将日本国民的真正幸福——或者日本国家的力量——置于次要位置，这是毋庸置疑的事情。最重要的是，我们首先要从日本那里保护我们自己，其次是处理对战胜国的赔偿问题。而考虑日本国民的真正幸福则是在此之后的事情。

——肯尼思·C. 罗亚尔陆军部部长，1948 年

我们无须那么在意日本是否是民主国家。因为所谓民主主义，归根结底不过是为了达到目的而采用的手段。我们所关心的是美国的安全与繁荣。

——艾利胡·卢特二世，1950 年

只要日本是美国的同盟国，那么就会存在这样一些主要的危险，美国的影响可能会动摇日本社会的安定，或者在反美旗帜下日本国民的力量可能会汇聚在一起。

——约翰·D. 洛克菲勒三世，1954 年

1947 年 3 月 17 日，自占领开始不到一年半的时间，道格拉斯·麦克阿瑟将军宣布，《波茨坦公告》确立的日本的非军事化的目标已经实现，占领日本的第一阶段结束了。随后，麦克阿瑟催促美国政府抓紧时间起草与日本的媾和条约的草案。[1]麦克阿瑟早期的提案强调日本是弱小国家不对其他国家形成威胁。他认为日本站在如此弱势的立场上，对于

58 美国以及亚洲-太平洋地区的安全保障是十分有益的。

国务院内部新设立的政策企划室室长乔治·F. 凯南，反对麦克阿瑟提出的媾和条约的早期提案。凯南认为，解除日本武装以及实现非军事化对于对抗共产主义的威胁是必要的，也可以借此削弱它们在日本的能量。在一年零一个月前的1946年2月，凯南从莫斯科给华盛顿发了一封长篇电报。这封电报分析了共产主义者战后的世界观，此文于1947年7月刊登在了《外交事务》（*Foreign Affairs*）杂志上，并因其题目“X氏”而出名。此后，凯南作为“遏制政策之父”为人们所熟知。[2]1948年2月26日，凯南为了与麦克阿瑟会谈，深刻地认识到访问日本的必要性。他因此访问了日本，与麦克阿瑟进行了长时间的会谈。在凯南看来，媾和条约缔结之后，为了寻找到一条能够让日本为“远东地区的安定和繁荣”做出富有建设性贡献的道路，“重建日本经济”成为迫在眉睫的问题。因此，此次会谈中，凯南显然对麦克阿瑟强调了“重建日本经济”的必要性。通过会谈，驻日盟军总司令麦克阿瑟认可了凯南的主张。回到华盛顿，凯南立即向国务卿乔治·C. 马歇尔提出了以美国不应急于缔结与日本的媾和条约为主旨的报告书。国家安全委员会（NSC）因此通过了将早期关于媾和条约的提案暂时搁置的决议。[3]其主要目的在于给日本足够的时间做好准备，使其在实现独立之际能够承担必要的责任。此后的历史证明，凯南的想法和判断是正确的。

随着冷战愈演愈烈，全世界的人们都看到整个地球几乎被划分成了东西方两大阵营。1948年2月25日，共产主义者夺取了捷克斯洛伐克联合政府的政权。1948年6月24日，莫斯科政府表明了建设柏林墙的
59 意图。美苏两国围绕着1948年柏林墙的封锁以及柏林大空运等难题展开了激烈的对抗，双方都想增强本国的实力和影响。当时，那些刚刚完成独立的发展中国家，为了确立适合本国的政治、经济和教育制度，急需来自海外的资助、指导和支援。冷战中的美苏两国，为了获得新兴的发展中国家的好感和支持而展开了竞争。

也许正是以欧洲发生的一系列事件为契机，美国政府采取了顺应冷战强硬路线的对日政策。后来，这一政策被称为“相反路线”，并在1948年10月7日的“关于美国对日政策的劝告”中得以具体化。这个

文件以“国家安全委员会第13/2号文件”之名而被人们熟知，凯南的提议中很大一部分源自此文。[4]除此之外，1948—1950年期间发生的两大事件也是导致东亚爆发冷战的主要原因。这两大戏剧性的事件正是1949年10月中国共产党的胜利和1950年6月朝鲜战争的爆发。毛泽东领导下的中国共产党政府最大程度地利用其掌握政权的局面，于1950年2月14日与苏联签订了有效期为30年的友好同盟互助条约。

美国政府对于这些事件迅速地做出应对，采纳了1950年4月14日由国家安全委员会提出的报告书——人们所熟知的“国家安全委员会第68号文件”——中的政策建议，决定将其作为美国应对在东亚的冷战的政策而付诸实践。[5]由于朝鲜战争的爆发，美国的领导者不得不重新定义关于东亚政策的优先课题。在急剧变化的国际环境中，日本国民为了应对这些事件对本国产生的威胁，深切认识到在美苏两个超级大国对决的格局中，致力于日本的和平和安全的必要性。

以哈里·S. 杜鲁门总统为首，迪安·艾奇逊国务卿、杜鲁门总统的顾问约翰·福斯特·杜勒斯以及凯南这些美国的领导者认为，莫斯科 60
政府不仅想要将欧亚大陆，甚至想将世界上各个地方都置于苏联的统治之下。他们担心，需要海外支援的发展中国家，是否会在共产主义者的反美宣传活动下，对美国采取不友好的或者敌对的态度。为此，美国以自由世界的生存为赌注，投身同全世界共产主义的严峻斗争。对于美国国民而言，这是没有回头路可走的，而且是没有任何选择余地的决断。关于日本的作用，从霸权国家的责任以及美国国家安全的观点出发，美国的领导者得出了一致的结论：应当保留日本作为美国同盟国的地位。绝不能让东亚地区置于共产主义势力的统治之下，并且为了防止此类情形的发生，应该将此作为美国政府最优先考虑的问题。[6]因为他们认为此类情形的发生会给整个亚洲带来不可估量的巨大影响，会给亚洲地区带来极大的灾难。

美国版的“相反路线”

美国政府重新研究了一直以来所实行的将日本重建为民主、爱好和平的国家这一方针，更改了政策的优先顺序，确立了让日本成为美国的

“亚洲工厂”和“应对共产主义的防洪堤”的新目标。正因为如此，华盛顿政府要么必须延缓在日本的占领改革的实施速度，要么必须全面停止强加给日本国民的占领改革政策。[7]美国的这一方针改变通常被称为“相反路线”。从某种意义上来说，其起源可以追溯至1946年的美国总
61 统大选。1946年的美国总统大选，在财政问题上持保守态度的共和党获胜，随后华盛顿发生了巨大的政治变动。也就是说，“相反路线”可以说是起源于这场政治变动。这也反映了当时美国国内的民众对于共产主义威胁愈来愈强烈的不安和恐惧心理。对于共产主义的这种不安和恐惧与1950年代初来势凶猛的麦卡锡主义有着密切的联系。

尽管美国已经表明初期对日占领的目的是实现日本的民主化和非军事化，然而，在政治环境如此变化的情况下，美国人中也有人完全没有注意到初期对日占领目的的改变，也没有注意到此目的在一定程度上被牺牲了的事实。陆军部部长肯尼斯·C. 罗亚尔就是其中之一。1948年1月6日，罗亚尔部长在发表关于对日政策的演说时，表示希望能够修改占领计划。罗亚尔部长说：“将日本国民的真正幸福——或者日本国家的力量——置于次要位置，这是毋庸置疑的事情。最重要的是，首先我们要从日本那里保护我们自己，其次是处理对战胜国的赔偿问题。而考虑日本国民的真正幸福则是在此之后的事情。”[8]除此之外，律师艾利胡·卢特二世也支持美国政府改变政策，并且就日本的情况做出了以下很有说服力的评价。卢特说：“我们无须那么在意日本是否是民主国家。因为所谓民主主义，归根结底是为了达到目的而采用的手段。我们所关心的是美国的安全与繁荣。”他还补充说：“如果通过权威主义体制能够实现这个目的或者至少使我们不会遭遇危险的话，那么我们就没必要为这种体制的非民主性质而烦恼。我们没必要像那些纸上谈兵的人一样一味追求理想中的事情。”艾利胡·卢特二世还说，美国“要体谅日本国民，不应该期待他们能在一夜之间就成为完美无缺的民主主义者”。[9]
62 身体力行地感受到华盛顿政治气氛变化的尤金·H. 杜曼认为，对日占领改革已经不符合美国的国家利益了，并且许多占领改革是“以幻想为前提的”。这位美国国务院的远东问题专家还补充说，占领改革“也许并没有奏效，我们试图将占领改革永久性地强加给日本国民是错误

的”。[10]杜勒斯赞成杜曼的意见，他说：“如果强行坚持占领改革，这份努力将徒劳无果。”[11]

美国政府冷不防地突然改变政策优先顺序，其最初的具体形式体现为让日本重建军备的要求。根据 1948 年 11 月国家安全委员会发出的劝告，美国政府的要求改为必须在日本成立由 15 万人组成的国家“警察队”。遵照国家安全委员会的这一劝告，杜勒斯在朝鲜战争爆发的前几天访问日本，强烈催促吉田茂首相成立大约由 30 万人组成的日本军队。[12]1950 年 7 月 8 日，麦克阿瑟命令吉田首相领导的日本政府，以国家警察预备队之名新编了由 7.5 万人组成的地面部队。[13]成立国家警察预备队的一个目的是为了朝鲜战争，在被紧急派往朝鲜半岛的美国占领军中国家警察预备队占了很大一部分，同时他们也被期望能够维持日本的法律和秩序。

美国“相反路线”的另一个具体形式表现为盟军总司令部大规模的反共运动。其目的在于抑制日本的左翼势力，使它们失去信用。1950 年 5 月 3 日，麦克阿瑟将军暗中挑唆，使日本共产党非合法化，以应对世界各地高涨的东西方阵营之间的紧张气氛。1950 年 6 月 26 日，朝鲜战争爆发的第二天日本开始“剿红”。那天，麦克阿瑟命令日本共产党的机关报《赤旗》禁止发行一个月。接着，于 7 月 18 日，麦克阿瑟将此命令的有效期无限期延长。[14]自 1950 年至 1951 年，许多左翼杂志和定期刊物都接连消失了。据称，1950 年 1 月至 6 月，有 511 种定期刊物和杂志被停止发行或禁止发行。[15]这反映了右倾化的局面以及人们所熟知的“道奇计划”，即 1949 年保守的经济紧缩计划[16]。 63

其他领域的“剿红”始于 1946 年读卖新闻的第二次争论。此次争论以解雇包括铃木东民在内的 6 名工会领导者而告终。[17]“剿红”的目的在于破坏公司和产业界的激进工会组织。占领当局的官员和保守的政治家，以及政府官僚和企业的管理人员，为了杜绝激进的左翼和共产主义者带来的他们所认为的对社会的威胁，从而形成了密切的合作机制。

在高等教育领域，盟军总司令部民间教育局的顾问沃尔特·C. 埃尔斯于 1949 年，以新潟大学为开端，开始驱逐全国各地大学校园里支持共产主义的教授。1950 年 5 月 2 日，由于东北大学学生的强烈抗议，埃尔斯不得不放弃了演讲。这段时期彻底实施“剿红”的结果是，自1949年末至1950年6月朝鲜战争爆发，公共部门中约有1.1万名工会活动家被解雇。[18]朝鲜战争爆发之后，“剿红”活动扩大至民间部门，截至1950年末，又有1万至1.1万名左翼工作人员被解雇。[19]

与此形成对比的是，1950年10月13日政府发出公告，“解除整肃”全面开始。战后初期，约有70万人由于支持军国主义和煽动日本侵略而被革职。教育界的50万教育工作者中约有12万人被革职，或者为了避免被革职而主动辞职。[20]但是政府公告让自1946年1月4日至1947年中被驱逐的10090人复职。[21]如此一来，以教唆军国主义和极端国家主义的理由被“永久性”开除的那些人，此时又可以回到公共部门中来。[22]1951年6月20日，日本政府宣告解除对包括石桥湛山和三木武吉在内的2958位政界和财界知名领导人的整肃。与此同时，同年7月2日，全国各地的领导人共66425人被解除整肃。直至媾和条约生效
64 的1952年4月28日，曾被革除公职的全体人员中的三分之二被解除了整肃。[23]

苏维埃版的“相反路线”

莫斯科的共产主义者积极还击盟军总司令部在日本的反动运动。1950年1月6日，以共产党情报局的名字为人熟知的共产党-劳动党情报局，公然地强烈谴责日本共产党。共产党情报局采取的这一措施被认为是，为了在日本建立强有力的共产党而付出的一种努力。共产党情报局是在苏联共产主义者的领导下，于1947年由欧洲共产主义的各个政党组织而成的。共产党情报局以加强共产党之间的密切合作和信息交换为目的，同时还欲将共同的政治路线强加给东欧各国的六个共产党，以及意大利和法国的共产党。[24]共产党情报局也是苏维埃政府对美国发起的世界规模的反共运动的回应。杜鲁门主义和马歇尔计划就是美国反共运动的典型例证。杜鲁门主义将封锁苏联的扩张主义作为美国的外交基调，于1947年3月12日发表。杜鲁门主义承诺援助希腊和土耳其，同时对于其他地区也坚称将投入美国的经济和军事资源以帮助其抵抗外来侵略。马歇尔计划（欧洲复兴计划）则是以复兴欧洲经济为目标的大

规模的对外援助计划。马歇尔计划强调，美国的政策并不针对特定的国家或者某种教义，而是面向饥饿、贫困、绝望和混乱。这一计划于1947年6月5日由国务卿乔治·马歇尔付诸实施。尽管美国政府标榜人 65
道主义理论，然而，随着欧洲复兴计划的具体化，马歇尔计划开始显现其真正的本质。苏联认为，马歇尔计划是美国为了防止共产主义的势力和影响力在欧洲各地的扩大而采取的对策。因此，苏维埃政府拒绝了美国对苏联提供援助的申请，这表明了苏联阻止马歇尔计划实施的决心。

自1920年代和1930年代的两大激战以来，马克思主义在日本作为指导思想在知识界有着巨大的影响力和权威。“二战”后，在美国对日占领的初期阶段，共产主义意识形态对许多人产生了极大的影响，尤其是知识分子。[25]由于战前的那些没有任何异议的忠诚教义、被默默遵从的国家宗教，以及以武力为背景的国家意识形态，皆丧失了国民对其的信任，这使得国家主义的意识形态和竞争被人们排除在外。[26]不仅如此，强调经济决定论的马克思主义对于日本人而言，是能够帮助他们解决身边存在的所有问题的唯一一个系统性的意识形态。正因为如此，马克思主义者获得了日本国民极大的尊敬和信赖。[27]

“二战”结束后，共产主义意识形态拥有如此巨大影响力，可以说是因为许多日本共产党员坚决地站在反战的立场上，即使在战争中被捕入狱也坚决拒绝改变意识形态，而且日本共产党是唯一一个坚决反对战争的政党。战后，共产主义者从漫长而艰辛的牢狱生活中被解放出来之后，为了实现日本的民主化，他们立刻表明了进行和平革命的立场。对于日本知识分子而言，这样的共产主义者是非常耀眼的存在。然而，他们心底里也对共产主义者心怀愧疚和自卑。许多知识分子感受到了自己无法在1941年阻止日本的侵略战争时的无能为力，但他们不得不勉强 66
接受战争的事实。[28]他们对于共产主义者的这种矛盾心理深深地扎根于他们内心。[29]

然而，对于日本共产党来说，事情顺利进展的时间并没有持续很久。如前所述，1950年1月受到来自共产党情报局的谴责之后，日本共产党的政治影响力已经开始慢慢衰弱了。共产党情报局公然批判日本共产党的路线，即“和平地过渡到‘人民政府’”。从美国的“相反路线”在日本的影响来看，日本共产党的期望是非常不现实的。因此，日本共产党委员长野坂参三，因其发表了“通过和平手段在日本推行革命的前景是乐观且容易的策略”这一言论，而受到共产党情报局的公开批判。日本共产党接受了来自共产党情报局的批判并道歉。日本共产党的“主流派”承认了自己的过错，表示遵从共产党情报局的命令，放弃了建立“受爱戴的政党”的政策。在共产党情报局的统治下，日本共产党独立自主的决策显然已经被国际性的方针所取代。[30]日本共产党接受共产党情报局的批判及其所做的道歉，体现了日本国民缺乏自主性的特点，即在权威面前软弱而顺从的态度和思考方式。

由于方针政策的突然改变，日本共产党付出了巨大的代价。日本共产党不仅丢失了颜面和主体性，而且受到来自盟军总司令部的刁难和彻底的镇压，失去了民众的广泛支持。包括知识分子和学生在内的许多日本左翼人士和共产主义的支持者，对于这样的事态发展感到混乱，同时也感受到了一种强烈的被排斥感。围绕如何应对共产党情报局批判的问题，日本共产党指挥部分裂成两大派。一派是包括德田球一、野坂参三和伊藤律在内的主流派（感想派），另一派是包括志贺义雄和宫本显治
67 在内的国际派。主流派主张拒绝来自共产党情报局的批判，而国际派则主张日本共产党应该接受共产党情报局的批判。[31]不仅如此，共产党情报局的批判还导致了普通党员之间的严重不和。经过日本共产党内的权力斗争之后，大部分的主流派都潜伏到了地下。由于共产党的内外都面临着诸多困难，以及随之而来的意识形态的混乱，日本共产党和马克思主义的影响力在日本变得愈来愈小。[32]

总而言之，由于美国和苏联采取的“相反路线”，许多日本人陷入了混乱状态。其中，许多人因为焦躁而从情感上提倡反美主义，也有人因为无法理解美国的真正动机而感到困惑。与此同时，有洞察力的日本自由主义的知识分子强烈反对追随美国政府并采取修正主义的“相反路线”政策的日本政府。他们希望维持在占领期间从美国引入日本的各种制度，拥护占领改革。无论是日本人还是美国人，亲眼目睹了政府政策变化的许多人都感受到了，美国对日占领的性质已经从初期的“甜美的蜜月旅行”变成了最后阶段的“事事精明”。[33]一位苏联记者对日本具有

非常敏锐的观察力，他报道称：“无论这听起来多么的讽刺，居住在日本的美国人，将富兰克林·罗斯福的民主方针朝着增强军国主义的反动右派势力的方向进行了大转换。”他还补充道：“美国国民中有人想要在日本建立新兴的‘美国幕府’——20 世纪的封建幕府。如果这一想法得以实现的话，日本国民将沦为美国的奴隶，这比单纯地被征服更加悲惨。”[34]

战后日本国家主义的兴起 68

战后亚洲各地国家主义的兴起再次激发了日本国民的国家主义情感。与此同时，长期的军事占领也煽动了日本国民的国家主义情绪。人们认为反对美国的占领政策是不可避免的，是早晚都会发生的。截至 1950 年，美国统治者与日本的被统治者们愈来愈清楚地看到盟军总司令部的改革项目的自相矛盾。随着日本逐渐走出战争阴影，日本人对于占领所怀有的不满情绪开始显现。

日本国民，尤其是对于美国占领军表现出了十分明显的困惑和郁闷。美军的存在与国家独立的理念相对立，因此经常让日本人在内心深处存在着面对美国的自卑感。他们对于联合国的占领十分愤怒。因为日本人认为美国占领军的存在是从外部对自己的生活方式和日本文化的干涉。[35]

随着占领临近结束，日本国民的国家主义情感愈来愈高涨。他们在表达自己的国家主义情感时——在占领初期这样的事情极其罕见——，有人公开严厉批判占领改革，也有人开始重新审视在占领初期盲目而全面地接受美国式事物的态度。他们不再直接引进西方文化，逐渐开始探求日本文化中残留的日本独有的元素。他们停止嘲讽日本文化，开始重新评价本国的文化遗产。他们强调在日本传统生活中体现的精神和物质的价值，开始努力制定保存这些价值的方案。他们为了重新发现日本文 69
化遗产而做出的努力，在歌舞伎、文乐以及民间工艺这类日本传统艺术领域最为突出。日本人坚信，传统艺术是能够让自己继承卓越的才能。[36]

以下两件事是日本国家主义兴起的重要转折点。一是盟军总司令部于 1947 年 2 月 1 日颁布指令，禁止已经计划好的总罢工。麦克阿瑟将军于1月31日发布禁止总罢工的命令时，在大多数日本国民的眼中，盟军总司令部与美国占领军已经不再是不折不扣的、自由主义式的民主主义的象征，也不再是日本民主主义的支持者。[37]另一件事则是1947年4月25日举行的选举。这是“二战”结束以来的第二次全民选举。虽然日本社会党获得了国会中最多的议席，但这也导致了保守势力的迅速复活。[38]

战后日本的保守主义

虽然日本在战时和战后经历了难以想象的痛苦，但是日本保守派的思想和人生观基本上没有发生变化。战前日本的保守主义是以包括军人和文职官员在内的政府官僚、工商业界的领导者和农民为核心的，但是1945年以后，保守主义的领导层基本上由文职官员的上层和都市的经济界人士组成。[39]日本的保守派在意识形态层面上既不是进步的也不是自由的，反而是在政治上毫无建树的政党，也就是既支持日本进步党也支持日本自由党。[40]1945年11月16日成立的日本进步党的前身是战前的民政党，是拥护弊原重喜郎担任领导者、提倡反共主义和捍卫国体的超级保守政党。1945年11月9日成立的日本自由党是战前政友会的后
70 继政党。虽然领导日本自由党的是鸠山一郎，但是不久吉田茂便担任了领导人的职位。[41]

在1947年4月25日的首相选举中，由于日本社会党在国会中的议席不到半数，1947年6月，日本社会党党首片山哲被迫建立联合内阁。[42]而片山联合内阁仅仅持续了九个月，便于1948年2月瓦解了。这个内阁首相不仅受到了来自盟军总司令部的要求日本重建军备的压力，而且遭遇了日本社会党内部与左派的纠纷和民主党的分裂等极大的政治混乱。[43]

由于片山内阁的瓦解，加之盟军总司令部的强烈推荐，1948年3月10日，芦田均内阁诞生。然而，这个联合内阁比片山前内阁还要短命（不到7个月就结束了）。其原因在于劳动者对诸如政府卷入融资和合同的昭和电工贪污事件这一政治丑闻，以及旨在剥夺公务员的集体谈判权和罢工权利的201号政府法令等政府政策的强有力抵抗。

日本国家主义复活的征兆只有在那样的政治动乱中才能被清楚地看到并识别出来。征兆之一便是鸠山一郎和吉田茂这样的守旧派大政治家的复活。1946 年 4 月 10 日的总选举之后，鸠山在将组建内阁之际，即 1946 年 5 月 4 日被解除公职。此后约有六年的时间，鸠山退出了政治舞台。然而，1954 年 12 月他又重回政治舞台，东山再起，就任首相一职。另一征兆是，吉田在芦田内阁倒台后的 1948 年 10 月 19 日，第二次组建吉田内阁。在 1949 年 1 月 23 日的第三回总选举中，以吉田为党首的民主自由党获得了 264 票的议席，相当于国会全部 466 票议席的 56.6%（得票率为 43.9%）。[44]吉田首相的东山再起及其在第三次总选举中的大胜，成为旧保守势力长期以来连续获得政治胜利的最早的例证。

战后日本国家主义的源泉 71

政府官僚机构是战后日本保守主义的主要源泉。领导层中的官僚同战前一样，在战后依然发挥着非常重要的影响。构成非军人的精英阶层的是保守派的政府高官、哈佛大学的毕业生、“自由主义”法学家和亲英派的外交官等。在占领期间以及占领结束后，这些精英主动与西方盟国仗义的合作者建立了密切的关系。所谓西方盟国的合作者是指日本专家、“旧亲日派”、负责信息问题的盟军总司令部官员。[45]总体而言，他们坚信“民主主义绝不可能在日本很好地发挥作用”。日本政府的官僚在博得社会声望的同时，还滥用权力。他们能够做出如此行为的原因之一就是他们受到驻日美军的保护。更笼统地说，由非军人组成的日本精英与西方国家，尤其是美国有着个人或者组织上的关系，这对于加强巩固他们的权力基础发挥了很大的作用。[46]

日本精英有一个共同特点，即他们都是东京大学的毕业生。大藏省财务官代理铃木源吾称，要在政府各省、外交部门、大企业等这些领域就职，东大毕业这一点可以说是必要条件。在日本，无论名声还是实力方面，都没有胜过东京大学的学校。实际上，大藏省每年都从东京大学法学部和经济学部即将毕业的大四学生中招聘人员。1952 年，铃木统计了政府官僚机构的 2000 个重要官职，其中东京大学的毕业生占了 90%。[47]铃木说：“东京小子们（法斯采访了铃木之后，以此来称呼东京

大学的毕业生）在进入大藏省的同时，是作为高级官员的候补者被选拔
72 出来的。他们将被分配秘密职务，在担任这个职务期间他们有机会接触到重要人物，能够从全局的角度领会大藏省的职能。与此相反，其他大学的毕业生则被分配到地方或者做比较琐碎的工作。”[48]铃木说：“官员晋升图表显示的都是东京大学的毕业生，而且是顺延着毕业年度。”他还补充说：“当然，所有东大毕业的官员到了年龄之后也都必须退职。但是之后，根据上级的命令，他们会被分配到民间银行和民间企业等领域就职。”铃木清晰地说明了处于盟军总司令部的占领改革之中，东京大学的毕业生是如何垄断政府高官的位置的。换言之，铃木解释了东大毕业的政府高官如何被录用、培养，日本的官僚机构如何延续下去，如何能够一直掌握着权力。铃木略带嘲讽地嘟囔道：“真的能够期待占领会（给日本社会）带来什么改变吗?”铃木获得了美国威斯康星大学的经济学博士学位，长期在台湾教授经济学。他知道在战前的体制下，自己担任大藏省的财务官代理属于特例，是极其罕见的情况。[49]

经济界的领导者也在新生的日本领导层和战后保守派中占据着重要位置。他们代表着都市的实业界，同时拥有着社会地位、名望和政治影响力。围绕着如此重要职位的竞争十分激烈，年纪轻轻就能担任要职的人基本上都是顶级大学的毕业生。

农民阶层仍然是保守政党最大的支持基础。自不待言，战前的日本旧秩序并没有完全从日本社会消失。从战前保留下来的日本传统遗产，譬如对政府的高度依赖性、向官员请愿和陈情，以及父权主义等，都还很明显地留存在战后的日本社会中。

在新生的日本社会中，政府官僚机构的高官和经济界的上层成为领导层中缺一不可的两个部分，他们与保守政党之间建立了深厚的关系。战后的经济界与政党之间的关系，与战前的财阀和政党的结合方式相
73 比，范围更加广泛而且不断扩散。[50]

关于现代日本的发展，一直以来的解释主要是依据现代化论，强调了引导日本成功走向现代化的日本国民所付出的努力。根据这种解释，日本具有很强的特殊性，正是由于这种特殊性日本成功地走向了现代化。而且，日本的经验不能够成为亚洲其他国家实现现代化的楷模。依

此见解，日本成功地确立了民主主义社会，国民的生活中充满着最先进的技术。日本国民在享受高度技术化了的现代生活的同时，还保留着许多传统和文化。根据这种亲日观点，在日本社会中，日本的文化与西洋文化很好地协调、融合在了一起，或者两种文化完全地混合在一起，形成了一种新的混合文化。然而，这种将日本描述为成功故事的武断的解释掩饰了日本社会的严峻事实。其实在日本，无论是美国的民主主义还是马克思主义，西方文化与日本文化犹如水和油一样，既不能融合也不能混合，只是比邻而居而已。日本的保守派为什么在充分理解西方或者美国的文化之后仍没有接受它呢，既然没有全部拒绝为什么还犹豫是否要接受它呢，这其中的原因是很难说清的。再者，为什么日本国民在海外引进的文化中只选取与自己相符的部分呢，要说明这个问题也很困难。在下一节中，为了回答这些问题，将尝试讨论日本的保守思想。

日本的保守主义

通常情况下，在认为凭借理性能够合理改革社会的理性主义者和革新主义者看来，人类的理性会获得最终的胜利，但是保守的思想家却不站在这样的立场上。他们对人类的理性抱着十分怀疑的态度。保守的思 74
想家认为，人类比革新主义者所想的要复杂得多，革新主义者的立场只不过是人类傲慢的表现。[51]换言之，保守思想家认为人类的理性是有限的。譬如，对历史的认识和态度可以明确地区分革新主义者与保守主义者。革新主义者对过去怀有根深蒂固的耻辱感和厌恶感，他们主张要清除包括过去的习惯在内的各种东西，学习法国大革命的精神。与此相反，保守主义者对现状、祖先和传统怀有无限的爱和敬意。革新主义者主张不应该从抽象的理想和特定的意识形态角度对社会做出判断。[52]保守的思想家则强调维持现状，维护传统的价值观、习惯和国家所走过的独特的历史道路。

在日本的政治背景中，日本的保守主义比保守主义这个词语原有的涵义更加复杂。日本的保守主义是个两面派。也就是说，一方面他们在经济领域是积极进步的，另一方面他们在政治和社会领域又是落后甚至反动的。关于这一点，重要的原因在于资本主义与保守主义并不一定是一致的。为什么这么说呢，因为属于“保守”政党的资本家并不一定都是保守主义者。的确，有许多资本家是彻彻底底的保守主义者，但其中也有虽然属于“保守”政党却又认同变化的必要性的资本家。借用澳大利亚经济学者约瑟夫·A. 熊彼特著名的“创造性破坏”概念，许多旧商品和旧的生活方式都有着在经济上无法延续下去的命运，因此所谓资本主义就是不断地破坏旧东西，为新事物创造空间。那些虽然属于“保守”政党却又认同变化的必要性的资本家，充分地认识到了这一
75 点。他们所期望的不是激进的完全的破坏，而是慢慢的持续的进步。换句话说，他们在政治问题上是实用主义者，在这个意义上他们拒绝教条式的意识形态。

战后的日本，保守主义者对于过激的运动抱有强烈的厌恶感和轻蔑感，但同时又很害怕革命。他们全都厌恶共产主义的意识形态，他们反对共产主义的理由也都是一样的。因为据他们所说，他们无法忍受共产主义者傲慢地扬言，要从理论上系统地了解从经济结构到观念领域的人类活动。[53]著名的日本民俗学先驱柳田国男、历史学家津田左右吉、经济学者小泉信三、德国文学研究者并著有反战小说《缅甸的竖琴》的竹山道雄、信仰天主教的最高法院第二任院长田中耕太郎以及评论家福田恒存等，都是代表性的保守主义思想家。[54]

日本的保守主义者并不是在任何情况下都反对变化。他们强调的是阶段性、渐进性变化的重要性。他们认为要在已经建立的传统制度中投入时间，慎重而缓慢地加入新的要素，这样可以笼络那些追求变化的势力，并将这些势力吸收到体制内。[55]他们对美国人主导的各种占领改革仍然抱着不满和批判的态度，因为改革不仅仅是由外来者进行的，而且是如此突然地、急剧地、不容辩解地强制执行的。保守主义者的这种两面性的态度，充分解释了为什么许多保守主义者在经济领域是不断前进的发展主义者，而对西方政治思想（即个人自由、平等、人权等）领域的现代化进程却没有那么感兴趣。他们与民族主义者一样，在政治和社会领域，努力地想要让日本社会保持从战前就存在着的制度和规定。

76 **保守主义者的日本观**

自明治以来，日本的保守主义领导者，对西方有着双重印象。一方

面，他们认识到当时的日本是落后的国家，将欧美视为“现代”的象征、日本的模范、应该努力追赶的目标。另一方面，他们在欧美社会中也发现了缺点和历史教训。日本的精英对西方抱有这种双重印象的原因在于，19 世纪中期日本被迫加入资本主义的世界体系。当时，日本不仅与西方进行着激烈的竞争，而且受到了来自海外各国的军事介入，甚至能否作为一个独立国家而存在都受到了威胁。明治时期的日本保守派精英们在国家建设方面，学习西方的历史经验，学习适用于日本社会的一切东西，与此同时，他们也决意日本不能重犯西方国家曾经犯过的错误。[56]

日本的保守主义者在构想国家未来的时候表示，从严格意义上讲，欧洲和美国都不是日本应该效仿的模范国家。在他们看来，美国社会和美国的历史经验与日本的相去甚远，从美国的经验中所获得的教训无论什么都无法直接适用于日本。不仅如此，他们还认为美国是一个变化无常的国家。美国社会发生的变化太快、规模太大，日本即使能跟得上这样的变化速度，也无法适应那种变化的激烈程度。日本的保守主义者还认为美国是一个言行不一的国家。他们指出，欧美人过去一方面面向众人高举“自由、平等、博爱”的普遍主义理想，另一方面却对非白人
进行殖民统治、对国内的少数民族和其他国家的非白人充满偏见和歧 77
视。实际上，西方站在世界领导者地位上所持的信念和评价，由于其言行不一的历史事实，在日本国民心中基本上失去了信用。除此以外，在美国占领下的日本人无法完全相信外交政策变幻无常的美国政府。[57]美国政府经常是，只要认为对本国有益，在不与友好国进行协商的情况下就单独改变政策。对日占领政策的优先顺序从民主化突然改为反共主义就是“相反路线”的一个实例，美国决定不追究昭和天皇的战争责任也是例证之一。日本人认为这些事例体现了美国人的冲动行为。[58]保守主义者还认为欧美所苦恼的国内严重的社会问题，其原因就在于“过分自由”。

日本与美国对于“自由”的概念和“自由企业”一词的理解方式大相径庭。在 19 世纪的西方世界，比如“自由企业”中的“自由”这个词，意味着个人和经济组织从官僚主义或国家形式主义的规则和规定

中解放出来了。因此，至少在理论上，自由意味着所有人除了为了个人利益，还为了社会公共利益，可以自由地主动地工作和行动。也就是说，在西方世界，自由企业和个人主义在以实现公共利益为目标的法律和习惯范围内是被允许的。[59]然而，在日本，“自由”和“彻底的个人主义”的概念指的则是两种完全不同的想法。在日本国民中有这样的倾向，他们认为美国“没有束缚的”自由和无视他人和社会良心的“放纵”是一样的意思。他们认为美国的那种“没有束缚的”自由和无限制的竞争在日本会导致社会秩序的混乱。在这样的背景下，日本国民认为所谓自由并不一定是不可侵犯、不可转让的权利，并不一定具有必须受到绝对保障的价值。日本人认为自由是相对的，是视情况而受到保障的。为了促进社会团结和保护社会的全体利益，他们认为不得不限制个
78 人的自由，有时候也有必要限制自由。也就是说，在日本，自由绝不是应该被尽情奖励的东西。同样的道理，过分的以自我为中心的个人主义和过强的自立性也会被看作是轻视或者无视他人和社会全体利益的行为，在像日本这样人口过剩的国家这些行为是不被容许的。

正因为如此，保守主义领导者的终极目标是，在西方价值体系和日本价值体系之间取得绝妙平衡的基础上对日本进行改革。他们以日本固有的传统和价值观为基础构想了日本的未来，期望日本的未来是不同于西方发展模式的亚洲发展模式。为了实现这一国家事业，经济安全被列为重要课题之一。也就是，通过让国家富裕起来，确立经济上的独立。为了实现这个目标，他们推进依靠工业化强国的政策，这与明治时期日本“富国强兵”口号的目标如出一辙。明治时期的日本领导者提出的，是军民一体“追赶超越”欧美的战略。他们积极且不断地从西方各国引进最新的科学技术。

西方文化中不仅有科学技术，还包括哲学、理性主义和人道主义等。所有这些都是西方文明的重要组成部分。然而，日本精英认为可以将科学技术从西方文化中分割出来，他们只打算从西方学习西方文化中的科学技术这一部分。这就意味着在学习西方先进的科学技术时，日本领导者必须向半封建主义、权威主义等与日本的旧体制有着密切联系的各种传统的日本价值观妥协。因为日本没有像欧洲和美国所经历过的那

种“纯粹”的资产阶级革命的经验。[60]日本的学校教育特别重视自然科学、数学和技术。他们认为自然科学的知识和科学技术对日本的发展和富裕发挥着领头羊的作用。不只在教育领域，在其他领域为了证明自己的优秀，“竞争”成为了上进的日本人共同的游戏。日本人从孩提时代 79
起就被灌输日本是一个面临着人口增长、粮食短缺，以及原料不足的小岛国这一观念，并带着这样的观念成长。事实上，日本国民从出生到去世，经常被教育要培养自己的竞争能力。

战后，日本的领导者一方面缓慢地进行社会改革，另一方面引进西方的科学技术并将其运用于日本，培养日本的国际竞争力，旨在确立自己的比较优势。在这个意义上，以领导者为首的日本国民从心底里重视纪律和勤勉。他们抱着只要努力，哪怕是一点点，生活也会慢慢变好的想法（或者说幻想），为了能够登上国际社会阶层的最顶端，成为在国际社会与发达国家对等的精英俱乐部中的一员，以满足日本民族的自尊心而努力前进。

日本的保守主义者的目标之一就是保持父权主义的家族制度，维持基于儒教思想的日本社会特有的人际关系。他们认为这样能够维持国民之间的和谐与社会的安定。寡头政治统治下的明治维新时期，日本的领导者与巨头企业的经营者积极地推进父权主义的“家族制度”，以及家族主义的价值观，使之渗透到日本社会的各个领域。这种价值观建立在一个统一国家的和谐这一“幻想”之上，这个“想象中”的统一国家被看作一个整体不可分割，从而使社会的不平等得以正当化，使阶级之间剥削与被剥削的严峻事实变得模糊。关于日本社会的这种价值观，可以从下面这段《国体本义》（教育部，1937 年）的节选中略窥一二。[61]

> 在我国特有的家庭制度下，父母与子女、夫妻之间要相互扶持着共同生活。……无论在任何集团的生活中都必须实现这种和谐。在每个集团中，都有上下之分。每个人都遵守本分，就能够维持集团的和谐。遵守本分就是在各自的位置上忠实地做好自己的本职工作，这样的话，上 80
> 扶持下，下爱戴上，并且在同行业之间相互友好，这样就会出现美好的和谐，并实现创造。在乡党之间，国家之间也是同样的道理。

和其他任何一个国家的保守阶层一样，日本的保守主义者对人类本性的看法虽然不是完全否定，但可以说是很悲观的。他们认为普通人不能够按照自己的想法自主地确立并维持秩序。他们认为一般人不会为了上进而持续不断地努力，并且对这样的事也不抱任何期待。倒不如说，保守主义者认为人类基本上都是以自我为中心的、懒惰的，往往会破坏既有的秩序。对于普通平民和全人类的消极印象，是明治时期领导者的认识前提，他们在自己的祖国日本确立了阶级制度和阶级秩序，并通过教育和媒体等手段将传统的父权主义渗透到整个国家。

战后，日本的保守主义者继续保持着这种传统的思维方式和观点。他们认为人类在本质上并不一定是平等的，所以在日本人各种各样的相互依存且关系密切的人际关系网中，平等的概念不是绝对的，应该说是相对的，是有条件的价值观。按照他们的观点，在日本这样平等程度存在差距的阶级社会中，西方的平等概念并不适用。同样地，他们也意识到了人与人之间存在差异。每个人在社会中所占据的“与身份相符”的立场和在社会中应发挥的作用，受到个人的出身、学历以及性别、财产等要素的限制，自出生起就已经决定了。在日本这样被序列化的阶级社会中，每个人都被分配了各种各样不同的社会地位和社会作用。正因为如此，在日本社会，职业的分工和各种各样因人而异的社会地位被视
81 为维持阶级秩序理所当然的事情而被民众接受。

在这种规范的、理念性的社会中，犹如遵从儒教和佛教的道德观，或者父继子承一般，人们都希望拥有强大影响力的权利阶层按照父权主义的原则行动。从政治领导者、企业经营者到家庭中的父亲，权力和权威的所有者都被期待着能够对比他们地位低下的人们心怀仁厚、充满关怀。正如佛教哲学家铃木大拙提倡的那样，在日本这样的单一民族的社会中，人们强烈地期望国家领导人能够充分考虑到国民和部下的幸福，尤其是对弱者和不幸的人能够伸出援助之手。[62]而接受了来自地位高的人的援助和关心的人，作为回报，要对领导者尽忠尽孝。换言之，除了特殊情况之外，一般民众通常都要服从有权力和有权威的人的命令，服从他们的领导。在日本这样传统的阶级社会中，普通民众无论多么成熟，都被视为没有独立性的、地位比较低下的人，实际上也是被如此对待的。[63]

总体而言，日本的保守主义者同时追求经济的发展和社会的和谐，并且希望这个梦想可以实现。他们最为重视的是社会秩序和社会的和谐，为此他们想要抑制、管理那些会给社会带来急剧变革的各种力量。不仅如此，日本民众被要求遵从自己所属组织的规范。当然，要在进步和秩序这两个对立的概念中取得平衡，使它们相互协调，并不如想象中那么简单。这需要日本人像西方人一样变得具有竞争性和个人主义的同时，还要服从权力者和权威者。

如此看来，保守主义者所描绘的理想社会和国家面貌，与战前日本高举的“攻克现代”的口号中所体现的形象是极其相似的。[64]保守主义者不断强调，日本的目标是通过寻找能够解决国内资本主义矛盾的方法来攻克“现代”。正如历史学家铃木成高所言，“攻克现代”对于保守 82
主义者而言，意味着“在政治、经济、思想各个领域打败民主主义、资本主义和自由主义”。[65]

从上述分析中不难看出，保守主义者不全面接受欧美民主主义的理由以及他们的思维模式。同时也说明占领期间移植到日本的民主主义不只在制度方面，在思想和价值观方面也没有深深扎根于日本国民心中，仅仅作为一种形式保留至今而已（参照第九章）。保守主义者强调的是日本及其文化的特殊性。然而，他们对日本的展望虽然不能说是出于相对于西方的优越意识，但是在某种程度上可以说是基于本民族优越感的自我满足的自画像。同时也体现了对于西方的不安、自我保护和自卑的感觉。因为优越感和自卑感最终只是一枚硬币的正反两面。

开始行动的保守主义者

随着美国对日占领临近结束，国民的国家主义情感不断高涨。与此相应的是，保守主义者开始公开表现出对盟军总司令部强加的新的政治秩序和社会秩序的不满。[66]他们认为，由于美国的占领和美国式的民主主义，日本的社会规范被放宽，这侵害了旧秩序保护下的保守主义者的既得权利。[67]其中，他们严厉地批判农地改革。因为农地改革没收了知识职业阶级（大部分是在外地主）的财产，而这些人被认为是社会构成中最重要的组成部分。[68]他们还批判占领当局其他的经济措施。他们 83

将日本人的商业贸易行为从依靠个人的信赖关系到依赖合约这一转变，视为社会道德衰退的不折不扣的证据。[69]不仅如此，他们认为家庭规范的明显缺失和年轻人性行为标准降低的原因在于，传统的父权主义的家族制度被强制性地改变为个人主义的社会秩序。[70]因此，随着对日占领临近结束，普通国民对于占领的敌对情感和疏离感不断增强，以保守主义者为首，中间派的自由主义者以及包括共产主义者在内的激进左翼绝不会错过利用这样的机会。他们把民众拉拢到自己的阵营，试图通过动员国民的力量重新定义占领后的日本的发展道路。为此，他们之间不久就展开了争取国民支持的激烈竞争。

保守主义者在战后日本各界恢复权利之后，立即想从占领当局手中夺回权力和影响力。他们极力避免那些被机械地移植到日本的美国民主主义等外国理念、外国制度所带来的具有破坏性的社会影响在日本各地的扩散。他们旨在抑制占领改革所导致的各种社会变化的过程，如果抑制比较困难的话，则尽力延缓其变化的速度，即让社会变化保持在最低程度，同时慢慢地将这种变化形成一种秩序。换言之，保守主义者为了重新调整占领改革，想要删除大部分改革的主要内容。他们的具体行动就是重建军备、修改宪法、引入小选举区制度以及教育的中央集权化这四个政治课题。他们制止了“过分的”民主主义，一定程度上重新调整了从外国引进的文化，使之符合日本社会，并且为了促进日本经济的发展，有所取舍地最大限度地运用日本的传统文化。[71]随后，保守主义者在日本社会重新确立了“日本的生活方式”，努力维护社会的安定。

84 **对日本国家主义的回应**

日本保守主义者的政治行为让很多美国改革论者十分担心。正如敏锐的美国日本专家休·博顿所觉察到的那样，战后日本国家主义的兴起，带来了躁动的气息。[72]盟军总司令部民政局的美国改革论者们担心日本国民中不断高涨的共产主义的影响力的同时，又对日本保守主义势力的抬头感到烦心。

譬如，民政局的托马斯·A. 比森就相当了解在日本开展的新政治的意义。比森自 1946 年 3 月至 1947 年 5 月在盟军总司令部工作，作为

《太平洋事务》杂志编辑委员，提供了许多稿件，并且著有《日本民主主义的展望》一书。他对日本保守的旧领导层时而单独地、时而通过与讲义气的西方伙伴的合作以试图追求的目标，有着极其敏锐的洞察。比森认为，一旦盟军总司令部的指挥权交给日本的平民精英的话，他们会撤销限制自己权利的政策，或者会采取放宽限制自己行为的措施。[73]比森已经非常清楚地认识到日本国民对于美国的情感正在慢慢发生变化。

美国人中也有人怀疑日本的保守主义者是否会将时针拨回到战前。这些忧虑的美国人试图更加深刻地理解在日本正在发生的微妙的却又确确实实存在着的变化。他们一直在思考，占领结束后的日本政府和日本国民会继续占领改革中的哪些政策，又会放弃哪些政策。他们还反复思考日本提出的各种方案是否会完全舍弃占领改革，或者只是让这些改革变得符合日本的需要。他们认为很多占领改革将面临被大幅修改的命 85
运，这种想法也不是没有道理。因为将来可能出现的保守政府为了实现这些目的，可能会采取财政措施，也许会拒绝支出实施占领改革所需的公共资金。因此，美国人深切地感受到了以下两大必要性：一是为了将日本国家主义的复活变成是富有建设性的东西，必须使用包括心理战项目在内的一切手段，以规定其方向；二是避免让战后日本由于国家主义的复活而回归到战前独立的军国主义的日本。

基于同样的考量，盟军总司令部的官员和美国驻日本大使馆的外交官都担心由于日本国家主义的兴起，国民谋求与西方国家同等地位的愿望会不断增强，如果这种愿望不被满足，日本是否会叛离美国。实际上，如果在此过程中不采取任何手段加以制止的话，日本很可能会脱离美国。[74]像洛克菲勒基金会理事长约翰·D. 洛克菲勒三世这样富有洞察力的美国人，他们正确地把握了在日本政治局势的背后，国家主义的各种力量正在发挥作用的事实。洛克菲勒说：“只要日本是美国的同盟国，那么令人担心的是，美国的影响可能会动摇日本社会的安定，或者在反美的旗帜下，日本国民的力量可能会汇聚在一起。”[75]洛克菲勒称，日本国民认为“虽然需要我们（美国人），但是他们也想通过自己的双脚站立”。但是，他承认“日美关系让（日本国民）因欲望得不到满足而焦躁不安”。[76]根据一份美国议会委员会报告书的内容，日本国民希望美国

对于日本而言，“不是老师，而是伙伴，是不要求完全的互惠主义、较
86 为慷慨的伙伴”。[77]虽然日本国民希望与美国保持平等的关系，但日本国民对于“平等”的理解未免过于天真，因而未必正确。因为它没有反映出日美实力关系非对称性的现实。

外交关系委员会研究班的成员特里斯坦·E. 贝普拉特与洛克菲勒持有相同的观点。他说：“他们（日本国民）关心的是扩大行动自由，由此来降低对于美国的依赖程度。……他们需要援助，因此接受了来自美国的援助，但是他们在意识上试图与我们保持距离。”[78]贝普拉特是制造业信托公司（Manufacturers Trust Company）的代表，关于日本的情况，他解释说：“现在，日本国民认为自己不是自己命运的主人。”他还补充说日本国民“好像是以夷制夷，也许是让我们与别的国家竞争，然后从中不劳而获”。他以批判的眼光看待日本，认为日中关系势必变得紧密，而日美关系则会逐渐冷淡。[79]美国陆军军官学校陆军中校阿莫斯·A. 乔丹说出了结论：“日本正在脱离我们。”而休·博顿当场就插了一句：“也就是说，走向独立。”[80]

同样地，许多美国人猜想，如果共产主义在日本的影响力像现在一样不断迅速扩大的话，那么不久的将来，美国在实施其世界政策时要获取日本的支持与合作可能会变得非常困难。不仅如此，根据美国驻日本大使馆送往国务院的《关于日本的美国情报教育局国家报告》，日本自然资源少，日本经济很大一部分依赖外部因素，由此来看，日本经济状况的改善前景未必明朗。[81]正因为如此，为了强化美日关系的基础，美国人开始重视美国外交的文化内容。美国的日本专家罗伯特·S. 施万特斯认为与日本的文化关系尤其重要。他在促使采取对抗共产主义的具
87 体行动的同时，主张：“不仅要重视由于军事占领而开始的改革和再教育这个长期课题，还必须对抗共产主义的宣传及其企图颠覆体制的影响力。”[82]实际上，在美国政府对日本实施全面文化攻势的背景中，包含了美国人对共产主义的恐惧和反对共产主义的思想。

对于朝鲜战争爆发后美国政府突然改变政策的优先顺序，施万特斯感到十分困惑。这位美国专家十分担心“相反路线”也许会让视美国为精神之源的日本自由主义派大失所望。尽管大多数美国人将共产主义

视为对日本的一个极大威胁，而大多数日本自由主义者则将旧保守势力的快速复活和对占领改革的修正视为日本更大的危险。[83]如施万特斯所说，“如果现在我们对占领的基本目标不抱希望而彻底放弃的话，那么我们很可能会鸡飞蛋打，一无所获”，“我们在说‘民主主义’‘个人主义’‘人类的价值’等词语的时候，如果带着困惑或嘲讽的话，那么我们让日本的自由主义者只用这些词语表达自己理想的想法可能会付诸东流”。施万特斯继续说道：“关于日本非军事化的180度的大转变，我们在许多发言中都带着过于嘲讽的意味。”他最后总结说：“即使有必要改变方法……我们忘了强调，构建没有侵略的和平世界这一终极目标仍然是留给我们的课题。”[84]施万特斯在朝鲜战争期间以及战争结束不久，率直地承认延缓了在日本的改革。他说：“虽然很遗憾，但是为了对抗全世界共产主义的势力，必须要有日本的积极配合，为此本应在日本持续进行的改革的可能性减少了几分。”[85]

总的来说，自1948年至1950年，由于东亚地区地缘政治格局的急
剧变化，美国坚决要与日本签订媾和条约。美国人也认识到长期的军事 88
占领对于美国的国家利益未必是积极的。因此，国务卿迪安·艾奇逊与英国外交大臣厄内斯特·贝文于1949年9月举行会谈时，对于再次努力与日本签订媾和条约一事达成了共识。[86]当然，与日本签订媾和条约的目的十分明显，那就是阻止日本向苏联阵营靠近。[87]

89 第三章 “软和平”与“相称的地位”

必须从《凡尔赛和约》中吸取教训。……我们对日本绝对不能重蹈覆辙。

——约翰·福斯特·杜勒斯，1950 年

既不能造成支配他们或者强迫他们的印象，又要让日本国民朝着我们所希望的方向发展，对此我们应该如何帮助他们呢？

——约翰·D. 洛克菲勒三世，1955 年

1950 年，为了正式结束日美之间的战争状态和对日本的军事占领，哈里·S. 杜鲁门总统认为，是时候着手准备媾和条约的内容了。与此同时，日本政府也已经做好了与美国政府进行交涉的准备。于是在 1950 年 6 月 1 日，日本外务省发言称：“应该开始计划与有意给予日本国独立与平等权利的各个国家缔结和平条约了。”[1]同年 9 月 14 日，杜鲁门总统公开了想要与日本政府谈判的意思。[2]在日美两国政府一系列举动的背景下，1948—1950 年间，东亚地区的地缘政治格局发生了剧烈的变动。尤其是 1950 年 6 月爆发的朝鲜战争，正是在它的主要催化作用下，日美两国坚定了加快交涉过程的决心。杜鲁门希望所有相关国家都能在条约上签字。然而，无论是苏联反对媾和条约，还是共产主义中国
90 想要加入条约的交涉过程，都不会改变总统让美国单独推进媾和条约缔结的计划。

闻人约翰·福斯特·杜勒斯

美国国务卿迪安·艾奇逊为了推进《对日媾和条约》的缔结，任

命华盛顿的“老狐狸”约翰·福斯特·杜勒斯为交涉官，负责与日本政府的谈判。《对日媾和条约》的缔结需要超越民主与共和两党的超党派人士的协助，艾奇逊考虑到了这一点并且确信“杜勒斯一定能够圆满完成任务，赢得必要的超党派支持……成功获取参议院的承认”。[3]后来艾奇逊又表示，任命杜勒斯主要是出于政治上的原因。

杜勒斯还是一位著名的国际律师，在短期担任纽约州共和党参议员之后，自 1951 年开始的两年里作为国务卿艾奇逊的助手为其工作。1953 年，他被艾森豪威尔总统任命为国务卿。杜勒斯是一位虔诚的基督教徒，他与当时热心的长老派教会会员一样，信奉摩尼教的善恶二元论的世界观，主张善要与恶进行斗争。基于这种宗教信仰，他在思想上准备与苏联以及全世界的共产主义进行彻底斗争。杜勒斯曾说过：“苏联能否不依靠发动战争就将西德与日本置于其支配之下，这牵动着全世界的命运。”[4]也就是说，杜勒斯认为，确保在世界各地战胜共产主义的关键在于西德和日本两国，这两个国家在冷战中具有最重要的地位。

杜勒斯时刻牢记着，将日本留在西方国家阵营中，是美国的全球战略目标之一。他将日本视为东亚地区的重要国家，能受美国的任意支配，用以保障美国的国家利益和安全。对于杜勒斯而言，日本一旦被苏 91
联支配，就意味着苏联能向美国在太平洋地区的支配权发起“实际挑战”，并且最终导致美国的西海岸也遭遇相同的下场。[5]杜勒斯的这些假设如果变成现实，“会大大提高爆发世界战争以及美国战败的概率”。[6]杜勒斯这位敏锐的道德主义冷战战士想得到日本的支持，“无论侵略国是谁，为了阻止它统治世界，必须让日本在政策上积极支援美国和联合国”。而将日本留在西方阵营，就有可能得到它的支持。[7]

其他领导者，尤其是参加外交关系委员会的精英，也几乎都同意杜勒斯的世界观及其关于日本在美国的全球战略中所占地位的分析。譬如，约翰·D. 洛克菲勒三世认为，日本在东亚所处的地位与德意志在欧洲所处的地位实质上是一样的。[8]根据洛克菲勒和杜勒斯的观点，要阻止苏联统治世界，“就要将驻留在亚洲的苏联大军封堵在中立角之内，使之不能自由行动”，这一点极其重要。然而，事情能否按计划顺利进行，还要看在共产主义军队向太平洋地区发动猛烈袭击时，日本是否能够发挥它的军事屏障作用。[9]因此，从这个角度来看，组编日本军队不仅符合他们的希望，而是必须采取的行动。杜勒斯的意见是，在组编日本军队时，至少要有能够保卫日本本土和冲绳的强大力量，但是绝对不能强大到可以独立、单独地行动。杜勒斯不希望日本军队成为完全不依靠外部支援的独立军队。他希望日本军队一直处于无法百分之百自由行使军事行动的状态。[10]对于杜勒斯和其他的美国指导者而言，这样的“重建军备”论，尤其是在朝鲜战争爆发之后
92 就更加切实而有说服力了。此外，日本的“重建军备”论附带着不阻碍日本经济发展的条件。

普林斯顿大学国际关系学教授弗雷德里克·S. 邓恩，进一步强调了日本的地理位置在美国全球战略中的重要性。[11]季刊《世界政治》(*World Politics*) 的创始人弗雷德里克·S. 邓恩说：“如果不能维持日本国民对我们的善意，我们将失去整个东亚地区”。[12]约翰·D. 洛克菲勒三世对此也有同感。洛克菲勒评论说：“现在，自由世界不能失去日本的工业力量和熟练的劳动力。”并且，他反思道：“既不能造成支配他们或者强迫他们的印象，又要让日本国民朝着我们所希望的方向发展，对此我们应该如何帮助他们呢?”[13]杜勒斯与其他指导者认为，要将日本牵制在西方阵营就有必要满足构成日美关系的所有必要条件——安全保障、经济、文化等各个条件。杜勒斯、美国驻联合国代表约翰·M. 艾莉森还有其他指导者的构想是，当日本成为亲美反共的国家时，美国就在日本开始第二阶段的行动。所谓第二阶段就是，日本要为东亚地区的军事、经济、政治和社会的安定做出贡献。[14]

与此同时，美国的指导者也设想了日本陷入苏联统治这一最糟糕的情形。据此假设，如果日本熟练的劳动力被苏联掌握，并与苏联的资源合为一体，那么共产主义者就能（在西方阵营的第一中心的基础上）构建具备东方阵营最高级别军事力量的第二个中心。这一最坏的情形意味着，美国将被迫面临两面战争。也就是说，考虑到如此迫近的紧急状况，美国不得不将东亚地区共产主义军队的发展视为第二中
93 心意义上的威胁，届时将不得不在东亚地区投入与欧洲战线相同程度的战斗力。[15]

与此相反，只要能有效阻止日本陷入苏联的统治，共产主义阵营的战斗力就会被钉死在苏联的西部和中部，如此一来苏联的东亚司令军与共产主义中国，无论是单独还是联合，至少在近期，没有足够的战斗力能够威胁到美国在太平洋地区的安全。另外，从经济角度来看，日本的工业实力与技术力量在这个两极化的世界里，对东西阵营的任何一方而言都是非常宝贵的资源。总之，只要将日本留作美国的友好盟国，只要日本的军备做好足够准备，美国就可以不必将共产主义军队对东亚的猛烈袭击当回事了。[16]

冷战时期，为了达到美国在亚洲的目的，美国的指导者还将日本国内的社会安定视为珍贵资产。他们期待日本成为东南亚众多新兴独立国家的模范。某外交关系委员会的研究报告书表明：“这里居住着不丢弃本国传统、能够消化吸收西方影响的国民……日本这个国家作为政治机构能够充分发挥其统治功能，从这个意义上讲，日本表现出来的稳定性可以说是史无前例的。”[17]同一份报告称，东亚以及东南亚的许多地区都为慢性的政治不稳定和社会不稳定而烦恼，而日本国内的稳定性、它通过对外贸易所维持的秩序，以及对维持均衡所起到的影响力，对维护美国在东亚地区的利益非常有帮助。

毋庸置疑，与日本缔结媾和条约还意味着美国认识到了日本具备足够的力量填补“东亚地区的力量真空”，因此有必要对它进行再建。[18]杜勒斯和其他的指导者认为，由于日本战败，东亚地区产生了力量真空，94
到当时为止真空区域都没有被填补。他们期待如果与日本同时缔结《对日媾和条约》和《日美安全保障条约》，日本就能够填补这个力量真空，并将真空可能导致的侵略防患于未然。

由此可见，维持日美两国国民之间的友好关系，不仅是美国对日政策的基础，它对日本国民来说也具有非常重要的意义。美国在日本以及东亚地区的战略利益，与日本的国家安全和经济再建也就是日本的国家利益未必水火不容。在日美关系史上，从占领统治日本这个特殊时期的局势来说，作为霸权国家的美国的国家利益与作为美国小伙伴的日本的国家利益是相符的。对日占领结束以后，日美两国的这种“从属性协调”的国家利益关系可以说在根本上仍在持续。

对日“软和平”的基本原则

随着联合国的对日占领渐近尾声，美国政府和外交关系委员会、洛克菲勒基金会、福特基金会等民间组织，也就是所谓的官民双方的指导者，认真讨论了美国应该利用《对日媾和条约》达成怎样的目标这一问题。除了类似对日军事占领后，欲使日美关系持续发挥良好作用，媾和条约应该满足怎样的条件等具体问题之外，他们还就美国对外政策的长期目标、日美关系的未来、《对日媾和条约》对东亚地区的长期影响等内容进行了深入的思考。

美国的指导者在讨论《对日媾和条约》的基本条件时遇到了一个
95 重要问题。他们认识到面对战败国，战胜国面临着一次选择。那就是，当日本恢复独立时，是应该与它缔结“硬和平”条约还是应该缔结“软和平”条约。因为美国的指导者知道，如果二者都不选而采取妥协办法的话，将会给自己造成致命伤害。“软和平”的目的是，好好地对待旧敌国，与它构筑友好关系，与此相对，“硬和平”的目的在于严厉处罚旧敌国，使它再也不会对美国或者世界造成威胁。[19]杜勒斯在第一次世界大战后参加过《凡尔赛和约》的交涉，富有经验的他对于这个问题显得更为慎重。他说：“有必要从《凡尔赛和约》中吸取教训。……我们对日本绝对不能重蹈覆辙。”[20]杜勒斯与其他政府高级官员从历史中学到了一个重要教训，并想将这个教训灵活运用到《对日媾和条约》之中。于是他们选择将缔结“和睦条约”作为对日媾和最重要的原则和指导理念。这样做的主要目的是为了将日本国民编入西方阵营。[21]

杜勒斯认为，日本国民能够自发同意将日本编入自由世界是日本留在自由世界的第一步，因此他判断《对日媾和条约》必须是“软和平”。[22]这个决定，在某种意义上是美国认识到自己有责任经营世界体系的重要佐证。美国作为霸权国，肩负着广泛的责任，它正确地认识到，如果不能抓住日本国民的心，就无法维持足够的权力去管理日本将来的发展方向。杜勒斯的意见是，日本位于远离美国数千英里的地方，却离苏联非常近，考虑到这个事实，“软和平”确实是必要的。他坚信，日本国民不加入苏联阵营肯定是因为日本国民不愿意加入。[23]

美国的指导者对日本采用的第二个原则是，“完全的且没有制约 96
的”主权恢复原则。[24]这意味着《对日媾和条约》不允许含有任何制约条件限制日本国民的军事行动自由。美国政府认为，只有不带制约条件的宽大的《对日媾和条约》，才能让日本成为自发的、协作的、可信赖的自由世界的一员，只有将日本拉拢到自由世界的太平洋地区安全保障的各项协定中，才能管理日本未来潜在的军事力量。[25]

美国的指导者明确指出了媾和条约缔结之后，将日本一直留在自由世界阵营中所需要的媾和条件。这些条件包括（1）保障日本的安全（2）保证日本在经济上的存立（3）扩大发展与日本的文化关系。下面将对这些条件进行讨论。

日本的国家安全

在占领日本的最后阶段，日美两国的指导者最关注的是日本的国家安全问题。事实上，日本的国家安全才是对日媾和的首要条件。得出如此结论是因为美国抱有以下想法：第一，日本由于“二战”中的失败而成了军事真空地带；第二，大部分国民没有足够的关于国家安全的知识，他们对于保障国家安全需要哪些必要措施没有明确的意见；第三，日本国民不信任美国，主要因为美国的对外政策朝令夕改，反复无常。1949—1951 年期间发生的以下两件事情就清楚地说明了这一点。[26]

让日本国民饱受打击的第一件事发生于 1949 年 2 月 6 日。报道称， 97
原陆军长官肯尼斯·C. 罗亚尔曾说过，在紧急情况下，美国军队将从日本撤兵，而且任何时候美国都有可能根据自己单方面的判断放弃日本。[27]罗亚尔的这个不慎重的发言意味着，当被逼入困境的时候，美国有可能会弃日本而不顾。[28]日本国民害怕当苏联以断然的决心侵略日本时，美国有可能会根据其战略判断而从日本撤兵。因为日本国民知道第二次世界大战的时候，美国将欧洲战线置于最优先的地位，就是所谓的“欧洲第一主义”。[29]杜勒斯于 1951 年访问日本时发现，日本国民尚未从罗亚尔的声明所产生的打击中恢复过来。[30]洛克菲勒也了解到，日本国民非常担心如果世界情势变得更加严重的话，美国会抛弃日本国民而使日本人遭殃。[31]

打乱日本国民平静心态的第二件事情发生于1951年4月11日，麦克阿瑟将军突然被免去驻日盟军总司令的职务。此事令日本国民对于国家安全怀有的不安更加严重了。麦克阿瑟将军严厉批判了杜鲁门政府对于远东情势的认识及其在朝鲜战争中采取的战术。[32]1951年3月20日，麦克阿瑟给马萨诸塞州议员、美国众议院在野党指导者约瑟夫·马丁发去电报，电报中对美国总统指挥对外政策的宪法权限做出公然挑战。[33]杜鲁门推测，麦克阿瑟做出如此异常的举动，是因为他想参加1952年总统选举这一野心在作怪。于是杜鲁门根据“文人至上”这一基本原则，剥夺了麦克阿瑟作为驻日盟军总司令在东亚地区的所有指挥权，解
98 除了他的将军职务。[34]日本国民一直以来就非常担心不知何时会被美国抛弃。麦克阿瑟遭免职的事件使人们觉得这种担心得到了验证。由于这个免职风波，日本国民对美国的信赖变得更加摇摆不定。当时普通国民的想法是：“像这样的事情，都会一夜之间发生在麦克阿瑟将军这样伟大的人物身上，那么将来的日本究竟会发生什么呢?”[35]的确，麦克阿瑟遭免职的事件又给日本国民对美国的信任造成了一次新的打击。

日本的自由派极度担心，如果美苏对立导致欧洲情势恶化，美国是否真的会成为日本的伙伴。日本国民害怕，当美国在军事上、经济上都抛弃日本的时候，日本有可能成为第三次世界大战的战场。在关西学院大学执教政治学的武内辰治教授，将当时日本国民的感情特征描述为“不知道该拿自己怎么办的无力感”。[36]教授还清晰地说明了国民的这种根深蒂固的恐惧感：“如果战争爆发，日本几年里都将陷于共产主义者的统治，那么就算美国最终会解放日本，日本国民能残存到解放的那一天吗?”[37]因此，他认为日本有必要火速确立自己的政治立场，决定到底属于东西阵营的哪一方。在东京大学负责宗教史的岸本英夫教授也直言不讳地表达了同样的担心。岸本教授认为，热战爆发的时候，美国也许不会来保卫日本，况且，就算美国意志坚定要来保卫日本，也有可能没有办法过来。[38]考虑到日本知识分子对美国抱有这样的观点，美国政府指导者的直觉告诉他们，有必要缓和日本国民对于外部攻击的恐惧感。尤其是朝鲜战争爆发之后他们更是这么认

为了。

杜勒斯认为，为了对抗各个共产主义国家的挑战，对于日本来说，建设一些安全保障体系也是必要的。他期待着，如果日本国民能理解美军驻留日本的目的，那么他们出于安全保障的理由会自发要求美国维持在日本的美军基地。[39]并且他希望，只要日美两国有意愿，双 99
方就缔结较短期限的、可以更新的基地协定，只要日美两国的其中一方要求，任何时候都可以废除该协定。杜勒斯期待，只要日本国民觉得任何时候都可以自由地撤除美军基地，那么他们就不会对美军继续驻留日本提出异议了。外交关系委员会的《对日媾和条约》问题会议的负责人小乔治·S. 富兰克林二世，在讨论《对日媾和条约》问题的第一次会议的第二天，即 1950 年 10 月 24 日，向杜勒斯送去了包含“日本国民应该享有这种自由”提案的文稿。富兰克林说，如果日本国民不认同这种自由，尤其是如果造成了将美军基地强加给他们的印象，那么美军基地对他们来说就成为“毒瘤”般的存在，这会威胁到日美友好政策的整体框架。[40]杜勒斯似乎对富兰克林的意见也没有任何异议。

结果，杜勒斯在对驻日美军基地这件事进行提案的时候，运用了巧妙的、现实主义的手法。当时在日本各地的国民当中，虽然未必称得上反美情绪，但是反战、希望和平的情绪高涨，考虑到这一点，杜勒斯便没有将涉及美军基地的条款加入《对日媾和条约》，而是将它加入到了另一个安全保障条约之中。如上所述，如果将关于美军基地的条款加入《对日媾和条约》中，那就有可能给日本国民造成美国借《对日媾和条约》，将美军基地强加给日本的印象，杜勒斯害怕将来会因此被批判为侵害了日本的主权。

日本经济的存立 100

实施“软和平”，即为了在媾和条约缔结之后仍将日本留在自由世界的第二条件，与第一个条件同样重要。它意味着美国会保证日本经济健全发展。杜勒斯认为，自由主义的民主主义，只有在以高度重视个人权利和义务且富裕的中产阶级为支撑的资产阶级社会中才能形成并发展。当时的日本社会尚处于饥饿之中，战后的日本经济连维持生存所必需的最低条件都无法满足。

最完整的物质损失评估资料显示，盟军对向日本输送的物资的攻击以及对日本本土的轰炸造成了日本国力的四分之一在战争中被破坏。[41]根据1946年初盟军总司令部的计算，日本“丧失了国家财力总额的三分之一，以及潜在总收入额的三分之一至二分之一”。地方民众的生活水平，根据测算下降到了战前水平的65%。由于轰炸而比地方受到更大损失的城市，其民众的生活水平，根据推算下降到了战前水平的约35%。[42]日本国民每天平均的卡路里摄入量，在1938年是2135卡，1946年是1449卡，1948年仍然只有1851卡。[43]

国民如此不健康的状态，一定程度上反映了普通日本人低工资的劳动状态。例如，日本最老最大的纺织公司之一——钟渊纺织株式会社，那里的男纺织工人1945年的月收入是480日元，女纺织工与男性纺织工干同样的活，月收入通常只有男工人的一半，即240日元。而未满15岁的童工的月收入只有女纺织工的四分之一，即60日元。[44]

101 1947年大学毕业的白领阶层的公务员，平均月收入约为1240日元。[45]即便到了日本经济开始好转的1950年5月，政府官员包括补助在内的平均月收入只有10800日元，民营企业负责人的平均月收入也只有25200日元。1951年制造业的平均月收入是10520日元。[46]1950年东京的建筑行业以及像道路修补这样的日工体力劳动者的工资是每天243日元（换算成月工资是5830日元），地方的日工劳动者每天的工资是140日元到160日元不等。1951年的月薪的确比1947年高，但是想要知道准确的实际工资还必须考虑当时的通货膨胀率。日本经济截至1949年都一直为通货膨胀所困。1946年，物价已经上涨到1934—1936年的16.3倍。例如，当时一件新西装的价格从15000日元涨到了20000日元，一双鞋子的价格从3000日元涨到了5000日元。[47]然而，战后的实际工资却下降为战前实际工资的13.6%。[48]也就是说，国民获得的工资根本就不够生存。对于战后日本的经济生活，我们可以总结为以下特征：低水平的工业生产力、粮食不足、原料不足、繁盛的黑市、严重的通货膨胀、投机等。

日本由于地理条件的限制，没有足够的能力生产出能够养活8500

万人口的粮食。因此，所需粮食的20%只好从国外进口。战前日本的粮食不足依靠从朝鲜和中国台湾进口来获得补充。但是战后的日本，每年不得不进口将近300万吨的谷物作为粮食。1950年粮食进口总额达到3.37亿美元，占总进口额的三分之一。1951年的粮食进口总额达到5.58亿美元，占了进口总额的四分之一。[49]

原材料是近代工业不可欠缺的，但日本一直苦于原材料不足。用于
工业生产的33种金属矿物中能在国内生产出最低限的必需量的只有6 102
种。比如原棉、原毛、磷肥、橡胶、镍、锡，还有100%的铝土矿、82%的铁矿石、88%的原油、70%的用作焦炭的煤都不得不从国外进口。[50]原材料的严重不足，加上人口持续增长的压力，使得日本政府不得不为了平衡收支而大量依赖海外贸易。那么，国民要怎样做才能振兴日本出口以获取进口货款呢？

日本由于战败失去了海外的领土，这不仅导致海外贸易衰退，还使战后日本的出口结构发生了很大变化。根据1952年7月1日由经济稳定本部发表的第六次经济白皮书，当时包括特需在内的出口量只有战前（1934—1936年）水平的36%（如除去特需则为30%），进口量只有战前水平的49%，日本在世界贸易中所占的份额，1937年进出口总额是5%，到1951年下降为世界进口总额的2.5%，世界出口总额的1.8%。在亚洲的出口总额中，日本所占的比例由1937年的33.1%下降到1951年的18.7%。[51]

从国际经济学的角度而言，战后日本值得夸耀的是其超常规的、史无前例的外资收入及其来源。自“二战”结束至1951年7月1日，日本从美国得到了20亿美元的援助。朝鲜战争爆发给日本带来了6.34亿美元，因为1950年6月至1952年6月，联合国对于商品和服务的特需降临到了日本头上。从1950年6月30日开始，在美国的援助以及“朝鲜特需”带来的那部分收入盈余的帮助下，日本一直以来的贸易赤字被消除了。尽管日本的贸易赤字额已经高达4.28亿美元，但在1951年一年之间日本就有了3.35亿美元的剩余外汇。当然，不难想象，来自美
国的援助和“特需”不会一直持续下去，金额会逐渐变少，最终也会 103
没有的。

表格1　日本在不同地区的对外贸易状况（1935—1951）

进口（a）　　（总额百分比）

	1935—1937	1947	1948	1949	1950	1951
朝鲜、中国(含台湾地区)	32.7	1.5	4.3	5.4	9.6	4.0
亚洲其他地区	17.5	4.3	10.1	12.7	22.3	27.5
美利坚合众国	25.1	91.9	64.7	64.2	44.1	35.1
欧洲	10.2	2.2	3.3	7.6	4.2	8.1
墨西哥、中南美	3.1	——	12.5	1.5	6.9	14.4
世界其他地区	11.4	0.1	5.1	8.6	12.9	10.9
合计	100	100	100	100	100	100

出口（b）

	1935—1937	1947	1948	1949	1950	1951
朝鲜、中国(含台湾地区)	42.5	16.8	8.5	5.4	9.2	5.2
亚洲其他地区	20.8	40.2	43.2	45.3	36.9	46.3
美利坚合众国	16.1	11.6	25.4	16.4	22.4	13.6
欧洲	8.4	23.2	12.2	15.6	11.8	10.7
墨西哥、中南美	3.5	0.2	0.4	1.3	5.7	6.9
非洲	5.7	5.0	7.7	11.5	9.0	8.2
世界其他地区	3.0	3.0	2.6	4.5	5.0	9.1
合计	100	100	100	100	100	100

资料来源：Jerome B. Cohen, "Foreign Trade in the Japanese Economy and Japan's Trade with China," Council on Foreign Relations Study Group on Japanese Trade and Investment, Working Paper No. 1, October 20, 1952, folder 40, box 6, collection Ⅲ 2Q, RAC.

注：（a）包括美国的支援

（b）除去1950年和1951年政府为联合国军队购买的在朝鲜的特需物资和服务

战后日本的对外贸易状况显示的第二个特征是，战前日本的进口贸易主要依靠亚洲各国，与之相对应，战后很大程度上依靠来自美国的进口（参照表格 1）。从这个表格也可以看出，战前的日本出口依靠朝鲜、中国（包括台湾地区），而战后很大程度上依靠除上述国家和地区以外的亚洲其他国家。[52]

在历史上，日本与中国有着密切的贸易关系。1902—1935 年间，出口到中国的商品占日本年出口总额的 20%，并且来自中国的进口占日本年进口总额的比例从未降至 10% 以下。[53]战前日本贸易总额的 35% 是与东亚大陆的贸易。[54]当美国的对日占领即将结束之际，盟军总司令部的某位经济学者将 1935 年全年与 1951 年的会计年度作为对象，对日 104
本的贸易进行了比较分析。结果表明，日本出口到中国（含台湾地区）、朝鲜的贸易额，在 1935 年占出口总额的 40%，而在 1951 年整个会计年度只占了 7%。研究同样表明，与其相反，日本对东南亚各国的出口额在 1935 年占出口总额的 20%，而在 1951 年占了 42%。[55]这个统计数据意味着，日本要走上经济复兴之路，首先要做的就是寻找替代市场去取代在战争中失去的市场。

从地缘政治的角度来看，日本也有必要找到其他市场来取代亚洲大陆市场。美国政府在“二战”后采取政策，强制性地限制了对共产主义国家的出口。被称作对社会主义阵营的出口管制政策（巴黎统筹委员会，COCOM）以及对共产主义中国的出口管制政策（巴黎对华贸易管制国际委员会，CHINCOM）的这些政策，是对世界各地的尤其是亚洲地区的非共产主义国家进行再建战术的一部分，尤其是巴黎对华贸易管制国际委员会，其目的就是为了在亚洲地区维持对美国有利的秩序。[56]美国政府将 1949 年 2 月的《国家安全委员会第 41 号文件》中的提议升级为正式政策，确定了与共产主义中国进行贸易的最初的指导方针。朝鲜战争爆发之后形成的有关贸易管制的一致意见反映了军方的大部分要求。朝鲜战争中，杜鲁门政府加强了对国际出口的管制。例如，1951 年 5 月美国从联合国得到了禁止对朝鲜和共产主义中国出口的决议。同年，美国国会通过《相互防卫援助管制法》，别名《巴特尔法案》，将对社会主义阵营实施出口管制作为获得美国援助的条件。1949 年 10 月，中国共产党获得胜利，此后朝鲜战争爆发，由此杜鲁门政府受到了尤其是源自美国国防部的压力，对中日贸易的管制变得更加严厉了。[57]

是否要恢复与共产主义中国的贸易，这对日本的国民而言也是一个重要的问题。国民围绕这个问题进行了激烈的论战。吉田茂首相本想在
105 美国的协助下，阻止重要的战略物资流向苏联阵营和共产主义中国。但他却收到了来自自由党鸠山一郎的赞成恢复与中国贸易的挑战书。实业界的大人物，尤其是大阪的实业家和棉纺织业者，他们也都希望能够恢复与中国的贸易。实业家为了恢复与中国的贸易，做好了向政治施加压力的准备。1952 年 5 月下旬，《东洋经济新闻》登载了以下报道。

> 产业界非常关心这个问题，正在加紧恢复对中国和苏联的贸易。进口 20 万公吨库页岛煤的交涉现在正在进行。最近有 20 几家公司派出代表针对此事与众议员进行了交谈。中国的出口公司也不断传来推销铁矿石、大豆等的消息。为了恢复与中国的贸易，油脂工商业者正与钢铁工商业者商量对策。鲇川义介、菅原通济等有影响力的人物正在计划将正在访问北京的英国使节团邀请到日本。《产业经济》报道说，通商产业省和外交部当局正在制订计划，要求美国政府修正对中贸易的严格管制。[58]

针对这些行动，吉田首相反驳鸠山一郎，强调日本从联合国的特需和在日美军的支出中得到了很大的利益。首相的立场得到了《芝加哥论坛报》的记者沃尔特·西蒙的支持。记者西蒙自豪地说“托了朝鲜战争的福，整个日本都得到了特需的滋润”。另外，《纽约时报》还报道“驻留在日本的美国兵一天要用 100 万美元”。[59]吉田说，从天而降的特需和对中贸易的恩惠这两样是鱼和熊掌不可兼得的。[60]

106 日本经济结构的改革

除了急需开发替代市场之外，日本经济结构的改革也是让日本生存下去的必要条件。日本经济结构的改革是指，为了开发资本集约型的产业而进行的改革，目的是生产有价格竞争力的、面向出口的、有附加值的产品，并扩大这种产品在东南亚地区的市场。然而，媾和条约缔结之后，日本经济的前途一片黑暗。第一个理由是，日本从联合国接受的暂时性的特需订单，不仅不足以带动起日本所有潜在的工业力量，也不足

以推进日本的进口和东南亚市场的开发。[61]在加利福尼亚大学任教的斯卡拉皮诺·A. 罗伯特教授，在向外交关系委员会提出的报告中主张，就算美国对共产主义中国实施出口管制政策，也无法阻止中日之间的贸易。斯卡拉皮诺论述道：“美国对日援助的种类、金额和期限不得不维持一种持续的、不明确的状态。加之日中贸易有着长久的传统，两国又非常邻近，日中贸易是顺理成章的。而且到目前为止其收益率也非常高，因此日本不可能大幅度、永远地停止对中国的贸易。”[62]问题在于，日本是否会不惜冒着对共产主义中国产生经济依赖这样的巨大风险，而在中国贸易这一经济诱惑面前屈服。他担心届时日本会对中国做出经济上的让步，随后将被迫做出政治上的让步，最终被卷入中国阵营。研究日本经济的美国专家认为，要不择手段避免此类事情的发生。为了摆脱这一困境，日本无论如何必须在其他地区开发市场来代替中国市场。[63]

日本经济的未来一片黑暗的第二个理由是，东南亚的市场并不像外 107
表显示的那样有前途。要让东南亚市场代替东亚市场为日本发挥作用的话，有必要考虑以下要素：第一，要做好与英国在东南亚进行激烈竞争的思想准备；第二，东南亚国家都非常贫穷，缺乏对日本出口产品的购买力；第三，因为东南亚地区的政治非常不稳定，对日本实业家没有太大的吸引力；第四，由于赔偿问题，日本与东南亚各国的外交关系可能会变得非常微妙。[64]美国驻日本大使馆的原参事尤金·H. 杜曼曾在外交关系委员会研究班的会议上大胆地表达了意见：“日本要在战后的世界找到一个市场去代替广大的亚洲市场是非常困难的。”[65]

综合各方评论可以得出，日本贸易的前途完全取决于日本在世界市场上到底有多大的竞争力。杜勒斯认为，就经济的现状来看，日本是无法实施日本的社会主义者所提倡的福利政策的。因为社会主义者所提倡的福利政策，不仅会使日本在国际经济中的地位下降，还有可能导致外币的丧失，结果有可能带来社会的混乱，使得共产主义得到发展。杜勒斯从地缘政治的角度进行分析，认为日本保持独立，在经济上不依赖共产主义国家非常重要。基于这样的想法，他主张美国政府不应该强烈要求日本政府赔偿，或者让日本国民负担任何经济性的限制条件。强行要求支付赔偿，会从根本上动摇目前为止的日本经济复兴，这将进一步对其他亚洲国家产生不利而反作用于日本。[66]杜勒斯在如此坚定的想法之下，分析认为日本的经济基础是脆弱的。他为了说服菲律宾政府不向日本要求赔偿，多次往返于东京与马尼拉之间。[67]

108 杜勒斯的意见得到了参加对日媾和条约交涉过程的众多代表的广泛支持。其中在约翰·霍普金斯大学负责经济学的欧内斯特·F. 彭罗斯教授，完全赞同杜勒斯的意见。关于处理日本经济问题的方法，彭罗斯教授对盟军总司令部的政策持批判态度，认为限制生产、限制进口民间所需的必要物资等这些盟军总司令部的政策，为了保障安全而使日本经济陷入了麻痹状态。盟军总司令部的这些经济政策不仅对日本经济有害，还有可能引起其他各种各样的疑难问题。总之，彭罗斯教授认为，安全应该由政治手段来确保，不应该用经济手段来确保。另外，彭罗斯还进一步主张说，盟军总司令部的经济政策不能发挥如阻止新型武器出现这样完美的保险作用。因为将来的技术改革会使现在的限制变成毫无效果的过时货。他认为，这样的经济政策，虽然是慢性的，但会使日本社会陷入饥饿状态，最终会将大部分国民逼上绝路。[68]交换意见之后，彭罗斯的意见得到了大家的尊重，管理管制条目从《对日媾和条约》中被删除了。删除的主要原因是，大家害怕将这样的管理管制条约加入《对日媾和条约》，会让日本国民感到没有与美国达成平等。[69]

美国联合国使节团的代表，后（1953 年）被任命为美国驻日大使的约翰·M. 艾莉森也完全赞同杜勒斯的意见。艾莉森强调，美国政府应该认识到，如果想要避免日本过于依赖中国，那美国“在日本开发新的贸易模式的时候，有伸出援助之手的责任”。[70]沙利文-克伦威尔律师事务所的亚瑟·H. 迪恩对日本贸易模式的问题表达了更为具体的意见。他说：“东南亚的发展中国家和地区为日本国民提供了广大的潜在市场。只要东南亚各国将日本视为亚洲工厂，不愿意与日本进行贸易，
109 那么印度、缅甸、印度尼西亚等国家就不可能使自身经济得到发展。”[71]

盟军总司令部内部，没有人比担任经济科学局经济企划部部长的舍伍德·M. 法恩更精通日本经济现状和亚洲各个地区间的构造及其组织了。在哈佛大学接受过经济学教育的法恩提出了一个独创的构想。这个构想是组织并开展由日本、东南亚、美国组成的三角形的亚洲地区的综

合经济体。他强调，其中的关键概念是“互补性”。[72]根据“互补性”概念，日本要向亚洲的邻国提供它们所需的物资，作为回报可以从亚洲邻国进口大量的粮食和原材料。也就是说，日本向亚洲各国出口大量的机械、设备、肥料和先进技术，为打好亚洲经济整体扩大发展的基础做出贡献。法恩说，1950 年 6 月立法化的美国技术协助计划，即“第四点计划”，实际上会变成由日本在亚洲地区实施推进。另外，他极力主张美国在构想提案中发挥重要作用。这就是说，美国以适当的低利息为开发资本提供长期贷款，进行长期低利息的融资。他主张美国以资金提供者的身份参与到这个构想中，这样可以有效消除亚洲其他国家的担心，不再为日本会作为亚洲统治者东山再起而感到不安。[73]最后，法恩指出，不考虑“日本经济如何适应亚洲地区其他经济”就持续地与日本交涉《对日媾和条约》是愚蠢的，这显示出他对自己一直主张的构想方案的坚定信念。[74]后来法恩对约翰·D. 洛克菲勒三世说：“日本经济与亚洲地区的其他经济是相互补充的关系，如果亚洲邻国的出口能力变强，相应的日本也会成为那些国家一心想要扩张的广大市场。这样高水平的贸易关系一旦形成，便会成为使全世界贸易模式安定的重要因素。”[75]听了法恩的理论分析和议论之后，大家都是一副完全认同的表情。 110

作为外交的文化关系

“软和平”的第三个条件是推进日美文化关系的顺利发展。“二战”之后不久，美国政府以及国际主义性质的美国民间团体察觉到，应该克服一直以来的传统的孤立主义，在战后采用新的国际主义。为此，他们深刻感受到，有必要提高美国国民对于其他国家的认识，加深对它们的理解。美国政府认识到与各国之间的文化关系非常重要，甚至相比安全保障和经济上的国家利益有过之而无不及，与此同时，他们意识到文化外交对于达成那样的政策目的是不可或缺的。美国政府基于这样的认识，在美国历史上第一次将文化外交系统地纳入美国的全球战略框架。富布莱特交流计划就是文化外交的一个实例。[76]另外，洛克菲勒基金会和福特基金会还组织了与富布莱特交流计划有着相似性质的民间文化交流项目。[77]

杜勒斯知道，《对日媾和条约》并不是日美关系在媾和之后的万能药，也就是说要解决日美关系存在的所有问题仅靠媾和条约是不够的。杜勒斯还认为，仅靠缔结条约（政治）、美军驻留日本（安全保障）和签订贸易协定（经济）这三个要素，实现不了美国的目的。为了达成目的，必须付出“超过两国间普通合作项目的不懈努力”。[78]杜勒斯所谓的“不懈努力”，指的是文化交流。他认为，美国对日本一直怀有很大
111 的兴趣，美国以及其他的自由主义国家与日本共有着一些共同的价值观，而日本国民有必要认识到这些。[79]杜勒斯确信文化交流计划对达成这些特别的目的会起到帮助。

供职于美国驻日本大使馆的萨克斯顿·E. 布拉德福，在对文化外交优势的理解上有着与杜勒斯完全相同的观点。布拉德福是美国国务院的美国情报教育局中负责文化关系的高级外交官，他对自己在日本的任务是这样理解的：一项任务是建立“日本国民能够接受的、一个非专制主义的属于国民的政府”，另一项任务是固定一种“直接关系到国民幸福的、适合作为自由世界一员的和平国家生活方式”。布拉德福并不认为自己的使命是在日本“提倡美国式的民主主义或者西方的民主主义”。与其如此，还不如说他将自己的任务理解成“在日本提倡有可行性的民主主义”。[80]

与杜勒斯一样，布拉德福认为要达成政府的目的，仅仅依靠美国情报教育局的项目是不够的。他说：“刚刚开始的富布莱特交流计划、洛克菲勒的调查、格鲁基金会、国际基督教大学，还有其他许多为了促进日美理解和协作的民间人士的努力，它们都有着各自应该发挥的重要作用。”[81]第五章会讲到，在杜勒斯提出的关于日美文化关系的报告书中，洛克菲勒三世提出了在今后数年间有可能依靠民间资金而得以实施的文化交流项目。另一方面，布拉德福为了加深日本国民对美国的理解，设立了涉及多个领域的文化活动项目。

杜勒斯与布拉德福为了通过文化交流达到美国的目的，协力讨论出了以下三种方法。[82]

112 第一个方法是，借助开展逻辑性的讨论和提供优质的信息，力求说服日本国民。虽然这个方法被认为是有帮助的，但是它的作用有限，因此他

们没有对此进行认真的讨论。因为未必所有的人会被逻辑性的讨论说服。

第二个方法是，力求改变有可能使日本国民对美国产生敌对态度的条件，即日本的政治、社会、经济条件。为了使这个方法奏效，必须满足以下两个条件：一是日本的安全保障体系处于运行状态，二是日本的经济处于能给国民带来希望的状态。因此，比起第一个方法，第二个方法的规模要大得多，从而也要花费美国大量的能源和资源。尽管如此，杜勒斯认为就算第二个方法奏效，仅凭这一点仍然无法使日本国民留在自由世界。

第三个方法，是通过采取除了第一和第二个方法之外的措施，改变深深扎根于日本文化的日本国民的态度和潜意识。因为他们认为仅仅依靠合理的诉求，有可能实现不了目标。[83]杜勒斯认为要持久地维持日美友好关系，应该采取的正是这第三个方法。

约翰·D. 洛克菲勒三世与杜勒斯对文化交流的优点有着相同的想法。洛克菲勒认为，综合政治、经济、文化三个领域的整体关系是能否长期维持日美关系的决定性因素。他将“文化”这个词置于国民生活的广义中去理解。换言之，是除了政治和商业领域以外，包含国民所关心的事以及各种活动。各种活动包括艺术、科学、哲学、宗教、娱乐、健康、体育、文学和教育。[84]洛克菲勒不仅充分认识到了文化交流的重要性，还充分认识到仅仅靠日美关系的文化方面来维持两国之间长时间的友好关系是非常困难的。洛克菲勒在1951年4月向杜勒斯提出的报
告中说道：“仅仅依赖文化交流，是无法构筑日本与美国，以及与其 113
他国家之间的稳定和平关系的。在经济和政治领域的政策和行动与文化交流同样极其重要。”[85]研究日本的专家罗伯特·S. 施万特斯比洛克菲勒更加明确而坦率地表述了自己的意见。他主张道：“我们与日本的文化关系……无法脱离整体的对外政策的目的。”[86]施万特斯还具体地说道，与共产主义的战斗仍在持续的时候，与日本的文化关系尤其重要。[87]

成为“软和平”底流的种族主义

关于种族的老一套的固定观念和歧视偏见，是人类以及人类所处时

代的产物。它们在不同时期，为了对应不同种类和性质的问题，而被再三用于政治目的。在日美两国的指导者给“软和平”定义时，在缔结媾和条约后调整日美关系时，种族要素都发挥了重要的作用。尽管如此，在日美交涉媾和条约的过程中，种族不是决定“软和平”的唯一要素，而美国的指导者从根本上来讲也不是无药可救的种族歧视主义者。应该说他们为了达成自己的政治目的，最大限度地灵活运用了种族歧视性的想法以及自己和他人的形象。其结果是，战后美国的霸权计划中，日本被定位在了“相称的地位”上。

日本在明治维新以后，为了追赶欧美国家，举着富国强兵和脱亚入欧这两个国家目标，进行了不懈的努力和奋斗。诸如现庆应义塾大学的创始人福泽谕吉这样的明治时期的指导者，渴望日本能够得到与欧美国家同等的地位，提倡将日本西方化。明治时期日本的指导者在蔑视其他
114 亚洲人的同时，对苏联怀有根深蒂固的恐惧感与不信任。他们想办法让日本能够早日实现现代化，好在当时“弱肉强食的世界”里幸存下来。

如果能被承认与西方国家具有几乎同等的地位，日本就愿意加入西方世界。这个日本国民一直以来的愿望，被杜勒斯看穿了。1919 年的巴黎和会上，杜勒斯亲眼目睹了日本代表团为了使种族平等条款被纳入《国际联盟规约》，而付出的巨大努力。具有讽刺意味的是，伍德罗·威尔逊总统提出的十四点原则在种族平等问题上却激怒了日本普通国民。所以不幸的是，日本代表团为废除种族歧视所做的努力因此而化为泡影。除了巴黎和会无论如何都不能得到令人满意的结果，日本国民还对 1913 年加利福尼亚州出台的《外国人土地法》感到很愤慨。[88]

日本民俗学研究的奠基人柳田国男目睹了 1919 年发生在巴黎郊外凡尔赛的一切。他严厉批判日本政府想要将无法实现的、超出自身实力的事情——换言之，将日本民族定位成与白人同等地位——变为现实。与此同时，这位民俗学者也批判日本国民对同样经历着种族歧视的其他亚洲人几乎没有表现出关心。事实上，柳田国男将日本比喻成“效仿孔雀的乌鸦”，他严厉批判了日本国民在种族问题上的不诚实态度。[89]

精明的杜勒斯认为，充分利用日本国民对种族的特殊情感和日本人的双重基准，美国就能将日本作为它的小伙伴拉入西方世界。杜勒斯打

算“利用日本人认为自己比中国人、朝鲜人还有苏联人在种族上、社会性上都要优越的国民感情，说服日本，让它相信作为自由世界的一员，与比共产主义各国优秀的国家集团有着同等的地位”。[90]杜勒斯在与英国盟军最高司令官总司令部的联络使节政治部代表阿尔瓦里·加斯科因的 115
谈话中说，日本国民有着强烈的愿望，希望得到像“盎格鲁-撒克逊民族的精英俱乐部”正式会员那样的待遇。[91]美国外交关系委员会会员甚至断言，在最近的过去，日本的反美情绪和反英态度相对来说是比较例外的，并没有反映日本国民的真实感情。据他们说，1902 年日英同盟的成立清楚地说明了这个事实。[92]

美国人知道日本国民对于被说成是“发展中国家”或者是“低开发国家”会有过敏性反应。因为日本国民认为，自己国家的发展水平远远超过亚洲文明的普通水平。另一方面，大部分西方人认为，无论在身体上、道德上还是知识领域，自己都比矮小的日本人要优秀。在世纪转换期的 19 世纪末，占统治地位的社会达尔文主义理论确认了白人对非白人抱有的种族偏见。父母对待孩子时的温情主义和施恩图报的态度，还有对日本人的种族歧视，在美国人中间呈现蔓延态势，并且种族歧视的表现方式十分露骨。例如，最为人们称赞的美国从军记者厄尼·派尔，在从军欧洲战线后被派往太平洋战线，在两三周后的 1945 年 2 月，他向几百万读者报道了下面的内容：“在欧洲，敌方士兵令人毛骨悚然，不能给他们留活命，即使如此我们还是觉得他们是人类。但是来到这里之后我立刻感到，日本人看起来就像是令人作呕的下等生物。那感觉简直就像人类看到了蟑螂或者老鼠时的反应。”[93]他还对日本战俘这样描写道：“他们像普通的人类一样在痛苦挣扎、在笑、在说话。但是我对他们感到厌恶。在看了他们之后有一种想把心冲洗干净的冲动。”[94]

但是在这种露骨的种族歧视主义和帝国主义的复杂问题上，杜勒斯的世界观和吉田茂这样的保守精英的世界观之间并没有很大区别。在频 116
繁使用现实主义的花言巧语的同时，杜勒斯与吉田茂都有着“种族等级制度”的想法。两人都认为世界是由根据阶级化了的多种多样的民族构成的。一直以来杜勒斯一秒钟都不曾怀疑过盎格鲁-撒克逊“民族”的优越性。说不定他理所当然地认为，盎格鲁-撒克逊人站在种族等级的顶点。

日本国民对外国人，尤其是对亚洲邻居也怀着相同的看法。日本人对于欧洲人和美国人的态度是赞赏、恐惧、不信任，同时掺杂着厌恶。但是日本国民对于其他所有的人类，也就是日本人以外的包括亚洲人在内的非白人的态度和西方人的种族主义相同，也是充满了傲慢和蔑视。[95]日本帝国在东亚地区扩张时期的天皇制意识形态，给国民灌输了日本人是特殊的优秀的这一思想。被灌输了天皇制意识形态的大多数日本国民相信，自己是天皇的，也就是现人神的子孙。根据天皇制意识形态，日本国民肩负着“将其他亚洲兄弟从欧美帝国主义者的束缚中解放出来”，建立“大东亚共荣圈”的特殊使命。[96]但是，在美国的对日占领下，昭和天皇否定了自己的神格化，“从神话中被解放”了出来。其结果本应是天皇制意识形态所包含的一系列种族歧视思想被批判性地细查，然后作为不值得信任的东西被处理掉。然而，美国政府却保留了天皇制，决定利用它使日本变得对美国有利。就算让昭和天皇发布了“人间宣言”，也恐怕难以要求日本人一夜之间转换想法，改变天皇制的价值观。与此相反，认为日本人的心理没有发生很大变化可能更加妥当，尤其是日本国民对于亚洲邻国国民的态度。

117 总之，杜勒斯确信，只要让日本国民感觉到自己与西方人是同等的，日本就会留在西方阵营了。他催促同伙们引起注意：“如果我们仍继续将他们（日本国民）当作劣等民族来对待……并且拒绝他们强烈希望平等待遇的要求，（对日媾和）条约就会变得没有任何意义。”杜勒斯要求尽早废除基于种族歧视主义的移民法，这一点清楚地表明了美国想要平等地对待日本国民。[97]在媾和条约签订的前一年，即 1950 年，杜勒斯说：“如果在这件事情（平等对待日本国民）上失败的话，我们会将日本逼向苏联阵营的。因为可以预想，苏联将会提出平等对待日本。”在谈到对日实施“软和平”政策时，杜勒斯进一步说道：“虽然我们充满期待，但确实也存在着某种程度的风险。”也许对于杜勒斯来说，宽容的对日媾和条约“至少有赌一把的价值”。最后，杜勒斯满怀自信地总结道：“也许通过合理的对待，比起从属于苏联，日本国民会选择与西方联合，而且文明也可以将他们往这个方向引导。”[98]也许杜勒斯过于陷入与苏联共产主义的斗争之中了。他在交涉《对日媾和条约》的时候，对于日本人的种族偏见不予追究，巧妙地利用了日本人的种族主义，使之变得对美国最为有利。

和平问题谈话会

战争结束后，日本为领导者严重不足的问题而烦恼。因为旧的领导层因战败不仅失去了信任，还因被开除公职而从日本的公开场合消失了。这种情形同样发生在军人和文职人员身上。

在对占领接近尾声时，《对日媾和条约》的诸多问题使得日本各地 118
的民族主义日益高涨，特别是在大学教授、职业作家甚至思想家中间，严格意义上来说，是在知识分子中间。他们在著名的杂志上定期发表自己的政治信条和见解。[99]1948 年中期至 1952 年之间，知识分子提出了日本面临的重要的紧急问题，也就是，和平共存、日本的独立和安全保障问题，并且连同媾和条约以及亚洲邻国兴荣的民族主义一起针对这些问题进行了讨论。

岩波书店对讨论日本紧急问题的知识分子的发言进行了跟踪和记录，这一点在战后思想史上发挥了很大的作用。岩波书店给怀有各种意识形态的学者提供了自由发表见解的机会。《世界》最初发刊时，在像《近代文学》《展望》《潮流》这样发刊于战后的定期刊物杂志里面也算“左倾保守”，它作为“自由-保守”刊物被一般大众广为接受。[100]1949 年至 1952 年间，《世界》对世界和平和《对日媾和条约》方案等重要问题进行了专题报道，专题刊号相继发行。[101]通过这些事情，岩波书店还组织了像和平问题谈话会这样的研究者集团，发挥了所谓的“组织者”作用。[102]

日本学者于 1948 年 11 月左右开始，分别在东京和京都成立了非正式的研究集团，认真开始了有关和平的讨论。在这之前的 1948 年 7 月 13 日，由八名世界著名的社会科学家组成的集团，公开发表了联合国教育科学文化组织声明。联合国教科文组织的主张凝缩在战争开始于人们心中这个命题里面。这个著名的社会科学家集团呼吁世界，为了世界和平的大义要超越社会意识形态和社会、经济制度的差异。日本学者回应了联合国教科文组织的呼吁。[103]1948 年 12 月 12 日，学者们在东京召开总会。此后发表了三份声明，其中的第一份《日本科学家对于战争与和平的声明》在总会上被发表。[104]1949 年 3 月以在这份声明上署名的人
119 员为基础，正式成立了和平问题谈话会。[105]

这个和平问题谈话会，自 1950 年开始直至 1960 年解散为止，每月召开一次定期会议，讨论有关和平的重要问题。[106]和平问题谈话会由日本的指导性知识分子组成，无关年龄、长幼，共商时事问题。成员中有哲学家安倍能成、久野收、（后来成为文部大臣的）天野贞桔、经济学家大内兵卫、（后成为东京大学校长的）矢内原忠雄、有泽广巳、都留重人、社会学家清水幾太郎、鹤见和子、法律哲学家恒藤恭、社会心理学家南博、政治学者丸山真男、历史学者高木八尺，还有同样是历史学者的武田清子，等等。[107]

1949 年秋天，《对日媾和条约》这个亟待解决的问题，引起了公众更大的关注。和平问题谈话会围绕日本是应该缔结“全面和平”，还是除去苏联和中国，与美国及其同盟国缔结“片面和平”展开了激烈的讨论。1950 年 1 月 15 日，和平问题谈话会发表了直接处理“媾和问题”的第二个声明。在这份由 56 位著名学者署名的声明，和平问题谈话会发表了以下四个不可辩驳的原则。

第一，日本有必要达成完全的全面媾和。

第二，日本有必要拒绝缔结部分的或者个别的媾和。因为如果缔结部分或者个别的媾和，有可能会切断日本到目前为止与中国和其他各国所维持的正常关系，还会使日本在经济上依赖或者从属于特定的国家（指美国）。

第三，根据宪法，日本的“不可侵犯的中立”和加入联合国是保
120 障国家安全的唯一选择。

第四，无论哪个国家都不能在日本的领土内保留军事基地。[108]

这些日本学者主张，完全而全面的媾和才能开拓通向“两个世界”和平共存的道路。他们认为，否定中立就是否定了全面媾和的可能性，因此没有中立是无法达到全面媾和的。[109]

日美两国政府认为，这四个原则与政府的政策路线水火不容。因

此，对和平问题谈话会施加了政治压力，进行了严厉批判。然而，学者们对此态度坚决。[110]在这四个原则的背后，有着知识分子对未能阻止太平洋战争的深深的悔恨和自我批判。现在他们不想重蹈覆辙的决心更加强烈了。[111]有着领导者地位的政治学者丸山真男，将共同怀着深深悔恨的学者集团叫作“悔恨共同体”，并表明战后一段时间内日本存在着“悔恨共同体”。[112]这些知识分子对和平的热爱之情，与对经济不景气的担忧一样，都产生于对战争的恐惧。另外也与厌恶被美国催促、被拉入军事同盟有关。[113]和平问题谈话会的知识分子固守和平主义的立场和反军国主义的立场，主张无论怎样的军事约定都与日本《和平宪法》的前言和第九条的精神相违背，无论怎样的军事协定都将导致日本与世界的破灭。[114]他们认为，对日本来说只有和平主义和中立立场才是唯一现实的逃生口。以这种高涨的舆论为背景，岩波书店在《世界》上做了关于“媾和问题”的专题报道。这使得《世界》1951 年 10 月号的销量高达 15 万册。[115]

朝鲜战争爆发三个月以后，换言之，正好距媾和条约缔结还有一
年，即 1950 年 9 月，和平问题谈话会的学者发表了第三份声明，极力 121
主张采用和平共存路线。[116]这份申明以“第三次关于和平”为题，明确表示意识形态上的对立问题与国民国家间的对立问题属于不同性质的问题。和平问题谈话会认为，在讨论和平问题的时候，将这两个问题放在同一水平对待是完全错误的，冷战未必是意识形态的纷争，是不同的国家在追求自身利益的时候派生出来的。而且他们确信，就算国家和国家之间在争夺利益时没有达成协议产生了纷争，这与意识形态的斗争是不同的，国民和国家还有交涉的余地，通过谈话能够找到相互妥协的办法。这份声明挑战了国家的安全保障全部依赖军事力量这个常识，它主张和平共存是缓和东西紧张的现实性方案，具有很高的可行性。这第三份申明和前两份一样，提倡应该用现实证明日本是战后的新生国家，应该采用非武装的中立政策。然而，日本政府将和平问题谈话会提倡的和平共存的理念当作“不值得认真考虑的、非现实的、无意义的东西”，断然拒绝了。

各种见解

作为有着独立自主精神的学者而受到国民尊敬的原东京大学校长南原繁认为，中立主义对于战后的日本是不可欠缺的。他还认为，在没有取得苏联和中国的同意下，与美国及其同盟国签订单独媾和对日本来说是一个危险的选择。这个主张的依据是，日本要在没有防御能力的情况下生存下去，与亚洲各国，尤其是与中国的贸易是必需的。[117]据南原说，日本与苏联、中国建立和平关系是可能的，通过与这些国家建立和平关
122 系，日本能够在不将国家的独立和安全置于危险处境的情况下进行贸易，并在原材料方面获得便利。为此，南原为了日本和苏联能在针对美国时达成一些一致意见付出了很多努力。[118]

曾经当过记者、当时身为律师的松本重治也主张，美国不应该在没有将苏联和中国叫到谈判桌前就与日本缔结媾和条约。他将永久性的基地称为“要塞地点”，并且论述说，就算付出任何牺牲都应该避免美国的军事性存在。[119]

和平主义的纯粹感情和战争的惨痛记忆，如今仍然鲜明地存留在日本国民心中。基于这种心理状态，日本国民对于被认为是美国推进的重建军备持有反对的态度。对于大多数国民来讲，重建军备意味着军国主义和警察国家的恢复、税负的增加和物价的上涨，意味着丧失海外市场和原材料，意味着对于外国的攻击挑衅，以及美国无形的继续统治等诸多负面因素。大多数国民认为，为了维持独立，某种程度的重建军备是需要的，但他们也认识到这将伴随着难以承受的经济负担。缘于这样的理由，普通国民对于重建军备的态度可以归纳为“让美国承担军备负担，所有的费用都由美国支付就更好了”。[120]

像洛克菲勒基金会的查尔斯·B. 法斯这样的日本研究专家，对以南原繁为代表的日本学者持有的理想主义和诚实态度非常感慨，但是并不支持和平问题谈话会关于战争与和平问题的见解。[121]洛克菲勒和杜勒斯也完全无法理解日本国民对于中立主义的纯粹而真挚的情感及其向往和平的愿望。杜勒斯认为，日本既不能躲到中立主义这个壳里而将自己隐藏起来，也不能从对抗以苏联为主轴的共产主义侵略的世界战争中全身而退。他认为，多数日本人主张的“中立主义”政策是得不到光明

未来的。[122]美国驻日本大使馆的外交官奈尔斯·W. 邦德和杜勒斯、洛克菲勒有着相同的见解。他在《关于日本的美国情报教育局国家报告》中用尖锐的语言警告说，如果日本像鸵鸟一样逃避现实的话，那将给日本带来致命的后果。[123]《关于日本的美国情报教育局国家报告》的结论表示，日本国民应该认识到，只有在有利的势力均衡的自由世界里，日本国民才能得到他们所希望的媾和条约。据某《美国情报教育局极密备忘录》说，在集团性防卫方面，日本应该与自由世界积极协作。这个备忘录还接着说，作为回报，美国打算极尽所能去保证日本在各个国家中处于受尊敬的地位。[124]

除宽大的“软和平”条约——《对日媾和条约》外，1951 年 9 月，美国与日本政府还签订了承认美军继续驻留的《日美安全保障条约》。杜勒斯很清楚，美军驻留日本可以帮助实现以下两个目的：第一，不仅可以结束在日本的“力量的真空状态”，还可以保护日本免受外国袭击；[125]第二，让日本在军事上依赖美国，对日本鲁莽的军事行动防患于未然。据杜勒斯说，美军驻留日本是管理日本军事力量的唯一方法，对美国以及亚洲各国来说，起着某种犹如保险一样的作用。这种认识说明了日本依旧被认定为侵略性国家这一无法改变的事实。[126]尤其是受到日本军国主义迫害的亚洲各国，不相信通过美国的对日占领，民主主义和真的国际协调精神就会被注入到日本国民的心里。因此，杜勒斯称，美军驻留日本有助于缓和亚洲各国人民的恐惧。此外，他将美军的驻留看 124
成日本作为和平民主国家持续发展的重要手段，[127]同时他还认为将日本编入自由国家可以阻止日本成为共产主义的牺牲品。[128]

作为“合意契约”的《对日媾和条约》与《日美安保条约》

通常由霸权国家打造的世界秩序的主要特征是（称作“霸权秩序”），比起“强制”来讲更以“意见一致”为基础。所谓霸权秩序，是关于公海自由、自由贸易、自由的货币兑换等各国共通的普遍的价值和原则，霸权国与霸权国以外的各个国家（别称同盟国）之间双方意见——一般以各种各样的条约形式——达成一致，在双方同意的基础上霸权秩序被创造、维持，并发挥功能。在霸权秩序里，为了调动同盟国的赞同和协作来维持秩序，“支配国……做出一定的让步或者妥协”。[129]

为了与苏联和共产主义对抗，为了将日本留在西方阵营里，美国与日本交换了有关权利和分工的约定。这便是以条约的形式于 1951 年 9 月在旧金山签订的，并于次年 1952 年生效的《对日媾和条约》和《日美安全保障条约》。

规定免除日本赔偿义务的第 14 条，就是被加入《对日媾和条约》的“软和平”的一个具体事例。这一条规定：“承认如果要维持日本的经济独立，那么现在日本的资源不足以去完全赔偿日本国造成的所有损害和痛苦以及履行其他的债务。”[130]因为第 14 条，日本才有了恢复经济
125 和重建国家的可能。当然，无需赘言，日本的建设与美国在东亚地区的战略利益是相一致的。美国政府认为，为了让日本发挥防波堤的作用，以抵制共产主义，并让它成为东亚地区的安定势力，建设一个有着坚固经济基础的日本非常重要，为此，能够获得的任何资源都是必要的。《对日媾和条约》的第 14 条清楚地表明，为了赢得同盟国对霸权国想要维持的秩序的赞成，支配国要做出一定的让步或者妥协。

“软和平”的另外一个例子可以从《对日媾和条约》的第 5 条看出来。第 5 条规定：“承认日本是独立的、拥有集团性的固有自卫权利的主权国家。”正因为这条，日本才与美国签订了安全保障条约。换言之，根据这条规定，美国在获得了日本政府的“愿望”和同意之后，才能在日本以及日本周边维持或者整顿美国军队。

在条约的交涉过程中，美国在一定的框架内向日本政府提供了一些不得不选择的选项。在此应该强调的一个事实是，虽然日美之间国力差距悬殊，但是美国政府还是特地花费时间和精力来说服日本国民，关于日本的发展方向也听任日本政府的选择。也就是说，《对日媾和条约》不是美国对日本施加压力而单方面强加于日本的，甚至可以说它是在日美两国意见一致的基础上达成的契约。美国的这种圆滑表现出了作为霸权国的美国的外交特征。话虽如此，回顾当时严重的国际形势，日本国民几乎没有什么自由选择的余地。

事实上，美国政府不仅将签订“宽大的”《对日媾和条约》视为重要的目标，还将《日美安全保障条约》视为超过媾和条约的、未来日美关系的基础。美国政府通过签订《对日媾和条约》以及《日美安全
126 保障条约》这两个条约，可以继续享有在占领期间从日本获得的各种重

要权利和大部分特权。1951 年 1 月，为了与日本政府协商《对日媾和条约》而访问日本时，杜勒斯在公众的面前用了宽宏大量的语气，没有将日本形容成“听战胜国吩咐的国家”而说成了“一起商量的当事国”。然而，私底下杜勒斯曾对亲信说过：“应该解决的、主要的、重要的问题是，获得让我们在喜欢的地方、喜欢的时间随便驻留军队的权力。”[131]正如杜勒斯的真心话和场面话两种不同的发言一样，美国政府实际上成功地在日本领土内保持了这个基地系统。与此相对的是，日本国民在旧金山选择了“苦果”。这才是美国“宽大”与软实力的背后的现实。

美国尽可能地通过说服日本让日本国民接受两国之间的条约，所以对日本进行了所谓的“宽大的”让步和妥协，或者说必要的让步和妥协。也就是说，为了与共产主义战斗，美国想要强化日美关系并使之保持持续的友好状态。此时美国政府强烈认识到，今后也必须长期地继续满足日本国民的需求。具体而言，苏联、中国等共产主义国家，在与日本政府的交涉中，就相关领土的让步、渔业权限制的缓和、西伯利亚和中国本土开发等，将对日本发出充满有诱惑力的邀请。欲将日本卷入西方国家阵营，美国做出的让步必须在质和量两方面都比苏联和中国的更胜一筹。换言之，如果希望日本成为一个强大的、可以依靠的同盟国的话，美国不能仅限于向日本提供军事上的盾牌，还要允许日本的贸易行业加入美国的国内市场，带给日本公正合理的市场份额。进一步说，美国有必要给欧洲各国施加影响，使它们无差别地向日本开放市场。

日美两国的共有价值中最基本的价值是“生存下去”，即国家的安 127
全保障，但是“生存下去”的内涵在美国和日本之间存在很大的区别。对于美国而言，“生存下去”意味着在东亚地区和平地维持自由主义和资本主义秩序。与此相对，对于日本国民而言，“生存下去”意味着在物理上保障国家的安全。日本通过与美国签订军事联盟条约，一方面在美国的庇护下追求共同的目的，同时也获得了上述的各种便利。

将日本稳固在自由主义阵营，美国最终要付出多大的成本呢？当时谁也不知道。然而，无论采取何种支付形式，迄今为止的历史显示，“拉拢”日本的代价对霸权国（美国）来说确实在持续上升。[132]尽管如此，敏锐的美国领导者并没有被眼前的成本因素分散其注意力。他们不是从日美两国关系这个狭隘的视角看问题，而是放眼更加广阔的世界体系，从全局来考量拉拢政策的积极面以及美国的长期利益。也就是说，如果日本在安全保障和经济领域对美国保持依赖，这种半永久性的依存意味着美国将长期对日本持续保持相当的影响力。日本作为世界四大工业区域之一，有着特别重要的战略地位。然而，与此相比，通过拉拢日本，美国就有可能在日本领土上构建军事基地系统，这样无论何时都可以将美军派到那些被认为会给美国带来威胁的地方，从而维持其霸权秩序，这才是美国的领导者所考虑的长期利益。某位美国观察者评论道："现在日本和我们的关系，可以定位在比"二战"前更宽大的框架内。
128 重要的不仅是与美国的联合，还有日本与自由世界的关系。"[133]

我们必须在理解当时残酷的国际政治现实的同时，正确抓住美国政府的动机和美国人"宽大"的性格，而不是让它们含糊不清。[134]就像已经论述过的那样，美国"宽大"的本质，虽然在《对日媾和条约》和《日美安全保障条约》中系统地表现了出来，但我们还是有必要在理解它的"宽大"时，将思路放到美国担心日本国民倾向于独立和中立主义这一点上。美国提供的媾和条约对战败国的日本而言可能是具有诱惑力的，然而，毫无疑问，日本国民对于选择《日美安全保障条约》这个"苦果"感到非常痛苦。因为，媾和条约和安全保障条约都显示出日美之间不均等、不平等的力量关系。事实上，美国的"宽大"，是在日本国民付出了巨大代价之后从美国得到的施舍。这里提到的代价，最具代表性的是在日本各地展开的美国的军事基地系统和对冲绳的直接统治——冲绳居民因美军基地等各种原因做出的牺牲。在条约签订十年后的 1961 年，迪恩·腊斯克国务卿用严厉的口吻向池田勇人首相发出了如下警告：他说，美国将与日本的同盟关系"视为极其根本的东西，这并不是基于博爱主义和好感，而是因为考虑到它对于美国的防卫，还有自由世界的防卫都是不可或缺的"。[135]腊斯克的发言换句话说就是，冲绳是日本对于美国的"宽大"所付出的代价。[136]

总地来说，美国有着明确的构想，要在"二战"后在东亚地区建立并维持自由主义和资本主义秩序。但是战后不久，美国政府意识到，

苏联和中国直接反对美国的霸权计划，此外东亚地区，尤其是朝鲜半岛
和越南还有台湾海峡的紧张情绪持续高涨，政治局势极度不稳定。再 129
者，日本对于共产主义的脆弱性也是美国政府担心的原因。冷战由于朝鲜战争的爆发而变成了热战的形式并向亚洲扩散。面对这种新的国际形势，艾奇逊、杜勒斯、凯南等美国的领导者开始意识到，让日本作为东亚地区的强国再次登场，是符合美国和自由世界利益的。美国希望避免与共产主义进行正面对抗，防止共产主义国家的影响扩大到东亚各地。作为这个政策的其中一环，美国政府决定从军事、经济援助到文化交流等各个方面，使用一切可行的手段尽早重建日本，将日本培养成东亚地区的强国。

第四章　约翰·D. 洛克菲勒三世在东京
131 ——是文化交流还是文化帝国主义

为了避免被指责为文化帝国主义，美国多半会让日本人担任组织的指导职位吧。

——查尔斯·B. 法斯，1951 年

如果只过分强调一方面，就会面临文化帝国主义的问题。

——约翰·D. 洛克菲勒三世，1952 年

1951 年 1 月 22 日，哈里·S. 杜鲁门向日本派遣了以总统特使约翰·福斯特·杜勒斯为团长的“杜勒斯媾和使节团”。[1]派遣这个使节团的目的是要与麦克阿瑟将军以及日本人一起做好签订条约的准备工作，这里的条约指的是与大日本帝国交战的各国与日本之间将要签订的媾和条约。通过签订《对日媾和条约》，美国的对日占领将会结束，此后美国军队驻留日本或者在日本配备美国军事基地等行为就失去了正当性。为了应对这样的新情况，美国国务院提议，在签订《对日媾和条约》的同时，与日本签订相互间的安全保障条约，以便能够在尽可能比占领期间更好的条件下继续维持美国军事力量的存在。[2]国务院的这一提案，某种意义上满足了国防部要求的妥协政策。

杜勒斯将《对日媾和条约》仅仅看成签订条约后日美关系的出发
132 点，他认为只有日美两国国民保持良好关系，两国关系得以强化和发展之后，媾和条约才会正当而有效，只有这样条约才具有持续性的意义。[3]

在如此庞大的框架下把握日美关系的杜勒斯，认识到日美两国关系中的文化交流极其重要，同时为了让“媾和条约不仅公正，有实效，还要有持续性”，他进行了不懈的努力。[4]

杜勒斯将此次媾和使节团前往日本视为媾和使节历史上的一次特殊情况。因为这个使节团承担着一项具体任务，即探索推进日美两国在文化以及教育领域合作的方法。[5]1950 年 12 月初，杜勒斯询问洛克菲勒三世是否有兴趣作为“杜勒斯媾和使节团”的一员前往日本。[6]自 1935 年开始担任洛克菲勒基金会董事的杜勒斯，于 1950 年被任命为董事长，直至 1953 年就任德怀特·D. 艾森豪威尔政府的国务卿为止，都在这个职位上。杜勒斯比洛克菲勒大 18 岁，在供职于洛克菲勒基金会期间与洛克菲勒相互信任，关系亲密。[7]

洛克菲勒被认为是负责日美关系中文化、教育、信息问题的最合适人选。因为他作为对教育和文化项目有强烈兴趣的慈善家在东亚也颇有名气。他的父亲约翰·D. 洛克菲勒二世有五个儿子，约翰·D. 洛克菲勒三世是长子。他在孩提时就比较纤弱，极其认真，并且害羞到几乎病态的程度。他有很强的自尊心，还有容易被责任感和重压摧垮的一面。洛克菲勒克服了这些缺点，在试图逃离父亲的支配和影响而变得自由的同时，也在寻找能够倾注自己的活力、想法和热情的目标。[8]他突然觉得通过参加杜勒斯率领的“杜勒斯媾和使节团”能够找到那个目标。于是，他怀着喜悦和对此项任务的强烈兴趣接受了杜勒斯的请求。

杜勒斯将洛克菲勒作为文化问题顾问聘请到了“杜勒斯媾和使节 133
团”里。因为他想让日本国民知道，美国除了军事和经济之外，还想强化日美两国长期的文化关系。[9]其实杜勒斯别有用意，他通过任命洛克菲勒而使媾和使节团的目的范围扩大了，这将淡化使节团的军事性目的。[10]

在出发去东京之前，洛克菲勒与几位研究日本问题的专家讨论了有关访问日本的事情。这些专家包括刚刚就任洛克菲勒基金会人文科学部部长的查尔斯·B. 法斯以及在哈佛大学负责日本史的埃德温·O. 赖肖尔副教授等人。[11]其中，法斯因为关于日本的知识和关于任务提供了“极其有创造性的看法”，给洛克菲勒留下了非常深刻的印象。[12]此外，洛克菲勒还从赖肖尔那里得知应该在日本接触哪些人物，并且得到了那些人名的名单。[13]

洛克菲勒在华盛顿也花了四天时间与政府高官商量和讨论了自己的任务。在交换信息和意见的人当中有国务卿迪安·艾奇逊、杜勒斯、远东国务卿助理迪恩·腊斯克，还有原驻日大使约瑟夫·C. 格鲁、远东局企划顾问约翰·K. 爱默生等国务院的远东专家。[14]洛克菲勒斟酌了在日本的行动计划，还从他们那里得到了信息，弄清了国务院到目前为止特别是在拉丁美洲各国，对以两国为基础的文化中心事业进行了怎样的支援。[15]另外，杜勒斯表明洛克菲勒在东京有两项重要任务，其中之一就是把美国在日本的文化活动管理机构“由盟军总司令部改为国务院”，另一项任务就是构思并策划日美文化关系的“长期项目”。[16]洛克菲勒感到要完成这些困难的任务，必须得到杜勒斯的“全面的支持”。[17]在他即将前往东京之际，杜勒斯交给了洛克菲勒一张空白委任书，上面
134 写着可以做“你（洛克菲勒）想做的事”。[18]

自对日占领以来，在盟军总司令部的民间情报教育局的管辖下，关于教育和文化的各方面的政策都在实施。当洛克菲勒了解到所有的政策都是在美国的主导下实施的，他感到很遗憾。他认为对于文化关系来说，双向性是非常重要的。也就是说，就像交流这个词所表现的那样，日美文化交流中双向性的关系对于日美两国来说非常有益，关于这一点洛克菲勒深信不疑。他还认为，这种努力是否成功取决于能否持续得到日本国民的支持。[19]民间情报教育局对文化教育事业太过漠视，也没有完全抓住日本知识分子和年轻的领导层的心以及他们所关注的事情。洛克菲勒在知道这些情况后感到更加失望了。于是，他将“主要跟日本人沟通，弄清他们是如何看待两国的文化关系”确定为他在访日期间的第一个目标。[20]

去东京

1951 年 1 月 22 日，杜勒斯媾和使节团一行坐上政府为其特别准备的军用运输机星座号离开了华盛顿。飞往日本的途中逆风很强，旅途变得相当漫长（到日本总共用了 63 小时 15 分）。洛克菲勒将这次飞行描

写成“像是持续了两天半的家庭宴会”。[21] 1 月 25 日到达羽田机场的时候，使节团一行受到了麦克阿瑟将军及其夫人，还有多家媒体的迎接。对于洛克菲勒来说，此次日本之旅是继 1929 年和 1949 年后的第三次访日。他计划在东京滞留一个月，待到 2 月 22 日。

杜勒斯使节团在到达后的第二天早上，就立即开始执行任务。使节 135
团的全体成员前往位于第一生命大楼的麦克阿瑟将军的办公室，进行了礼节性的拜访。在那里使节团与将军商议了应该如何与日本方面进行关于媾和条约的讨论。当时，参加礼节性拜访的全体成员都为麦克阿瑟将军认识问题的能力、耿直坚定的方法和明确有力的表现力以及对任务的热情所折服，大家对他的印象非常深刻。[22]

滞留日本期间，洛克菲勒受到了媒体的高度关注。有这么高的人气不仅因为这次他作为杜勒斯使节团的一员来到日本，还因为洛克菲勒基金会一直以来在日本和东亚地区有着广泛的活动，这使得他早已名声在外。在杜勒斯使节团的几项任务中，日本国民对于《对日媾和条约》中的政治、经济和安全保障问题表现出强烈的关心。此外，虽然不及政治、经济、安全保障问题，他们对洛克菲勒以构筑日美两国的文化交流关系为目标的任务也有着很大的兴趣。[23]

当东京的活动一开始，洛克菲勒就知道日本人对于洛克菲勒基金会的支援抱有很大的期待。[24] 例如，日本最著名的小说家之一，也是参议员的山本有三，请求洛克菲勒设立奖学金项目，让日本学生能尽早并且长期地勤奋学习。[25] 因此，为了避免大家对使节产生误会或者对自己产生过度的期待，洛克菲勒向日本媒体说明，本次使节的目的是弄清日本国民对于构筑和发展长期的日美文化关系的想法。[26] 媒体在知道洛克菲勒将在文化交流领域开始有所行动后对他表示了欢迎，同时高度评价了洛克菲勒的活动。日本报纸的大部分评论都主张，为了发展太平洋两岸的日美两国国民之间的友好关系，希望培养双方可以共享的价值。还总结说，为此日本国民不能仅仅称赞美国在物质上的成功，还有必要习惯亲近美国的“精神财产”。

再重复一遍，杜勒斯托付给洛克菲勒滞留日本期间的任务包括一个 136
短期目的和一个长期目的。所谓短期目的，就是帮助将文化交流项目从盟军总司令部的民间情报教育局（隶属于位于华盛顿特区的陆军部，1947 年以后隶属于国务院管辖）顺利转交到国务院的美国情报教育局。[27]那些文化交流项目，在对日占领开始以后一直由盟军总司令部民间情报教育局管辖，在日本独立以后变成由国务院的美国情报教育局管辖。[28]按照计划，美国情报教育局的文化交流项目会在《对日媾和条约》生效的一个月前，即在 1952 年 3 月之前开始。[29]除此之外，给洛克菲勒还有一项长期目的任务，就是为《对日媾和条约》缔结后日美两国间文化交流的制度化做准备。

洛克菲勒的文化攻势

美国国务院为了支援洛克菲勒，将萨克斯顿 · E. 布拉德福从华盛顿派遣到了日本，以协助他完成在东京的任务。[30]布拉德福赴任日本后，马上担任了美国大使馆新闻处处长一职。洛克菲勒和布拉德福两人都清醒地意识到，在军事占领期间，民间情报教育局凭借强制力对日本国民实施了各种文化政策，但是在签订《对日媾和条约》以后，要实施政策除了依靠说服力之外别无他法。[31]实际上，布拉德福认为，要使美国情报教育局的文化宣传事业获得成功，要顺利传播美国的理念，说服日本人让他们认同美国理念比起单纯地散发美国书籍和信息效果更好。因
137 此，他认识到美国人自身的说服能力是不可或缺的。[32]

洛克菲勒意识到，许多日本人在占领期间，乐意利用情报中心等民间情报教育局的设施。（参照第一章）许多日本人利用美国的设施，是因为日本的公立图书馆状况很不好。例如，京都府立图书馆藏有很多书籍，但是已经有十年没有购入美国或欧洲国家的书籍了，也几乎没有购入在日本发行的图书，因此所藏的都是过时的书籍。[33]许多日本人担心，媾和条约缔结之后，在结束被占领的同时与美国的文化交流项目也会结束。民间情报教育局局长唐纳德 · R. 纽金特明白，日本人非常担心美国会在日本恢复主权后抛弃日本。据说民间情报教育局的情报中心将被关闭的谣言散布之后，日本某个地方集合了四万人署名抗议。[34]与情报中心将被关闭的谣言相反，美国政府在结束军事占领后没有想过要完全关闭图书馆。国务院文化情报项目负责人多萝西 · R. 沃德也强调“无

论如何也做不到关上门跑掉”，并赞成不关闭图书馆。无论继续提供图书馆服务的决定是基于何种想法而产生的，情报中心最终被转交到了日美两国的共同经营之下，里面的书籍、建筑和工作人员都变成了由日方管理。[35]

在布拉德福与华盛顿的美国情报教育局应对是否继续提供图书馆服务的相关问题期间，洛克菲勒与包括天皇在内的多数日本重要人物举行了会面并交换了意见。例如，1951 年 2 月 4 日，洛克菲勒与他的妻子作为天皇的来宾被招待参加猎取野鸭的宴会。这次宴会的司仪由宫内厅的式部官长松平康昌担任。来宾用网捉捕野鸭，捉到的野鸭放到桌上的小火盆里烹饪。对于这次猎取野鸭的宴会，洛克菲勒夫妇发表感想说虽然 138
很有趣，但是很难称得上是游猎。[36]

作为比社交更为重要任务的一项任务，洛克菲勒与在日本社会或日本文化领域活跃着的许多指导性人物交换了意见。其中包括吉田茂首相、格鲁奖学基金会理事长桦山爱辅、国际文化振兴会会长加纳久郎等。下文中将会说到，这些人对日美文化交流的制度化做出了重要贡献。洛克菲勒还与日本主要的知识分子进行了会面。这些知识分子包括东京大学校长南原繁、京都大学校长鸟养利三郎、日本的美国研究创始人高木八尺、政治学者蜡山政道、既是作家也是太平洋国际学会会员的鹤见佑辅，还有他的儿子，毕业于哈佛大学，著有《战后日本的大众文化史（1945—1980）》的鹤见俊辅，以及他的女儿，毕业于瓦萨尔大学和普林斯顿大学的鹤见和子等。（在第五章将会讨论美国人对日本知识分子的看法）[37]除此之外，洛克菲勒还和于 1929 年在京都举办的第三次太平洋问题调查会会议上相遇相识的律师松本重治重叙旧交。[38]通过那样的会面，洛克菲勒与他的日本友人们讨论了多方面的问题，其中也包含了签订《对日媾和条约》以后日美两国的文化交流项目应该有着怎样的特性等问题。

洛克菲勒将关于在东京的活动，包括应该如何接近日本人等内容，都详细记录在了日记里面。日记写道：“我先和许多日本人见了面，试着去了解他们怀着怎样的心情，考虑着怎样的未来。在此基础上，为了用建设性的做法让日美两国的人民形成紧密关系，我们开始讨论应该使用怎样的方法。……滞留日本期间，我了解了日本的背景，总结了自己的想法，做好了向杜勒斯提议的准备。”[39]就像这样，洛克菲勒完成了日美文化关系制度化所需的重要准备，顺利推进了制度化的进程。在这个
139 意义上，洛克菲勒踏出了使日美文化交流得以发展的重要一步。

作为外交的文化交流

文化交流这个概念，在外交领域是相对新颖的想法。它反映出近年来愈来愈多的民间人士影响外交领域的趋势。同时也反映了运输和交通手段以及大众传播手段的快速发展。尤其是“二战”以后伴随着社会的各种变化，“所有国民的信条、态度还有意见的总体”都成了文化交流的对象。[40]通过文化交流，可以让有关彼此国家、国民以及生活方式的知识在两国之间的交流变得容易。同时还能对人产生影响，改变国民的政治性行动。因此文化交流是为了达成一定目的的手段，它本身不是目的。具体而言，以日美关系为例，一般可以认为文化交流有助于达成以下四个目的：（1）增进日美两国间的相互理解；（2）使相互的文化变得丰富而坚固；（3）培养理性的有才能的人才；（4）共同研究日美两国共通的问题。[41]

洛克菲勒认为文化交流对于世界和平来说是不可或缺的。他认为，想要形成健全的长久持续的关系，进行文化交流的国家之间需要有共同的价值。这个想法的前提是，在国与国之间或者人与人之间，扩大利害共享的共同体的范围，有利于构筑世界秩序和保障国际和平与稳定。他认为通过文化交流，人们会意识到他国的人们也是与自己相同的人类。实际上，洛克菲勒将文化交流视为恢复和平的世界秩序的一种尝试，在这种秩序下“所有国家能够自由地追求自己认为共通的目标或自己想要
140 达成的目标”。虽说如此，他充分意识到，仅仅靠文化关系是构建不了和平的。但是，他也认识到没有文化关系也无法构筑世界和平。[42]

美国国务院人才交流部长佛朗西斯·J. 科里根和洛克菲勒有着同样的见解。科里根认为，“那些共享利害的共同体，是自由的人类能够构筑安定秩序的心理基础”。[43]非常了解日本的罗伯特·S. 施万特斯对这样的想法也有同感。他论述道：“如果两国国民在基本问题上没有共

同的利害关系，就无法期待从文化层面的友好关系中得到丰富的精神回报。”[44]杜勒斯也清楚地认识到，进行文化交流的双方国民之间会产生相互理解和尊敬。他认为，相互理解指的是，对互相的生活方式和文化表示敬意的态度。这意味着对相互所持问题的一种共鸣，也意味着两国之间的友情和信赖。杜勒斯希望，日美两国国民通过文化交流，能够怀着深厚感情去理解、接受彼此的希望、想法、理念和目标，然后变得尊重对方的生活方式。[45]

唐纳德·R. 纽金特也强调了文化交流的重要性。他在寄给洛克菲勒的信中说：“我相信分享知识性、文化性资源与分享经济性资源或技术性的专业知识同样重要……恐怕，对各个自由国家的团结来讲，长期来看还是前者更加重要。”[46]如果德怀特·D. 艾森豪威尔总统的弟弟，著名大学校长密尔顿·艾森豪威尔有机会见到纽金特的话，也会同意纽金特的意见吧。据说艾森豪威尔曾说过：“对彼此的文化、问题、愿望如果没有更深的理解，经济协作、政治协作和军事协作在面临危机时有可能会崩溃。”[47]正因为如此，美国的领导者相信共同的价值观是文化交流的关键。从反面来讲，“如果没有共同的价值观，就没有协作性活动的基础”。[48] 141

文化交流的三原则

洛克菲勒认为文化交流必须在以下三个原则的基础上进行：第一是“双向性”原则，第二是两国的共同策划，第三是政府与民间人士之间的协调与互相合作。

“双向性”原则

文化交流的首要原则是两国之间的双向性原则，这基本意味着一种相互主义。[49]这个原则的目的是，两国通过文化交流互相学习得以成长，并互相得利。洛克菲勒作为助手出席过 1929 年太平洋国际学会在京都举办的会议，自巡回拜访京都的神社和寺院时起，年轻的洛克菲勒就知道了日本和日本文化，并高度评价了它的价值。他对日本人的礼貌和谦虚特别有好感。[50]自从那时开始，洛克菲勒就认为日本文化中有很多值得他国借鉴的地方。他衷心地希望日本不仅接受来自美国的文化，也能在“双向性”的文化交流中做出贡献，最终希望日美两国能够相互学习。

虽然洛克菲勒站在美国的立场上，但他仍然感到美国有必要彻底地重新验证并改变对日本的印象。他认为，如果仅仅将日本视为对抗共产主义的防洪堤，日美两国之间的文化交流是得不到充分发展的。洛克菲勒担心这种消极的处理方法，会使日本人认为美国重视共产主义的威
142 胁，因而甚至会将美国当作过度重视防卫和消极手段的保守主义者，对其产生反感。[51]他强烈主张，为了使日美两国的文化项目获得成功，日本人和美国人彼此应该互相尊重，日本人在双向性的文化交流中自发而充分地与美国合作是非常重要的。[52]

我也怀疑过，洛克菲勒喜欢采用“双向性”，是否因为双向性的文化交流可以保护美国免受“文化帝国主义”的批判。所谓“文化帝国主义”，用于政府为了使国策合理化而将文化当作手段的时候，是一个具有否定意义的词。[53]洛克菲勒指出，在过去的事例中，大多数情况下，文化交流为了达成政治目的而变成了单向的，并主张文化活动不能是“单向的、实行家长制”。[54]他说道：“如果只过分强调一方，就会面临文化帝国主义的问题。”[55]同时他还反复主张：“从长期来看，文化帝国主义不仅对日本，对美国来说也是一种不幸。”[56]总的来说，洛克菲勒认为，无论如何都要避免让美国文化的传播、普及和推进成为日美文化关系的中心。根据洛克菲勒的想法，相互主义下的文化交流可以将美国人被批判成文化帝国主义者的可能性控制在最小范围内。

与此同时，洛克菲勒也对日本人讨厌外国人的情绪感到担心。根据他的意见，现在由美国流入日本的文化，不能被从日本流入美国的文化补足的话，即使日本人讨厌外国人的情绪尚潜伏在水下，但终将冲出水面。也就是说，他担心反对“过度的西洋化”的情绪会激起美国不希望看到的超国家主义感情，这样一来日本人讨厌外国人的情绪会再次抬
143 头。洛克菲勒认为，现在美国在政治和经济方面都压倒日本，这可能会使日本人担心美国在文化上也会支配日本。[57]由洛克菲勒担任委员长的外交关系委员会研究班的成员、哥伦比亚大学的教授哈罗德·G. 亨德森对洛克菲勒的意见抱有同感。亨德森论述道：“如果我们想居高临下

地对日本施加影响，日本人肯定会反抗。应该真正地站在对等的立场上，绝对不能只教授而不学习。”[58]

不仅如此，洛克菲勒还认为，日本人是有极强自尊心、极其敏感的国民，因此在对待他们的时候要非常细心和机灵。一般而言，日本人从内心认为美国人觉得自己比日本人优秀。洛克菲勒切身感受到，敏感到几乎可以用过敏来形容的日本人，自一个世纪前马休·佩里提督访问日本以来，对美国和美国人就有着难以言喻的复杂感情。例如，对住在美国西海岸的日裔美国市民遭受种族歧视的漫长历史而感到愤恨的日本人，因为太平洋战争的战败而对美国抱有屈辱感和自卑感。除此而外，在军事占领下长期地被支配，并受到盟军总司令部审查的日本人，自尊心受到了严重伤害。[59]纵观一百年的日美关系史，洛克菲勒认识到日本人在美国面前的自卑感变得更加强烈了。

特别是某件事情刺激到了日本人对于美国的感情。那是关于麦克阿瑟将军的事。1951 年 5 月 5 日，道格拉斯·麦克阿瑟将军，在罗素参议员担任委员长的美国参议院军事委员会和外交委员会的公开听证会上，讲出了对于日本人来说绝对不能置之不理的惊人内容。麦克阿瑟说：“在科学、艺术、宗教、文化上如果将盎格鲁-撒克逊民族的发展程度算作是 45 岁左右的话，那么德意志人已经非常成熟了。但是，日本人虽然有着很长的历史，却还停留在需要指导的阶段。用近代文明的标准去 144
测量的话，对于 45 岁的美国来讲，日本还是 12 岁的少年。”[60]换言之，麦克阿瑟就是在说日本成人的精神年龄与 12 岁的美国人相同。[61]日本人在麦克阿瑟欠缺考虑的发言被公开之前，将他视为重建日本的恩人和英雄，非常尊敬他。然而，麦克阿瑟无心的发言一传到日本，许多日本国民受到了严重的伤害。麦克阿瑟在美国参议院军事委员会的发言，将他长年建立起来的形象瞬间销毁了。[62]麦克阿瑟的这个发言，时至今日仍被历史学家和其他人解释为麦克阿瑟轻视日本人的种族歧视性的表现。

麦克阿瑟将军做出以上发言的时候，洛克菲勒正好回美国了。鉴于这样不幸的情况，他认为要治愈日本人受伤的感情，有效地满足他们的自尊心，需要包括美国人在内的外国人认同日本的文化，并对此表示出敬意。洛克菲勒一直认为日本人与美国人之间彼此相互尊重是日美关系的关键。他说："为了形成互相理解与合作，对彼此的尊敬是最重要的基础。"他还补充道："必须要让日本人知道美国人有着对日本文化的兴趣，并且这种兴趣正在增强……让日方知道在美方的这种兴趣和理解，会给日本人带来强烈的心理影响。"[63]洛克菲勒担任委员长的外交关系委员会研究班成员之一，智囊团兰德公司的代表W. 菲利普·戴维森，用其他表现方式说明了关于"双向性"的积极意见。戴维森知道，日本人未必对美国文化有着高度的评价，他直截了当地说："为了让日本人相信美国文化的水平很高，恐怕（美国人）有必要对日本文化做出高度评价。"[64]

145 洛克菲勒明白了日本人也赞成、支持文化交流的"双向性"原则。例如，最高法院院长田中耕太郎就是其中的一位。田中在日本人中间以他坚定的信念、诚实的人品受到极高的评价，被人们尊敬。他从心底里支持文化交流的"双向性"原则。在以"日本与美国的文化交流"为题的报告中，田中耕太郎批判日本战前的公共文化振兴活动是炫耀日本文化的优势、发扬国威的高压政策。他承认日本人在文化外交中"抱有发扬国威的政治目的"，反省战前的日本文化交流是"文化帝国主义"。[65]考虑到日本过去的经验，田中提前警告日本国民，千万要注意在将来的国际文化关系里不要让"文化帝国主义"混入其中。他坚信，"一个国家优秀的文化，不需要特地去宣传，他国的人民也会做出高评价"。[66]

日本的报业也支持日美文化交流的"双向性"原则。话虽如此，概括来说，报纸的观点强调要真正理解外国文化不是那么快就能办到的。报纸评论呼吁读者注意，不能将表面上知道外国文化与理解外国文化混淆起来。在此期间，由于朝鲜战争的爆发，日本经济开始复苏，日本国民中的国家主义情绪缓慢却稳健地高涨。如同印证那时的社会潮流一样，日本几大报纸开始刊登反映人们内心真实情感的国家主义性质的报道。其中三大报纸之一、略偏国家主义性质的《读卖新闻》主张："如果日本人希望与美国进行真正的文化交流，首先必须成为真正的日本人。因为仅仅将自己美国化不会受到尊重。"[67]其他报纸也开始刊登申述国家主义的报道。例如，《日本时报》对于文化交流略微委婉地表述道："虽然是以日本自己的微不足道的方式，但不能忘记向美国或者其 146 他国家传递日本的文化信息。"[68]

日美共同策划

与"双向性"原则相关联的文化交流的第二个原则是，日美两国的民众共同策划推进文化交流项目。洛克菲勒基金会的查尔斯·B. 法斯在寄给洛克菲勒的信中说道："地点是在对方国内，但却将发展文化关系的希望托付给全部由自己国家民众运营的组织，就算那是民间组织也不妥啊。"他借此强调了文化交流中两国共同运作的重要性。并且，法斯接着说："文化交流活动，应该尽可能地在开展它的国家进行，并由那个国家的组织来推进。"除此之外，他还谈及了培育人才的重要性，"美国为了避免被指责成文化帝国主义，应该主要由日本人担任组织的领导职位吧"。他还说："只要花上五年，所有领导和管理权都将会转交到日本方面吧。"法斯向洛克菲勒说明："这种转交不是为了节约资金。为了使策划获得成功，为了确立日本人的态度，这是不可或缺的。"[69]洛克菲勒也非常理解这些事情。洛克菲勒和法斯两人一致认为，日美文化关系如果没有日本人自发而充分的参与就不可能健全地开展。

官民的协调与合作

支持文化交流的第三个原则，是协调国家（公权力）与民间（私人领域）在文化交流活动中的关系，也就是关于政府与民众以及民间组 147 织之间的关系。说到底，这个原则是关系到官民合作问题的原则。具体来说，是应该坚持美国的传统价值即政教分离的原则或自由主义的思想，而将文化交流活动像一直以来的那样由民间人士和民间组织全权负责呢？还是应该像"二战"以后承认政府参与文化交流活动而在政府的管理下进行呢？假如政府参与的话，那么政府对文化交流活动干预到何种程度才妥当合适呢？

美国政府完全不干预文化交流活动，应该百分之百地交由民间人士去开展的观点，特别是在"二战"以后，显然不是很现实。因为美国在20世纪经历了两次世界大战，政府的权限被前所未有的扩大。不仅如此，从“二战”后冷战的发展形势来看，文化外交被认为避免不了带有政治色彩。因此，在美国的领导者中间，某种程度上政府干预文化交流比较符合人心，或者说应该干预的意见最终被大家接受了。尽管如此，大家依旧表示非常担心，如果将文化交流作为国策或者为了眼前的政治目的而公然利用，会损害加深两国国民间相互理解这个开明的决策所带来的长期利益。

与其他的领导者一样，洛克菲勒认为在民间人士或非政府组织等开始愈来愈多地参与到外交领域的时代里，政府直接管理或者运营文化交流活动明显是不得人心的。[70]就像已经说过的，洛克菲勒担心美国政府会因此被批判成文化帝国主义。另一方面，萨克斯顿·E. 布拉德福认识到，政府主办的文化交流项目经常有可能被认为是外国政府对本国内政的干涉。于是，他在寄给洛克菲勒的信中提醒他注意，日本知识分子
148 可能对政府主办的文化交流项目抱有猜疑的态度。[71]

相对而言，洛克菲勒认为，文化交流组织应该由民间人士建立，由民间人士提供资金。话虽如此，他也充分认识到民间组织没有可以大规模开展文化交流项目的资金。同时他也认为，民间人士、民间组织比起政府官员或者政府机构能够更加变通地、高效率地策划、运营文化交流项目。[72]洛克菲勒也理解，在文化交流活动中也有政府机构难以直接实施的计划。考虑到这些，洛克菲勒开始探求能够调整民间人士和民间组织的文化活动与政府机构的文化情报事业之间关系并使两者协调的方法。结果，洛克菲勒提出了民间人士和民间组织应尽可能多地参与文化活动这一想法，并且得到了国务院的全面赞同和支持。于是，国务院要求他提交一份关于美国文化交流活动实际情况的详细报告，以便探索在策划实施文化交流项目时政府机构与民间组织形成合作体制的可能性。[73]

1945年以后，美国的民间团体或者民间人士在日本积极开展了各种文化活动。例如，洛克菲勒基金会策划了人才交流计划（由知识性交流委员会举办的人员交流计划就是代表事例）和东京大学-斯坦福大学美国研究研讨会这样小规模的具有科学性和教育性的文化交流计划，还

和日方一起制定了在东京设立国际文化会馆的计划。另外，接受福特基金会补助金的印度人和巴基斯坦人，在访问美国后的回国途中被派遣到了日本。基督教青年会（YMCA）和基督教女子青年会（YWCA）制订了教育计划和文化计划。1952 年，新教教会以及天主教会让 3.5 万名传教士驻留日本，向 63 个学校的 94177 名学生派遣教师并开展了其他支援活动。此外，美国援外合作署（CARE）向日本发送粮食物资、医
疗用品和书籍。加之美国的银行、海运公司、一流的跨国公司等商业界 149
也加入了改善日本市民生活的计划，通过传播技术信息、向留美的日本学生发放奖学金等方式对文化交流做出了贡献。全美矿工联合会（UMW）向日本的探矿劳动工会提供了资金。[74]

在文化交流中，纯粹意义上的文化活动与宣传活动之间的区别非常细微，实际上，要严格地将其区分开来是极其困难的。例如，由美国的民间人士主导的“自由亚洲委员会”和“自由亚洲电台”在日本政府规定的范围内开展反共活动。前者“自由亚洲委员会”在旧金山设有本部，是管理美国和亚洲各自由主义国家间的文化交流项目的组织。其中，他们也资助农业方面的刊物，支援反对共产主义的学生团体。为此所花费的经费，例如 1953 年，就超过了 40 万美元。[75]“自由亚洲电台”成立于 1950 年，截至 1961 年，一直在马尼拉和其他地区播放广播。这个电台通过进行反共宣传活动的“自由亚洲委员会”，从美国中央情报局（CIA）获得资金。[76]

在被占领期间，不仅美国一个国家在日本实施了信息和教育交流项目。英国也通过英国文化协会，向日本派遣著名的研究者发表演讲，或者实行一些小规模的人才交流项目，等等。除此之外，英国还在东京开设图书馆，发行信息册子。与此同时，法国也在东京和京都开设了文化中心。如前文所述，苏联全面放弃了对日著作权，仅 1951 年一年，苏联著作在日本的翻译出版品种就上升到了 228 种。[77]

文化交流项目的三种类型 150

据美国国务院称，美国政府的文化交流项目包括三种类型。第一种类型的重点是增进美国国民与他国国民的相互理解，为此强调加深外国

对美国理解的重要性。以这种类型为中心的事业，重点在于将美国文化尽可能地表述得浅显易懂，让外国人觉得美国很亲切。[78]第一种类型的前提是，如果外国人能够理解美国人和美国文化以及美国的生活方式的话，那么他对美国的敌意就会消失，对美国的行动所抱有的不信任感也会消失。

文化交流项目的第二种类型，是带有教育性质的项目，属于纯粹的学术性活动。诸如英语教育、大力发展国外大学的美国研究，以及演讲等都属于这个类型。这种活动同时也发挥了加深理解美国的作用。就像英语教育一样，它们都是传播美国文化以及美国制度的手段。尽管如此，带有纯粹教育性质的第二种类型的项目，与那些通过提高发展中国家的识字率和技术水平、普及常识性知识和提高政治意识，以改善该国的经济状况、追求民主国家的政治安定的项目在性质上是不同的。毋庸置疑，“教育性”的项目如果没有同时包含使人对美国文化产生共鸣的项目就不能算是完整的。[79]因此第一种和第二种类型在实施时必须相互联系，步调一致。

文化交流项目的第三种类型，是为了达成裁军和原子能的和平利用
151 等美国外交政策的特定目的而开展的文化宣传活动，又称“情报媒体服务”。1953 年以后，第三个类型项目主要由美国新闻署（United States Information Agency，USIA）掌管。[80]美国新闻署在海外播放广播节目，在国外维持、运营信息中心，向国外听众提供电影、电视节目、新闻报道方面的资料、宣传单和杂志等。目的是为了最大限度地利用大众媒体，用浅显易懂的方式向海外传达美国的政治目的。

美国政府在运用这三种类型的文化交流项目、努力传播美国良好形象的同时，通过“真理运动”以更正海外民众对美国的“错误”印象。例如，美国政府想让外国人将美国理解成生机勃勃、富于变化的社会，同时又通过文化交流项目强烈地表达，美国才是 20 世纪普通民众取得最大成功的国家。除此之外，美国政府认为将美国是一个经济繁荣、科技先进、军事强大的国家这个信息传播到海外也是非常重要的。尽管如此，美国政府并不认为仅仅将军事及经济等硬实力方面的信息传播出去美国就能被充分理解。因此，政府特别把重点放到了软实力这个方面，

就是将美国国民在艺术、文学、音乐、社会科学等领域取得的创造性成果广泛地介绍到海外。美国政府通过在国外发放美国情报教育局的刊物等，以凸显文化为美国社会做出了很大贡献。与此相关，美国政府关于美国社会的物质方面的宣传则相对低调，仅向国外理性的领导者们发送美国情报教育局的相关刊物。[81]当然，美国政府没有忘记强调美国对于和平和人类进步的强烈愿望。[82]

研究日本的专家，亚洲基金会的罗伯特·S. 施万特斯清楚地认识
到，文化交流在今后将变得愈加重要，对未来的日美关系，尤其是将 152
《对日媾和条约》签订后的日美关系的发展产生政治上的影响。他极力主张研究日美两国共有价值的必要性，同时主张日本人和美国人“有必要加深对于彼此态度和目标的理解”。施万特斯补充说，日美两国国民，“从根本上讲都希望在自由、充满生机的世界里居住。问题是要在特定的政策领域，扩大双方一致的价值部分”。[83]就好像施万特斯与美国政府的领导者商量过一样，美国驻日本大使馆寄给国务院的《美日文化关系报告书》中同样写道，在向日本人介绍美国生活方式的时候，相比日美之间生活水平和社会习惯的差异，应该更加强调日美之间利益和目的的共通性。[84]

值得一提的是，战后日美的自由派也抱持着同样的想法，认为文化交流是加深日美两国相互理解、维持长期和平关系不可缺少的手段，文化关系在日美两国关系中极为重要。也许这种一致性仅仅是历史的偶然，也许在这种一致性之外存在着不同的利益需求。然而，不可否认的是，1952 年，当将近七年的占领统治结束、日本恢复主权时，此时的日美关系只是表面的、极易破裂的。这意味着在面临危机和威胁的时候，维持日美关系所绝对必需的共同根基，无论是知识方面，还是政治方面或者文化方面的，都远未夯实。[85]

到洛克菲勒报告的完成

杜勒斯媾和使节团结束了对日本为期约一个月的访问，于 1951 年 2
月末回到了美国。回国后，杜勒斯就日本政府以及条约的交涉情况表达 153
了非常乐观的感想。他说，通过交涉，已经牢固确立了对日本有利的媾

和条约的大概要点，因此，交涉在早期缔结媾和条约的方向上取得了实质性进展。当然，在东京的协商结果绝对不是最终的决定，《对日媾和条约》还要反映其他同盟国家的意见，尤其是英联邦国家。其中，杜勒斯补充说，有必要说服菲律宾政府不向日本要求赔偿。杜勒斯认为，尽管仍然存在赔偿等几个悬而未决的问题，但是，《对日媾和条约》的性质以及美国的意图中存在的不透明的部分已经被彻底消除了。他公开发表宣言称这次媾和使节团的主要目的达成了。[86]

与此同时，洛克菲勒说作为使节团的正式成员访问日本他非常高兴，并将此次访问描述为“非常有趣的、有意义的旅行”。[87]洛克菲勒的日本访问，尤其是日本人对他的“双向性”的观点怀有极大的兴趣这件事在美国广为流传。然而，洛克菲勒本人却认为，为了使日美文化交流制度化，接下来自己将有堆积成山的工作要做。事实上，他眼前关心的是本次访问日本的成果，也就是将关于美日文化关系的报告书总结成提案，上交杜勒斯。洛克菲勒想要影响美国的文化政策，也就是影响所谓的信息和教育活动的内容，他打算让政策提案“富有想象力，具有实效性”。[88]“二战”期间洛克菲勒曾在的海军部，和律师梅里尔·谢巴德一起写过关于为了使日本国民前往新方向的报告书，提交给了三步调整委员会。因此，撰写关于日本的政策提案，对他来讲已经不是第一次了。[89]而且，梅里尔·谢巴德这次仍将与洛克菲勒全力合作，他向芝加哥律师事务所请了大约一个月的假，决定在纽约与
154 洛克菲勒一起写报告。[90]除了谢巴德之外，还有几位研究日本的专家协助洛克菲勒，帮助他起草报告书。其中包括查尔斯·B. 法斯、尤金·H. 杜曼、国务院远东问题负责人艾琳·R. 多诺万、英国外交官并被认为是日本问题权威的哥伦比亚大学教授乔治·桑塞姆勋爵、哥伦比亚大学亚洲研究所的休·博顿和埃德温·O. 赖肖尔，以及立教大学教授、在横滨美国领事馆有过外交官经历的道格拉斯·W. 奥弗顿等人。[91]洛克菲勒把关于报告的讨论会看成测量报告能否对日美关系做出建设性贡献的“试金石”。[92]

洛克菲勒认为，日本人是有着独特历史和文化的国民，他在政策提案中强调了，“独创性的、富有想象力的想法……和灵活的思考”是不

可缺少的，同时还“要在深刻理解日本人特征的基础上实施”这两点。[93]他认为，无论何种日美文化关系项目，都应该被视为今后美国政府将要开展的文化交流项目的雏形。[94]充满抱负而又敏感、慎重的洛克菲勒，让执笔者在撰写美日文化关系报告书时注意，“日美两国之间的生活水平存在很大的差距，尽管这是潜在的却有可能引发问题，因此尽可能不要去强调那个差距”。[95]执笔者们认真听取洛克菲勒的要求，开始着手撰写报告的草案。当时他们的想法中有一个共通的认识，那就是大多数日本人仍然对重要问题缺乏坚定的想法，因此“我们与共产主义的战斗，可以围绕这些大多数的持中立立场的人展开”。[96]下一章将对成为战后美国对日文化政策基础的重要文书，也就是洛克菲勒的关于日美文化关系的报告书进行讨论。

第五章 《美日文化关系报告书》——对抗共产主义的威胁

（将领导权和管理权提早移交给日本人）不是为了节约资金，而是因为这对于培养日本人顺利管理此事业并使其取得成功所必备的态度，是必不可少的。

——查尔斯·B. 法斯，1951 年

来自政府的温情主义的援助，可能会腐蚀不屈的精神，导致人变得软弱无能。

——迪恩·腊斯克，1954 年

1951 年 4 月 16 日，从日本回到美国约两个月后，约翰·D. 洛克菲勒三世向约翰·福斯特·杜勒斯递交了一份关于“日美文化关系”的报告书。这份长达 80 页的“机密”报告书，具体展示了洛克菲勒对于文化交流之重要性的无可动摇的信念，并作为关于日美文化最初的总括性研究而受到广泛欢迎。[1]

《美日文化关系报告书》

《美日文化关系报告书》在促进日美之间文化交流的基础上，提出了三个全面性的长期目标。第一个目标，是通过加深日美两国国民间的相互理解、促成双方对彼此生活方式的认同，从而使两国关系更加紧
156 密。第二个目标，是通过文化交流丰富各自的文化。而第三个目标，是

为解决共通的问题，促成日美两国进行相互帮助。为了消除日本“智力和精神上的真空状态”，并“削弱日本共产主义化所带来的压力”，洛克菲勒在这篇报告中提出了缜密的信息与文化交流的计划案。[2]

作为文化交流问题的研究方法，《美日文化关系报告书》提议不要将全体日本国民作为一个范畴来对待，而是将其分为两个范畴。两个范畴之中，属于第一范畴的是知识分子领导者。从广义上讲，这类人主要是由科学家、政府官僚、教育家、记者、资本家、军事领导者以及宗教领导者（主要是僧侣）所构成的群体。而属于第二范畴的，是包括农民和地方居民、工人、专员、妇女以及年轻人在内的、涵盖范围广泛的群体。[3]《美日文化关系报告书》提出，国务院的美国情报教育局若想取得显著的成果，就需要分别针对两个范畴中不同的群体，设计并实施不同的文化交流计划。[4]具体而言，想要接近知识分子领导者，就要通过文化交流或者人员交流计划这种长期性的并有累积效果的计划来进行。《美日文化关系报告书》提出的另一个方案是针对第二范畴的广泛群体的，就是灵活利用能在短时期内影响人们的报纸、广播、电影等大众传媒，进行“信息交流”。[5]

接近知识分子

虽然在日本的总人口中，知识分子是占较少人数的社会群体，但他们在形成舆论以及塑造国民态度上，一直扮演着非常重要的角色。[6]实际上，知识分子对工会、大学生、公务员等人群拥有巨大的影响力。洛克 157
菲勒个人认为，知识分子是日本最重要的社会群体之一。之所以如此，因为他确信知识分子领导者在形成舆论和决定今后日本的发展方向上，必将发挥重要的作用。[7]

洛克菲勒认为，美国政府应该对知识分子给予更多的关注。因为首先，根据洛克菲勒的观察，日本的知识分子有着想要学习了解外国文化的强烈愿望。由于这些知识分子已和外界隔绝了 20 年之久，他们十分渴望了解外国尤其是美国的知识界到底在做什么。[8]因此，洛克菲勒认为，如果慎重而谨慎地接近日本的知识分子，他们将极有可能成为亲美的自由主义者。不仅如此，根据洛克菲勒的观察，当时的日本知识分子易受国内日渐高涨的共产主义的影响。因而他认为，为避免最坏的情况出现，应在眼下还不算太晚的时候立刻谋求适当的举措。基于这样的想法，洛克菲勒在文化交流计划的建议中，最优先考虑的就是知识分子。本书将在第六章探讨在日本的文化冷战脉络中，美国人对日本知识分子的看法以及对共产主义的恐惧。

其次，洛克菲勒认为，想要最有效地接近并影响多数日本人的话，应该通过日本的领导阶层开展活动。《美日文化关系报告书》提议，在日本，知识分子在集团的组织和交流中占据着上层地位，所以美国政府和民间组织应当充分利用这一事实。[9]洛克菲勒认为，日本是一个极度精英主义和权威主义的社会，他的提议正是基于这一认识。根据他对日本的看法，日本人在思考和行动两方面，相比对于个人责任的意识，他们更倾向于服从领导者；此外，日本的大众群体由知识分子领导者领导，
158 所以极易受其影响。换言之，由于日本人有服从权威的传统，所以想要影响他们，最有效的方法就是通过领导者来施加对他们的影响。[10]

洛克菲勒基金会的人文科学部长查尔斯·B. 法斯也和洛克菲勒抱有相同的看法。在法斯看来，日本人仍旧重视对权威人士的服从，有着极其强烈的接受权威的倾向。[11]法斯认为，“主导者”（prime mover）和“成员”（constituents）的概念尤其适合用于描述日本社会。哈佛大学的埃德温·O. 赖肖尔教授对日本社会性格的看法亦是如此。在1949年的国务院会议上，赖肖尔曾说：“我想在此格外提出的一点就是，在东亚地区——特别是中国、朝鲜、日本等受到中国文明影响的地区——知识分子阶层占据着特殊地位。……如果我们利用学者、也就是这些地区的知识分子群体的特权性地位，那样我们的宣传活动，也就是以这群人为主要目标人群的信息活动，才能得到最有效的开展。”[12]在《美日文化关系报告书》被提出后不到十年的1959年，探讨日美文化关系的另一份报告表达了与法斯相同的观点。这份报告名为《美国对亚洲的外交政策》，是康伦公司受美国参议院外交委员会的委托撰写的。报告书指出，“由于日本仍旧是一个极其奉行精英主义的社会，美国以在各个领域活跃的领导者为对象”的计划，理应被纳入文化关系计划的拟定中。《康伦报告书》还进一步判断，如果这样做的话，以知识分子领导者为主要

对象的文化交流计划一定能收到最好的结果。[13]

日本的领导者也同样认为，时至今日，日本人仍具有强烈的接受权威的倾向。例如，日本太平洋国际学会日本支部原理事长浦松佐美太郎就说过，日本人总是需要权威人士的。浦松在为露丝・本尼迪克特的《菊与刀》撰写的书评中写道：“虽然日本人仍然需要天皇，但古老的东西已经失去了威力。……现在虽然是麦克阿瑟归国的适当时机，但是 159
很有必要再找一个人代替他被派遣到日本。”[14]

五个计划案

《美日文化关系报告书》提出了五个以日本知识分子领导者为对象的计划案以供实施。第一个，是在东京设立文化中心；第二个，是在东京和京都设立面向学生的国际会馆；第三个，是继续进行面向国家领导人以及学生的人员交流计划；第四个，是实施彻底的英语教育项目；而第五个，是实施资料交换项目。下文将就这五点提议进行具体探讨。

首先，洛克菲勒认为，文化交流的制度化，就其对日美文化交流之成功的重要性而言，比文化交流的项目本身有过之而无不及。他与罗伯特・S. 施万特斯都认为，虽然组织本身不应该成为目的，但如果没有组织（即所谓硬件），任何文化交流计划（即所谓软件）都是纸上谈兵。[15]因此，作为具体的实施方案，《美日文化关系报告书》建议设立两个机构。一是在东京设立文化中心，另一个是在东京和京都设立面向学生的国际会馆。[16]

关于第一条建议中“文化中心”的设立，《美日文化关系报告书》指出，“文化中心”的作用，是充当在日本举行的美国文化活动的信息中心。[17]在“文化中心”计划的构想里，要配备资料丰富的资料室，并且要为即将远渡重洋的日本人提供高级英语课程，以及为海外生活做准备的学习班。除此之外，“文化中心”还将举办演讲和集会，支援想要构建人脉关系的个人或者团体，同时根据和富布莱特委员会的合约，切 160
实运营富布莱特交流计划。譬如，通过“文化中心”，从美国派遣重要人物到日本，他们不仅能与日本的舆论控制者接触，还能与相同领域的活跃的日本知识分子直接取得联系并单独会面。《美日文化关系报告书》写道："对（正在访日的）专家进行支援是很有必要的。如果这方面能得到日本的资金支援的话，（文化中心）就有可能发展成为美国研究所。"[18]再次重申刚才所说的：洛克菲勒期待的是，"文化中心"能够发挥美国的综合性信息中心的功能。

第二点，《美日文化关系报告书》提议在东京和京都设立那种如同在美国各地——比如纽约或芝加哥——所看到的、面向学生的"国际会馆"。这个建议的目的是，促进日本的大学生、研究者、教师与海外的留学生、研究者、教师之间的知识和文化交流，以及社会性交往。"国际会馆"被设定为日本人和美国人以及其他国籍的人聚会的场所，在那里，日本学生能够直接学习美国以及其他国家的思维方式和生活方式。而"国际会馆"之所以提供宿舍，目的并非为了会馆自身，而是作为实现上述人与人之间广泛交流的重要手段。[19]

洛克菲勒说，他提议设立的"文化中心"和"国际会馆"，是将想要长期构筑关心日本的美国形象的愿望，"以具体且明确的形式"表现出来的载体。他坚信，让所有人一目了然地看到美国对日本所抱的深切关心，这是一件很好的而且非常有用的事。

161 第三点建议是关于人员交流计划的。《美日文化关系报告书》提议，即使在缔结了《对日媾和条约》之后，仍然应该继续实施现有的面向日本领导者和学生的人员交流计划。占领期间，已有相当数量的学生和日本领导人通过占领区治理和救济（Government and Relief in Occupied Areas，GARIOA）计划被派遣到美国，而在这个项目的实施过程中，国际教育协会（Institute of International Education，IIE）发挥了美国陆军部代理机关的职能。此外，《美日文化关系报告书》还强调了在人员交流中维持"双向性"的重要性。洛克菲勒认为，双向性的人员交流，是向日本人的精神和实际行为中灌输"美国式理念"的最有效的方法。[20]而"双向性"原则，正好能让美国最为有效地避免被批判为文化帝国主义。[21]

洛克菲勒还主张，在达成文化交流的目的方面，最重要的原则是"质量而非数量"。[22]《美日文化关系报告书》建议，为让兼具名声和才能的美国研究者能和日本的知识分子直接进行有深度的探讨，如果可能的话，应在民间人士的支援下派遣他们到日本。传统上，日本人一直认为美国文明在“精神”和“文化”两方面都很欠缺。洛克菲勒认为，改变日本人此种看法的最有效方法，就是派遣那些受日本人尊敬的美国一流思想家赴日，让日本人接触他们。据他看来，美国的思想家能够将各个领域最先进的理念介绍给日本人，对日本的思想做出真正的贡献。不仅如此，这些思想家在加深日本人对美国生活中文化面的理解上，也将发挥主要的作用。[23]洛克菲勒心仪的研究者包括神学家雷茵霍尔德·尼布尔、获得过诺贝尔和平奖的外交官罗夫·邦区、社会学家卡尔·A. 魏特夫、遗传学家赫尔曼·J. 穆勒，以及哲学家悉尼·胡克等人。[24]

东京大学校长南原繁提出了具体的研究者的名字，并向洛克菲勒推 162
荐。他推荐的研究者包括化学家詹姆斯·B. 科南特、文艺评论家埃德蒙·威尔逊，以及社会学家刘易斯·芒福德等人。[25]洛克菲勒认真接受了南原的请求。包括洛克菲勒在内的美国领导者都认为，在安排一流学者进行交流方面，让日本人决定优先考虑哪个学科是较为明智的。他们认为，表示出认真听取日本人意见的姿态，有助于把对美国文化帝国主义的指责减到最少。[26]日本实业界的领导者、大阪的实业家兼贸易业者岩井雄二郎认为，文化交流计划应将目标对象锁定为知识分子领导人和实业界领导者。据岩井看来，如果将目标对象扩展为日本全体国民，项目的影响力就会变得分散而微弱，基本上不会取得什么成果。他说过：“通过一流的人物，（项目的影响力）才能够普及普通大众。”[27]

第四点建议强调，在日本实施彻底的英语教育项目，这对于将日美文化交流引向成功是必不可少的。话虽如此，但洛克菲勒也建议过，在选拔派遣至美国的日本人时，比起英语会话水平，能力、性格以及领导能力等资质更应该受到重视。[28]每年向华盛顿递交两次报告的美国大使馆新闻处所作的评价报告书，在这一点上与洛克菲勒的意见相同，同样强调了英语教育项目的潜力。这份报告书认为，英语教育项目表面上看是为了帮助日本改善英语教育方法，实际上却是为了将健全的美国精神渗透进日本社会。接下来报告书还指出，只要有具备资格的英语教育专家待在日本，在编写教科书或者将美国所选定的教材介绍给日本的时候，他们便可以不失时机地发挥影响，并且能够长期保持这种影响力。
163 同时这份报告书还指出，日本人在生活的每个领域都有接受英语学习的倾向，因此英语教育领域拥有巨大的潜能。[29]事实上，美国情报教育局的文化中心，以日本人所希望的英语教育形式，开设了英语学习班。在大城市的文化中心里，英语学习班按照公务员、教师、商人、市民团体领导人、学生以及政府领导人进行分班，分别授课。[30]但是，按照美国的设想，文化中心的英语学习班不久之后将被重组为以美国研究为中心的讨论小组。这种英语教育计划的成果是，51 名日本的领导者在 1953 年的财务年度末被指定为为期 3 个月的美国视察访问的奖学金获得者。他们都是日本各地以及各领域的代表人物。同年，为支援日本人赴美读研，富布莱特和史密斯·蒙特奖学金被分发给 75 名学生和青年领导人，与此同时，另外 150 名学生和青年指导者则因为同样的目的获得了出国的旅费。[31]

最后，作为第五点建议，《美日文化关系报告书》提出了资料交换项目。这个项目的内容是，美国政府向日本学校和图书馆捐赠书籍，而这些学校和图书馆必须是能够有效利用这些图书的。向日本人的团体及其指导者捐赠书籍和其他信息资料，能够十分有效地加深与日本人的接触，提高美国在日本人心中的威信。[32]1953 年 1 月，共计 14219 册图书通过东京的美国驻日本大使馆职员以及地方的宣传员或者文化中心，赠送给了日本。其中 13986 册是日文书籍，233 册是英语书籍。[33]东京的美国驻日本大使馆邀请一流的日本作家、评论家、剧作家（全都是日本笔会的会员）参加茶会，将他们引见给美国大使馆的宣传官员。茶会结束之际，大使馆向包括川端康成、阿部知二、三岛由纪夫等在内的宾客，分别赠送了“经过再三挑选的、近期出版的、关于知识主题的美国书籍”。比如，川端和三岛就分别收到了《艺术的面孔不止一面》和《美
164 国的芭蕾》。[34]此外，《美日文化关系报告书》还指出，为了让有关美国的信息在日本各地得到普及，尽最大努力帮助日本的出版商更容易地取得版权，是一个十分有效的方法。[35]

除此之外，为在美国国民中提高对日本的关注度，重视文化关系“双向性”的《美日文化关系报告书》还列举了应当由日本人在美国

实施的计划。报告书提及的计划包括：在纽约市重建日本文化中心，以及在美国举办日本美术展览会等。报告书认为，日本在艺术领域拥有许多可以打动美国国民的作品。《美日文化关系报告书》提议，日本人尤其应该制作一批能够让美国人正确理解日本面貌以及日本生活的电影。报告书极力主张，日本人应该通过商业和非商业两种渠道，尽最大努力使美国国民在国内各地都能欣赏到日本电影。《美日文化关系报告书》还建议，为使世界各地的人都能认识并学习日本的学术文献，应将日本的图书以及论文翻译成英文。[36]最后，《美日文化关系报告书》提议，作为双向的文化交流，日本也应向美国提供信息，而且那些信息应该是由日本人自己在美国政府以及民间团体的帮助下亲手选定的。

接近各个社会群体

在以属于第一范畴的知识分子为目标人群的文化交流计划之外，以属于第二范畴包括农民和地方居民、工人、专员、妇女以及年轻人在内的各个社会群体为对象的计划，洛克菲勒称之为信息交流计划。[37]

日本的农村人口据估算约为4200万，约占总人口的一半。小土地所有者阶层在盟军总司令部实行农地改革之后有所扩大，其结果是适宜 165
耕作的日本国土的87%都归实际种地的农民所有。[38]农民的组织化程度进一步提高，据报道，农民中的60%成为四个主要的独立农业团体的加盟者。[39]大多数农民都是传统而保守的，既是国家主义者又是反共主义者。他们被视为日本最稳定的社会阶层。

加入工会的工人数量，截至1950年达到了570万人。[40]工会对于各个政党的国内政策以及对外政策有着重要的影响力。工人运动大致可划分为两类：右派和左派。工会的一半以上属于日本劳动组合评议会（总评）的左派，拥有约200万工人成员。他们支配了左派社会党。左派社会党在1953年4月19日的总选举中获得了450万票（总票数的13.1%），向国会输送了72名议员。与此相对，右派（在国会被称为中道左派）由属于全体劳动工会的少数工会会员组成，数量约为75万人。作为全体劳动工会政治部门的右派社会党在1953年4月19日的总选举中获得了460万票（总得票数的13.5%），向国会输送了66名议员。[41]总体而言，右派社会党的立场是亲美且反共的。

在日本的社会主义工人团体中，马克思主义者一直被认为是“教条主义且独断专行的”。他们对资本主义以及资本主义国家抱有根深蒂固的怀疑态度。工人运动的右派领导人因实利主义其立场变得温和起来，与之相对，左派领导人的主张则简洁明了，充满活力和生气。[42]半数以上的工会反对工会受到共产主义的影响。半数以上的左派领导人对苏联抱有根深蒂固的不信任和恐惧感。半数以上的工会加入了反共产主义的工会组织——国际自由劳工联盟（ICFTU）。[43]1949年国际自由劳工联盟
166 从世界工会联合会（WFTU）退出。

美国外交官萨克斯顿·S. 布拉德福认为，半数以上的日本左派工会领导者既是中立主义者或者和平主义者，同时也是逃避主义者或者理想主义者。布拉德福认为，左派工会领导者所表现出的是不成熟且缺乏经验的领导者的典型气质，布拉德福因此很蔑视他们。[44]这位美国外交官认为，工会的领导部门已被马克思主义、中立主义以及和平主义的思想渗透了，因此他很担心半数以上社会主义工人会陷入共产主义者的操纵而成为共产主义者。[45]美国驻日本大使馆递交给国务院的《关于日本的美国情报教育局国家报告》指出，美国外交官应该灵活利用信息计划接近日本的左派群体，旨在使左翼集团认识到，共产主义对于工人的危险性远比他们所认为的要大。[46]

信息交流计划锁定的另一个社会群体是妇女。她们在美军占领下获得解放，取得了比从前更高的社会地位。不仅如此，她们已经逐渐成长为一个政治群体，对日本社会的影响力恐怕比人们所认为的更大。妇女在家庭和共同社会以及妇女团体的组织化过程中，都发挥了极大的影响力。通过美国或者美国的民主主义得到身份认同的妇女们，还会继续向美国寻求最初的辅导以及接下来的指导。《关于日本的美国情报教育局国家报告》提出，为了让妇女对美国的政策目标发挥积极有益的作用，应该鼓励并支援她们的行动。[47]

《美日文化关系报告书》还强烈要求在信息计划的目标人群中加入年轻人。盟军总司令部的民间情报教育局认为，约五万人的日本大学生

时常处于共产主义的宣传之下。实际上，日本的共产主义者利用大学生对于战后日本社会所抱的幻灭感、几乎为零的工作机会、对资源匮乏的日本的未来持有的悲观想法等，极为成功地将共产主义思想渗透到了全 167
国的大学和大学生之中。在日本各地的大学里，少数的共产主义者支配了学生组织。尽管共产主义者的数量还不到全部学生人数的5%。[48]同志社大学身兼美国研究的教授和艾姆赫斯特馆馆长的奥蒂斯·卡里曾说："学生们完全不了解当今世界的现实，远离了现实……关于共产主义的知识都是来自老师、杂志以及图书馆里的文献。"[49]卡里长年居住在日本，是一位精通日本和日本文化的美国人。他的家族中有好几代人作为传教士居住在日本。卡里是一位激进的反共主义者，很担心共产主义对日本人的负面影响。

事实上，对日本年轻人的教育和指导，对美国而言是最重要的课题之一。如果美国和日本的民主主义势力想要持续推进占领期间的民主改革，就必须借助年轻人的力量。民间情报教育局的职员很担心共产主义对日本年轻人的影响过于强烈，因此在军事占领期间，对年轻人群体倾注了比其他任何群体都要多的关心。民间情报教育局说，他们经常考虑的事情就是共产主义者的宣传活动。[50]《关于日本的美国情报教育局国家报告》提出，为了对抗共产主义者的宣传活动，应该将注意力和精力都投入到以年轻人和大学生为对象的战略中。此战略包括：扩大美国的影响力；努力向年轻人提供易于接受的意识形态；提供比现在更多的书籍、物资、教育方面的交流机会以及美国的师资。[51]1951年，约有150万学生访问了分布在23个地方的信息中心，这正是他们的努力所产生的成果。[52]

既是同志社大学经济学部教授、又曾担任洛克菲勒基金会科学部门研究员的松井七郎，以及该大学神学系系主任大下角一，就大学校园内的共产主义问题，激烈批判了经济学部的数名教授。松井和大下两位教 168
授认为，少数共产主义者利用半数以上学生的被动性，以对自己有利的方式操纵大学校园内的学生问题，滥用学生的"自治"。两位教授批判说，导致这种事态的原因，总体而言，是教授们没有对少数共产主义者采取强硬立场。[53]尤其是大下，他认为此种事态的主要原因是教师们缺少信念和勇气。松井和大下两位教授指出：“我们需要除马克思经济学以外的经济学理论。凯恩斯理论或者反凯恩斯理论中的任何一个必将派上用场。”[54]论及马克思主义对大学生的影响，哥伦比亚大学的休·博顿教授说：“通常来说，日本是按照马克思主义的方式讲授历史的。我对于年轻人抱着充满偏见的印象走向社会感到非常遗憾。”[55]

《美日文化关系报告书》反复强调，信息交流计划当前的目标是，“为帮助日本维持并强化作为自由国家群体中的一员的地位，鼓舞并支援日本的国民”，而这个计划应当“在日本人努力应对自己的问题和需要时，给予他们帮助”。[56]《美日文化关系报告书》认为，为了达成美国的目标，大众传媒是最有效的手段。报告书建议，与其开发与现存大众媒体竞争的新媒体，还不如灵活利用日本已有的媒体。

文化交流的制度化

前文已经提到，洛克菲勒认为将文化交流制度化，对于日美文化交流的成功有着极为重要的作用。当时他强调，让民间人士筹措资金，将
169 “文化中心”和“国际会馆”这样的机构交由民间人士管理，这些非常重要。洛克菲勒打算，在具体实施方面，文化交流的资金应由日美两国的民间人士筹措，美国政府的援助限于书籍或者物品的赠送这种间接形式，文化交流的组织管理工作，则由日美两国的民间人士组成的理事会负责。[57]美国驻日本大使馆负责宣传和文化交流的官员布拉德福对这种措施表示赞同。他认为，这种措施能够有效打消日本人对于文化交流是否是美国政府大规模计划并开展的宣传活动的疑虑。[58]曾在美国领事馆任职的道格拉斯·奥弗顿强调，《美日文化关系报告书》对于设立“文化中心”和“国际会馆”的建议，是十分富有独创性的提议。他向美国政府提案，为了将洛克菲勒的提议进一步具体化，应由政府出面要求洛克菲勒尽早再次访问日本，以致力于“文化中心”和“国际会馆”的组织化。[59]

最后，《美日文化关系报告书》提出了作为行动计划草案的另一个具体方案。第一，作为资金来源，要实际核定美国的民间组织和美国政府两方面能拿出多少资金；第二，为了与对洛克菲勒的构想抱有兴趣的日本人一起将“文化中心”方案变成现实，应从美国派遣合适的人选

赴日。向日本派人的目的，是为了调查在日本的综合性大学、单科性大学以及图书馆中，到底需要多少文化方面的资料。此外，《美日文化关系报告书》还极力强调，在文化交流计划的负责机构从民间情报教育局向国务院过渡期间，尽早选定负责宣传和文化交流的官员极为重要。民间情报教育局所开展的文化交流活动及其支援机构，将在《对日媾和条约》缔结之后宣告结束。《美日文化关系报告书》提议，国务院应在《对日媾和条约》生效之前，向日本派遣负责宣传和文化交流的官员，使其熟悉现有的文化交流项目，以便在《对日媾和条约》生效之后，拟定出能够产生价值的现计划的后续计划方案。[60] 170

对《美日文化关系报告书》的回应

杜勒斯对于《美日文化关系报告书》的整体基调感到满意，但仍然发现报告书中有些部分存在可能引起日本人误解的危险，他对此感到担心。杜勒斯认为，按照《美日文化关系报告书》的思路来看，文化交流计划已经很完备，那样的话，日本人会有一种在准备工作中自己已经没有出面机会的想法。杜勒斯的想法是，在制订文化交流计划时，日本人的主动性是需要予以考虑的重要因素，为了促使此种文化计划取得成功，日本人积极的关心和支持是不可或缺的。因此，杜勒斯向国务院提议将《美日文化关系报告书》的完整版列为机密。[61]

为《美日文化关系报告书》的内容所打动的杜勒斯，马上将报告书递交给了国务卿迪安·艾奇逊。同时他还附上了一封推荐信，信里写道："为了制订并实施《对日媾和条约》生效后的日美文化交流计划，有必要对《美日文化关系报告书》进行积极探讨"。[62]国务院的美国情报教育局在充分认识到《美日文化关系报告书》的重要性的同时，还注意到了报告书中包含的几个可以编入美国情报教育局的计划中的重要提案。[63]这些提案中，得到美国情报教育局完全支持的是，设立"文化中心"和"国际会馆"的提案。[64]国务院的官员认为，如果"文化中心"和"国际会馆"能够严格地由民间人士设立并管理的话，这两个计划方案的目标就能够很好地实现。他们认为，在民间人士的支援下管理的"文化中心"将成为日美文化关系中的重要因素，

同时还会成为一个重要机构，对美国政府主导的在日本的文化项目起
171 到补充作用。[65]国务院官员同时还认为，让民间人士支援“文化中心”，能够去除中心所笼罩的政府色彩，使“文化中心”成为容纳自由讨论的地方。

道格拉斯·奥弗顿向洛克菲勒探询，实施《美日文化关系报告书》提及的行动计划方案，大约能从美国的民间组织得到多少资金援助。洛克菲勒回应说，只要能得到杜勒斯的“全面性支援”，自己可以承担起从民间组织取得资金和支持的任务。洛克菲勒心中选定的美国民间组织，包括福特基金会、洛克菲勒基金会以及卡内基基金会等著名基金会。奥弗顿还问洛克菲勒，为了与日本人一起将“文化中心”的构想付诸实施，他能否再度赴日。[66]国务院负责远东事务的助理国务卿迪恩·腊斯克给洛克菲勒写信说，《美日文化关系报告书》中的几个提案将作为美国情报教育局的计划付诸实施。腊斯克反复重申，“文化中心”和“国际会馆”的管理由民间人士进行，将最有可能得到理想的结果。[67]

1951年7月30日，杜勒斯正式请求洛克菲勒再度赴日，继续将提案付诸实施。[68]洛克菲勒以杜勒斯提供切实的支援为条件，接受了美国政府的请求。[69]洛克菲勒所理解的此行访日的主要目的是，与日本“适当的人选”建立联系，并且确立这种关系。他将这个新任务定位成“考验自己的课题”。[70]

洛克菲勒的访日时间，预定是1951年10月13日至11月17日。洛克菲勒邀请自己的法律顾问小唐纳德·H. 麦克莱恩作为自己此番访日的法律顾问一同赴日。[71]关于访日的意义，洛克菲勒在日记中写道：“我确信，为了‘文化中心’的设立发挥富有想象力的领导作用，将能够为日美两国以及整个自由世界的文化关系的发展做出巨大贡献。而
172 且，只有这样，才能走向相互理解与尊重的道路。”[72]实际上，他认为“文化中心”成功的关键在于领导能力，洛克菲勒所说的领导者只限于那些集众人尊崇于一身、“机灵、能发挥主导性并且想象力丰富的人物”。[73]

与上次1951年1月的访日一样，洛克菲勒出发前在华盛顿住了两天。在那里，他与包括杜勒斯、艾琳·多诺万、道格拉斯·奥弗顿等国务院

负责宣传的官员进行了最终磋商。[74]洛克菲勒还接到了分别由美国政府及美国民间组织资助的有关日美文化计划的项目表。这份项目计划包括：（1）在设立“国际会馆”之外，设立“日美文化中心”；（2）发放三种补助金。第一种补助金，是为了部分性地补贴以派遣约 40 名日本人到美国为目的的富布莱特旅费奖学金；第二种补助金，是为了以加深与日本知识分子的交流、邀请其演讲或者发展文化关系为目的，而将 12 名美国的一线知识分子招聘到日本；第三种补助金，是为了将活跃在第一线的日本文化人派遣至美国；（3）向“文化中心”提供资金，以便通过“文化中心”将其发放给人文科学和社会科学两个领域约 20 名日美学生；（4）对将美国的著作翻译成日语，以及将日本的作品翻译成英文的所谓翻译计划提供资助；等等。[75]

洛克菲勒从国务院负责宣传的官员那里，听到了关于如何让尽可能多的民间人士参与日美文化交流事业的几个建议。如前文所述，在日美文化交流事业中，最好有民间人士的参与。如果美国政府过度干涉普通民众的文化活动，就算政府的动机是好的，人们还是会对美国抱有“文化帝国主义”的恐惧感。尤其是日本国民对于外国政府对国内问题的干涉十分敏感，对之往往抱有强烈的怀疑和恐惧。因此，只有当因文化事业的相关问题必须跟日本政府接触的时候，美国情报教育局和美国驻日 173
本大使馆才负责处理，而类似民间筹措资金以及没有政府参与的民间主导的文化事业等问题，委托洛克菲勒这样的民间人士进行处理，被认为是最好的方式。从这个意义上来讲，能与日本的民间组织以及个人进行适当接触的人中，洛克菲勒当属理想人选。洛克菲勒能够比较轻松地接触的市民团体，包括大学等高等教育机构、民间基金会、国际交流组织、基督教基金会、传道团体、出版社以及文化团体等。[76]

美国情报教育局非常赞同按照洛克菲勒构想的形式设立“文化中心”。它认为，“文化中心”的设置，必然会在日美文化关系中占据极其重要的位置。然而，美国情报教育局也注意到，设置“文化中心”的方案从最开始就出现了一个问题。那就是，任何公共性活动如果给日本人带来“文化中心”是美国的政府机构的印象，将无疑是一个麻烦。因此，一方面，洛克菲勒必须将可能引起的负面的政治影响尽力规避到最低程度；另一方面，为了最大限度地得到美国情报教育局的支援，必须始终在准确判断的基础上开展活动。洛克菲勒在日本执行带有半公共性质的任务时，国务院做好了在暗里支持洛克菲勒的准备。[77]

在日本的文化交流的制度化

1951 年 10 月 16 日，洛克菲勒为了实现日美文化交流的制度化，以
174 私人的身份来到东京。[78]同时他还打算，在日美文化交流领域得到官民双方的协助，制定详细的能够由双方共同调整的文化交流活动一览表。洛克菲勒强烈希望能够遇到一些日本人，赞同并尽力协助他设立在东京的日美文化中心，以及在东京和京都以学生为对象的国际会馆。如果能得到日本人的充分协助，实施这些计划项目的资金将由洛克菲勒基金会提供。[79]

在日本执行任务时，洛克菲勒发现，在日本有许多能够为自己效力的美国人（参照第一章）。这些人包括盟军总司令部外交局局长威廉·西博尔德、美国大使馆新闻处处长萨克斯顿·E. 布拉德福、民间情报教育局长唐纳德·R. 纽金特、一等秘书兼领事纳尔逊·C. 斯平克斯，以及在民间情报教育局负责公开情报和社会学调查研究的分析官赫伯特·帕辛等人。[80]洛克菲勒遇到的其他给予他诸多帮助的美国民间人士，包括《读者文摘》日本分社社长斯特林·W. 费舍尔、在东京大学负责美国研究项目的文化人类学教授戈登·鲍尔斯，以及美国律师托马斯·L. 布莱克摩尔。

在东京，洛克菲勒与上次访日时一样，第一时间会晤了能够帮助自己将计划案付诸实施的“适当人选”，努力与他们沟通并交换意见。他会晤的日本著名领导者包括：共同通信社专务理事松方三郎、前太平洋国际学会日本支部领导高木八尺、前日美协会会长同时也是格鲁奖学金基金会理事长桦山爱辅、国际文化振兴会会长加纳久朗、东京大学校长南原繁、前文部大臣同时也是日本奖学金财团理事长前田多门以及日本笔会会长川端康成。

在这些人中，洛克菲勒尤其认为在推进日美文化交流中，松本重治

给予了最积极且最富领导力的援助。[81]洛克菲勒与松本的关系众所周知，两人初识于1929年的太平洋国际学会京都会议上。洛克菲勒在那次会议上担任书记。自那以后，两人成为互称“重”和“约翰”的亲密朋友。随着与松本的一次又一次会面，洛克菲勒愈来愈觉得他才是“促进 175
事业推进的最合适的人选”。松本在东京再度见到洛克菲勒时，与上次一样，立即对“文化中心”的构想表现出了极大的兴趣。[82]不久之后，松本便深度参与到“文化中心”的计划中，将自己大约一半的工作时间都倾注到这个“文化中心”计划中。[83]

高木八尺也对“文化中心”的构想抱有几乎与松本相同的热情和兴趣。高木之前就与洛克菲勒基金会人文科学部长查尔斯·B. 法斯情同知己，他曾在法斯1935年到东京帝国大学留学的时候资助过他。[84]高木连续30年在东京大学教授“美国宪法、历史以及外交”这一颇具权威的赫本讲座。[85]此外，作为日本的美国研究创始人，他深受美国研究者的尊敬。

洛克菲勒认为对计划有用的另一个人是桦山爱辅。尽管桦山当时已经86岁，他对“文化中心”这一构想的热情相比其他人有过之而无不及。[86]共同通信社的创始人桦山，向洛克菲勒阐述了自己支持“文化中心”的理由。桦山说：“1930年代的首相曾对我说：‘我尝试通过经济谈判和政治谈判改善日本的对美关系，但都没有成功。’”那时桦山就想：“这回该尝试一下文化了。”桦山还认为，他视为范本的“文化中心”是位于纽约市的“日本研究所”。[87]桦山建议，“为了避免亚洲人拥挤混杂”于中心内，中心不应向外国侨民一律敞开大门，而应规定外国人中只有美国人可以利用。[88]桦山的意图虽然包含卓越见解，但从他的言论中可以窥见他对亚洲邻国的种族偏见。

虽然设立“文化中心”的构想以及在东京和京都设立面向学生的 176
“国际会馆”的构想是在上次洛克菲勒作为媾和使节团一员正式造访日本之时，在与日本人对话和意见交换中被首次提出的，但松本重治认为，这一设立“文化中心”的构想，“不是美国利益的反映，而是日本人自身需要的东西”。[89]实际上，极为实用主义的意图也存在于日本方面。法斯记述道，南原繁曾说，日美“文化中心”作为交换意见的场所，以及大学教授和知识分子能够在预算范围内举行午餐会的设施，是很必要的；[90]高木也曾强调过能让大学教授不必顾虑费用进行聚会并能用餐的场所是重要的。[91]

洛克菲勒在与日本著名领导者以及与文化交流有关的人士交换过意见之后，大家就日美共同事业的目的达成了一致。双方一致同意，为了日美文化关系的健全发展，要让非政府组织，也就是以民间人士为中心来实施并管理这一共同事业。他确信，如果“文化中心”和“国际会馆”能够成立并得到适当管理的话，就一定能够为日美关系做出重要贡献。从长期来看，洛克菲勒希望文化中心这样的事业能够帮助日本人积极参与国际事务。[92]

日本人行动起来——“文化中心准备委员会”的设立

与上次访日相比，洛克菲勒注意到，为了完成此行的新任务需要在幕后作出缜密的计划。问题的核心在于，“在推进日美共同事业时，如何确认日本人是否为与美国人合作而感到由衷高兴”。[93]因此，洛克菲勒慎重且十分小心地采取行动，以确保日本人对于文化交流项目的立案以
177 及实施感到高兴，同时确保文化交流的构想名副其实地成为日本人的构想。然而，斯特林·W. 费舍尔向洛克菲勒提出忠告：“在最初阶段，（洛克菲勒）处于指导性的立场是很重要的。否则，事业绝不可能成功起飞。”费舍尔确信，如果开端进行得顺利，日本人一定会“将之发扬光大，并将其培育成自己的事业”。[94]

因此，洛克菲勒决定掌握主导权，发挥指导作用。1951 年 11 月 12 日，在洛克菲勒的号召下，在日本工业俱乐部举行了在日美文化交流史上占据重要地位的会议。此次会议的目的是有两个，也就是就“文化中心”和面向学生的“国际会馆”的设立进行讨论。代表实业界、教育界以及文化界的总共 35 位名人出席了会议。[95]在这次会议上，决议设立组织委员会，也就是“文化中心准备委员会”，任命桦山爱辅为委员长，任命斯特林· W. 费舍尔和松本重吉为常任干事。[96]松本担负起领导的权力和责任，他受到了美国方面的斯特林·W. 费舍尔和戈登·鲍尔斯的强有力的支持。洛克菲勒对此表达了喜悦之情：“我们的活动转

交到了优秀的管理者手中。”[97]他向为此事业给予援助和做出贡献的驻日美国实业界代表斯特林·W. 费舍尔表达了特别的感谢，并称呼费舍尔为“可以依赖的支柱性存在”。[98]

随后，该计划的企划小委员会被设置在“文化中心准备委员会”之下。[99]企划小委员会的任务是，拟定基本的方案，担负起执行委员会的职能。亲眼见证此事的洛克菲勒对事情的进展感到满意，认为此次访日的目的一定能够圆满完成。他在感到“现在正是回到美国、让一切都顺其自然地发展下去的好时机”，也认为这样做正符合自己的基本原则及文化交流计划的终极目标，也就是帮助日本人自主地进行努力。洛克菲勒向“文化中心准备委员会”的委员保证，如果有自己能够帮忙的地方，他很愿意再次回到日本。[100] 178

1951 年 11 月 17 日，洛克菲勒一行怀着对松本团队能够发挥有力的领导作用并将事业推向前进的期待，离开了日本。他在日记中写道：“在日本逗留的短暂期间里，事业取得了我所能想象的最令人感到光明的进展。”[101]洛克菲勒承认尚未完成的工作仍然很多，但他对自己所提案的事业的进展情况感到非常满意。[102]

回到美国之后，洛克菲勒得知在“文化中心准备委员会”下又设置了两个小委员会，[103]分别是设施小委员会和财务小委员会。其任务是寻找文化中心的建筑用地，以及筹措用来购买用地和建筑中心的资金。据估算，这笔资金将达到 50 万美元。“文化中心”和“国际会馆”作为单独的事业，按决议将各自分别占用一栋大楼。“文化中心”按计划将同时配备为访日的政府高官、富布莱特交流计划等教育及文化领域的领导者而准备的住宿设施，以及礼堂、图书馆、音乐鉴赏厅和演讲厅等设施。面向学生的“国际会馆”比“文化中心”的规模要小而且朴素，它将被建成一座拥有住宿和举行社交聚会的设施、并且适合学生的建筑。小委员会还一致同意，要注意避免让“文化中心”的活动与美国情报教育局的文化计划重复。“文化中心”的竣工仪式决定将于 1952 年 5 月左右举行。[104]

“文化中心”是美国的宣传机构吗？

日美两国的领导人认为，有必要对“促进学者交流和聚会的制度性

179 框架”达成某种协定。与此同时，他们也担心提案的“文化中心”（以及“国际会馆”——这两个设施最终将合二为一）会不会被日本学者视为美国的宣传机构。[105]出生于东京的东京大学人类学教授戈登・鲍尔斯强调说，为使日本学界认可“文化中心”是富有价值的事业而非单纯的美国宣传机构，“文化中心”必须付出非同寻常的努力。鲍尔斯认为，日本学者对于“文化中心”并没有特别强烈的兴趣，而是保持距离，以批判的眼光观望“文化中心”到底要做什么。[106]

松本重治和高木八尺等日本方面的有关人员，也为对抗关于“文化中心”是美国宣传机构的误解和批判付出了最大努力。他们为此召集日本顶级的经济学家、政治学家、社会学家以及其他领域的研究者进行聚会，征求全体与会者有关“文化中心”的建议和意见。松本极力强调，为使“文化中心”取得成功，培养中心和学者之间温暖的富于人情味的关系是不可或缺的。[107]都留重人是一桥大学经济学教授兼同大学经济研究所所长，他毕业于哈佛大学，是社会主义者。年轻的小田实虽然是对美国抱有亲近感情的自由撰稿人，他同时也与左翼人士保持接触。“文化中心”的委员为了平息对“文化中心”的不当批判，不惜将都留重人和小田实分别提拔为“文化中心”的理事和干部（他们担心，如果“文化中心”被视为美国的宣传机构，中心的价值将大幅下降）。对都留和小田的提拔，是“文化中心”的委员为证明“文化中心”不是偏向任何一方的组织而经过深思熟虑的慎重考虑之后采取的措施。[108]

不仅“文化中心准备委员会”的委员，美国大使馆的工作人员也
180 列席了“文化中心”决议过程中的几次会议。1951 年 1 月以后，盟军总司令部的外交部门，以及日后的美国驻日大使馆，一直关注着洛克菲勒在日本的活动，并通过他的顾问唐纳德・H. 麦克莱恩与洛克菲勒保持着紧密的接触。[109]实际上，1951 年秋，向洛克菲勒秘密提议方案并实施著名的“日美文化人的交流计划”的，正是美国大使馆。以此为契机，哥伦比亚大学的东亚研究所成为“日美文化人的交流计划”的实施机构，并接受匿名捐款。[110]然而，洛克菲勒非常担心，这种在美国政府正式主导下的实施方式是否会引起日本人的误解。[111]他十分希望日本人能够理解，自己的文化交流事业与政府的政策毫无关系，是纯粹的民

间事业。因此，在意日本人眼光的美国大使馆“小心地注意”让自己始终隐藏在暗处。洛克菲勒与美国大使馆官员之间的争论和交换的意见全部被列为机密，而非公开的信息。[112]

不愿再等的洛克菲勒——再度造访日本

洛克菲勒逐渐认识到，在东京设立“文化中心”和“国际会馆”的事业，比预想的要更加复杂，需要更多时间。斯特林·W. 费舍尔告诉洛克菲勒，“文化中心”事业基本没有什么进展。[113]部分原因是依赖志愿者而导致的人手不足。洛克菲勒认识到，既然由洛克菲勒基金会对“文化中心”事业正式出资，自己就必须与“文化中心准备委员会”进行更密切的接触，亲自参与到“文化中心”事业中。[114]为了推进“文化中心准备委员会”的事业，他再度来到日本。 181

洛克菲勒于1952年4月13日到达东京，直到5月18日返回，总共在日本逗留了一个多月。[115]尽管得知所有工作人员的“想法都朝着同一方向”后他感到松了口气，但他也了解到，计划的企划小委员会所做努力的成果都“不尽如人意”。[116]同时他还了解到，财务小委员会完全没有关注长期性的财政资助问题。[117]因此，财政问题对于“文化中心”事业来讲，正成为愈来愈重要的课题。[118]总结起来有两个问题：“文化中心”设立后，日本方面从财政上予以支援的可能性到底有多大？最初的资金援助期过后，维持和管理“文化中心”到底有着怎样的财政性保证和前景？尤其令洛克菲勒感到烦恼的是，日本方面完全没有准备为得到洛克菲勒基金会的资助所需要的关于财政的详细信息和资料。[119]

与洛克菲勒的印象不同，根据唐纳德·麦克莱恩的观察，准备工作之所以延误，并非由于日本人对“文化中心”事业不够关心或者缺乏热情，而是源于无法自发进行活动的日本人的国民性。也就是说，他认为，日本人并不习惯于像美国人那样有行动力而利落地处理事情。麦克莱恩的这番话虽然并非故意，但充分显示了经常对日本人语带轻蔑的美国人之间共通的优越感。麦克莱恩认为真正的问题在于“如何从日本方面的负责人身上激发出推进事业发展的动力”。[120]事实上，准备工作延误的真正原因在于，“文化中心”事业所需要的资金数额实在过于巨大。

准备工作后来再度被延误，因为松本重治撞伤了膝盖，从2月份开始不得不长期住院。洛克菲勒十分器重作为领导者的松本，他感到，没有中心人物松本的参加，召开“文化中心准备委员会”也没有任何意
182 义。洛克菲勒对于松本的评价非常高，他曾希望松本能够一辈子接管“文化中心”的工作。[121]

由于这样的原因，洛克菲勒除了避免焦躁、静静忍耐以外，没有更好的办法。洛克菲勒对自己说：“这终归是日本人的事业，我只不过是帮助日本人靠自己的力量站起来而已。或许，最终会因为延误而产生更好的结果也说不定。”他希望“这项事业能够满足日本人的需要和条件，从而被日本人视为自己的事业而接受”。[122]在此期间，洛克菲勒向松本重治和高木八尺非正式地示意，只要向洛克菲勒基金会递交“文化中心”的具体组织计划，基金会就会对“文化中心”提供财政支援。[123]

洛克菲勒基金会的基本方针

洛克菲勒基金会的目的，是培养受基金会资金援助的组织的领导者和工作人员。而对于基金会来说与这几乎同等重要的，是洛克菲勒基金会的资金援助是有时间限度的，即不能超过五年。这意味着，洛克菲勒基金会认为，培育能为组织效力的工作人员，并逐渐将领导权过渡到日本人手中，有五年时间就够了。[124]法斯认为，将领导权和管理权提早移交过去，“不是为了节约资金，而是因为这对于培养日本人顺利管理并使此项事业取得成功所必备的态度，是必不可少的”。对于洛克菲勒基金会的理念，法斯进行过如下解释：“在这件事上，（洛克菲勒）基金会抱有巨大的利害与兴趣。基本来说，就是在国际关系的事业中，为使日本担负起重要的角色而培育有用的人才，以及了解为担负如此重要的
183 角色，日本到底有多大的可能性。”此外他还补充说，所谓国际关系的事业，“包含像‘文化中心’这样的组织，以及联合国协会等组织、大学的外语课程和外交官这种海外工作职位等”。法斯还说，在管理“文化中心”和“国际会馆”这类设施的时候，领导权主要应由日本人掌握，而且“他们的关注点也会因此变得国际化，美国大概就不会受到文化帝国主义这样的指责了吧”。[125]

洛克菲勒基金会的另一个基本方针，也是作为从基金会得到资金援助的条件，接受援助的团体必须保证从国内得到长期的财政支援。关于这点的一般共识是，“文化中心”事业若想在日本长期维持，必须在日本社会扎下根去。[126]洛克菲勒不希望由洛克菲勒基金会供给的一切财政性支援，会被用于培育依赖症患者的用途中。正如洛克菲勒基金会会长迪恩·腊斯克说明的那样，洛克菲勒基金会认为“来自政府的温情主义的援助，可能会腐蚀不屈的精神，造就软弱的人”。[127]从这个意义上讲，唐纳德·H. 麦克莱恩认为募捐是“文化中心准备委员会”的中心课题。他说：“证实计划价值的真正试金石，是日本人之间是否有足够的热情，是否能够筹措长期支持计划的维持费用和管理费用。”[128]

于是，大家一致决议进行募捐，同时也决议将美元资金用于购买用地和建筑“文化中心”，将日元资金用作“文化中心”的经费。大家计算用于“文化中心”经费的基金需要 1 亿日元。[129]在“文化中心准备委员会”，大家做好了努力应对这个难题的精神准备，委员会宣称能够“从开展募捐活动的日本方面的财源中，募集到 20 万美元至 25 万美元”。[130]洛克菲勒听闻这个消息，了解到日本方面有意愿进行 1 亿日元的 184
募捐，受到了极大鼓舞。他也了解到，日本银行总裁一万田尚登会带头进行募捐活动。[131]1952 年 11 月 19 日，募捐活动在吉田茂首相和美国驻日大使罗伯特·墨菲的带领下开始进行。[132]

最初，“文化中心准备委员会”坚定不移地相信，设立面向学者的“文化中心”和面向学生的“国际会馆”这两个设施一定会有好处。然而，准备委员会接到提议，提议表示应构思两种方案，一个是包括“国际会馆”的“文化中心”方案，另一个是只有“文化中心”的方案。[133]很显然，这是为了节约资金而提出的建议。经过不断审议之后，“文化中心准备委员会”决定在东京只设立“国际文化中心”，因为整个事业所需的资金数额实在过于巨大。准备委员会委员预测，东京最近将不会再新增外国留学生，尤其是从西方各国来的留学生了，因此接受了这样的结论。[134]就这样，洛克菲勒和他的日本友人，至少是暂时性地，放弃了在东京设立面向学生的“国际会馆”的构思。不仅如此，申请补助金的截止期限迫在眉睫，“文化中心准备委员会”有必要立即采取行动。

幸运的是，“文化中心准备委员会”在即将到截止日期之前，向位于纽约市的洛克菲勒基金会的理事会递交了补助金申请书。这份为了设立“国际文化中心”的申请书强调：“在保持与政治和经济关系步调一致的同时，推进与不同人群进行文化交流是极为重要的。不仅是重要，其必要性已经到了燃眉之急的程度。”[135]申请书也强调了日本在东西世界中所占据的责任重大的地位。申请书还进一步指出，日本想要在国际社会中担任重要角色，从现状来看，与外国各国之间还存在着国力上的巨大差距。国力的差距被认为源自于这样的现实：日本研究者长期以来无
185 法接触海外最新的研究状况，并且，由于日本外汇上的制约和严峻的经济状况，事实上很多学者无法为了研究和接受知识上的刺激而远赴海外。[136]

此外申请书还强调，设立“文化中心”的构思既不带有政治色彩，也没有政府的参与。申请书还表明，“文化中心”的活动范围仅限于文化关系和知识合作的领域。因此，“文化中心”所履行的具体任务包括：（1）提供关于日本与美国——如果可能的话，最好也包括其他国家——之间的文化活动及其开展情况的信息；（2）备置有关的基本文献，精选最新的参考书；（3）召开会议和讨论会，支援关于时事问题的教育计划；（4）为了国际性文化交流的发展，为日本与美国——如果可能最好也包括其他国家——的个人和团体搭起桥梁；（5）为包括正在访问东京的美国学者、从地方来的日本学者、教师、研究者、艺术家以及知识分子在内的人员提供住宿设施。[137]萨克斯顿·E. 布拉德福认为，最后的第五点对于日美文化关系非常重要。他指出，在心理上，这一点“不承认美国人的特权，而是以具体的形式，证明两国的文化交流是国家之间对等的文化交流这一想法”。[138]为将民众吸引到“文化中心”，以及为了让杰出的学者“在同一个屋檐下生活”，相互加深理解，准备这样一个空间就显得必不可少了。[139]

同时，申请书还反复强调了在文化交流中“双向性”的重要性。拥有高水准的技术和技能的日本，作为近代工业国家的日本，以及文化遗产十分丰富的日本，正成为愈来愈多的外国研究者的关注焦点。外国

的研究者开始深刻地体会到收集关于日本的文化、政治、社会以及经济发展的信息并熟悉它们的必要性。从这个意义上讲，提案中的“文化中心”是为关注日本的外国人提供支援和引导的理想设施。[140]法斯认为，设立“文化中心”这项日美共同事业的目的是健全且妥当的。他觉得，186 “文化中心”应该为了日美文化关系的健全发展，在《对日媾和条约》生效之后，立即开展与政府无关的以民间人士为中心的活动。通过这样的活动，“文化中心”才能够长期促进日本建设性地参与国际问题。[141]

1952 年 6 月 20 日，洛克菲勒基金会理事会决定，为在东京设立“国际文化中心”资助 676121 美元（换算成日元是约 2.43 亿日元）。[142]洛克菲勒基金会为“文化中心”捐赠的这笔资金，私下里被认为是约翰·D. 洛克菲勒三世协议将捐赠者的名字隐匿起来的基础上捐赠给基金会的（洛克菲勒曾经为了“日美文化人交流计划”，同样以匿名的方式向哥伦比亚大学东亚研究所捐赠过资金）。当时的正式报道是，为了从洛克菲勒基金会取得 2.43 亿日元的资金援助，日本方面有义务募集 1.1 亿日元的资金。[143]

“国际文化会馆”的诞生

得到了洛克菲勒基金会的资金援助之后，“文化中心准备委员会”的委员们更加自信，开始致力于为新设施命名。关于“文化中心”的日本名称，委员会轻松地达成一致，将其命名为国际文化会馆。然而，至于英文名称，问题就显得复杂起来，没那么容易敲定了。“文化中心”的名字有可能会与美国情报教育局在日本各地开设的 23 家美国文化中心相混淆。而且，美国文化中心这一词语，也会经常让日本人想起美国的对日占领。[144]由于这样的原因，“文化中心准备委员会”的委员不是很喜欢“中心”这一词语。在日本领导者中，也有人指出，“中 187 心”一词在日本不拘场所，也会被用于弹子机中心或者健康中心这样的地方。因此，他们决定避免使用相同的词语。[145]在美国，“International House”一词拥有具体的涵义，即指外国留学生能够廉价地住宿并和美国学生一起生活的学生宿舍。著名的例子是位于纽约市、芝加哥以及伯克利的学生宿舍。[146]最终，委员会决定将日本名称确定为国际文化会馆，英文名称定为“International House of Japan”。[147]

新设施的名称决定之后，“文化中心准备委员会”开始投入到寻找建筑用地的工作中。合适的用地在东京的麻布找到了。那是大约3000坪的由日本政府管理的土地，曾经由岩崎家所有。[148]一方面，大藏大臣池田勇人负责安排国际文化会馆的用地购买事宜；另一方面，外务大臣冈崎胜男协助国际文化会馆申请作为非营利机构的法人许可。[149]象征着战后日美文化交流制度化的国际文化会馆的设立，于1952年8月27日正式进入轨道。[150]新设的国际文化会馆的任务包括以下几点：第一，克服语言障碍和日本组织的排他性等困难，帮助外国学者与日本知识分子领导者建立有益的关系；第二，在日本的大学和富有影响力的其他机构中，奖励与外国合作进行共同研究；第三，为发展日本与外国各国的关系——尤其是日本与美国和亚洲各国的关系，促进新思考方式的形成以及对新鲜想法的汲取，等等。在国际文化会馆进行的活动项目，将以讨论会、演讲以及出版物的形式，向一般大众开放。[151]

新建筑竣工之后，国际文化会馆于1955年6月11日正式开馆。[152]1800名宾客参加了庆祝开馆的晚会。宾客之中，不仅有鸠山一郎首相，也包括约翰·D. 洛克菲勒三世、前美国总统夫人埃莉诺·罗斯福、艾
188 姆赫斯特学院校长查尔斯·W. 科德等外国要人[153]。国际文化会馆已经成为现实。国际文化会馆的构想，在松本重治、高木八尺、洛克菲勒等日美两国领导者的不懈努力之下终于结出果实。这确实是战后值得书写的成就，同时它也成为了日美文化交流的象征。同志社大学的奥蒂斯·卡里教授将国际文化会馆的设立评价为“战后发生的最大的事件”。[154]在当时的日本，因为美国实施氢弹试验，反美情绪达到了顶点。考虑到这个背景的话，国际文化会馆的设立在日美关系史上可以被称作一件取得了辉煌业绩的大事件。国际文化会馆自开馆以来直至现在，一直充当着包括美国在内的各个国家与日本进行文化交流的据点。

第六章　对日本知识分子的文化攻势 189

如果想避免日本转向极右或者极左的方向，更加细致的深思熟虑和企划是必不可少的。

——约翰·K. 爱默生，1951 年

现在，鉴于着重强调《对日媾和条约》的权力性和《日美安全保障条约》的重要性，今后，美国驻日本大使馆的活动作为维持（日美关系）整体平衡的活动，其重要性愈发凸显。

——萨克斯顿·E. 布拉德福，1951 年

第二次世界大战结束的时候，以哈里·S. 杜鲁门总统为首的美国政府的领导者都认识到，为达成广泛的国家目标，对外政策的文化方面极为重要。因为，随着交通和通信手段的显著发展，愈来愈多的市民开始参与国际关系事务，到了 20 世纪后半段，国际关系早已不仅限于政府与政府之间的关系，也变成了市民与市民之间的关系。杜鲁门总统在 1945 年 8 月 31 日说道："作为外交活动的一个环节，美国必须维持在海外的信息活动，这是由当下对外关系的性质所决定的。"[1]随后助理国务卿威廉·本顿于 1945 年 9 月表示："由于现代通信传播手段发达，世界各地的人们开始直接相互接触……世界上的领导者以及外交官的友情固然重要，但仅靠这个是不够的。我们有必要努力使国民自身能够相互理解……通过海外的教育以及文化交流计划，为说明和解释自己而努力。"[2]就海外信息计划的重要性，他阐明了与杜鲁门相同的见解。 190

"二战"期间，战时情报局（Office of War Information，OWI）负责

计划并实施美国政府的信息宣传活动，但1945年8月该情报局被废除。和平时期开展的海外信息计划归由国务院新设的国际情报文化局（后来改名为情报教育交流局）管理。然而，国际情报文化局很快夭折。取而代之的是，国务院于1948年新设的国际信息局（Office of International Information，OII）和教育交流局（Office of Educational Exchange，OEX）两个局。[3]国际信息局和教育交流局以二者合一的美国情报教育局之名闻于天下。美国情报教育局自1948年以来，负责美国政府的文化外交，也被称作“对外政策的第三只手”或者“美国外交的基本力量”。[4]

杜鲁门于1950年指出，美国的海外信息及教育计划卓有成效。他说：“海外信息及教育计划的事业……在我们为构筑和平世界所进行的一切事情中，属于必不可少的一项。它与军事实力或者经济援助几乎同等重要。”[5]稍后，国务院负责文化事务的某位官员在阐述美国文化外交的性质的时候，发表了与杜鲁门一致的看法：“（文化关系和教育开发及宣传计划）所有这些合在一起，就构成了支撑美国外交关系的三腿凳的其中一条腿。”[6]显然，这位国务院的官员想促使美国国民注意，构成美国对外政策的三个要素——安全保障、经济以及文化——是统合在一起的，并且组成了一个单独的框架。

191 “真理运动”在全世界的开展

1950年4月12日，朝鲜战争爆发前的大约两个月，杜鲁门总统宣布美国政府将要开展“真理运动”，并且将为之投入数百万美元的预算。“真理运动”的目的，是为了对抗在世界各地开展的共产主义宣传活动，并向海外提供有关美国的生活以及美国政府的目的及其政策之类的充分且公正的信息。[7]“真理运动”象征美国的文化攻势，被视为美国针对苏联及其共产主义同盟国确立自身“压倒性的力量优势”所做努力的其中一环。[8]心理战以及谋求在以日本、法国和意大利这些重要国家为主的世界各地进行文化的渐进性渗透计划，也构成了美国确立自身“压倒性的力量优势”之努力的一部分。[9]利用文化手段试图达成对外政策目标的“真理运动”，在美国历史上既不是新鲜事物，也不是原始创意。“真理运动”只是将“二战”中战时情报局的活动的复活、扩大和发展而已。[10]

美国议会响应了杜鲁门总统出于爱国精神的请求。“真理运动”按照于1948年10月国家安全委员会制定的《国家安全委员会第13/2号文件》的决议展开。这份决议提出，为了进行冷战，应在日本推行反共主义的强硬路线。如第二章所述，对日占领期间美国政府的政策转变，是以“相反路线”的形式完成的。朝鲜战争爆发之后，“真理运动”是由美国议会大幅增加的预算支撑的。事实上，美国议会将1951年指定用于国际信息活动的预算额，比之前的3270万美元增加了4倍左右， 192
达12120万美元。[11]也就是说，在1951年度的通常预算额3270万美元的基础上，7900万美元被作为第一次的补充预算拨给了“真理运动”。而作为1951年度的第三次补充预算，又增拨了950万美元。[12]由于对包括电台广播、印刷出版、电影鉴赏、人员交流以及其他各种文化活动预算的大幅增加，杜鲁门政府又多获得了8850万美元的财政拨款。[13]有了如此充裕的财政保证，美国得以维持并开展愈发强大的海外信息文化计划。例如，1951年的上半年，“美国之声”节目的广播时长由一周30小时25分钟延长至48小时20分钟，增加了50%以上；另外，截至1951年6月30日，电台新增了19种语言，共计48种语言的节目得以播出。[14]

依据1953年国务院第八次再编计划，这项宣传文化事业的执行机构于1953年从国务院的美国情报教育局移至美国新闻署。美国新闻署的主要目标是，执行“真理运动”等活动，并在包括心理战在内的文化冷战中取得更好的成果。[15]

在日本进行的“真理运动”

在日本进行的“真理运动”的目标，是将日本塑造为“政治上安定，经济上自力更生的国家”，也就是创造“拥有能够保护国家免受国内政府颠覆、破坏运动和国外侵略伤害的防卫能力，并与美国以及自由世界结成同盟关系”的国家。[16]在美国驻日本大使馆工作的负责宣传和文化交流的官员布拉德福，始终将日美关系放在心上，并对美国大使馆 193
的职责之重要性进行了如下说明：“现在，鉴于着重强调《对日媾和条约》的权力性和《日美安全保障条约》的重要性，今后，美国驻日本大使馆的活动作为维持（日美关系）整体平衡的活动，其重要性愈发凸显。”[17]从这个意义上讲，支撑日美关系的（安全保障、经济、文化）三根支柱，尤其是文化这根支柱，自 1950 年代初开始，就从软性方面支撑了战后日美的相互关系。

布拉德福认为，美国情报教育局的一般活动包括广播节目、出版物、电影、外国图书的翻译、人员交流以及美国教师的派遣等。美国情报教育局的另一项重要的文化计划，是振兴在海外进行的美国研究计划（将在第七、第八章详细论述）。作为这个计划中的一环，在海外的数个国家召开了“美国研究会议”，其目的在于让海外的教育者等了解美国的历史、文化以及制度。此外，在海外记者计划中，美国将外国的记者邀请到美国来。其目的在于为他们提供与美国新闻记者在一起工作学习两到三个月的机会。此外，如前文所述，“美国之声”每天用外语通过 36 台发射机进行节目广播。[18]1952 年会计年度，为美国情报教育局的计划列出的预算额攀升至 8500 万美元。参与实施此计划的职员总数多达 1.2 万人，其中约 850 人是国务院的美籍海外工作人员。[19]

美国的海外信息计划不仅通过大众传媒，即新闻、广播、印刷品、电影等媒体得以实施，还通过设置于海外的美国的图书馆和信息中心，以及文化交流计划来实施。[20]比如说，1951 年在日本各地开设了 23 所美
194 国政府管理下的情报中心（参照第一章），有至少 50 名美国人作为专门的图书管理员在那里工作。[21]情报中心成为了美国信息活动的中心场所。作为文化交流的手段，情报中心对教育也倾注了心血。在情报中心，不仅有图书室，剧场、用于展览的宽敞空间，大会议室等设施也一应俱全。[22]美国情报教育局的职员在注意与日本的舆论制造者进行接触的同时，还与居住在大城市的市民，甚至与居住在主要城市以外的多数日本人保持着接触。美国情报教育局为使日本知识分子对情报中心感兴趣，以特定的教授和知识分子为对象，向他们说明中心的各项服务，或者为了吸引他们对特定的美国书籍的关注和兴趣而给他们寄去明信片。[23]在东京大学讲授美国政治外交史的斋藤真教授说：“这样的中心比陆军大部队还有益于日本，而且需要的经费也少得多。”他对情报中心

配备的可供利用的图书表达了深挚的谢意。[24] 由于情报中心这种勤恳踏实的努力，它得到了知识分子以及关注社会问题的广大日本国民的支持。

作为目标的群体

为了应对共产主义的影响在日本各地逐渐增强的态势，反共主义的"真理运动"开展得更为积极。萨克斯顿·E. 布拉德福认为，如果仅仅罗列美国好的一面，而单方面谴责苏联，或者动员国民与共产主义斗争的话，是绝对无法修正日本知识分子对于美国所持有的错误看法的。[25]因此，这位美国驻日本大使馆的宣传官员实施了心理战性质的计划，以修正"由苏联宣传机构散布到日本国民之间的有关美国的错误看 195
法"。[26]譬如，美国驻日本大使馆尝试使用一切手段试图与日本出版界和新闻界的领导者取得联络。美方认为，负责大众传媒的领导者能够对国民中的各种群体施加影响。与此同时，美国大使馆按照年轻人、工人、农民领导人、妇女、政府官僚这个顺序，将这些群体列为最重要的目标，[27]同时还尝试与日本的工人以及能够指导年轻人的群体（学生和青年的领导者以及教育者）取得联络，有时还会为此准备礼物。除此之外，实业家、政党、渔民、警官、自卫官、知识分子、专家群体以及宗教团体等，也属于美国情报教育局在日本的目标团体。[28]

"精神上的真空状态"

在美国驻日本大使馆的美国外交官看来，美国情报教育局在日本实施信息及教育计划的最初时期，日本全体国民都处于"精神上的真空状态"，对共产主义的影响没有任何防备能力。实际上，现实的日本社会正如美国外交官所描述的那样，接近于"精神上的真空状态"。这种"精神上的真空状态"引发了社会混乱，因为战争失败导致国民陷入虚脱状态，他们中的大部分都感到迷惘，为失去的生存方式而感到空虚。[29]譬如，天皇曾经被视为承担守护神国日本免于遭破坏和破灭这一最高责任的、活着的神而受到崇拜，然而经历过无差别空袭、战败以及随之而来的军事占领之后，日本国民清楚地看到原本绝对不会犯错的神也犯了错误这一事实。因而天皇在国民心中的信用一落千丈，国民的精神陷入了混乱状态。更严重的是，天皇崇拜在驻日盟军总司令麦克阿瑟的一声命令之下遭到废止，这对日本国民构成了决定性的打击。导致国
196 民的心中产生了“精神上或者意识形态上的真空状态”。在美国大使馆的外交官看来，能够填补这种精神上的真空状态的宗教，从日本现存的宗教里是找不到的。[30]因此，在美国人看来，日本的国民处于十分容易受到共产主义影响的状态。美国人认为日本政府面临两个深刻的问题，必须立刻处理。一个问题是，如何填补国民的“精神上的真空状态”；另一个问题是，如何治理日本对共产主义的无防备状态。

不仅日本政府的高官，保守的实业界领导者也深刻地认识到，日本“精神上的真空状态”所附含的社会意义。其中包括三井财阀的前主人三井高公。他于1951年6月在纽约市与约翰·D. 洛克菲勒三世见面时，向洛克菲勒坦率地说出了自己担心的原因。三井首先阐明这实在是一件令人遗憾的事，并说“实际上，我们需要能够填满这种真空状态的某种东西”。三井认为，虽然民主主义应该代替基于神的秩序的旧天皇制，担负起维持新秩序的责任，但日本国民根本不理解民主主义的含义。[31]洛克菲勒也认识到日本国民所面临的深刻的精神危机，并与三井抱有相似的忧虑。洛克菲勒认为，西方的民主主义国家面临苦难之际，在民主主义国家的根底流淌的基督教，为人们带去了精神上的支撑和勇气。然而，如今日本的国民已经失去了能够引发他们与苦难做斗争的动机和斗志的重要的精神源泉。[32]为重新生发出与苦难做斗争的勇气与斗志，洛克菲勒提议，要让日本国民了解并且更深刻地理解自由世界的人们的想法和生活方式。他还十分自信地说：“日本战败并且直到最近仍被孤立于世界之外，为克服由这些事实导致的知识和精神上的真空状态，对于自由世界的认识和理解对于日本一定会大有帮助。”[33]

197 就连约翰·K. 爱默生这样的国务院官员，对于日本“精神上的真空状态”都有很深刻的认识。爱默生为引起助理国务卿迪恩·腊斯克的关注，对他说：“正如很多造访美国的日本人所说，日本‘精神上的真空状态’是确实存在着的并且极为深刻的问题。”同时爱默生还说：“如果想避免日本转向极右或者极左的方向，更加细致的深思熟虑和企

划是必不可少的。”[34]不屈不挠的美国冷战斗士杜勒斯，也严肃地认为日本人属于易受共产主义者宣传影响的国民，因此他努力寻求能够应对日本国民在面对共产主义时的脆弱性的适当措施。当时他心里还有一个无论如何难以理解的问题。那就是“日本国民随意地变来变去这一不可思议的秉性”。也就是说，尽管直到最近他们都完全处于军国主义者的支配之下，日本国民为何如此简单地就变成了“民主主义者”？日本人这种过快的转变方式让杜勒斯感到难以理解。他长时间地思考、寻求着这个问题的答案，最终从日本人属于“基本上来讲非宗教性的国民”这一事实之中得到了答案。[35]因此他认为，日本人并不具有抵抗共产主义所必需的宗教上和精神上的素质。杜勒斯尽管知道日本国民非常讨厌共产主义，但那不是因为他们反对共产主义，而是因为他们将共产主义的意识形态与苏联这个国家紧密联系起来看待。无论如何，杜勒斯还是因为知道了许多日本人反对共产主义而感到欣喜。然而，从西方人的角度来看，日本人并非是对宗教很虔诚的国民，对个人尊严的信念也很薄弱，当出现强有力的统治者时，日本人是否会毫无不适之感就服从于那个统治者呢？杜勒斯对此感到不安。总之，杜勒斯很难相信，日本国民从今往后都会一直继续保持非共产主义者的立场。[36]

长时期居住在日本的奥蒂斯·卡里对于日本人身上存在的这种危险状况，有着稍微不一样的看法。卡里带着反省之意说：“由于对日占领， 198
国民的旧模式遭到破坏，而代替旧模式的东西还根本没有补充其空缺。从这个意义上来讲，实际上，将日本的大门向共产主义敞开的，说不定正是对日占领。”他在发言的最后说，美国对于日本“也许比起益处，带来更多的是害处”。[37]

对共产主义的恐惧心理

在日本，东京帝国大学自 1877 年创立以来，在有关德国的方方面面都赢得了大学生和知识分子的极大欢迎。譬如，太平洋战争以前，东京帝国大学的德国历史课程占据了西洋历史课程的八成。知识分子中大多数人都受到法国存在主义和德国马克思主义的影响。尤其是马克思主义作为黑格尔辩证法的继嗣理论，成为了知识分子极大的关注焦点。其理由之一，是由于战前的日本高等教育在形式和内容两方面，都单方面倾向于德国学术的思考方式。在两次世界大战之间，左翼学者对日本的政治制度、经济制度和社会制度进行了分析，他们认为，这些研究是为构建日本的革命路线而采取的重要步骤。1927 年，左翼学者分成讲座派和劳农派两个竞争性派别，围绕明治维新、日本法西斯主义和日本资本主义的性质，开始了长达十年的激烈争论。[38]讲座派由日本共产党的正统派知识分子组成，劳农派则是由 1927 年脱离日本共产党的知识分子所组成。[39]尽管政府对左翼的弹压有所加强，1930 年代，马克思经济学的影响还是在左翼知识分子中扩大了。1937 年，日中战争爆发以后，日本经济向战争经济倾斜，计划经济这个概念被引入日本。这种经济理论由于能够佐证战时国家为战争付出努力的必要性，所以渗透到了一部
199 分政府官僚之中。就这样，截止到“二战”结束，德国逻辑学、德国哲学、德国法律和国家理论等走进了日本所有大学的课堂，德国的影响得以广泛渗透。

政治学者丸山真男认为，与两次世界大战期间一样，知识分子在“二战”后也受到了马克思主义和共产主义的强烈影响。[40]如前文所述（参照第二章），大战刚结束的时候，可以毫不夸张地说马克思主义者和共产主义者独占了国民的欢迎和信赖。原因在于他们中的大多数人在战争中，即使被关进监狱也坚定地固守自己的政治立场。战争期间暂时的休止之后，在日本的学术界，劳农派和讲座派的马克思主义者之间，围绕着现代日本资本主义的性质，继续展开了热烈的争论。他们的争论焦点之一是“从属争论”，这个争论有关对美关系中日本的定位，即围绕日本到底是“自主还是从属”的争论。[41]

在美国人看来，对于马克思主义的影响，日本国民并不像美国人那样担心。譬如，洛克菲勒的日记中提到过，基督教徒、活动家贺川丰彦说，如果日本的经济能够得以改善，就没必要担心共产主义了。[42]大阪的实业家日向方斋指出，日本国民中的九成都对美国抱有友好的感情。他还补充说，国民的生活水准一旦下降，就会为共产主义者提供打入日本的绝好机会。[43]经济学家都留重人教授说：“为了与共产主义进行斗争，相比将资源投入军事，将资源投入经济的重建，对于防止共产主义

更加富有实效。”[44]从这些知识分子的见解中可以看出，恐怕大部分日本国民都站在这种经济决定论的立场。因为，在经济疲敝的贫穷国家，人们普遍认为，经济的哪怕一丁点恢复都是万能的灵丹妙药。

普遍来讲，在美国，马克思主义被认为是一种“将几乎所有的问题都以唯一的思考方式加以解决”的意识形态。根据某位美国人的解释，200
马克思主义之所以会抓住那么多日本知识分子的心并使他们入迷，与其说是因为马克思主义特有的阶级斗争理论，不如归因于马克思主义的经济决定论。外交问题评议会的日本专家指出，日本国民历来喜欢用一个单纯的法则解释各种各样的问题，有着光明与黑暗势不两立，即自己的势力与他人的势力是敌对关系的摩尼教性质的世界观，并将他人看作恶人。[45]其他日本专家也解释说，马克思主义在日本国民中广受欢迎的原因，在于其显示了与日本国民这种传统态度相似的倾向。

美国人对于马克思主义对日本知识分子的影响的这种解释，从某种意义上讲，可能是他们的世界观和自我认识被投射到日本国民身上的一种表现。一部分也因为麦卡锡主义的猖獗，美国的领导者犹如偏执症患者一样恐惧共产主义，并被这种恐惧缠绕。因而，他们有将共产主义威胁夸大的倾向。在看待被认为是处于共产主义影响下的日本时，美国的领导者倾向于带着对于共产主义的偏执心理和恐惧心理来进行观察。他们所说的摩尼教性质的世界观，可以说正是美国人自身所持有的。

在《美国的反智主义》一书中，历史学家理查德·霍夫斯塔特指出智力（intellect）和智商（intelligence）的区别，并说，在美国，智力这个词“虽然会被当成一种骂人的话使用，但智商这个词绝不会”。他指出，“智商高的人经常得到赞赏，在全世界都成为一种受尊敬的对象”。与之形成对比，“智力……一方面作为人类的一种特质而被称赞，有时也会遭到谴责”。“智力高的人，在被认为是拥有高智商的时候偶尔会得到称赞，但是……也经常招致憎恶和疑惑的目光。智力高的人会被认为无法信赖，并且是不必要的、不道德的且具有破坏性的。”[46]如果霍夫斯塔特的见解正确的话，美国人对日本知识分子的认识，则可以说 201
是美国的反智主义在相当程度上反映在日本知识分子身上的产物。因为，美国人对于日本知识分子，总是无意识地抱着疑惑、恐惧、轻蔑甚至侮蔑的心理。

美国人的民族中心主义和他们偶尔显现出来的种族歧视主义使他们更难客观地认识日本。在美国人的很多发言中，都可看出他们对日本国民以恩人自居的口吻和轻蔑的态度。然而，对日本知识分子抱有不信任感和轻蔑态度的，并不仅限于美国人。1952 年 1 月，南斯拉夫共产党机关报《战斗报》的记者雅科夫·利维，在采访报道朝鲜战争后顺便来到东京。他有机会与日本文化自由委员会的会员就国际问题进行了多方面的交流。会谈之后，利维由于如下原因对日本知识分子感到极为失望：日本的知识分子对于国际政治的现实状况采用了单纯而远离现实的认识方式。并且利维还认为，日本的知识分子“欠缺批判性的秉性，对于他们的祖国日本的安全防卫漠不关心，而且对于富于侵略性且十分帝国主义的、配不上社会主义国家之名的苏联的性质十分无知”。[47]利维如此看待日本的知识分子，也是对日本文化自由委员会会员的贬低。萨克斯顿·E. 布拉德福显然十分赞同利维对日本知识分子的这种描写。之所以这样说，是因为布拉德福在自己所写的关于日本知识分子的批判性的评论中，附上了利维的报道，送至国务院。[48]假设关于日本知识分子的这则逸闻是正确的，现在就需要回答日本国民是怎样看待美国人以及美国文化的这个问题了。因为，在很多情况下，对别人的认识正是自己投射出的“镜子中的映像”。以下两个小节，将阐明当时的日本人对美国人和美国文化的看法，以及美国
202 人对日本人和日本文化的看法。

日本人对美国的看法

居住在东京的美国外交官臆断，日本知识分子对于美国，尤其是美国文化的评价并不算高。[49]因为他觉得日本人认为，第一，美国与其他国家相比更加物质主义；第二，正如他们在公众面前大声讲话时所表现出的那样，美国人是粗野的、不够温厚和细致的国民。[50]换言之，美国人虽然在物质上很充裕，却不关心文化。第三，美国国民的婚姻和家庭生活看起来已经崩溃，而且美国是种族偏见的大本营，尤其是在南部，长期的种族隔离已经成了司空见惯的现象。最后，日本人还认为，美国

是一个比起原理和理想主义，更加青睐实用主义的国家。日本的知识分子之所以这样认为，是因为他们通过对日占领亲身体验到，美国的对外政策缺乏稳定性而左右摇摆。[51]

可以说，大部分日本人的脑海中都抱有由知识分子描绘出的刻板的美国画像。日本国民也都认为，美国文明欠缺精神性和文化性的要素，而且美国文化的根基很浅。[52]大部分的日本人臆测，美国是一个没有“灵魂”的物质主义的国家，美国人只从物质性的角度思考事物。[53]更进一步说，他们还认为，虽然美国人拥有技术上的优越技能，却处于文化兴趣和智力能力不发达的状态之中。譬如，住在名古屋的某位美国外交官就报告说：“对于美国产业的进步以及科学的进步，日本人打心底里赞赏；但是对于我们（美国人）取得的文化以及精神的成就，却几乎 203
听不到他们的赞赏。”[54]而且大部分的日本人都认为，在芝加哥或纽约那样的大城市，暴力团伙横行霸道，美国国民只会喝得醉醺醺地疯闹。他们将美国当作暴力的且不道德的国家。毫无疑问，一般日本民众所抱持的这种对于美国或者美国人的看法，并不一定正确反映了当时美国的现实。当然，当时日本学校所使用的历史、经济学、政治学的教材中，几乎没有提及任何新政后美国发生的各种重大的社会变化。

实际上，日本国民之所以会对美国文化持有这种否定印象，是因为美国的电影。当时日本有超过 2000 家电影院，[55]这些电影院三分之一的放映时间都分配给了海外电影。[56]实际上，在战后日本，美国电影的影响力是非常巨大的。譬如，《乱世佳人》于 1952 年 9 月 3 日刚刚上映就大受欢迎，并且连续放映了很长时间。然而，好莱坞电影容易给日本观众留下被夸大了的美国印象，很多日本的影迷由于看了主要出于娱乐目的而制作的电影和纪录片，而对美国产生了负面印象。[57]虽说日本人整体的关于美国的看法并不一定全是负面的，但那也绝非是会让美国人开心的美国形象。[58]

日本知识分子直到“二战”结束为止，都未曾认真了解过包括学术领域在内的整个美国文化。大多数日本知识分子都向欧洲寻求知识和学术上的刺激。具体来说，在寻求最尖端的学术性指导时，他们会求助于法国、英国和德国等国家。[59]从 19 世纪到 20 世纪，日本国民将法国文

化当作理想的文化，并且将法国视为西方文明的源泉。[60]与之形成对比
204 的是，战前日本的大部分知识分子认为美国在哲学和道德方面都缺乏深度，因而对之抱着轻蔑的态度。顺便一提，在东京帝国大学开设“美国宪法、历史以及外交”的讲座，即所谓的赫本讲座，是1918年的事情。赫本讲座是日本高等教育史上开设的首个关于美国的讲座，而之所以在此之前一直没有开设讲座，据称是出于上述那些原因。[61]日本知识分子对美国的轻蔑态度，被认为主要源自欧洲文化，尤其是法国和德国文化的影响。[62]实际上，明治维新之后的初期，欧洲知识分子在输入欧洲启蒙思想和欧洲文化的同时，也输入了欧洲人对美国思想和美国文化的轻蔑态度。[63]日本知识分子由于长期与欧洲知识分子进行知识上的交流，比起对美国的社会概念，更容易对欧洲的社会概念进行议论。譬如，构成欧洲社会主义思想中一部分的社会规律的概念，对于大部分日本国民来说很容易理解，而且拥有极强的能够打动人心的力量。因为，社会规律与日本人特有的精神和经验有着很深的关联。与此相反，美国的资本主义思想和个人主义的责任理念，对于日本知识分子而言就十分难以理解。对于他们来讲，美国资本主义的精神与追求个人利益的唯物主义是一样的。某位学者充满嘲讽但很准确地对战后日本人的智力状况做了如下的描述：“对于大多数知识分子而言，比起消化美国的‘思想’，他们的脑子更愿意去想吃的东西。”[64]

美国人关于日本的看法

来自西方的包括美国人在内的到访者，即使没有利维那么严重，也都抱有轻视日本的倾向。他们这种蔑视日本人的态度，应该源自无知以及对于日本以及日本国民缺乏了解。

205 实际上，美国人对日本和日本人的看法到底是什么样的印象呢。普遍来讲，西方人，尤其是美国人，都很遗憾地认为日本人具有“比起指导别人，被别人指导”会让他们更开心的倾向。此外，美国人还担心，日本人是不会理论性地思考问题或者在公众场合发表议论的国民，是极容易被周围状况裹挟而失去主见的国民。据美国人看来，由于日本人很容易被巧妙的宣传所迷惑或者被少数领导者所支配，他们容易在未经充

分理解其意思的情况下，就立刻接受从海外直接输入的新运动（例如，基于宗教的民主主义、文化运动、和平运动以及精神运动等）。美国人对日本人抱有这种印象的原因，部分在于他们对日本人的智力能力不仅评价不高，并且也不能予以信任。[65]

由于这样的原因，美国国务院的官员害怕在占领军撤退后，日本的民主主义是否会遭到共产主义者和法西斯主义者的两面夹击而在尚未开放的时候就凋谢。[66]美国人对于共产主义的恐惧，很显然加深了他们对日本人的负面印象。重复前面所述，美国人认为日本国民摇摆不定、在共产主义者的攻击面前无力抵抗，这种印象反映了他们对日本人的民族中心主义的和以恩人自居的态度。他们坚定不移地相信，日本人非常幼稚和不成熟，有必要将民主主义的理论彻底并简单易懂地教给他们。而且他们也从心底相信，将最发达的美国、英国以及斯堪的纳维亚诸国的民主主义的实例展示给日本人，是自己的崇高使命。他们认为，总之，在共产主义的威胁中守护日本人的最好方法，一定是将民主主义的优点清楚而准确地解释给日本人。同时他们还相信，有必要把基督教的基本精神同民主主义一样教给日本人。人们认为基督教会成为支撑反共产主义的民主性运动的动机和力量。他们担心，如果不把基督教教给日本人，日本人可能会觉得共产主义不是一种威胁，而逐渐开始接受共产主 206
义。[67]也就是说，美国人认为，“如果日本人开始持有共产党最终会领导整个亚洲的信念，那么，现在日本的许多非共产主义者将来变成共产主义者的概率会大幅上升”。[68]总而言之，在日本进行的“真理运动”的诸多原因中，始终在作祟的是美国文化攻势的强大动力，也就是他们对共产主义根深蒂固的恐惧心理。

清楚了这一大前提，就不难理解美国大使馆职员对于日本知识分子的印象了。例如，对于萨克斯顿·E. 布拉德福以及与他共事的美国大使馆同僚来说，日本知识分子的特质是开展“真理运动”时令人烦恼的源泉。他们觉得日本知识分子对于美国的歪曲认识和误解，是在日本开展“真理运动”时的巨大障碍。他们无法忍受日本知识分子对美国和美国文化的观点。这不是因为这些知识分子的看法对美国是不怀好意的，而是因为“他们对美国的现实持有错误的认识，其观点基于彻底的误解”。[69]布拉德福很遗憾地看到，日本大学的教育内容不仅将美国生活勾画成刻板且缺乏新意的印象，而且还受到了偏马克思主义的观点的影响。认为日本人毫不了解美国的布拉德福认为，其原因是日本人对于美国“并非毫不关心，而是明明理解错了却坚信那是真实，对美国抱着错误的看法”。[70]因此，布拉德福批判说，日本的大学教授是在帮着向国民灌输反美感情。他在提醒美国国务院关注“日本知识分子对美国的态度”的同时，也请求政府尽早处理这个问题。[71]

布拉德福和奈尔斯·W. 邦德等美国大使馆的宣传官员认为，构成
207 “真理运动”的第二个巨大障碍是日本人缺乏必要的政治经验、宗教经验或者个人经验，去理解人权、民主主义、自由这些盎格鲁-撒克逊民族的理念，以及反映美国民主主义的其他诸多理念。依他们所见，日本人虽然经常就民主主义的理念和组织进行谈论，但由于对美国的理念和思想缺乏理解，因而混淆了占领改革的形式和本质。美国大使馆的宣传官员认为，大多数日本人并不理解美国的制度所依据的思想基础，即使听到关于这方面的言论，大概也会不知所云。因此他们没法对日本人表示赞赏。[72]

让住在东京的美国外交官不知所措、烦恼不已的第三点，是他们认为日本教授对国际政治本质的认识过于简单而武断。布拉德福认为，日本教授在头脑中，把明明并不存在的苏维埃联邦的理想社会当成真实的存在去凭空描绘，而对于美国也一样，在头脑中描绘着在美国并不存在的剥削性的资本主义社会；此外，他们在分析评价美国和共产主义国家的对外行动时，采用的是双重标准。布拉福德对于这些感到格外困惑。[73]他将导致这种令人遗憾的状况的原因，归咎于大多数日本知识分子对美国对外政策目标的看法并不友善，而非他们不了解美国的信息。[74]

除此之外，美国的外交官们还认为，日本教授由于在事实上没有掌握有关国际问题的最新信息和知识，因而不了解现今的国际情势，对于苏维埃国家及其对外政策的真正本质没有认识。布拉德福清楚地认识到，日本知识分子担心如果偏袒美苏之中的任何一方，也许会让日本再度沦为战场，出于这样的恐惧他们选择了中庸之道，在冷战中希望采取中立的立场。然而，布拉德福认为，这是一种危险的幻想。[75]

布拉德福和其他造访日本的美国人指出，日本知识分子具有以下两 208
个密切相关的特质，即喜好抽象的理论和倾向于躲在象牙塔里，他们含着轻蔑之意批判了这些知识分子。关于喜好抽象的理论这一点，美国大使馆的宣传官员说，日本的大学教授有着过度重视理论的倾向，因而他们的学术并不一定都是实证性的。据那位宣传官员看来，日本的研究者倾向于认为，学术理论和理论史的研究，比事例分析更加高端。[76]美国人认为，日本的左翼知识分子一方面认定在学术界理论和抽象论占据最高的地位，另一方面，又倾向于认为基于观察和统计的研究，尤其是与现代相关联的研究属于低层次的学术，因而容易对不从理论层面进行分析的意见完全不予倾听。对于这样的左翼知识分子，美国人给予了批判。[77]

正在访日的斯坦福大学教授也同样认为，在日本知识分子身上能够看到这样的特质。参加1950年日美共同召开的第一次美国研究研讨会（参照第七章）的斯坦福大学的教授们，在与日本的与会者进行交谈之后，便再次确定自己迄今为止对日本学者的印象是正确的，而且强烈感受到日本学者对于理论的偏好。[78]譬如，盟军总司令部经济科学局劳动科科长西奥多·科恩就很遗憾地看到，参加此次研讨会的日本研究者并不用心听粮食调查研究所的美国教授的讲解。据科恩说，此次研讨会的日本与会者曾十分不满地指责，美国讲师“不仅完全没能开展对马克思主义辩证法的讨论，更是毫不涉及理论，只一味地讨论事实”。[79]美国学者，尤其是外交问题评议会的日本专家们，也都针对日本学者发表了与布拉德福和科恩相同的看法。普林斯顿大学的弗雷德里克·S. 邓恩教授和其他学者都指出，日本的精英知识分子在描述自己所生活的世界的时候，比起基于事实的叙述，更加青睐用理论进行解释。美国学者认为，在日本，众多研究者只能通过在注释上再加注释这种行为得到满足 209
感，因而在日本学术界，偏重于分析的研究并不十分发达。[80]

面对如此状况，1948年10月12日，日本的英文报纸《日本时报》刊登了一篇关于日本社会科学和人文科学严重落后的报道。报道断言：“在日本，可以说根本就没有堪称真正科学性的、基于实证研究的社会科学。”[81]美国大使馆的外交官认为，在日本的大学，社会科学的一切领域中，实证研究都是被过度轻视的。在某种程度上，这确实是一个事实，因为在日本学术界，理论受到的重视程度要高得多。据美国外交官所见，就连国际关系这种日新月异的研究领域，日本的教授仍在使用19世纪的理论观点进行研究。[82]法斯从在庆应义塾大学担任政治史老师的米山桂三教授那里听闻，在日本，就连学生也都倾向于认为“耗费精力去探究事实的教授是次一等的教授”。[83]因此，法斯觉得，社会科学是美国能够对日本进行极大帮助的学术领域之一。

然而，认为左翼知识分子过于理论化或者抽象化的此类美国人的批判，其中也含有不少夸张和不中肯的部分。因为，并非所有的日本左翼知识分子都是美国人所谴责的那种社会科学家。在战前天皇制的绝对主义国家权力之下，他们虽然面对许多难题，但仍旧做出了几个兼具理论性和实证性的值得注目的研究成果。例如，1932—1933 年陆续出版的《日本资本主义发达史讲座》（共 7 卷），以及 1953—1955 年间出版的《日本资本主义讲座》（共 11 卷）就是其中的证据。这些研究受到了马克思主义，尤其是共产国际于 1932 年对日本支部即日本共产党发出的战略方针，即所谓“32 年纲领”的巨大影响。此战略方针总结说，当
210 时日本的权利结构由天皇制、地主土地所有制和垄断资本主义这三大要素构成，提倡从打倒天皇制的资产阶级民主主义革命强行转入社会主义革命。这些研究是劳农和讲座两派之间，围绕天皇和天皇制，即明治维新以来的近代日本国家的性质进行的长期争论的结果。大概是出于对共产主义的偏见以及强烈的反共主义，美国人从一开始就将受到马克思主义影响的研究归为“共产主义”，而且在对于依据战前和战后的天皇制建立起的日本政治的现实未经充分理解的情况下，就已经拒绝了一半日本研究者的研究成果了，或者可以说，完全无视了。因此，他们难以实事求是地掌握或者批判性地分析日本的政治。

关于萨克斯顿·E. 布拉德福所指出的，日本知识分子喜欢躲在象牙塔里这第二点特质，美国人指出，日本的大学教授有着一种强烈的倾向，如隐士般远离尘世，完全不试图接触世界的新发展，而是建造起调查研究领域这样一个小小的孤立的世界，躲在其中。[84]他对不试图参与政治和商业活动的、采取一种超然态度的日本知识分子，发出了责难。

在加利福尼亚大学教授经济学的霍华德·S. 埃利斯也再次确认了自己一直以来的看法，日本学术界以及日本的大学教授“躲在传统的小世界中，丝毫没有试图认真地参与现代的社会问题和经济问题，只躲在象牙塔里驰骋思想”。埃利斯根据自己 1951 年于东京大学召开的美国研究研讨会上执教的经历，评价日本的研讨会与会者都是“从全国各地的大学选拔出来的最棒的卓越人才”，“他们的智力以及专业见解的精湛程度……极其之高”。尽管如此，埃利斯也严厉地指出：“日本知识分子欠缺关于美国的知识——尤其是关于美国‘生活方式’的根基中难以简单用语言表现的众多因素的知识，这令人惊讶。”[85]

公平地说，具有讽刺意义的是，由于盟军总司令部民间情报教育局对有关占领的一切意见都进行谨慎而严格的管理和限制，大部分日本学 211
者在占领军面前都会进行自我检阅，并在占领期内保持沉默。再加上盟军总司令部的职员和美国士兵出于安全等原因，生活在远离日本人社会的场所。在这样的情况下，日本知识分子想要直率而自由地发表意见是极其困难的，在公众场合进行讨论时也经常难以启齿。曾师从知名历史学家弗雷德里克·杰克逊·特纳、日本的美国研究创始人高木八尺，如此解释当时的情况：“日本人基本上完全没有机会就国际问题与美国人——甚至是日本人——进行自由讨论。因而对于日本人而言，对国际问题持有成熟的意见，是十分困难的事情。”[86]因此，理解美国人对日本知识分子的严厉批判的时候，也许有必要打点折扣。

奈尔斯·W. 邦德和布拉德福主张，为了在与世界共产主义斗争时取得日本人的大力支持，美国政府应该将美国的知识产权和文化遗产定位于希腊-罗马文明的传统或者犹太-基督教文化的主流之中，并将其充分而系统地展示给世人。[87]于是布拉德福建议，为了与西方其他国家在文化方面展开竞争，应该最大程度地有效利用美国的文化财产中最厉害的武器——历史学、经济学、政治学、心理学、人类学以及社会学书籍。[88]他认为美国在这些学术领域位于世界最前列，美国人在这些研究领域的著作，能够证明美国人的理论能力也是十分杰出的——而这一点正是日本人所想要知道的。[89]

布拉德福也决心，要努力让日本的研究者理解日本真正的国家利益到底存于何处，同时也要努力让他们更加通晓现实世界。他将这一难题作为自己的使命而率先投身其中。他主张：“基于单纯事实的冷静沉着
212 的分析，比起激烈的责难或者简单而老套、直截了当的反共宣传，效果要来得更好。”日本人对美国的产品和技术十分赞赏，为了将日本与美国的经济和应用科学相结合，布拉德福十分关注这一事实，并对之予以格外的关心。[90]

文化冷战和日本历史学的振兴

如此状况下，“真理运动”在日本如何实施呢？以洛克菲勒为首，布拉德福等美国大使馆负责宣传和文化交流的官员们都充分认识到，战后日本的社会状况处于不断变化之中，也就是说日本社会正处于重大的历史转变期，在这个转变期，理念和理想对于形成人的精神和世界观，或者规定人的行动模式，发挥着重要的作用。不只是知识分子，所有的国民都渴望并决心尽早在战后的废墟上重建日本。了解到这一点的美国大使馆的宣传官员毫不怀疑地相信，在日本这样的状况下，历史学将发挥极其重要的作用。因为，在众多学术领域，历史学属于少数能够提供全局性的见解和思考方式的学问。而且，如果民众不具备全局性的视野，当下的局势就会显得模糊不清，现代的问题也会变得复杂而难以理解。因此，历史研究者可以帮助人们更深刻地理解从过去到现在的历史过程，从而让人们对现在有更加深刻的理解。

为此，美国大使馆的职员对于那些被认为对日本读者具有强大影响力的历史研究者，给予了最大的关注。美国如此努力的原因在于，美国政府当时正在世界各地深入参与和共产主义的斗争，日本作为东亚文化
213 冷战的战场处于重要的位置等。实际上，不仅美国政府，洛克菲勒基金会在与共产主义的战斗中也发挥了重要作用。洛克菲勒基金会为了人文科学的振兴，捐赠了相当数额的补助金。毋需赘言，历史学在人文科学中也属于重要的研究领域。自 1950 年至 1960 年，洛克菲勒基金会为振兴和奖励人文科学而捐赠的资金总额，据说达到了 3760 万美元，其中的 700 万美元（大约 19%）分配给了历史学研究。[91]作为文化冷战战场的日本，其历史研究者显然已经吸引了以洛克菲勒基金会为首的美国各

个基金会的注意。

处于占领之下的日本将要取得独立之时，日本已拥有超过 200 所大学、几千名历史研究者、藏书丰富的大型图书馆以及众多古文书资料。然而，洛克菲勒基金会和福特基金会等美国基金会发现，日本的历史学研究仍处于马克思主义的影响之下，众多历史研究者及其对历史的解释和叙述也都包含了马克思主义的思想。而且，美国基金会还认识到，在日本，高质量的历史传记相对来讲非常少。正医为如此，历史研究的这两个领域，成为洛克菲勒基金会给予研究补助的对象。

在战前的日本，马克思主义的历史解释在左翼的知识分子之间拥有强大的影响力；而在占领期间，皇国史观被排除之后，它仍继续拥有支配性的影响力。[92]另一方面，日本的自由主义研究者和评论家，对于马克思主义的历史解释占据支配地位的学术界感到难以满足，或者甚至觉得十分遗憾。例如，松本重治在给洛克菲勒基金会的查尔斯・B. 法斯的信中表达了遗憾之意："日本的历史学和历史叙述，无疑处于十分不妙的状况。有必要在为时已晚之前采取一定措施。"[93]松本要求，在历史学研究中采取更加人文学的研究方法，同时在社会科学研究领域采用非马克思主义的研究方法。[94]他建议，为了矫正人文科学的此种不幸状况，政治学和历史学的研究应该采用传记性的研究方法。他认为："在用马 214
克思主义分析政治和历史的时候，历史上所有的伟大领导者，都会被还原为历史中各种不可抗拒的力量的代理人。"[95]此外，洛克菲勒指出，女性作家坂西志保也和松本持有相同的意见。她认为，在日本史研究中，马克思主义辩证法式的唯物论占据支配地位的原因，在于驻日盟军总司令压制了日本传统的历史教育，以及在对日占领的初期鼓舞了日本的左翼。[96]保罗・兰格也和日本的自由主义派抱有相同的看法。当时，他为了研究出现在日本学生中的"共产主义的历史"来到日本，并成为社会科学研究调查委员会（Social Science Research Council，SSRC）的研究员。兰格在与洛克菲勒的会谈时说："有两个学术领域是被思想上倾向于共产主义的研究者们支配的，即苏联研究和日本历史学。……日本学校讲授的大部分日本历史，都偏向于马克思主义。针对这个问题的建设性的应对策略是，可以向这两个学术领域头脑最为明晰的研究者，提供赴美国和英国或者其他国家进行研究的机会。”[97]

普遍认为，日本近代史上极为重要的时期是构筑了近代日本基础的19世纪后半叶；尤其是推翻了封建的德川幕府的明治维新，成为了具有强烈马克思主义志向的众多研究者研究历史时的焦点。[98]法斯认为：“关于当下日本的定位，以及日本将来应该研究的课题，以马克思主义的视角对明治维新进行的独断的历史解释，构成了共产主义教义的基础。”[99]法斯痛彻地感悟到，为了对抗日本日益高涨的马克思主义影响，必须采取某种紧急措施。法斯和洛克菲勒基金会的职员认为，“挑选两至三名有能力有勇气的日本历史研究者，资助他们重新彻底地研究日本历史，从而与马克思主义的历史解释相抗衡”是很重要的。[100]

215 作为有关这一点的附带性的注释，可以举出一个颇有意思的事实：专门研究日本近代化的坂田吉雄教授，于1956年被选为洛克菲勒基金会的研究员。[101]京都大学人文科学研究所的坂田教授认为，“由于在日本历史学家中发挥支配性影响的马克思主义史学歪曲了历史真相”，对日本历史的重新探讨就变得“格外重要”了。[102]这几年参与对日本思想史的重新探讨的坂田，被密歇根大学的日本历史学教授约翰·霍尔教授指名为洛克菲勒基金会研究员候选人的指名。[103]对于坂田教授参与洛克菲勒基金会研究员选拔一事，法斯说：“通过我们（对坂田教授）的资助，将他们（采取非马克思主义史学立场的历史研究者）的研究对象拓宽至明治时代，将成为可能。”[104]洛克菲勒基金会在基金会任务的声明中，讴歌了非政治性（在政治上采取中立的立场）和非政府性（作为民间团体，与政府保持一定的距离）。[105]然而，法斯后来也承认，在最终选拔1956年度洛克菲勒基金会补助金获得者时，对抗日本的马克思主义这一目标也是纳入考虑的一个重要条件。[106]这个小插曲也说明了洛克菲勒基金会在文化冷战的高峰时期，即使宣言中写有那样的原则，想要保持意识形态的中立也非常困难。

此外，洛克菲勒基金会认为，历史研究中另一个“日本式特征”是，日本鲜有高质量的历史传记——尤其是政治家的传记。法斯认为，高质量的政治家传记的研究，与民主主义的健全发展息息相关。他相信：“比起抽象的各种社会力量，强调历史上个人作用的传记更加完善和全面。”[107]因此，以法斯为首，洛克菲勒基金会的职员们尝试寻求在日本奖励传记写作的机会，并找到了完全符合他们需求的候选人。结果，1955年的补助金授予了在东京大学讲授政治史的冈义武教授。[108]冈教授当时正在申请关于山县有朋的政治史性质的传记的计划。此后，1958—1960 216
年，两笔补助金都颁给了京都大学的高坂正显教授。其中一笔是颁给传记的申请计划，另一笔是颁给“不站在某个特定意识形态立场，对日本近代历史进行再阐释”的申请计划。冈和高坂两位教授之所以得到洛克菲勒基金会的补助金，当然主要是因为两人所申请计划的价值，以及学术研究的独立性都很高。然而，难以否认的是，洛克菲勒基金会的决定同时也将重心放在了对抗日本的马克思主义的强大影响方面。

美国国内外的地域研究的振兴

洛克菲勒基金会还以在美国国内外振兴地域研究为目标。地域研究，是为了理解某一个文化或者某一个地域，而将社会科学和人文科学的众多不同的研究领域综合起来的手段，开发地域研究正是出于这种目的。历史学家本杰明·I. 施瓦茨解释：“所谓地域，是超越多个学术领域的跨学科的研究对象，即集合经验的单位。在地域中，存在着经济、社会、政治、宗教和其他生活领域的复杂的交替作用。”[109]人们认为，为了让两个或者两个以上的国家相互理解存在于各自文明和文化基础之上的精神，地域研究能够为研究者提供最好的研究方法。从事综合性的地域研究的研究者，始终致力于用比较的研究方法凸显出研究对象的文化与自己国家的文化之间的区别。[110]地域研究，能够培养理解多个文化的视角，可以帮助人们客观地对待两国的文化。综上所述，跨学科的研究方法，或者跨越多个学术领域的研究方法，作为打破“学术领域”之间不必要的壁垒的方法，在研究和教育领域受到了欢迎。地域研究也可以定义为：“为构筑单一文化的全貌或者某地域文明的全貌，而将社会 217
科学的研究方法与人文科学的研究对象结合起来的综合研究。”[111]

也许这样说太过简单化，但可以概括地说，地域研究迄今为止一直在探求两种不同的研究方法。一种是问题指向性很强的研究方法，另一种是人文科学性质的研究方法。问题指向型的研究方法也许和近代化、发展中国家的经济或者民主化这些概念有着很深的关系。这种研究方法以社会科学为重点，总体而言，政治学发挥着重要的作用。另一方面，在人文科学性质的研究方法中，特定文化或者地域的历史发展得到重视，历史和文学发挥着中心作用。由于这种研究方法以构筑特定地域的文化或者文明的全貌为目标，多方面掌握关于作为研究对象的地域的知识就很必要了。关于地域研究，尤其是围绕最好的研究方法，至今仍然存在着争论。无论地域研究的专家选择哪一种研究方法，他都需要庞大的知识储备，以构筑有关国家、地域及其文化的综合性的全貌。[112]

地域研究于“二战”期间在美国兴起，当时被美国当作战争的一部分。地域研究是陆军语言学校发展起来的，该学校是以学习敌国的语言为目标，为了训练年轻男女而设立的。1941 年，美国突然加入“二战”时，战略情报局局长威廉·J. 多诺万解释了战略事务局采用美国最好的专家的理由，即“收集并分析有关国家安全的所有信息和数据”。[113]地域研究的目的是为美国政府收集有关敌人的信息并将之提供给政府，后来在此基础上发展壮大。训练年轻人的目的，就是让他们担当调查日本人——后来又包括朝鲜人、中国人和越南人——这一职责的调查官。一般认为，这个调查分析分局是战略情报局最成功的
218 计划。[114]人类学者科拉·杜宝娅确信，战争期间战略情报局所推进的共同研究，是基于跨学科研究的改革思想的新时代的序幕。杜宝娅说：“分隔社会科学的壁垒正在急速地土崩瓦解。”[115]许多受过训练的研究者，都在“二战”期间在美国政府的行动中发挥了重要的作用。[116]此后的 20 年，即 1964 年，哈佛大学文理学院院长麦克乔治·邦迪回顾过去时说：“最初的大型地域研究中心……设置于战略情报局中，是学术史上颇有意思的事实。”[117]

第二次世界大战结束的时候，美国的地域研究已经取得了相当的进步。战争结束不久，随着美国的政治和经济在世界各地的扩张，关于世界特定区域的详细信息和专业知识变得必不可少。各方都开始寻求地域研究的专家，一时间奇才可居。与此同时，随着冷战成为现实，为满足美国国家安全的需要，地域研究作为较为尖端的学科能够对应时下紧急的需要，因此忽然受到各方的鼓励。

正如战争期间的经验所示，地域研究在制定并推行对外政策的方案中是必不可少的。不仅美国政府，洛克菲勒、福特和卡内基这些民间基金会也为了取得可靠的信息而主动为地域研究的专家筹措巨额资金。美国政府依据1958年制定的《国防教育法》（National Defense Education Act，NDEA），正式承担了为地域研究计划筹措补助金的责任。从某种意义上讲，这项法律可以算是从财政层面上正式将美国的软实力制度化的产物。另一方面，民间基金会继续向广受赞誉的大学的地域研究计划提供资金。[118]结果，美国政府和民间基金会向地域研究计划投入了巨额资金，在大学的地域研究中心，众多聚焦于世界各个地域的研究调查项目和教育项目得到了企划和实施。[119] 219

其间，美国政府和洛克菲勒基金会这样的著名民间基金会，为了在海外振兴美国研究而筹措资金。来自美国的补助金，为在包括日本在内的海外各国设立美国研究中心等设施做出了重要的贡献。第七章和第八章，将描述洛克菲勒基金会在振兴美国研究的事业中，在美国大使馆的支援下援助日本研究者的过程。然而不无讽刺的是，以基金会补助金形式表现出的美国软实力外交，给日本带来了正负两方面混杂在一起的复杂结果。特别是，使得日本大学制度的中央集权化和序列化的秩序更为严重，并培养了众多永远也无法摆脱依赖性的心理结构的日本研究者。

221 # 第七章　将日本人变成亲美派
——1950 年度东京大学美国研究研讨会

> 我想尽可能在结合日本人民自身愿望的情况下开展工作，我们绝没有强迫他们接受民主主义的意思。
>
> ——克劳德·A. 巴斯，1949 年

> 我们的教育制度中应当着重渲染的优点，就在于该制度的多样化及分权管理。
>
> ——迪恩·腊斯克，1954 年

战争刚刚结束时，由于日本对美国以及美国文化几乎无人知晓，萨克斯顿·E. 布拉德福与约翰·D. 洛克菲勒三世认为，振兴美国研究是解决日本对美国知之甚少这一问题的一项建设性措施。同时这两个人认为，美国研究的振兴还能作为美国在日本进行文化冷战的有效武器而发挥作用。然而，当时的美国，包括美国研究在内的地域研究仍然处于发展阶段。

美国研究是地域研究的一部分，旨在通过学科间的交流，使人们对于美国以及美国文化有一个综合性的理解。所谓学科间的交流，不仅仅局限于社会科学的诸多分支领域间的融合，还意味着以搭建社会科学与人文科学之间的桥梁为目标的方法。美国研究的中心课题在于如何理解、阐释美国以及美国文明，换一种表达方式，就是为了解释“为什么
222 美国人那么的美国式”这一问题。

在日本，美国研究的先行者、美国史及美国外交史研究的第一人要数高木八尺。以高木和松本重治为先驱的日本的美国研究者认为，日本与美国在太平洋战争中激烈交锋的一个重要原因，就在于战前的知识分子并没有正确理解美国研究的重要性。由于战前日本的美国专家在对国民进行关于美国知识的启蒙这一工作上有所懈怠，导致国民对于美国几乎一无所知，高木和松本二人对此表示遗憾的同时，进行了深刻的反省。[1]用高木的话来说，战后的日本研究者不仅需要重视对美国的研究，而且有义务面向国民推广关于美国的知识和信息。高木将美国研究的发展与日本民主主义的成熟结合起来进行理解。为了使日本社会更加民主化，他极力强调“研究和理解美国民主主义的本质和美国文明的基本精神”的必要性。高木还认为，“如果不理解个别人格这一概念，我看谁也不能正确理解扎根于基督教伦理观的美国文明”。[2]身为虔诚的基督教徒，高木将基督教理解为最伟大且最普遍的宗教。与其说民主主义同基督教有密切的关系，他更相信两者根本就是不可分割的整体。然而，从高木的角度来看，虽然目前是日本知识分子再建构民主与和平的日本的重要时期，但是他们对美国以及与美国相关的知识却几乎说不上精通。知识分子变成现在这种状态原因有二：一是因为日本在很长时间孤立于包括英美等国家的学术界之外，第二则是因为战前日本的知识分子对欧洲比对美国抱有更大的兴趣。

前面已经提到，身为美国大使馆官员的萨克斯顿·E. 布拉德福认为，日本知识分子极其不了解美国的理想以及美国人的生活。他指出，日本知识分子不仅是因为误解，而且因为在感情上排斥美国的事物，所 223
以对美国倾向于批判，这是十分遗憾的。[3]很明显的一点是，布拉德福希望在文化冷战的背景下，看到美国研究在日本得到振兴。因为他感觉到必须在信息不足这个不幸的状况尚未被共产主义者利用之前，迅速将日美之间这个因信息而产生的巨大沟壑填满。洛克菲勒也和布拉德福持有相同的看法。洛克菲勒基金会在与美国政府进行紧密合作和协调的同时，也为应对信息不足派生出来的日美之间潜在的危险做了准备。事实上，洛克菲勒基金会在战后迅速重启了至今为止仍在实施的人员培训及学问研究支援项目。譬如基金会为了帮助日本人拓宽视野，招聘了数位日本领导者到美国。第一次日本美国学会也是由洛克菲勒基金会给予财政资助的团体之一。

第一次日本美国学会的设立

战争结束以来，日本一直都对美国抱有极大的兴趣。由移民构成的美国，对于美国人这一定义的创造和再创造的过程始终未曾停歇。美国的研究者一直致力于把握构成美国文明的本质要素，致力于说明美国的特异性。日本的美国研究者进行美国研究，不仅仅因为这个研究课题引人思考且富于刺激，而且因为对于日本以及日本国民来说日美关系极其重要。日本的美国研究者真心期望，美国研究能够帮助太平洋两岸的日美两国国民加深相互之间的理解，进而为维护日美两国的友好关系做出贡献。

224 对于日本的美国专家来讲，美国研究还有一个具体的目的，那就是从美国找寻日本值得学习的教训，通过美国研究，将得到的教训展示给所有人。美国专家将美国的历史经验作为实例加以引证，譬如，为了让美国自由主义性质的立宪主义在日本发展起来，美国研究起到了各种各样的促进作用。[4]换句话说，美国研究的目的是通过提出一个可以代替现况的新的选项，从而对日本社会的改善做出贡献。通过在公开讨论的场合提供通过美国研究得到的知识及信息，或者通过亲自积极参加讨论，他们为国民加深理解美国现存的诸多问题以及日美关系做出了许多贡献。除此之外，美国专家还想通过美国研究，看清我们人类现在在历史过程中处于什么位置，以及人类今后会朝什么方向前进等问题。[5]

战争的余烬还未消散，面对日本社会持续的混乱状况，知识分子抱有一种共通的认识——“导致现在这种不幸的很大原因在于缺乏对美国的正确理解”。他们需要解决的课题是遵循民主主义的原则对日本进行重建。从这个观点出发，他们坚信“正确的美国研究和关于美国的正确知识的普及”对于日本的民主化是一个不可或缺的条件。[6]1946 年 6 月 29 日，被视为美国研究推进者的 23 名日本研究者汇聚在了（以圣保罗大学的名字而被人所知的）立教大学校园内的美国研究所。[7]此次会议的目的在于为美国学会的创立做准备。立教大学是由美国圣公会设立的传道学校的后身。立教大学美国研究所是 1939 年由原美国驻日大使约瑟夫·格鲁以及实业界和教育界的领导者合作设立的民间研究机构。当时立教大学美国研究所由三个部门组成，并配备了至少 10 名专职研究员长期进行美国经济、政治及文化的调查研究。[8]

日本的美国研究先驱者及推进者，相互约定不沿袭美国学会在战前 225
采用的古老方式，同时作为一个具体的范例，期望新设立的美国学会不要像战前不可一世的学阀那样弊病丛生，而是成为一个民主的组织。当时，“合作”一词成为关键词。[9]1946 年 9 月 18 日，立教大学美国研究所发表声明，希望驻日盟军总司令道格拉斯·麦克阿瑟给予“美国学会”构想以理解和支持。麦克阿瑟将军迅速给予了积极回应。[10]战后不久，美国学会就得以创立，原因在于在美国研究的振兴方面美国的利益与日本一致。当时的背景中，一方面有美国人对于将民主主义传播至国外的使命感和美国的理想主义，另一方面，从诞生于战争经验的纯粹的反军国主义的感情与和平主义的思想出发，日本知识分子也感觉到日本有责任更加认真地学习美国以及与美国有关的一切。

1947 年 3 月，第一次美国学会正式组建。这个美国学会的组织者包括高木八尺、松本重治、中屋健一（东京大学教授）、藤原守胤（立教大学美国研究所所长）和清水博（立教大学教授）等人。1947 年 7 月，美国学会的开幕式在东京神田的某交通博物馆举行。开幕式采取对外公开的形式，有近 100 名来自大学和学会的相关人士出席。[11]高木被推选为美国学会会长，松本和藤原为副会长。[12]一周之后，美国学会在东京举行了会议。美国大使馆外交部官员、圣保罗大学原教员道格拉斯·奥弗顿也加入了美国学会。学会虽然由日本各地的会员组成，但称不上是一个全国性的组织。[13]

美国研究者们决定将《美国研究》（*American Review*）作为美国学会的专门杂志，每月出版一期，并且为了实现这个目标而付出了大量努力。《美国研究》刊登的是美国出版的图书的书评以及美国的最新研究动向。隶属于第一次美国学会的美国研究者们面临着诸多困难，其中最
棘手的，还是盟军总司令部的审查。任何批判美国的言辞，在美军占领 226
下，都是不被盟军总司令部所允许的（参照第一章）。[14]在民间情报教育

局审查出版物的过程中产生了两个问题。其一，高木八尺于战前翻译了于1918年在美国出版的马克思·法兰德的著作《美国的发展》（《美国发展史》上、下），但是战后，盟军总司令部没有下达其日语译本再版的许可。[15]其二，由高木翻译的詹姆斯·布莱斯的新版《现代民主主义》的出版整整耽搁了一年。而推迟出版的理由是《现代民主主义》中关于美国的市政府腐败的叙述过多。[16]有人批判民间情报教育局阻止高木译著的出版，而民间情报教育局审查部主任唐纳德·布朗却发表声明说，高木一事的问题主要在于著作权，与审查完全无关，并以自己是审查部主任为由坚持了自己的这一决定。布朗同时还强调，民间情报教育局方面并不存在推迟出版等问题。[17]根据他的说法，出版延迟的主要原因是日本的出版社没有在一个月之前申请布莱斯的译著的出版。但是布朗承认，自己对布莱斯著作中涉及批判美国的段落和语句进行了审查。无论如何，审查制度让日本的研究者感到被压迫的事实是不容辩解的。当知识分子在出版因审查而受阻的时候，会将盟军总司令部和美国政府视为其真正的障碍。[18]

在《美国研究》中刊登的大部分论文都是有关美国史的研究。主要是因为日本的美国研究者几乎没有机会和途径获得有关近年美国发展的最新资料。《美国研究》的创刊号发行了5000册，然而，这个数字作为独立的学会杂志是不够的。与此同时，由于日本经济的通货紧缩，资
227 金不足和纸张不足的恶劣条件也是学会杂志发展的重要阻碍。美国学会不得不中断学会杂志的出版。但是《对日媾和条约》签订之后，日本的美国研究者没有了审查的顾虑，可以自由地发表关于美国的文章，因此松本重治强烈呼吁重启《美国研究》杂志的出版。[19]在此期间，美国学会的会员从最初的23名减至10—15名。

当然，美国学会也不都是坏事连连。美国学会的主要会员自1948年2月10日起每周三都聚集在东京大学的图书馆，为了《原典美国史》的出版而夜以继日地进行研究。[20]《原典美国史》是将美国史的主要史料进行编纂后的资料汇编，共七卷，每卷都有日语注释。《原典美国史》系列决定由日本的权威出版社岩波书店出版。经过会员们的努力，1950年9月，涉及殖民地时代的第一卷出版，并售出了2500册。[21]

借助这一势头，松本重治为了振兴日本的美国研究事业，向洛克菲勒基金会的查尔斯·B. 法斯咨询能否申请获得基金会的资金援助。[22]但是，法斯回复说，除了 1948 年 9 月向汉庭顿图书馆资助的 600 美元补助金之外，财政方面的支援事实上是不可能的。这个答复使松本很失望。汉庭顿图书馆是位于加利福尼亚州的一座著名图书馆，向日本的美国学会赠送过关于美国的图书。[23]虽然法斯对松本的请求采取了否定的态度，其实洛克菲勒基金会对振兴日本的美国研究这个长期计划抱有强烈的兴趣。实际上，为了让日本在国际关系事务中承担起重要的责任，基金会十分关心人才的培养，日本是否能够担负起如此重要的责任也是基金会想要看清的问题。[24]具体而言，洛克菲勒基金会的目的长期且广泛，不仅限于美国研究，还希望将世界各地的地域研究在日本进行振兴与发展。[25]根据法斯的说明，洛克菲勒基金会“希望在日本大学教育的 228
固定课程中尽早牢固确立美国研究的部分，意思就是说，基金会认为，美国研究作为外国地域研究的项目之一，对于有教养的日本人参与策划国际问题是很有必要的”。[26]洛克菲勒基金会曾经在战前支援过在美国国内几所大学里提供的关于日本思想及日本生活的项目，此次决定采用与支援美国的日本研究相同的方式，在战后支援向日本人介绍美国思想及美国生活的美国研究项目。[27]

1950 年东京大学美国研究研讨会之路

1947 年 7 月，第一届美国研究研讨会在奥地利的萨尔茨堡举行。此次研讨会在特别复兴计划的背景下，由洛克菲勒基金会给予财政支援，由芝加哥大学主办。得知萨尔茨堡研讨会取得成功而信心倍增的克劳德·A. 巴斯教授，开始探索在日本开展同样的研讨会的可能性。巴斯曾经短期担任过国防大学的教授，之后在斯坦福大学研究美国外交史。用他的话来说，让日本的学术界彻底了解美国的生活和制度适逢其时。当时日本仍处于美国的占领之下，巴斯于 1949 年 10 月 19 日给麦克阿瑟将军寄去了一封书信。信中说，关于在日本举行美国研究研讨会的提案，十分期待驻日盟军总司令给予肯定的答复。巴斯还在信中说明这个构想中的计划“可以支援在日本的美国研究的发展”。巴斯教授在回复的书信中了解到麦克阿瑟对于在日本举行研讨会的提案已经做好了接受的充分准备。[28]另外，巴斯在民间情报教育局长唐纳德·R. 纽金特
229 暂时回到美国的时候与他就这一企划案进行了商谈。

此后不久的1949年11月4日，巴斯为了咨询美国研究研讨会举办的可能性，以及洛克菲勒基金会给予财政支持的可能性，与法斯取得了联系。巴斯以前就知道洛克菲勒基金会对于包括日本等美国以外国家的地域研究项目的发展抱有极大兴趣。[29]巴斯特别强调，迄今为止，学术领域的振兴都是由政府控制，而这次自己提案的这一做法表示这是由民间人士经营的事业。用他的话来说，“通过我们的支援（美国研究研讨会是由日美共同举办），参加企划与合作的日本研究者以及教育机构将会赢得声誉，这样一来在日本的大学教育课程中美国研究的地位就会坚如磐石，并将因此收到满意的结果”。巴斯以同样坚定的语气强调，自己的提案是十分符合时宜的。他认识到美国文化的肩负者不久就会从盟军总司令部的民间情报教育局过渡到国务院的美国情报教育局。巴斯说：“随着军事占领的影响力逐渐减弱，发生某种程度的政治变动是在预料之中的，我们认为在日本社会的过渡期由民间机构发起一些行动是一件好事。”发言的最后巴斯还阐明了其政治立场。[30]

巴斯在说明美国研究研讨会的方案时，还强调了斯坦福大学的特殊立场。之后他提出了三个理由，解释了为什么斯坦福大学理应成为该方案的首创者，以及为什么斯坦福大学理应对该方案承担责任。第一是地理上的原因。作为美国最高端的私立大学之一的斯坦福大学位于美洲大陆的西海岸，与其他大学相比距离日本更近。第二是历史方面的原因。斯坦福大学很久以前开始就和日本有着千丝万缕的联系。事实上，日籍美国人中第一批大学教员之一的市桥倭，自1903年至
230 1908年在斯坦福大学学习，1910年转至哈佛大学学习，自1914年开始在斯坦福大学任教。[31]第三是政治的和人道主义的原因。巴斯特别主张，斯坦福大学正在不遗余力、倾尽所能地“支援日本去实践民主主义和实现其理想”。[32]

巴斯的提案是招聘五至六名一流的“美国学者”举行为期六周的研讨会。因此，巴斯十分强调“三者之间的合作”的必要性，即斯坦

福大学、盟军总司令部和洛克菲勒基金会的合作，同时提出以下三个必要条件：第一，劝说美国教授来到日本；第二，盟军总司令部负责学生的选拔、宿舍和生活安排以及提供交通手段；第三，为了筹集研讨会所必要的经费，洛克菲勒基金会要像对奥地利的研讨会一样进行资金援助。[33]斯坦福大学校长约翰·E. 华莱士·斯特林在与法斯的面谈中说，斯坦福大学准备捐赠5000美元作为研讨会运营的一部分资金。[34]巴斯与日本人交涉的时候，没有忘记发挥临机应变的才能以及细致的交涉手腕。他写道："我想在结合日本人民自身愿望的情况下开展工作，绝对没有强迫他们接受民主主义的意思。在日本人自身承担大部分责任的情况下，为了能让他们显露出与美国人的支援程度相符的对知识的好奇心，我们会一直关注他们。"[35]像巴斯的发言一样，他本人实际上也是一个非常能干的谈判家。

对于巴斯的极力争辩以及执着的劝说，洛克菲勒基金会的工作人员十分感动。法斯在与巴斯的面谈中回答说："为了日本而举行的这个美国研究研讨会可以确定列入考虑范围了。"[36]法斯暗示巴斯立刻联系高木八尺。高木预计会在1950年3月从东京大学退休。巴斯由于已经得到了洛克菲勒基金会的支援承诺所以信心满满，于1949年12月1日与高木取得联系，并表达了想和他共同探讨在东京举行日美共同研讨会的可 231
能性的意向。巴斯还告诉高木，在奥地利萨尔茨堡举办的美国研究研讨会取得了圆满成功。[37]虽然日方的主要领导者是东京大学校长南原繁，但是为了让日本的教授们接受美方的提案而进行的交涉和基础工作都是高木八尺做的。[38]身为日本知识分子和虔诚的基督徒，南原于1947年10月就任改制后的东京大学校长之前，在东京帝国大学担任欧洲思想史的教授。他在战后对日本国民进行有关民主生活的启蒙运动中付出了无数辛劳。[39]

南原繁的活动

南原于1949年12月9日访问了美国首都华盛顿。访问的目的是作为日美教育使节团的日本代表，参加由国务院协办、美国教育评议会主办的"与各个被占领地区相关的全美教育会议"。[40]在美期间，他于12

月 14 日与法斯会面，向其询问洛克菲勒基金会是否依然对支援日本计划抱有兴趣。具体来说就是，洛克菲勒基金会是否打算为在日本设立美国研究机构提供资金援助。基金会的人文科学部部长法斯痛快地回答道“洛克菲勒基金会迄今为止对美国以及国外的地域研究十分关注。……我们对于在日本的美国研究发展的可能性也十分关心。”[41]法斯提到巴斯正在具体进行交涉的美国研究研讨会的方案，希望这样的研讨会可以有助于大学教育课程中美国研究的发展。与此同时，他强烈建议南原在美国逗留期间访问各种各样的研究机构，尤其是考察这些研究机构的地域
232 研究项目。法斯还表示，南原在考虑确立今后日本的美国研究时，上述这些考察可能会成为参考。他最后补充道，无论这个方案变成何种模样，“南原、高木以及立教大学和其他研究机构的美国研究员都要齐心协力，共同进退”。[42]法斯还告知南原，洛克菲勒基金会构想的是奥地利型的美国研究研讨会。这意味着日本的普通大学教育课程中迟早都要编入美国研究的内容并将其制度化。听取了法斯的忠告，南原为考察地域研究项目先后访问了哈佛、哥伦比亚、伊利诺伊以及芝加哥等多所大学。[43]

在返回日本的途中，南原顺道前往斯坦福大学，与校长约翰·斯特林进行了会晤。[44]他们与约翰·D. 戈欣、巴斯还有其他学部教员，就日美共同举办美国研究研讨会的提案交换了意见。[45]讨论的重点在于如何才能从非政府和民间层面获得支持。在协定中有如下两个提案：为了顺利实施计划，在东京建立“与美国合作相关委员会”；该委员会与斯坦福大学的委员会进行联络。[46]斯坦福大学从以前开始就感觉到了在日美两国间构筑知识合作关系的新据点的必要性。因此，斯坦福大学愉快地接受了东京大学的邀请，对 1950 年夏天在日本举行的美国研究研讨会的支持态度也愈加明朗。[47]

南原提议，作为美国研究研讨会方案的一部分，斯坦福大学的五名教授对美国研究的诸多问题按不同领域内进行为期六周的讲座。南原考虑的美国研究的诸多问题是指，美国政治、美国思想、美国外交以及在国际政治中美国的作用等领域的问题。对于从日本各地的大学邀请研究者及研究生作为研讨会的参加者，南原也有所打算。巴斯说道：“如果利用具有悠久传统的旧东京帝国大学的威信，美国研究研讨会一定可

以从日本全国的一流公立大学及私立大学那里争取到必要的合作和帮 233
助。”巴斯认为方案的发起者从美国人转移到日本人的手中是一件好事，“由于主导权从美国人转移到日本人，在日本学术界的陈旧排列中，一直以来以传统观念束缚公立大学及私立大学关系的保守主义一定会得到改观。但即使能得到改观，这也将是一个循序渐进的过程，可能需要花费大量的时间”。根据巴斯的观点，“在第一年度（1950年度）我们的支援，……必须要能促使合作的研究者和机构汇聚一堂，起到在日本的大学中确立美国研究的永久地位的作用”。[48]巴斯对于打破日本高等教育陈腐的序列制的可能性抱有极其乐观的态度。

盟军总司令部的支援

包括唐纳德·R. 纽金特在内的盟军总司令部的官员，对于东京大学和斯坦福大学商谈在东京举行由日美共同举办美国研究会一事表示满意。民间情报教育局局长纽金特对于将斯坦福大学的企划案作为民间事业加以实施一事表示欣然接受，而且还对巴斯承诺会不惜余力提供帮助。但是，纽金特迅速补充说，作为民间情报教育局提供支援的条件，美国研究项目必须在长期计划的基础上开展。[49]民间情报教育局局长利用占领下的特权，在派遣到日本的美国教授的住宿安排问题上得到了盟军总司令部的批准。因此，美国研究的计划得以大踏步地向前迈进。[50]

另一方面，法斯在振兴日本的美国研究的方法上采取了灵活的思考
方式，只是其想法尚未成型。他对洛克菲勒基金会表示：“没有把兴趣 234
只放在东京大学上。”法斯说：“作为该校曾经的一名学生——我对东京大学及南原博士致以最高的敬意，但是考虑到日本的教育制度极其有必要进行权力的分化，我们需要不断留心其他大学的需求。”[51]在其他机会这个问题上，法斯也用同样的语气说：“洛克菲勒基金会如果现在就决定通过斯坦福大学或者东京大学任意一方决定运营方式的话，我觉得这并非明智之举。”[52]纽金特在日本高等教育权力分化的问题上，与法斯持有相同的观点。他主张“与其他领域的教育改革相同，应尽可能在地域研究领域也谋求权力的分化，为日本全体构想计划这件事还是不要东京大学来做为好”。纽金特对于东京大学是“在教育方面保守主义的根

据地”这件事多少有些担忧。[53]民间情报教育局的其他官员也都将国家组织的权力分化与日本的民主化关联起来看待。

1950 年度东京大学–斯坦福大学美国研究研讨会

1950 年 4 月法斯参加了在日本举行的东京大学–斯坦福大学美国研究研讨会的相关会议。这次会议上，南原繁校长及东京大学的数名教授就研讨会的草案交换了意见。[54]在振兴地域研究项目的过程中遭遇的一个难题是，创设横跨学校内部数个学科组织时产生的问题。据巴斯观察，在与会者中，岸本英夫教授在有关地域研究项目的问题上比任何其他教授都有着更清晰的想法。巴斯为岸本的领导力所拜倒，将其称为“一流的操纵者”。[55]法斯为了让研讨会最终取得成功，强调“美国合作
235 相关委员会”的领导作用，尤其是南原校长需要起到这样的作用。[56]

在这个时期的会议中，“美国研究研讨会委员会”（CSAS）作为东京大学的正式委员会成立，由南原校长担任该委员会的委员长。但是研讨会的实施主要交予小委员会负责，即“美国研究研讨会执行委员会”（ECSAS），由岸本教授出任委员长。[57]另外在这个“执行委员会”之下还设置了一个处理研讨会实施过程中的技术问题的“实务委员会”。研讨会的组织者决定将东京大学–斯坦福大学美国研究研讨会定于 1950 年在东京大学校内举行。东京大学的美国研究研讨会预计在 1950—1956 年间举办，每年在招聘至日本的五名一流美国教授的指导下展开。通过七年间举办的所有研讨会，总共有多达 593 名日本的美国专家参加了美国研究研讨会。[58]

1950 年夏天第一届美国研究研讨会召开。这反映了以大学为据点的日本的美国研究的极大的必要性。1950 年，在斯坦福大学提供的 5000 美元补充资金的基础上，东京大学还从洛克菲勒基金会那里又获得了 1 万美元（加上运营费的偿还款 1000 美元）的财政支援，作为美国研究研讨会的举办经费。[59]另外斯坦福大学还为东京大学安排了美国教授。在长达七年的时间里，洛克菲勒基金会为东京大学提供了 20 万美元的资助金。与此相比，作为该研讨会资金的一部分，东京大学每年只筹集了 1000 美元。[60]

举行研讨会的这个时期，恰好是日美文化交流的负责机构从民间情报教育局转到国务院的美国情报教育局的过渡时期。该研讨会是战后为探索文化交流中日美两国合作的落脚点的首次尝试。在 1950 年 7 月 15 日召开的欢迎会的致辞中，南原声明，研讨会的目的在于“加深美国人和日本人的相互理解”。[61]南原在给法斯的书信中，将此次日美两国间的会议描述为“东洋和西洋在学术气氛中的首次正式相遇”。[62]另外，南原 236
称研讨会为“史无前例的大事”，同时还表明研讨会“在美国研究的振兴和日美两所大学间的合作这两个方面”是一次非常有意义的机会，恐怕“不止东洋和西洋，对全世界来说也是迈向永久和平的一件具有划时代意义的大事”。[63]从斯坦福大学聘来的教授包括负责美国哲学的约翰·D. 戈欣、教授美国社会史和思想史的乔治·H. 诺尔斯、斯坦福大学粮食调查研究所所长约瑟夫·S. 戴维斯、负责政治学的詹姆斯·T. 沃特金斯以及教授美国外交史的克劳德·A. 巴斯。[64]研讨会在举办期间受到了外界的广泛关注。[65]

得到民间情报教育局赞同和支持的美国研究研讨会，特别强调了非政府和民间主导的侧面。从美国招聘来的头脑聪颖的教授正确认识到了以下事实：“委托给我们的这项事业目前因其自由性获得了好评。但同时，我们为了让文化交流的璀璨成果更上一层楼，有必要注意是否能够获得政府的支持。”[66]事实上，美国教授不仅在住宿和旅行等问题上如此行事，而且为了无论在东京还是日本各地都能有效处理各种问题，他们一直与盟军总司令部保持着合作关系。[67]尤其是他们一直向唐纳德·R. 纽金特和民间情报教育局报告关于自己的活动内容等信息。就连麦克阿瑟也接受了美国教授长达 1 小时 15 分钟的、为表达敬意的访问。[68]当时正是朝鲜战争最激烈的时候。在美国研究研讨会开始的 7 月 10 日，巴斯给法斯寄去了一封书信，信中说“目前看来朝鲜的形势没有给我们的事业带来太大的影响”。[69]

日程及内容

1950 年度东京大学-斯坦福大学美国研究研讨会从 7 月 10 日至 8 月 237
20 日举行，为期六周。被称为专家会议的预备会议从 7 月 11 日到 7 月

14 日共举办了五次，有来自美国的五名客座教授和各个研究领域的日本研究者参加。

从 7 月 17 日到 8 月 4 日的三周时间内，举行了讲座形式的实际的课程研讨会。每天早晨全体成员都在大讲堂集合，由各位美国教授每人进行两次、四名日本教授每人进行一次全体讲座。讲座使用英语，配备翻译人员。讲座的题目包括“美国的物质主义和理想主义”“美国的实用主义和实证主义”“最近美国的社会变化”以及“美国经济进步的源泉”，等等。据美国讲师说，美国研究研讨会在使研讨会参加者怀有一颗“团结之心”的同时，在所有的项目中都设计了“某种统一性和一贯性”。美国研究研讨会的参加者根据各自的专业领域被分成了五个小组——哲学、历史学、外交史学、政治学、经济学。[70]各小组平均有 25 名参加者。[71]

在 8 月 7 日至 8 月 12 日的第五周，共召开了五次圆桌会议。参加者为美国研究领域获得较高评价的约 25 名既有学识又有经验的研究者。[72]他们探讨的议题为“形成美国文化的诸多力量”“资本主义性格的变化”“国际政治中美国的作用”“近些年美国史的学说史和文化研究中的地域研究方法论”以及“美国地域研究的发展”。[73]在 8 月 13 日至 8 月 20 日的第六周，也就是最后一周，在北海道大学召开了一次名为“延伸”（Extension）的公开演讲和圆桌会谈。[74]这次公开演讲选取了和在东京相同的话题，听众人数约 400 名。[75]

238 **美国研究研讨会的参加者**

约 120 名参加者出席了为期三周的课程研讨会。参加者的年龄从二十多岁到六十多岁，社会地位从研究生到大学的学院院长，涉及范围非常广泛。由于盛夏酷暑以及长期离家参加研讨会的经济负担，[76]再加上当时根据名为道奇计划的经济安定计划所实施的通货紧缩政策，参加者的经济状况愈加恶化。[77]

无论是美国讲师还是日本参加者，在研讨会期间，每天都要从上午八点半到下午五点集中精力学习美国研究的相关项目。在讲座的基础上，日本参加者开展了“办公室时间”（与美国讲师的单独谈话时间）

以及一些特别项目，希望美国讲师能够多多参与这些在课程以外的演讲和会议等等。[78]对于这些请求，美国讲师们表示在时间允许的情况下会尽量积极响应。就像这样，相对于美国教授，所有日本参加者在美国研究研讨会期间都将自己摆在了学生的位置上。这恰好象征性地说明了美国和日本之间存在的犹如老师和学生或师父和徒弟一样的关系，即日本对美国的“半永久性的依存”。

通过研讨会，斯坦福大学的教授感到，日本研究者有意回避时事问题以及日本的现状分析。另外，他们还强烈感觉到，日本在基础研究和“实践的学问”之间存在着极大的断层，如果要让日本在现代社会的学术研究方面受到普遍承认和尊敬，并在学者和实业家之间建立良好关系，日本的知识分子还需要相当的时间上和精神上的适应。[79]作为解决方案，他们暗示日本教授应从美国的教授们身上吸取一个重要的教训，239
就是有必要将理论与实践联系起来进行考察。[80]

尽管日本参加者们有着这样那样的问题，斯坦福大学的教授们仍然对日本参加者的知识储备和专心致志于历史研究的献身精神表示十分钦佩。[81]1950 年 7 月 18 日，巴斯在寄给国务院负责远东问题的助理国务卿迪恩・腊斯克的书信中表示，“研讨会的参加者以高水准的教育为目标，他们的知识及思想很有内涵。因此我们也在努力培养能够准确把握日本知识分子的思想深度的能力”。[82]有意思的是，巴斯强烈意识到，包括腊斯克在内的国务院官员对于日本知识分子抱有否定的态度，而他在美国研究研讨会的参加者和日本一般的知识分子之间做出了鲜明的区分。巴斯在提到日本的知识分子时特地声明“在使用知识分子这一词时绝没有添加半点轻蔑的意思”。最后巴斯补充“我们的工作由于朝鲜半岛的形势变得更加具有意义”，并吐露了自己关于东京大学的美国研究研讨会的政治性见解。不难想象，腊斯克对于巴斯的报告会十分满意。腊斯克回答巴斯说“我认为这类活动的开展十分具有意义”。[83]另一方面，日本参加者对于“美国研讨会的形式、美国学术的发展速度和美国人的勤奋”感到由衷的钦佩。[84]

南原在第一届研讨会闭幕的同时宣布了此次研讨会的成功举办。他大力称赞了斯坦福大学具有“让人敬佩的真挚态度及诚实品质”，并对客座教授们对研讨会的指导表示了真诚的谢意。南原对于此次成功列举了以下四点重要原因：一是斯坦福大学教授的“优秀人格及其具有献身精神的努力”；二是面对日本参加者表现出的诚实品质，尤其是“对于学术纯粹的热情、坦率地敞开胸襟进行接触和交流的态度以及与参加者的温暖诚挚的友情”；三是他们之间“巧妙的协作和互助”；四是日本
240 学习者认真的学习态度、“热情开朗的性格”。[85]东大校长南原没有忘记对日本参加者予以赞赏。而且，在结业仪式上，南原亲自为研讨会的参加者逐一颁发了结业证书。

后　续

在东京举办的研讨会结束之后，自 8 月 23 日至 8 月 25 日，戴维斯、戈欣和诺尔斯三位教授访问了关西。他们的目的是探查同样的研讨会在关西召开的可能性，因为他们希望不久之后在京都大学或者同志社大学也召开研讨会。京都，是堪与东京匹敌的西日本学术研究的中心。京都大学被视为国立大学中仅次于东京大学的优秀大学。1897 年创立的旧京都帝国大学，拥有多达 350 名教职员工和 8000 名学生。将重心放在研究领域的京都大学，拥有七个学院，即法学院、经济学院、文学院、农学院、理学院、工学院和医学院。同志社大学是日本最老的基督教系私立大学。1875 年，同志社大学由新岛襄（美国名是约瑟夫·哈迪·尼西玛）创立。[86]1864 年，新岛为了留学离开了日本，并成为毕业于艾姆赫斯特学院的第一位日本人。后来，新岛成为日本初期的近代基督教领导者之一。因此，同志社大学与美国有着很深的渊源，在传播基督教方面得到了美国相当多的支援。

1919 年毕业于斯坦福大学、同志社商业高校校长冈本春海，与京都大学阿部统教授，因为参加了在东京召开的研讨会的缘故，计划安排与三位美国教授及京都大学和同志社大学的代表进行会谈。[87]在那次会谈中，京都大学和同志社大学的教授们表现出强烈的意愿，希望于
241 1951 年在京都召开独立于东京的美国研究研讨会。具体来说，如果东京大学和斯坦福大学计划于 1951 年夏天召开美国研究研讨会的话，那么京都大学和同志社大学的教授就要挑选在此之外的至少两周时间，将

美国教授们邀请到京都召开研究研讨会，并担任东道主。来自美国的访问者，对于京都大学和同志社大学的教授们明确而积极地表示想要共同努力推进这个计划的态度，深表感动。东京大学因为召开美国研究研讨会而威信大增是不争的事实。美国教授猜测，由京都大学和同志社大学的教授组成的京都集团的研究者开始想要在京都也召开同样的研讨会，可能是因为他们也想获得与东京大学同样的威信。此外，1950 年度的美国研究研讨会的与会方（斯坦福大学、东京大学和洛克菲勒基金会）都将美国研究研讨会视为一次试验。[88]因此，美国人认为，既然有东京大学和斯坦福大学共同主办的美国研究研讨会这个先例，京都大学或同志社大学当然也有权利就教授的交流与研讨会的计划而与美国的其他大学进行协定。谁也未曾料想，后来，在竞争对手关系的东京大学和京都大学之间，围绕美国研究研讨会的问题正式摆上了台面，让洛克菲勒基金会的职员非常困惑，不知如何处理。

与此同时，1951 年度的美国研究研讨会，最终决定由南原担任委员长，在东京大学召开。

1950 年度研讨会的评价

1950 年度东京大学-斯坦福大学美国研究研讨会落幕后，南原基于作为研讨会领导者的个人经验，发表了日后长久影响日美文化关系的重要发言。

首先，他表示，促进美国研究能够帮助维持友好的日美关系。南原 242
表示美国研究研讨会定能对日美两国的和平与和谐做出贡献，同时也阐明了对于研讨会的信念与对未来的希望。他在写给法斯的信中说："我们会对日美两国的国民做出真正有意义的贡献。这个贡献是指加深日本对美国文化的理解，并且将来，也同样加深美国对日本的理解。"[89]

第二，基于 1950 年度的美国研究研讨会的经验，南原强调了如下两点：一是"实行此种计划的可能性切实得到了确立"；另一点是，将来如果在东京以外的地方计划召开与东京大学-斯坦福大学美国研究研讨会性质相似的研讨会时，东京大学-斯坦福大学美国研究研讨会可以作为模型而有着巨大的参考价值。[90]

第三，他还告诉大家，对美国研究的兴趣和关注已经波及日本各地。实际上，1950 年夏天东京大学收到超过 150 封要求参加美国研究研讨会的申请书这一事实，就足以证明了美国研究受欢迎的程度。[91]南原说，美国研究研讨会对于长期以来处于孤立状态的日本研究者来说，不仅是直接就美国文化受教于美国客座教授的难得机会，同时也为振兴日本的美国研究提供了珍贵经验。因为，研讨会的与会者都是刚回到各自的大学，就将在研讨会上得到的关于美国的知识传授给学生，而那些知识和信息还会更进一步扩散至日本各地。如此一来，南原认为美国研究研讨会的影响必将“广泛而深刻地渗透进”日本社会。此外，他还认为美国研究研讨会的巨大影响能够促使日本大学开设美国研究讲座。[92]换言之，这次东京大学主办的美国研究研讨会，对于在日本各大
243 学构筑崭新的美国研究的学术平台，做出了巨大贡献。

南原还在给法斯的书信中极力强调了振兴美国研究的时机，以及振兴美国研究对于日本的重要性。他写道：“我认为，日本的美国研究的时机已经成熟。将美国以及美国文化作为学术一丝不苟地进行研究，以及对此种研究进行奖励，都变得愈来愈重要。”南原还就日本的美国研究的未来做了进一步说明：“从今以后，这样的研究将会变得比现在更为基本，美国研究也就不会再那么轻易地被普通国民的感伤情感左右了吧。”[93]从这番发言来看，南原对于日本的美国研究的未来，很明显抱有乐观的看法。

听到参加了研讨会的斯坦福大学教授和南原的报告，洛克菲勒基金会显然对于第一次东京大学—斯坦福大学美国研究研讨会的成果感到很满意。五名斯坦福大学教授一致认为，美国研究研讨会还应继续召开三至五年，并向洛克菲勒基金会强力推荐继续开展研讨会。[94]他们说：“如果继续开展这个研讨会，一定能收到累积性的效果。”斯坦福大学的教授暗示：“为了广泛地构筑在维持日美两国长期的智力合作关系中必不可少的基础，很有必要将我们的想法和意见传播到东京大学和斯坦福大学以外的其他大学。”[95]

洛克菲勒基金会在浏览过他们的建议后，宣布要在今后的五年继续——即到 1956 年为止——向斯坦福大学和东京大学这两所大学提供

财政支援。但要求在变更支援申请时，理由一定要是正当的。洛克菲勒基金会期待五年的美国研究计划方案会对下述三个领域发挥显著贡献：第一个，是关于日本教职人员的研修；第二个，是增加东京大学有关美 244
国的藏书；第三个，是将对美国的生活以及美国文化的关注和兴趣扩散至日本各地。洛克菲勒基金会还说，如果上述贡献成为现实，美国研究一定会被永久纳入日本的高等教育制度。[96]洛克菲勒基金会和斯坦福大学强烈要求东京大学独立于斯坦福大学，掌握决定日本的美国研究方向性计划的管辖权，并立刻发挥指导作用。

然而，以南原为首的东京大学的教授们对于美国方面的这种要求并没有太大兴趣。与此相比，他们更希望能继续从斯坦福大学得到三年或三年以上的支援。南原认为，东京大学还有许多需要向美国学习的地方。他坚持，对于日本的美国研究，东京大学还没有做好准备去“承担决定其方向的全部责任”。斯坦福大学校长斯特林认为，南原意识到自己还有一年就要辞去东京大学校长的职务，很害怕“如果现在美国研究计划被委任给日本人，这个计划也许会失败”。[97]参加 1950 年度美国研究研讨会的斯坦福大学教授们也表示，“东京大学现在还无法稳健地掌握方向，还需要美国方面给予指导和支援”，并以支持南原主张的形式，将他们的见解传达给了洛克菲勒基金会。[98]为此，洛克菲勒基金会不得不接受了以南原为代表的教授们的意见，认可将领导权移交给东京大学为期尚早。于是，洛克菲勒基金会决定从 1951 年开始，以与上一年相同的方式对东京大学施以支援。[99]洛克菲勒基金会也希望，在五年计划结束时，日本工作人员已经成长起来，不再需要从美国得到更多的支援。[100]

法斯顺着斯坦福大学教授的建议，制定了将来在日本召开美国研究研讨会的时候应该遵守的准则。内容如下：第一是关于夏期研讨会的定 245
位。此研讨会并非永久性的方案，而是犹如“水泵”一样的临时性措施。第二是在美国研究研讨会上，东京大学要逐渐担负起更大的责任。那样的话，尽管由东京大学和斯坦福大学担任“理事”的职责，研讨会却是对日美两国学术界的所有人开放的。[101]第三是任何一个委员会或组织，都不能介入其他研究组织的活动内容并发表评论。因为，不难预见，今后在日本，受到美国研究研讨会的刺激，或者在其支援下，各个大学都会启动美国研究的长期项目并将其发展壮大。[102]在中央集权化过度发展的日本高等教育制度的背景下，第三点准则是极为重要的。恐怕洛克菲勒基金会是想将此重要原则清楚地以具体形式表现出来，彰显基金会对于分权化所采取的立场。

显然，南原认为在美国研究上直接受教于美国学者是“最理想的”。然而，从南原所主张的战后日本“自主自立的”变革以及“精神革命”的必要性的观点来看，即使他考虑到战后日本的美国研究刚刚兴起，或者是出于对洛克菲勒基金会的政治目的，他那单方面强调受教于斯坦福大学教授的好处的发言，以及“如果交由日本人负责就会失败”的判断，都不能不让人感到有些奇怪。因为，日本的美国研究“半永久性地依存”于美国且缺乏“独立灵魂”的态度，潜藏着后来的美国研究者身上所表现出的、丧失了作为日本研究者的主体性这一重大问题。

246 **为了日本高等教育的民主化**

对于任何组织来说，权力的过度集中都是令人头痛的问题。实际上，自明治维新以来，在日本的高等教育界，一直存在着集权化和进行严格划一的教育管理的倾向，而且普遍认为这是不可避免的。中央集权化还是地方分权化，这个二选一的问题在日本的美国研究领域也引起了激烈的论战。围绕美国研究的争论，具体说来，就是美国研究计划是否应以东京大学为中心继续进行下去的争论。据洛克菲勒基金会的某位职员说，“围绕自古以来存在于日本社会的、呈金字塔构造的大学序列化问题，以及战后为了确保地位而进行自我表现的大学的自尊心问题”，展开了激烈的论战。[103]

实际上，大学序列化的问题由两部分组成：一是东京大学和其他旧帝国大学的关系，尤其是有关东京大学和京都大学关系的问题；另一个问题是有关东京大学和首都圈大学、地方都市大学的关系问题。将这两个问题放在占领期间日本的教育制度改革这一宏观的背景下进行考察，也许问题的本质就会变得清晰。

教育制度是日本社会中最为坚固而不可动摇的制度之一。文部省

（现在是文部科学省）不仅拥有管辖有关艺术、科学、文学和宗教事项的权力，还有对于初等教育课程的广泛的权力与责任，并对大学拥有极为强大的权威和管辖权。同样，各都、道、府、县的知事，都将负责所有地方级别教育问题的教育部门的官员纳入自己的班底。

民间情报教育局在占领初期，为响应国民希望将大量的权力和责任移交给地区居民的要求，承认“为了民主教育，我们接受了，在管理教 247
育时，比起高度集权化，不如进行广泛的分权化这一原则”。所以，关于文部省对地方教育的直接管理权，民间情报教育局劝告，“应该大幅度地进行削减”。[104]此外，民间情报教育局还建议，应在地区和县这两个级别分别设置由居民选出的委员组成的教育委员会。教育委员会“在当时的文部省负责的批准教育内容、授予教师资格证书、选定教科书等事务上，能够行使相当大的权力”。[105]

教育改革委员会于1946年8月10日设立。其设立目的，是对教育问题进行探讨，并提出建议和劝告。教育改革委员会是由日本教育委员会自然而然地发展来的，而日本教育委员会当初是为了和乔治·D. 斯托达德团长率领的美国教育使节团（参照第一章）协作而设立的。1946年12月29日，教育改革委员会向总理大臣提出了请求改革教育行政制度的建议。这个建议强调了要纠正传统的官僚主义的规格化和形式主义，也强调了教育的独立和教育行政制度的分权化等改革问题的重要性。此外，教育改革委员会还提议，“为帮助作出关于教育的决定，应该在各县、各市町设立由市民选出的委员组成的教育委员会”。[106]

顺着教育改革审议会的建议，1947年3月31日，《教育基本法》在国会得到通过。《教育基本法》第10条强调：“教育不应屈从于不正当的支配，而应面向全体国民直接负起责任。实施教育行政时，必须在此基础上，以修正和确立为实现教育目的所必需的各种条件为目标。”[107]

1947年，民间情报教育局向文部省送达了一项指令，要求将除了九所旧帝国大学以外的所有大学都移至地区或县的管辖之下。因此，七所旧帝国大学仍旧一如既往地作为国立大学被保留下来。民间情报教育局强调，不仅是政府的限制，在一贯压制学术自由的日本，任何制度，只要其管理权是由官僚机构所授予的，就绝对谈不上安全。根据民间情 248

报教育局关于地方分权化的设想，日本各地区的大学一方面能够有效利用地区性和独立性进行自我表现，另一方面也能为因为物价高涨而没有经济能力在大城市求学的学生提供接受高等教育的机会。[108]

民间情报教育局下达了日本必须对高等教育制度进行大幅改革的指令，然而，如同预期的那样，这项指令遭到了政府官僚和日本各地学者的强烈反对。[109]保守派的鸠山一郎和支持他的政府官僚强调，有必要使教育制度更加中央集权化。他们举出的理由是，为了对抗被激进的左翼支配的教职员工会，有必要使力量更加均衡。[110]此外，政府官僚以及反对地方分权化的较保守的学者也强调，如果分权化愈演愈烈，腐败透顶的地区寡头，或者无法正确评价大学真正职责的居民代表，都有可能当选为教育委员会的委员。但民间情报教育局反驳说，反对者指出的分权化带来的危险，与中央政府的强力限制和压制所带来的危险相比，前者的危险程度要小得多。民间情报教育局遭到了政府官僚和较保守学者的猛烈反对，看起来不得不取消分权化的要求了。

1949 年，文部省遵从民间情报教育局的行政指导，实行了有名无实的地方分权化政策。随后，文部省将 2800 所高等教育机构整理统合成 68 所国立大学，在各个都、道、府、县分别设置一所国立大学。[111]由此，时至今日，在日本，四年制大学成为普遍标准。各都、道、府、县厅和市厅也遵从中央政府的指导，以与四年制的国立大学和私立大学相同的形式，设置了公立大学。[112]具有讽刺意味的是，政府所采用的新方针，反而使日本的大学教育制度处在了更为严格的中央政府的管理之下。

有关中央集权化或严格划一的管理体制的另一个麻烦问题，是高等教育在行政上的传统的（并且臭名昭著的）文部省的惯例。文部省在人事和公共资金分配这两方面，迄今为止一直对日本的大学给予不平等
249 的待遇。例如 1956 年，1300 亿日元的年度预算额中，350 亿日元分配给了 72 所国立大学（其中 10% 给了东京大学）。尽管大学生总数中，国立大学的学生只有 18 万人，而私立大学虽然拥有 29 万学生，文部省分配给它们的预算额只有不到 10 亿日元。[113]东京大学和京都大学的名字

已经传遍日本全国。两所大学的知名度比其他地方大学要高，这一事实转化为具体形式就是，这两所大学的教职员数量比地方大学要多得多，设施质量也比地方大学高得多。

文部省的行政制度招致不满的另一个原因是，文部省给规模较大的国立大学分配了很多研究补助金。譬如东京大学的教授，在给稿酬高的杂志投稿这一点上处于有利的地位，而在政府委托的公务和出差方面也拥有很多机会。[114]因此，由知名度和既得权益巩固了地位的规模较大的国立大学，能够将优秀人才吸引到自己麾下。相反，规模并没有那么大，研究和教育条件也没有那么优越的大学，想要拥有优秀人才就极为困难。从这个观点出发，九州大学的平塚益德教授深信“日本的教育制度若能更加分权化会更好”。[115]

盟军总司令部对分权化进行的设想，包括设置由选举选出的委员组成的教育委员会，以及向这个教育委员会大规模移交权力和权威。基于这些设想，1948 年 10 月 5 日，在 46 个都、道、府、县和五大城市（横滨、京都、大阪、名古屋、神户），以及 46 个市、町、村中，设置了教育委员会。但是，教育委员会的设想没存活多久就夭折了。因为，众多教师成为了拥有决定录用和工资权力的教育委员会委员，文部省官僚和保守派学者们所担忧的事情看起来显然并非杞人忧天。[116]

在这种情况下，“利益冲突”的问题显然已经发生。并且，并不具 250
有明确的为公共福祉服务的意识的众多教育委员会委员，都利用自己的地位中饱私囊。文部省在战后日本国家主义高涨的背景下，再度对地方教育委员会施加了影响力。结果，地方教育委员会为了寻求文部省的指导，而纷纷转向了东京。[117]就这样，设置由选举选出的委员组成的教育委员会这一新的民主性的尝试，在军事占领结束后的三年，即 1955 年，终于被取消了。[118]

这段短暂的历史明确显示，关于“中央集权化还是地方分权化”这一论争的焦点问题存在于日本社会的每个角落。就连东京大学-斯坦福大学美国研究研讨会都没能逃脱这一问题。从研究者围绕将来的美国研究研讨会应该在哪里召开而展开的商谈开始，就清楚地显现出来。南原繁阐述了“像美国研究研讨会这样的项目，应该在全国得以实施，而非由特定的狭小范围内的大学机构独占性地开展”这一总论性的见解，奠定了整个商谈的基本氛围。然而在他此番发言后不久，南原又主张，美国研究研讨会暂时还应由东京大学召开。然后他还试图从费用和效果的角度证明自己的提议是正当的。南原认为：“具体的研究机构一天不能在实际上担负起责任并发挥有力的推进力量”，美国研究研讨会“就一天无法有效地得以营运。因而，在实施日本的全国性方案时，由东京大学担任负责人，并没有不公平和不合适之嫌”。[119]南原校长的发言意味着，与会者中，没有一个人对东京大学相当于想要独占主办美国研究研讨会的权利这件事表示异议。由于南原被尊为十分高洁的人物，对于他的发言，也许与会者中确实没有人怀疑过其动机的诚实和其善意
251 的真诚——当然，尽管所有的参加者都是和东京大学有着某种形式联系的人。

东京大学美国研究研讨会委员会，极其努力地试图寻找令人信服的理由，能够让南原所主张的费用和效果显得正当。[120]第一，研讨会委员会强调，如果每年都变更研讨会的召开地点，就有必要将营运研讨会的责任，从东京大学这种经验丰富并且效率很高的组织，移交至不那么有名的执行委员会，而这常常伴随着相当大的危险。[121]如果考虑到研讨会每年要有 100 名以上的研究者参加这一事实，就不得不承认此主张是正确的，并且某种程度上具有令人信服的道理。第二，研讨会委员会指出了在美国研究研讨会中大学图书馆的职责的重要性，强调了在研讨会召开地点附近有大学图书馆是很必要的。也就是说，委员会强调，为高效率地营运研讨会并使之成功，像中央图书馆这种大学设施是不可或缺的。因为研讨会的与会者除了从美国的客座教授那里得到的图书之外，研讨会期间，还需要经常利用大学图书馆的图书。也由于时任东京大学附属图书馆馆长高木八尺的努力，1950 年的时候，东京大学图书馆的藏书达到了相当的数量，其中包括关于美国研究的选定书目约 300 册。并且，在东京，为了能够在情报中心利用书籍，民间情报教育局收集了很多书籍。[122]实际上，有没有完备的图书馆，是将来决定研讨会召开地点时的一个重要因素。此外，日本的学生和其他参加者都对东京大学敬畏有加。[123]

正如预料，对东京大学想要独占美国研究研讨会的指责，以及对研讨会的参加者尽是东京人的批判声音，不知从哪里开始传播开来。不久，这样的批判就真的指向了东京大学的研究者。这种批判虽然是由嫉妒心产生的，实际上，也是因为旧东京帝国大学的影响力实在太大了。显示其影响力的一个例证是，许多东京大学的毕业生都在日本全国的大 252
学执教，遍布各地。作为1950年度美国研究研讨会的后续，北海道召开了美国研究会议和圆桌会议，而参与其准备工作的，据巴斯的文章所述，是“被评为南原校长迄今为止教过的学生中格外优秀的四名学生之一的……十分活泼而有能力的”政治学副教授。[124]对于这种令人不快的批判，东京大学美国研究研讨会委员会立刻采取了应对措施。委员会开始照顾研讨会参加者的地理分布，充分注意研讨会的好处也要惠及东京大学以外的大学，和东京以外的地区。[125]

另一方面，唐纳德·R. 纽金特和唐纳德·布朗等民间情报教育局的官员，并非都接受了东京大学美国研究研讨会委员会的逻辑。因为日本社会中已经开始出现中央集权化的动向，对于美国人来说，原封不动地接受东京大学美国研究研讨会委员会的主张是很困难的。譬如，布朗就认为东京大学“不是很具有革新性的大学”，并且他希望美国研究研讨会能够实施分权化。[126]纽金特则说：“现在的计划，是将研讨会的召开场所设定为一所学校。研讨会的召开场所不应从东京大学移开，我能理解这种感情。但是我也确信，在两个地方同时举办两个研讨会，一定能够为整个目标带来更大的成果。”[127]三年后，即1954年，洛克菲勒基金会的迪恩·腊斯克会长面对美国议会特别委员会，进行了证实：“我们的教育制度值得夸赞的长处，就是制度的多样性和管理的分权化。我们相信，如果否定了这种多样性而全部划一，无论对于政府还是基金会，或者其他任何一个团体，都是没有好处的。”[128]

结果，经过多番谈判，一个协调方案得以达成。那就是，美国研究研讨会的召开地点虽然以东京为中心，研讨会的主要会议结束后，在远离东京的地方，比如京都，召开短期的会议。[129]法斯向日本的美国研究 253
者询问，关于中央集权化的问题，东京和京都召开的美国研究研讨会的研修生有没有可能更加致力于全国性的美国研究组织的组织化。[130]法斯的建议显然是出于他的一种希望，希望通过全国性的研究组织的组织化，部分改善过度的中央集权化这个棘手的问题。然而，令法斯惊讶愕然的是，东京大学的“野心”并不仅限于美国研究领域。数年后的1958年，东京大学校长矢内原忠雄提议设置国际关系研究所的时候，法斯惊觉东京大学的“野心”没有止境，于是试图对之加以限制。他在暗示“东京大学不应对一切领域都插手”的同时，还向东京大学的教授强烈要求，对地域研究中大学之间分工协作的可能性进行探讨。[131]因为法斯坚信，资源向东京大学过度集中会带来很大的弊病。他认为，最好在不久的将来，对早稻田大学的印度尼西亚研究以及庆应大学或中央大学的中近东（阿拉伯）研究施以支援。[132]

然而，关于美国研究研讨会召开地点的协调方案，并没有解决关于研讨会的所有问题。具有讽刺意味的是，法斯关于将美国学会扩展成全国规模的学会的建议，却使东京美国研究研讨会和京都美国研究研讨会的关系进一步恶化。这个问题即使不比中央集权化问题更为复杂，也差不多称得上棘手。这个问题正是由东京大学和京都大学长年的对抗意识催生出来的。认为美国研究研讨会应该在东京大学的“支援之下”由东京大学独立主办，南原的这一主张触怒了众多日本的美国研究者，尤其是住在京都的美国研究者。以此为契机，东京大学和京都大学之间潜藏的对抗意识浮出水面，再度燃起战火。关于这个问题，将在下一章详细论述。

第八章　分权还是对抗？——京都美国研究研讨会 255

戈欣和丹泽菲尔德向我们报告，说京都大学和同志社大学的合作关系不融洽，我感到很失望。

——查尔斯·B. 法斯，1952 年

不要说现在的京都研讨会了，就连京都大学和同志社大学的合作关系，在没有美国资金的支持下也是不可能继续存在的。

——弗吉尔·C. 奥德里奇，1956 年

在美国研究研讨会的历史上，除了 1953 年之外的 37 年间（1951—1987 年），京都美国研究夏季研讨会（京都研讨会）每年都举行。从这一点来看，它是一个特殊的存在。[1]京都的美国研究学者及高等教育机构对于美国研究研讨会有着强烈的期待。京都研讨会不仅学术水平高，而且由于有着长达 37 年的举办经历，使得它不仅仅被日本，甚至被美国以及全世界的美国研究学者所熟知。但是，创办京都研讨会的过程却并非常人想象的那么顺利，而是经历了一条布满荆棘的坎坷之路。

第一届京都研讨会于 1951 年 8 月 15 日至 1951 年 8 月 24 日在京都大学举行。[2]该研讨会被定义为在洛克菲勒基金会的支援下召开的东京-斯坦福大学美国研究研讨会（参照第七章）的延续。京都研讨会顺利结束后，京都大学和同志社大学的美国研究学者做出了一个决定。256

他们决定于1952年凭借自身的力量在京都举办美国研究夏季研讨会，使其不再作为东京研讨会的延续。[3]京都的研究者们对于亲自举办美国研究研讨会充满了热情。为了筹备京都研讨会，他们设立了由京都大学和同志社大学教授组成的合同委员会。有关京都研讨会的筹划，他们既没有事先通知东京集团的研究者，也没有得到外部人员的任何援助。京都集团研究者这种独立自主的办事风格，为今后双方之间的不和埋下了伏笔。不过这是当初谁也没有预料到的事情。

为了募集京都研讨会的补助金，京都大学校长鸟养利三郎和同志社大学校长大塚节治于1951年8月24日向纽约的洛克菲勒基金会提交了申请书。内容是，为了西日本的研究者和学生，两校希望从1952年开始，每年都能举办京都研讨会。同时他们也强烈希望京都研讨会的举办时间能够和东京研讨会一样长。[4]从这个申请书中可以很清楚地看出，他们希望洛克菲勒基金会可以和对待东京的美国研究者一样，来对待京都的美国研究者。

斯坦福大学的教授们有在东京为日本研究者讲课的经历，对于此次补助金的申请他们也给予了全面支持。他们还明确地表示会像支援东京一样支援京都。比如，戈欣教授这样写道：“为了促成京都研讨会的成功，我很乐意去做任何我可以做的事。”他还补充说，京都研讨会应该和东京研讨会一样，一年一次，这是最理想的。[5]哲学专业出身的戈欣教授认为，京都大学和同志社大学共同举办的美国研究研讨会将为日本的
257 美国研究打下坚实的基础，与此同时，它的举办将成为具有建设性意义的一步。[6]他还向洛克菲勒基金会提出建议，希望他们能够支持举办1952年为期一个月的京都研讨会。[7]对于京都研讨会的发展前景，该教授态度乐观。他表示：“京都研讨会的成功举办，毋庸置疑会将日本的美国研究推至顶峰。”[8]

对京都研讨会的迅速答复

1951年9月25日，针对戈欣教授的意见，洛克菲勒基金会人文科学部部长查尔斯·B. 法斯向民间情报教育局局长唐纳德·R. 纽金特征求答复。10月11日，纽金特回答道：“我们必须积极而慎重地探讨

戈欣的建议。”他还强调，如果京都研讨会举办成功的话，它将有可能对日本高等教育制度的分权化产生积极影响。据他所说，尽管京都研讨会并不是那么重要，但是在文化交流的分权化这一点上它可以产生积极影响。就是说它有利于改变东京独大的局面。[9]同时他还补充说，京都研讨会还能产生间接的有利成果。它的效果不是算术式的，而是以几何级数式递增的。[10]

洛克菲勒基金会的工作人员将举办京都研讨会这一提案视为“具有建设性意义的一步”。因为这是一件由日本人充分发挥自主性，并且在他们自己的领导下，在京都、大阪、神户等近邻城市振兴美国研究的大事。关西地区地域性色彩浓厚，同时与东京的对抗意识也强。而且关西也是继东京之后最容易受外国影响的地区。不过关西地区也有它保守的一面，它并没有人们想象的那样容易接受现代化的思想。因此，与美国在学术上保持联系，这对于今后几年提高日本人的知识水平具有重大 258
意义。[11]

查尔斯·B. 法斯和洛克菲勒基金会社会科学部部长罗杰·F. 伊万斯，对京都大学与同志社大学共同举办美国研究研讨会一事表示了非常大的兴趣。但是，查尔斯·B. 法斯认为，重要的是京都研讨会不能与东京研讨会重复性太高。他认为在振兴美国研究的时候，各个地区的研讨会应该具有各自的特色。这种地域性分工极其重要。1951 年 10 月 5 日，查尔斯·B. 法斯说：“如果京都的方案是将人文科学这一领域放在首要位置，并且还包含东京方案里没有的人文科学相关的主题，我们会更加看好它。”他还提议，除了斯坦福大学，研讨会可以再寻找其他的美国大学来作为京都集团的支援大学。他列出了支援学校应该具备的几个条件：第一，支援学校必须具备美国研究的项目；第二，在一定程度上支援学校必须对日本抱有兴趣；第三，支援学校必须具备一定的行动能力，乐于承担责任。[12]他提名了伊利诺伊大学、哈佛大学和明尼苏达大学作为支援大学的候补名单。[13]

与此相反，戈欣表示对洛克菲勒基金会的提案难以接受。理由是，他不认为伊利诺伊大学是最适合支援京都研讨会的大学。不要说接受洛克菲勒基金会的提案了，戈欣对原有的“保护校”斯坦福大学也提出

了异议。不管戈欣是否有意如此，他使用的“管理人”这个意味着保
259 护未成年人的词语，很形象地表达了日美关系的“实质”，即教师与学生，或者父母与孩子般的关系。戈欣和日本的知识分子一起举办过美国研究研讨会，因此经验十分丰富。他提出了以下两点建议：第一，寻找能够充分发挥作用的支援学校时需要深思熟虑；第二，在处理京都集团与东京集团问题上，需要足够慎重。考虑到日本知识分子的感情比较细腻，他认为这个选择过程可能会非常复杂。事实证明他的顾虑是对的。[14]在戈欣的启发之下，京都集团的教授对美国研究研讨会的主题及时间做出了相应的修改，随后提交了最终方案。1951 年 12 月 31 日，罗杰・F. 伊万斯做出了最终判断。他表示，在东京以外的城市举办美国研究研讨会，是对东京美国研究研讨会的一种补充。[15]

寻求京都集团的支援学校

效仿东京集团，京都的美国研究者明确表示要选择斯坦福大学作自己的支援学校。而当时伊利诺伊大学单方面提出愿意支援京都美国研究研讨会，这使京都集团寻求支援学校的问题变得更加复杂。[16]对于京都研讨会这一提案，伊利诺伊大学校长乔治・D. 斯托达德和罗伊登・丹泽菲尔德教授表示愿意全力支持。斯托达德曾任 1946 年美国教育使节团团长（参照第一章），丹泽菲尔德曾是 1951 年度东京大学和斯坦福大学举办的
260 美国研究研讨会的美国讲师。伊利诺伊大学的日本俱乐部，有 70 名来自工学院、经济学院、农学院、教育学院、政治学院以及其他学院的教师会员。他们中还有人曾经在日本生活过。斯托达德和丹泽菲尔德强调说，京都研讨会与伊利诺伊大学的研究教育项目在内容上有一致性。[17]

但是，戈欣一直不放弃将斯坦福大学作为京都研讨会支援大学的念头。在相当长的一段时间里，他一直向洛克菲勒基金会提议，希望可以让伊利诺伊大学和斯坦福大学同时成为京都研讨会的支援学校。这样一来，随着京都研讨会逐步发展，伊利诺伊大学独立成为该研讨会支援学校的基础也能变得更加稳固。他认为采用此种方法，不仅能解决问题，还能做到令各方满意。[18]他还提案表示，为了保证京都研讨会能够独立发展，至少在现阶段，斯坦福大学美国研究委员会应当给予最大可能的

支持与援助。[19]

洛克菲勒基金会的工作人员，真诚地考虑了戈欣的提案。在东京以外的城市举办美国研究研讨会，可能需要派遣不同的讲师阵营。这么做是否可行？针对这个问题基金会进行了认真的讨论，[20]并得出以下结论：第一，京都研讨会接受伊利诺伊大学的支援；第二，京都研讨会由京都大学与同志社大学共同举办。所需补助金由洛克菲勒基金会人文科学部门和社会科学部门各承担一半。[21]洛克菲勒基金会认为，当下日美关系紧张，京都研讨会的举办非常值得期待。[22]为了促进战后日本的民主化及加深日本人对美国人的理解，民间基金会以支援美国研究的方式向日本提供援助，这既表现了美国的“宽宏大量”，又超出了学术层面，带有一定的政治意义。洛克菲勒基金会所说的“日美关系紧张”，是指在 261
1951 年 9 月缔结的两个条约，即《对日媾和条约》和《日美安全保障条约》。这两个条约令日本民众深感不安，同时也加剧了他们的反美情绪。在这种情形下，位于东京的美国大使馆负责宣传和文化交流的负责人萨克斯顿·E. 布拉福德指出：“现在，鉴于着重强调《对日媾和条约》与《日美安全保障条约》的重要性，今后美国大使馆在维持日美关系的平衡方面将发挥更重要的作用。”[23]在平衡日美关系的问题上，美国大使馆负责的文化交流活动意义重大。

1952 年 1 月 18 日，洛克菲勒基金会执行委员会听取人文科学部门和社会科学部门的建议，做出以下决定：为了支援 1952 年夏天即将召开的京都美国研究研讨会，基金会分别给予伊利诺伊大学 19500 美元、京都集团 3000 美元的资金支持。[24]但是，给予京都研讨会的财政援助只限本次，今后如何，基金会没有做出任何承诺。此外基金会还强调，虽然京都研讨会是东京研讨会的补充，但是在内容上不应该单纯地重复东京研讨会。最后基金会还向京都大学和同志社大学表示，他们希望京都研讨会可以尽快地安排课程。[25]

除此之外，洛克菲勒基金会工作人员还有两个不得不解决的难题。一是，将伊利诺伊大学作为京都研讨会的支援大学这一消息传达给京都集团时应如何设法让京都集团的美国研究者接受这一事实。为了如期举办京都研讨会，必须立刻解决这个问题。因为在支援学校的选择问题 262

上，京都的美国研究者依然坚持斯坦福大学。洛克菲勒基金会工作人员不得不解决的第二个问题是，补助金是否会触及到京都集团的“面子”问题。京都的美国研究者从洛克菲勒基金会得知，京都集团的补助金不同于东京，仅限于本年度，而且更新的可能性也几乎为零。他们一直认为自己可以受到和东京研究者同等的待遇，而这种带有歧视性的待遇严重伤害了他们的自尊心。因此，1952 年伊始，洛克菲勒基金会的伊万斯在东亚旅游时，顺便去了东京和京都，争取与日本的美国研究者进行对话。[26]其目的就是为了增进东京集团与京都集团之间的相互理解。

多年的竞争对手

伊万斯一到日本就开始了东京集团与京都集团之间的调停工作。正如他担心的那样，东京大学与京都大学之间明显的敌对意识导致二者的关系紧张。同时，关于美国研究研讨会的问题，两集团的学者可以说是针锋相对、互不理睬。

南原与即将成为下届东京大学校长的矢内源忠雄得知京都集团将举办美国研究研讨会之后非常愤怒。因为此前，他们完全不知道有这样一个企划方案。尤其是南原，他狠狠地指责了京都的美国研究者。南原表示，这种行为严重损害了东京集团与京都集团之间的信赖关系，是“专利侵害行为”。他指出，京都集团的美国研究者应该采取与东京完全不
263 同的方式策划研讨会。[27]

为了保证研讨会在关西地区成功举办，学者们必须亲自做好研讨会的各种准备。在研讨会规划上倾注了大量心血的京都的美国研究者，听到东京的美国研究者这种不当的批评后，感到非常愤怒。他们将南原的发言理解为他颇具“野心的表现”。他们认为，东京大学想独立举办美国研究研讨会，想独占研讨会。同时，京都的美国研究者也强调，洛克菲勒基金会不应该只将注意力集中在东京地区。

伊万斯出访日本期间，斯坦福大学的乔治・卡尔教授正巧也来到日本。卡尔亲眼目睹了东京大学与京都大学之间的不和，他认为两所学校间的对立是大学排名及战后为了确保地位，学校之间激烈竞争的后果。同时他批评东京大学的态度不够成熟。[28]对于南原的态度和行为，卡尔

非常震惊。因为在他看来，南原本该是有修养的伟大人物。卡尔的发言表面上看似不得罪任何人，但从某种意义上来说，其实也是美国人对日本知识分子的看法。他说东京的美国研究者态度不够成熟，就如1951年道格拉斯·麦克阿瑟在美国参议院的议员面前，说日本人就像12岁的儿童一样（参照第四章）。岸本英夫教授是东京集团的有力领导者，他期待南原校长退休之后，美国研究研讨会的个人色彩能进一步弱化。岸本此番言论意在说明，美国研究研讨会与其说是个人所关心的事，还不如说是整个大学所关心的大事。卡尔以友好的口吻给东京集团提了一个建议，考虑到美国研究研讨会的整体利益，希望东京集团能够停止对京都集团的批评，或者将批评缩小到最小限度。[29] 264

伊万斯致力于维护两集团的利益。他试图通过与集团领导交谈，消除东京集团与京都集团之间的误解，来促进日本在美国研究方面的发展。第一，他表明洛克菲勒基金会的“最基本关注点”，是在日本培养能够推进地区发展的人才。第二，伊万斯指出，在人才培养、资料收集等初期的准备阶段，除了东京的美国研究项目之外，洛克菲勒基金会没有做任何计划。[30]所以他也明确表示，洛克菲勒基金会给予京都集团的资金支持不论是何种形式，都仅限本次，并且也没有追加的计划。他还给京都研讨会定了性。他认为在关西地区举办的美国研究研讨会应该由京都大学与同志社大学共同负责，并与东京研讨会有所区别。他希望东京和京都这两个美国研究集团能够彼此紧密联系，为了保证研讨会内容不重复而做出最大的努力。[31]

戈欣从一开始就预料到东京大学与京都大学之间紧张的对抗意识会导致各种难题。他认为东京大学的排他行为必然会招来其他学校的美国研究者的异议，甚至在他看来，这种异议应该是“被期望的”。[32]法斯认为，东京集团与京都集团之间的争执没有任何意义。他在写给伊万斯的书信中说：“东京集团对京都集团能够拿到补助金一事表示非常愤慨。对东京集团的这种行为我不觉得惊讶，但是有些失望。在这一关键时刻，您能亲临东京和京都，缓解他们之间的误解，我们觉得很幸运。我个人认为应该向京都集团支付补助金。这两年间我一直在向东京集团传 265
达一个信息，那就是洛克菲勒基金会并没有将日本的美国研究的管理及运营权交给他们。而此次资助京都集团正好再次向东京集团表明了我们的态度。”[33]伊万斯赞同法斯的观点，在给法斯的回信中，他写道：“从投资和善意这两方面来考虑，很有必要继续资助京都集团。”[34]

1952 年 4 月，法斯来到京都，他与美国研究专业的教授进行对话。出席此次对话的人员包括京都大学神学专业的有贺铁太郎教授、经济学专业的谷口吉彦教授、松井清副教授，以及同志社大学经济学专业的松井七郎教授。京都大学的有贺教授曾任京都研讨会企划委员会委员长，谷口教授曾是法斯作为洛克菲勒基金会的研究员在京都进行研究时的导师，而松井清副教授当时是法斯的同班同学，一起在谷口教授的指导下学习。

谈话中，法斯传达了洛克菲勒基金会的一些想法。他说洛克菲勒基金会希望多个大学能在地区研究领域方面进行长期合作。[35]构筑大学之间的研究合作关系这一想法是洛克菲勒基金会在支援德国的美国学会以及牛津大学举办的夏季会议过程中总结出来的经验。英国的美国学会就是在牛津大学夏季会议的影响下成立的。[36]法斯特别强调了在关西地区振兴美国研究中大学之间合作的重要性。[37]之后，包括刚就任的京都大学校长服部峻治郎、同志社大学校长大塚节治在内的京都集团研究学者
266 召开了另一个会议讨论了美国研究的分工问题。在会上，法斯就京都研讨会的发展前景提问道：“在地域研究领域，如何才能使京都大学与关西地区其他大学一起协作起来呢？”[38]其实，很多京都的研究者都非常希望美国研究能够在京都地区得到良好发展。但是，即使同为京都地区的大学，享有知名度的国立大学（京都大学）和私立大学（同志社大学）之间的合作依然问题重重。而且最后，这些问题在精神上令京都的美国研究者们备受煎熬。

对 1952 年京都研讨会的评价

历经波折，第二届京都美国研究研讨会在洛克菲勒基金会 22500 美元的赞助下，终于拉开了帷幕。研讨会从 1952 年 8 月 4 日开始，为期 26 天。在伊利诺伊大学、京都大学、同志社大学三所大学的共同努力下一共举办了 17 场分科研讨会。[39]此次研讨会邀请了来自美国的五名教

授，其中三名为人文科学教授，其余两名则是社会科学教授。日方包括教授、讲师、研究生在内的106名人员参与其中。[40]

丹泽菲尔德代表全体美国讲师向洛克菲勒基金会做了报告，宣布1952年度京都研讨会成功举办。[41]至于为此次研讨会做出巨大贡献的人员，他提名了松井七郎和武内辰治。他将松井和武内称作此次研讨会的"中心人物"。[42]武内教授在关西学院大学教国际法和外交，师从该领域的权威专家昆西·怀特。丹泽菲尔德高度评价了武内，称赞他是"在潜力上不亚于高木的优秀人才"。[43]武内著有《日本帝国的战争与外交》(*War and Diplomacy in the Japanese Empire*，纽约双日-多兰出版社）一 267
书。该书共有29章，共505页，内容包括日本帝国的政治构造、甲午战争、日英同盟、日俄战争、朝鲜合并、华盛顿海军军缩会议、《伦敦海军条约》、"满洲"事变等。丹泽菲尔德表示，全体美国讲师都赞成继续举办京都研讨会。[44]他说，本次研讨会的最大经验就是，让我们明白了"研讨会本身不是目的，应该将研讨会视为一种有效手段，来成就其他更有意义的结果"。最后他补充说："如果研讨会只是简单重复，与会者们会失去兴趣。没有新鲜感，研讨会很难继续办下去。"[45]

京都的美国研究者构想出了一个长期性的活动方案。陶醉于1952年度研讨会的成功，他们开始考虑如何才能获得洛克菲勒基金会对该方案的支持。所谓长期性的活动方案是指，一方面在日本（京都大学）设立美国研究所，另一方面在美国（尽可能是中西部的大学）设立日本研究所。根据京都美国研究委员会的构想，在日本设立美国研究所有以下几个目的：第一，可以与美国的研究者或者研究机构交换信息，尤其是调查研究方面的信息；第二，在人文科学及社会科学领域促进日本的美国研究；第三，利用它向美国教育研究机构宣传日本社会的优秀研究成果，并在此基础上取得两个重要成果。第一个成果是，将日本研究的优秀成果翻译成英语，传播到美国各地，使其成为大学课程的教材。第二个成果是，日本的美国研究所可以把美国的日本研究所筛选出来的关于美国社会的优秀研究成果翻译成日语，然后分发给日本的大学及日本研究者。在美国设立日本研究所也有着类似的目的。同样地，美国设立日本研究所的目的在于推动日本研究在美国研究机构中的发展，以便日本客座教授在美国的教育研究机构中进行调查和开展研究活动，向日本的教育研究机构和研究者们推广关于美国的优秀研究成果，发挥宣传机构的作用。那些优秀的研究成果通过日本的美国研究所翻译成日语，分发到日本各地。[46]

京都集团这个野心勃勃的提案内容包括以下两个研讨会：一是由日本研究所的美国支援大学举办的日本研究研讨会，二是每年夏天在日本举行的美国研究研讨会。京都美国研究委员会表示，日美两国举办的这两个研讨会的制度化，将给美国研究以及日本研究带来巨大成果。不仅如此，研讨会的制度化还有利于向现行教育课程输送新教材。显然，这种形式的文化交流正符合洛克菲勒基金会的期待。[47]京都集团构想的这个活动方案是真正意义上的“双向性”文化交流。

然而，虽然丹泽菲尔德高度评价了 1952 年的研讨会，洛克菲勒基金会工作人员对京都集团提出的长期性的活动方案并不是很感兴趣。法斯质疑企划案的可行性，尤其怀疑企划案所能达到的预期规模。[48]而武内教授对京都集团的这个企划案表示出积极的态度。因为《日美安全保障条约》《日美行政协定》等条约的签订所带来的美军基地的问题导致日本学者当中反美情绪的高涨，这使武内相当困惑。他意识到京都研讨会在促进日美文化关系上能起到的重大作用。武内认为要想在西日本振兴美国研究，必须接受各种形式的援助。每次被咨询意见，武内总能够直率地表达自己的观点。为此他深得法斯的信赖。不过武内在支持京都
268 集团企划案的同时，也对京都研讨会的运营方式提出了批评性的意见。他指出，京都研讨会在资金运营方面效率低下，在接待方面有很多不必要的开支。关于这一点，武内觉得是因为关西人比东京人更热衷于招待客人。[49]

269 从舞台上消失的伊利诺伊大学

1953 年 2 月 24 日，正当京都研讨会方案前途未卜之时，伊利诺伊大学的丹泽菲尔德就“京都研讨会支援大学”一事做了爆炸性的发言。他表示希望伊利诺伊大学可以从支援学校的名单中撤出来。他这样说道：“在日本研究领域，伊利诺伊大学可以提供的资源实在太少，所以

从一开始伊利诺伊就不适合成为支援学校”。随后，他推荐密歇根大学作为京都研讨会的支援学校。在他看来，在参与京都研讨会的企划等方面，密歇根大学比伊利诺伊大学条件优越。[50]他还指出，比起东亚研究的活动方案，斯托达德校长更愿意接受近东研究的活动方案。丹泽菲尔德总结道，对于1953年的京都研讨会，伊利诺伊大学作为支援学校恐怕不能像京都研讨会事先期待的那样发挥作用。[51]法斯对事情的发展并不感到惊讶。因为他更希望伊利诺伊大学跟印度的，而不是日本的活动项目保持合作。此外，他还向斯托达德校长做了详细汇报：“如果要拓展新的活动项目，日本对伊利诺伊大学而言可能不是最适合的选择。”[52] 270

伊利诺伊大学校长乔治·D. 斯托达德辞职一事使得事件的发展愈加复杂。丹泽菲尔德说，由于校长易人，伊利诺伊大学成为支援学校变得更加困难。斯托达德还没有辞去职务的时候，伊利诺伊大学已经在教育方面陷入进退两难的局面。丹泽菲尔德将这种进退两难的局面理解成“退步”。他补充说：“如果伊利诺伊大学要集中精力在地域研究领域多加努力，可以肯定，它将选择的研究地区一定是中东地区，而不会是日本。”[53]

就京都研讨会的提案，洛克菲勒基金会做出了最终决定。基金会接受丹泽菲尔德的请求，决定将京都研讨会的提案保留到1953年4月法斯访问京都、和当地的美国研究学者直接对话的时候。[54]同时，武内向法斯提议，希望他去京都时一定要跟有贺铁太郎见面。因为在武内看来，京都大学的有贺教授是运筹关西地区各大学间关系的合适人选。[55]武内并不看好那些没有在京都大学以外的大学执教过的学者。因为这些学者往往官僚主义思想严重，难以沟通。[56]

1953年4月10日，法斯带着秘书芙罗拉·M. 琳达一起来到东京。他立刻觉察到，包括矢内原、岸本在内的东京集团研究学者对京都的活动方案怀有抵触情绪。此次之行，法斯和琳达希望东京集团的研究者能够以分栖共存的态度看待东京和京都这两个活动。[57]五天后，法斯和琳达乘坐特快列车享受了京都之旅。翌日，两人拜访了京都大学。法斯再次传达了洛克菲勒基金会的意愿，希望京都的学者凝聚智慧，创造出与东京活动方案完全不一样的活动方案，而不是简单的模仿。以时间不够

271 为由，法斯表示基金会不会资助 1953 年的美国研究研讨会。他接着指出，即使时间允许，此次京都集团的申请也没有达到洛克菲勒基金会的要求。他说，京都美国研究委员会还必须继续寻找支援大学。最后，法斯希望在 1954 年财政支援下发之前，京都美国研究委员会能够向洛克菲勒基金会提交真正值得期待的具体方案和预算方案。[58]

在关西逗留的这段时间里，法斯与关西学院大学的数名教授进行了谈话。其中，武内向他提出了有关京都研讨会运营的重要方案。其内容是，京都研讨会执行委员会的委员和京都美国研究研讨会的讲师，不应该只由一所大学（指京都大学）的教授担任或者兼任，而应该由多所大学的教授共同担任。对于这一提案，法斯表示愿意通过各种渠道，尽可能地挖掘关西地区日本研究者的能力。[59]寻求这种可能性的目的是为了更有效地确保京都研讨会的质量。

1954 年京都研讨会的新提案——转折点

1953 年初夏，当法斯从日本回到纽约时，1954 年度美国研究研讨会方案也送达了洛克菲勒基金会。京都研讨会新方案计划从美国邀请两名教授，其中一人于 1954 年初春至夏末期间留在日本，而另一位从初
272 夏留到中冬。也就是说，两位客座教授必须是从美国邀请来的。这种方式将两位客座教授的来日时间错开半年，确保了在学年的大半时间里，至少有一名教授在日本。而夏季两名教授同时在日本时，研讨会计划从关西地区挑选三名日本教授，和他们一起上小组讨论课。为了能让客座教授接触到普通学生和日本教授，方案还安排他们进入京都大学及同志社大学的法学部和文学部执教。与 1952 年一样，伊利诺伊大学依然愿意为 1954 年美国研究研讨会的举办及美国教授的募集提供支持。

读完京都集团的申请书，有一件事让伊万斯感到奇怪。这就是，京都集团申请的补助金数目跟东京集团已获得的经费（32000 美元）基本一样。[60]当得知东京集团与京都集团是长年的竞争对手后，伊万斯认为京都集团之所以会申请与东京同额的补助金肯定是出于维护自身威信的考虑。[61]不仅仅是伊万斯，法斯也感受到了京都集团对东京集团的嫉妒。法斯说，嫉妒确实存在。但是他又讽刺地写道："事实上，京都的美国

研究者对东京的活动方案称赞有加。”[62]从两者的关系来看，不难想象，京都美国研究者的行为在很大程度上出于对自身威信的维护，并且受到竞争意识的影响。[63]言归正传，法斯对京都集团的申请书感到有些失望。法斯之所以这么说，是因为申请书中丝毫未提及地区社会（关西地区）对研讨会的捐助事宜。他认为，京都集团要领取洛克菲勒基金会补助金的大前提，是从地区社会筹措到和东京集团等额的支援资金。因为洛克菲勒基金会提供补助金的大前提是，京都集团能从当地社会筹集到与东 273
京等额的援助。[64]

虽然京都集团的提案存在问题，但是洛克菲勒基金会的工作人员仍然善意地接纳了它。因为他们认为，要想在京都、神户、大阪等近邻地区促进美国研究的自主发展，京都集团的提案确实具有建设性。为了促进美国地区日本研究的发展，20 年来，洛克菲勒基金会不间断地提供着援助。同样，为了促进关西地区美国研究的发展，洛克菲勒基金会也给予了同等的援助。[65]

京都美国研究夏季研讨会在经历了一年的空白之后，终于在 1954 年的 7 月召开。举办地为同志社大学，举办时间是 7 月 19 日至 8 月 13 日。京都研讨会获得了来自洛克菲勒基金会两年的财政支援，由伊利诺伊大学、同志社大学、京都大学三所学校共同举办。正如申请书中写的，夏季研讨会是新美国研究研讨会的一部分。参加 1954 年研讨会的美国方面负责人包括：伊利诺伊大学教育学专业的查尔斯・M. 艾伦教授和科尔盖特大学法学专业的罗德尼・L. 莫特教授。研讨会包含四个领域，分别是教育学、美国文学、政治学以及经济学。所设置的讲座中，四个由在日本执教的美国讲师负责，另外四个由日本的研究者负责。[66]

1954 年京都美国研究研讨会成功落下帷幕。但是，据洛克菲勒基金会报告，计划的 100 名与会者，实际最终只有 81 名参加。据说，此次研讨会在质量、成熟度、均等性等方面合格，但是实际得分偏低，因为研讨会本应该能够取得更大的成果。[67]洛克菲勒基金会的工作人员表示，京都研讨会与会者的质量与东京研讨会的水平不同。他们总结道， 274
京都方面单纯接受美国支援，基于这一体制，他没有东京活动方案那么成功。[68]尽管京都研讨会没有取得辉煌成就，但是从第二年，即1955年6月开始，它将得到洛克菲勒基金会长达三年的补助金。

被选中的密歇根大学

京都大学—同志社大学美国研究研讨会委员会接下来必须要解决的课题是，寻找一所能够长期致力于日美文化交流的美方支援大学。被选中的就是密歇根大学。密歇根大学哲学教授威廉·弗兰克纳是1945年度东京大学-斯坦福大学美国研究研讨会的讲师。研讨会委员会得到了一个和他谈话的机会，并从谈话中得知在密歇根大学教授政治学的罗伯特·B. 霍尔教授为出席太平洋国际学会的会议将来到京都。于是研讨会委员会决定和霍尔教授会面，意在确定密歇根大学是否愿意接受邀请成为支援大学。[69]根据伊万斯的提案，松井七郎和罗德尼·L. 莫特教授约霍尔商谈，商谈的目的是讨论委员会如何与密歇根大学达成协定。密歇根大学内部已经设有日本研究中心，是美国国内日本研究的重要据点。另外密歇根大学在冈山也设有研究中心。[70]

霍尔在和松井、莫特协商之后，表示赞成密歇根大学成为京都美国研究研讨会的美方支援大学这一提案。[71]霍尔认为，京都研讨会和密歇
275 根大学的日本研究中心业务一致，有很多重合部分。于是他向密歇根大学寄去推荐信，希望密歇根大学能成为京都研讨会的支援大学。

法斯回国后，和密歇根大学副校长马文·L. 尼赫斯有过接触，了解到密歇根大学副校长对于成为支援大学，和日本的大学在教育研究上进行合作一事很感兴趣。法斯告诉尼赫斯说，他认为密歇根大学目前为止一直致力于日本研究，成为京都研讨会的支援大学，不仅对京都项目，对密歇根大学来说也是有益无害的，是顺理成章的。法斯还表示，如果密歇根大学成为京都大学美国研究研讨会的支援大学，往后需要承担安排美国讲师、支付其酬劳等责任。[72]关于法斯的说明，密歇根大学向洛克菲勒基金会传达了理解之意，并同意支援京都美国研究研讨会。[73]研讨会从1955年2月1日开始至1956年1月31日结束，持续一年。

京都集团的美国研究学者，得知密歇根大学同意成为京都研讨会的支援大学后非常高兴。京都研讨会执行委员会代理委员长上野直藏教授

指出，美国给日本的学术研究带来了良好影响，关西地区大学美国研究方面的课程数量有所增加。他对洛克菲勒基金会的支援表达了谢意。他还提醒洛克菲勒基金会，新设课程的半数都应遵从美国的想法，不仅如此，连教学计划、教育方法及指导方法也应如此。[74]上野认为，很明显是京都美国研究研讨会的影响力造就了这些成果。

在洛克菲勒基金会的支援下，1955 年 7 月 8 日至 8 月 12 日京都美国研究夏季研讨会在京都大学召开。由密歇根大学、同志大学、京都大学共同主办的这次研讨会设定了 6 个专业领域，即教育学、美国文学、法学和政治学、经济学、哲学以及人类学，还设立了 20 个小组分科会。 276
京都美国研究夏季研讨会美国教授团的负责人是约翰·霍普金斯大学的经济学教授弗里茨·马克卢普和凯尼恩大学的哲学教授维吉尔·C. 奥德里奇。[75]

就这样，在 1954 年至 1955 年的两年里，京都集团的美国研究者成功举办了包括 1955 年度夏季研讨会在内的京都大学美国研究研讨会。凭着这个成功的案例，他们可以汇报说美国研究研讨会的影响正以良好的形势在京都地区扩大。并且因此，京都集团的美国研究者们还成功说服了洛克菲勒基金会，将目前的京都项目延长数年。[76]这意味着京都大学-同志社大学美国研究研讨会委员会又多获得了三年的补助金，[77]截止到 1955 年 3 月 31 日。洛克菲勒基金会的这个决定显示出了它对京都集团的高期待。基金会之所以将补助金的期限定为三年，是因为基金会的工作人员了解，培训身为外国人的日本研究者、收集图书馆的图书，以及培养能在大学计划实施美国研究项目的人才，需要数年的时间。洛克菲勒基金会认为，振兴海外的美国研究，重要的是要使该国人民获得主动权，激发他们对美国研究的支持。洛克菲勒基金会的工作人员还进一步理解到，京都大学和同志社大学的合作对实施京都项目来说必不可少的。因为只有两所大学通力合作才能最大可能地发挥美国客座教授的作用，才能加深关西地区的美国研究者和美国教授之间在学术上的交流。京都研讨会的支援大学从伊利诺伊大学变成密歇根大学的相关手续完成之后，大家都期待美国研究能成为京都地区大学教育中的正规课程，并取得长足发展。

277 京都大学和同志社大学——缺乏真正的合作

令洛克菲勒基金会工作人员苦恼的问题，不仅是东京大学和京都大学在美国研究研讨会问题上的对立，以及由此而造成的东京集团和京都集团之间步调的不一致，还有两个问题也不得不立刻解决。一是京都的研究者不愿意接受其他大学的研究者。二是京都大学和同志社大学之间缺乏真正的合作关系。

第一个问题令人大伤脑筋，其原因在于京都本地研究者们过度慎重的态度。正如前文所述，关西学院大学的武内辰治教授曾经提倡，应该让京都大学和同志社大学以外的教授也加入到京都美国研究研讨会执行委员会委员的集体中来，或者让他们担任研讨会的讲师，甚至允许他们兼任以上二职。为了使京都美国研究研讨会在关西地区得到更多美国研究者的支持、赢得更广泛的发展，必须向京都大学和同志社大学以外的研究者们敞开京都研讨会执行委员会的自由之门。因为当时，京都大学和同志社以外的美国研究者们认为自己被京都美国研讨会拒之门外，遭到了无视，已经对研讨会表现出了不合作的态度。[78]尽管如此，京都研讨会执行委员会依然认为京都大学和同志社大学以外的教授没有资格成为执行委员会委员。这就是说京都研讨会执行委员会和东京集团研究者一样思想顽固。

下面要举的这个事例就充分说明了京都美国研究研讨会的这一态度。

末川博是立命馆大学的校长，同时还是法学教授。当时的立命馆大学是一所拥有1.7万名学生的私立大学，作为京都左翼势力的重要
278 据点被广为熟知。据神户女学院校长难波纹吉教授描述，当时大学机构内依然残留着共产主义的影响，尤其是经济学院。同志社大学也不例外。而大家普遍认为京都大学和立命馆大学的情况更加严重。[79]当时，罗德尼·L. 莫特作为1954—1955年前期的富布莱特客座教授，致力于构筑富布莱特委员会和1955年度京都夏季研讨会的合作关系。末川邀请莫特来立命馆讲课，莫特同意在立命馆大学举办三场讲座。但当莫特将此事告诉京都研讨会执行委员会后，却被警告该行为违反

了京都大学和同志社大学的共同理念，可能导致两校关系紧张。换句话说，京都研讨会执行委员会实际上禁止莫特在立命馆大学举办讲座。对此，立命馆大学认为执行委员会的行为是一种不可原谅的妨碍行为。可能是受了该事件影响，这一年立命馆大学只有四位教授参加了美国研究夏季研讨会。美国新闻署在京都的职员格雷戈里·亨德森对这件表示了极大的遗憾。虽然有点夸张，但是他认为执行委员会断送了立命馆大学1.7万名学生了解美国的绝好机会，将学生隔离于美国的影响之外。亨德森甚至说，将来（1956年以后，包括1956年），加深与京都地区其他大学的合作关系应该作为京都美国研究研讨会执行委员会领取洛克菲勒补助金的前提条件。经过这件事，莫特强烈感觉到京都集团的美国研究者目光短浅，心胸狭窄，残留着根深蒂固的排他心理和嫉妒心理。[80]

很难定论亨德森的建议是否影响了洛克菲勒基金会之后的决策。但是1955年，美国的客座教授开始接受关西地区其他大学和研究机构的邀请举办讲座。这件事让我很感兴趣。例如，莫特教授在大学教授协会 279
和京都美国文化中心（由情报中心改名而来）举办了演讲。马克卢普教授在神户大学、大阪大学以及其他的教育研究机构举办演讲。[81]可以说，这些事实打破了洛克菲勒补助金不愿接受京都知识分子以外的群体的看法。1955年，京都研讨会执行委员会打开大门，神户女学院大学的难波纹吉教授成为委员会委员。[82]

困扰着京都研讨会的第二个难题是京都大学和同志社大学的教授之间缺乏真正意义上的合作关系。构筑和发展多个大学间的合作关系是洛克菲勒基金会为振兴海外的美国研究而采取的方法之一。因此，京都大学和同志社大学的合作关系是洛克菲勒基金会达成目标不可欠缺的成果之一。一般来说，国立大学比私立大学名声好、威信高，教职员也受惠于学校的名声和威信。原同志社大学校长上野直藏在接受采访时，对和京都大学教授合作时的难处做了如下回顾："实际的行政工作，大部分是我们（同志社大学）做的。可是京都大学的教授却还说，国立大学怎么能跟私立大学一起工作？很过分。"[83]当然，京都大学的教授肯定不是个个如此。但是上野的话让我们从一个侧面对国立大学教授的想法有了些许了解。洛克菲勒基金会很快就认识到，有名的国立大学（京都大学）和私立大学（同志社大学）的合作关系没有如他们所期待的那样顺利发展。“戈欣和丹泽菲尔德跟我们报告，说京都大学和同志社大学的合作关系不融洽，我感到很失望。”法斯向伊万斯透露了对京都集团的不满。[84]

京都大学和同志社大学不和的一个重要原因是，战后日本的美国研
280 究研讨会全面依赖美国，这导致两校在主导权和美国支援资金的分配问题上各执己见。

莫特教授指出，“因为日本无论如何也无法用美元支付经费，所以日方几乎完全依赖于洛克菲勒基金会的财政支援”。[85]同时，他还认为，“美国研究研讨会要在日本的大学站稳脚跟，需要花费一定的时间。但是不管时间多长，京都研讨会都是值得洛克菲勒基金会拨款支援的”，否则“在京都的活动可能一天都撑不下去”。[86]担任 1955 年度京都研讨会讲师的弗吉尔·C. 奥德里奇也抱有和莫特教授一样的担忧。他说“不要说现在的京都研讨会了，就连京都大学和同志社大学的合作关系，在没有美国资金的支持下也是不可能继续存在的”。[87]他强调京都研讨会在宣传美国文化方面具有重要意义，美国的影响“已经在东京广泛存在，甚至接近饱和。要想感动日本人，影响他们，京都是最合适的据点。因为它位于大阪、神户和东京之间”。[88]

京都大学和同志社大学间缺乏真正意义上的合作关系，这一事实对教育产生了影响。[89]京都大学不允许同志社大学的学生，不，应该说是京都大学以外的任何学生听课。更糟糕的是，京都的美国研究本应该成为京都大学和同志社大学两校的正式科目，事实上并非如此。因此，莫特不得不按照京都大学的要求同一个讲座分两次举办，一次面向京都大学的学生，再办一次面向同志社大学的学生。[90]

京都研讨会的图书馆也受到了两校合作关系的不佳产生的负面影
281 响。奥德里奇担心，现在的京都研讨会如果难以持续，或者如果京都研讨会的图书馆永久地成为京都大学或者同志社大学图书馆的一部分，那么其他大学的美国研究者恐怕就无法使用该图书馆了。他认为，为了维持京都研讨会目前的这种形式，唯有依赖于美国高额的补助金来缓和事

态。正是基于这种现状，奥德里奇才说京都研讨会“失去美国的资金就无法维持下去”。[91]

人文科学部部长法斯对过去几年京都大学和同志社大学间合作关系的不佳表示了极大的不满。法斯知道，自 1959 年 4 月以来，洛克菲勒基金会没有更新京都项目补助金的意思。“如果日本人认为京都项目没有价值，找不到将对项目的支援合法化的支持论点，那么我们（美国人）没有理由继续维持京都项目。”[92]法斯不愿意承认现在的京都研讨会没有美国的资金就无法维持下去。所以他暗示京都集团的研究学者可以研究一下让日本政府出钱设立美国研究所的计划。法斯所暗示的计划，正是东京集团的研究学者们向日本政府提交的计划书内容。在给奥德里奇的信中，他写道：“现在我明白了，在制订计划方面，京都集团的成果不及东京集团。”[93]

无法修复的裂痕 282

此后，京都大学和同志社大学的尴尬关系一再恶化，最终走到了决裂的地步。1957 年春，密歇根大学日本研究中心主任约翰·霍尔向法斯做了一番爆炸性的发言。那正是京都大学和同志社大学要在美国研究道路上分道扬镳的关键时刻。霍尔因为担心战火会蔓延至密歇根大学，所以对事件的发展一度感到十分困惑。虽然霍尔认为比起京都大学，同志社大学得到的美国研究补助金更加丰厚，但是他希望能同密歇根大学维持合作关系的是知名度更高的京都大学。[94]

1957 年 10 月 9 日，京都大学的代表们召开会议。[95]法斯和伊万斯出席了会议。会上，京都大学代表讨论了为了更好地发展美国研究项目，是否应该走独立研究的道路这一问题。最终他们达成了两项决定：一是与同志社大学的合作持续至 1959 年 3 月 31 日，即洛克菲勒基金会补助金截止的那一天；二是由美国教授和日本教授共同完成的大量美国研究方面的书籍，现由京都大学保管的，归京都大学附属图书馆所有。[96]

从同志社大学的立场来看，会议的决定是单方面的，且有失公平的。两三个月以后，同志社大学的研究者们对决定表达了不满。[97]他们

283 认为“自己在毫不知情的情况下，被京都大学操控，被逼到了不利的境地”。同志社大学的研究者们感到自己在京都大学的主导下，被迫接受了决定。温德尔·H. 巴什教授在科尔盖特大学教社会学和人类学。他在给罗杰·F. 伊万斯的信中，详细描述了同志社大学是如何被逼迫到不利境地的过程（巴什教授收到过来自同志社大学名为胜见的职员的来信）。据胜见说：“京都大学为了确保自己在研讨会营运体制上的压倒性地位，不断地给基金会写信以博取好感。而同志社大学则老老实实、规规矩矩地等待着问题的解决方案。”虽然洛克菲勒基金会对同志社大学追加了三年的财政支援，“但是身为私立大学，同志社大学还是无法和预算充足的京都大学竞争。无论如何，把图书移交给（京都）大学管理，就等于从一直利用着图书的人手里夺走了这些书”。[98]

胜见的一番话，道出了京都大学和同志社大学以外的研究者利用美国研究相关书籍之难。[99]而且，京都大学美国研究领域的教授明确表示，希望废除美国研究研讨会。但是，同志社大学的上野直藏教务部长从来没有考虑过停办美国研究研讨会一事。他表示，即使只剩下同志社大学，也要继续把京都研讨会办下去。了解到上野对美国研究的决心和支持之后，京都大学的代表们改变了态度。他们愿意和同志社大学合作，条件是美国研究夏季研讨会能以某种形式继续举办下去。[100]

1957 年年底之前，大学之间岌岌可危的合作关系，已成为公开的秘密。同志社大学大下角一校长试图扭转逆境，将情况扭转到有利于同志社大学的发展方向上来，并以此强化己方的地位。他在给法斯的信中，这样描述京都大学和同志社大学之间紧张、不和的关系。与京都大
284 学“合作，我们（同志社大学）没有特别的问题”，但是“他们（京都大学）好像有很困难的问题。虽然我不太清楚是因为京都大学是国立大学，或者别的什么原因”。[101]另外，据大下的说法，其中一个具体的难点就是，京都大学不愿放弃美国研究研讨会的任何一本藏书。于是，他向法斯传达了自己的新计划。内容如下：虽然目前的补助金截止时间为 1959 年 3 月 31 日，但是，为了此后同志社大学仍然可以继续承办京都美国研究夏季研讨会，他提议建立美国研究所，并向洛克菲勒基金会申请将建立美国研究所所需的 8000 美元分三年拨付给同志社大学。根据

该设想，同志社大学为培养美国研究专业的年轻研究者，计划为其赴美留学提供奖学金。他还向洛克菲勒基金会申请为期三年每年 1.2 万美元的补助金，主要用以购买美国研究方面的书籍。大下是大学运营的最高管理者，是这方面的老手，擅长交涉。最后他简洁地说，如果同志社的申请能得到洛克菲勒基金会的认可，“那么理所当然，该移交给京都大学的美国研究方面的书籍，无论哪些部分，我们都不打算主张所有权”。[102]

1958 年 5 月，洛克菲勒基金会的伊万斯就京都大学和同志社大学的合作关系，正式承认“在至今为止的运营中，经常发生摩擦”，今后要两校保持合作“也是不可能的”。[103]为了不直接卷入京都大学和同志社大学的纷争，伊万斯表现得非常慎重且细心。他说：“我保持中立，同时，如果需要采取行动，也只限于他们（日本人）自己提出要求。”[104]关于京都大学和同志社大学继续合作一事，洛克菲勒基金会工作人员达成最终结论，认为这么做只会是弊大于利。他们向京都的美国研究者们表示，“目前的补助金截止后，在如何支持京都的美国研究事业 285
这一问题上，我们可能会考虑让两校独立活动”。[105]

为了补偿关于美国研究方面书籍的决定对同志社大学造成的损失，洛克菲勒基金会决定对有志于发展美国研究的同志社大学提供支援。基金会对同志社大学的资助，为年轻的研究者们提供了赴美留学的机会，大学也因此有了资金为学校附属图书馆添置书籍，有了资金来收集美国研究方面的书籍。[106]最终 11 名年轻有为的研究者获得了同志社大学-洛克菲勒基金会研究项目的全额或部分资助，赴美留学。[107]可以说，洛克菲勒基金会的这个决定为同志社大学人才资源和美国研究所的发展开辟了道路，使西日本地区的众多美国研究专家和研究生们能够使用同志社大学美国研究所内所藏的 6000 多册美国研究方面的书籍等出版物。

日本美国研究研讨会的遗产

虽然京都大学和同志社大学之间关系不融洽，并且还夹杂着技术方面的问题，但是京都美国研究研讨会仍向普通的美国研究者提供公开讲座等教育机会，依旧完成了它的任务。因此，京都研讨会满足了关西地区以及其他地区正在增长的学术需求。[108]不仅如此，研讨会还培养了一批在美国研究领域很有作为的年轻研究者。在这个意义上，它发挥了类似“种子培育箱”的作用。美国研究研讨会的这个“培育箱”作用，对日本的大学来说求之不得。因为凭日本大学院系或者研究生院的水
286 平，要组织正规的美国研究项目相当困难。另外，美国研究项目还必须和历史领域等其他专业领域在教学计划上展开激烈竞争。[109]

同志社大学艾姆赫斯特馆馆长奥蒂斯·卡里教授在评价京都夏季研讨会时说，它给特别是在京都、大阪、神户地区居住的“年轻研究者提供了一个非常有益的场所”。卡里还补充说，京都研讨会“慢慢地提高了研究者对美国各个方面的兴趣，包括那些学术界迄今为止都没有涉及过的领域……为振兴美国研究，我们在做一些辅助性工作。虽然基本上是一些诱导性的工作。但还是担心如果夏季研讨会停止的话，不仅京都大学，还有同志社（大学）的美国研究工作都会荒废”。[110]卡里在日本生活了很久，1996 年才回到美国。不过从那之后他再也没有去过日本。[111]

卡里的发言一点也不夸张。京都大学–同志社大学美国研究研讨会在日本是一个实验性的地域研究项目，是一个全新的概念。至 1959 年，美国研究夏季研讨会已经举办了七年，形式已经固定下来。研讨会持续四周，由美国讲师讲授关于六个领域的 20 堂课。[112]无论是美国人还是日本人，无论是老师还是学生，京都研讨会的内容对所有参加者来讲都具有深刻的启发意义。关于这一点，洛克菲勒基金会的工作人员也有同感。伊利诺伊大学教授文化人类学的朱利安·H. 斯图尔特教授，是 1956 年度美国研究研讨会的讲师。他曾记录道：“美国研究研讨会，不仅在计划方面获得了成功，在意料之外的外围领域也获得了很大的成功。我相信会出现更多清晰的成果……研讨会给涉及多方面的主题带来了统一性，我确信它同时也会给国立大学和私立大学间的合作问题带来
287 解决的办法。”斯图亚特教授还用乐观的语调总结说：“就算洛克菲勒基金会的补助金到期了，就算研讨会完全结束，我仍旧坚信研讨会已经在洛克菲勒基金会补助金的支持下产生了非常了不起的成果。”[113]科尔盖特大学的温德尔·H. 巴什教授和斯图亚特教授有着相同的看法。巴什教授对美国研究共同项目将于 1959 年 3 月 31 日结束感到惋惜。他在寄

给罗杰·F. 伊万斯的书信中写道："就个人而言，我希望研讨会还能再持续两三年。我已经找到了让我对京都大学和同志社大学的将来怀抱希望的一些事实……对他们来说，为了项目，图书是必不可少的。另外为了京都地区的美国研究将来可以继续发展，无论哪所大学，图书馆都是必需的设备……对于未来这也许是一项好投资。"[114]

京都大学校长泷川幸辰、京都研讨会执行委员会京都大学校方代表岩村忍教授等研究者主张："我们认为不应该抹去在过去六年里研讨会所唤起的大家对美国研究的兴趣和热情。"[115]同志社大学的松井七郎教授把京都大学-同志社大学美国研究研讨会做出的贡献概括如下："与过去不同，现在有很多人研究美国，并且获得了更多关于美国的知识，我认为这是非常好的事情。如果在战前就达到了现在这个状态的话，那么战争有可能就不会发生了。"接着松井还用乐观的语气总结说："将来美国研究在日本会愈来愈兴盛，同时日本研究在美国人中间也会变得愈来愈兴盛。我衷心希望，借此能促进两国关系朝着相互理解和更加友善的方向发展。"[116]

东京大学的教授也高度评价了日本美国研究研讨会所做出的贡献。
他们和京都的美国研究者一样，为日本的美国研究发展不断努力。在洛 288
克菲勒基金会的财政支援下，七年间共有598名研究者和研究生参加了在东京大学举办的美国研究研讨会。[117]南原校长认为，虽然美国学会还没有成长为全国性的学会，但是它为振兴日本的美国研究打下了坚实的基础。在洛克菲勒基金会的财政支援和斯坦福大学的帮助下，日本的地域研究看到了光明的前景。东京集团领导人岸本英夫教授，这样总结了东京大学美国研究研讨会在七年间取得的成果：

"在美国史研究领域，曾经参加过东京大学-斯坦福大学美国研究研讨会的现任教授们开设了11门新讲座。在哲学领域，研讨会的与会者们在早稻田大学、大阪市立大学、千叶大学开设了新讲座。而且，为了振兴哲学研究，他们还仿照美国模式成立了新学会。至于经济学领域，东京大学-斯坦福大学美国研究研讨会则促成了以下两个重要成果：一是，研究中心从马克思主义转移到了正统派理论上；二是，政府和银行开始采用本研讨会研究的新正统派理论。"[118]

庆应义塾大学的泽田允茂教授对岸本英夫就美国研究的评价表示赞同。他认为，在东京举办的一系列美国研究研讨会“对哲学领域产生了重大影响”，并接着指出了美国研究研讨会的两点具体影响，即“激发了日本年轻的哲学研究者对理论和分析的兴趣，并且渐渐弱化了马克思主义”。[119]

289 1949 年，立教大学美国研究所的调查推翻了岸本和泽田两位教授对美国研究研讨会的评价。据该调查显示，当时日本的 144 所大学中，开设美国相关课程的大学有 33 所（不到 23%）。25 年后的 1974 年，美国学会的调查显示，日本 263 所大学里，开设美国相关课程的达 208 所（79%），共开设 1912 门课程，共计有 1280 位教师负责这些课程。[120]这些数据告诉我们，美国研究研讨会与会者中大部分人都强烈渴望学习美国，并在实际行动中实践日美文化交流的理念。

同样，美国的讲师们也通过参加美国研究研讨会取得了很大的收获。斯坦福大学的教授会见了日本的研究者，为他们解答了关于美国传统和美国文化方面的问题，收获了宝贵的经验。据他们报告，日本研究者提出的关于美国历史、思想以及时事的意见和见解中有很多极富洞察力的观点。当然，美国讲师们也常常对日本研究者的见解表达自己的不同意见。他们还补充说，许多东西对我们美国人来说都是理所当然的，日本与会者的见解很多是关于这些“理所当然”的研究和再讨论，有利于激发我们的研究工作。他们坦率地承认，自己给日本研究者带去的影响远远超过了他们的预计。未来，招募的美国讲师团一定会进一步扩大美国研究研讨会的影响和机会，为促进国际理解贡献力量。[121]

1958 年，基于美国研究研讨会的成果，美国研究中心在东京大学驹场校区成立。[122]自 1950 年起，洛克菲勒基金会就一直强烈要求东京大学将美国研究夏季项目的科目正式编入东京大学的教学科目中。1957 年，东京大学终于决定制订相关计划。新计划规定，东京大学将聘请美国教授，
290 并且受聘的美国教授要在东京大学教课六个月。另一方面，新计划还允许非东京大学的日本研究者可以在一定期间内在东京大学进行研究。[123]

1955 年，国际文化会馆的成立进一步推动了战后日本美国研究的发展。如上所述（参考第五章），国际文化会馆发挥着信息中心的作

用，为在日美国学者就美国以及其他专业领域与日本学者沟通提供方便。就是这样，国际文化会馆和美国研究研讨会为日美文化交流事业扎根日本做出了贡献。

洛克菲勒基金会的影响力

1959 年，京都大学和同志社大学决定分道扬镳。此后，洛克菲勒基金会仍然以充实关西地区的美国研究为目的，继续分别为京都大学和同志社大学提供补助金。

京都大学为独立发展美国研究项目，于 1957 年 8 月在大学内部建立了美国研究委员会。美国研究委员会下属的调整企划委员会，由人文科学和社会科学四个系，即文学系、教育系、法学系、经济系的系主任组成。[124]洛克菲勒基金会坚持目标、坚决贯彻方针的做法成效显著。例如，年轻的大学教员在基金会补助金的帮助下得到了赴美留学两年半的机会。这令京都大学对美国研究的兴趣和关注度大增。另外，在洛克菲勒基金会补助金的帮助下，京都大学扩建了附属图书馆。

然而，京都大学也意识到，日本政府的紧缩性财政政策对于充实美 291
国研究项目是一个阻碍。比起社会科学和人文科学，政府对自然科学和技术的发展更有兴趣。于是京都大学“想让政府官员尽早认可自己的预算请求”。为此，还打算把洛克菲勒基金会也拉入到自己与文部省和财务省的谈判中。[125]如前所述，洛克菲勒基金会为振兴京都地区的美国研究，已经投入了大量的资金。此外法斯自身也暗示过京都集团的研究者，让他们制订计划，从日本政府那里获取资金去建立美国研究所。在这样的背景下，京都大学认为，为了说服财务省的官员同意新设美国研究讲座，必须利用洛克菲勒基金会强有力的发言权，而且基金会不太可能说“不”。[126]

另一方面，洛克菲勒基金会的法斯认识到，京都大学想要充实广义上的美国研究项目。于是基金会想出了一个帮助京都大学的办法。他们巧妙地制定了一个能像酵母菌一样对美国研究项目起到催化作用的“补助金交付模式”。法学系事件就是其中一例。法学系年轻有为的香西茂助教授是国际法专家，当时获得了洛克菲勒基金会社会科学补助金，赴美从事特别研究。洛克菲勒基金会的工作人员在访问京都大学时说服了法学系，并约定把人事空缺的法学讲座和教授的职位分配给归国后的香西茂助教授。结果京都大学法学系就开设了国际关系学和政治学的先驱性讲座。同校法学系的道田信一郎教授，在接受福特补助金的两年间去了密歇根大学和哈佛大学留学，刚刚回国。于是双方同意把另外一个仍空缺的英国法讲座换成美国法讲座，分配给了道田教授。另外还有三名研究学者，美国海事法专业的川又良也教授，接受富布莱特补助金的行
292 政法专业的园部逸夫，还有当时仍在美国研修的一名研究学者（姓名不详），他们都被分配到了各自的领域。此后也就不需要美国客座教授了。这样一来，在美国资金的帮助下，京都大学法学系用充满活力的美国研究相关讲座填补了空缺。[127]以上举出的只是法学系的例子。其实美国的补助金，增进了京都大学的四个系，即文学系、教育学系、法学系和经济系之间的关系，虽然只是小小的一步，但是为发展跨学科的美国研究做出了重要贡献。

美国的软实力及其危险性

十多年前哈佛大学的政治学者小约瑟夫·S. 奈提出了“软实力”这个词，此后这个概念被广泛传播。[128]国家为了得到自己想要的结果，不再依靠强制手段，而是通过拉拢对方国家。软实力就意味着拉拢对方国家的这种实力。[129]简单而言，软实力就是诱惑和吸引对方国家的能力。[130]软实力是一种无形的、不可计数的力量形态，通常伴随着广阔的视野和展望、自我抑制和宽容。在这个意义上，美国的软实力的本质即慈善行为，这与单纯的施舍行为不同。

第二次世界大战以后，像约翰·福斯特·杜勒斯、约翰·D. 洛克菲勒三世、查尔斯·B. 法斯这样的领导者，以及美国政府的文化宣传官员，他们都清楚认识到，大家希望美国担负起霸权国的责任。不仅如此，他们还清楚知道凭借软实力能达成什么，不能达成什么，也就是软实力的能力范围。就拿和日本的关系来说，他们把握着和日本现在及未
293 来的关系，试图借此达成美国的长期目的。其中一个目的就是开发日本的人力资源。尤其是利用软实力，培养亲美的领导者。美国富有远见的

领导者以培养能够与美国合作的亲美派为目标，并且要求他们不仅要非常了解美国，还要能够正确理解美国在世界体系中的目的。就这样，美国的精英们和日本的稳健保守派在人力资源方面保持着密切联系，互相协作，以达到操控日美关系，也就是处理日美间诸多重要问题的目的。他们期待这些精英既能够启发日本国民去理解美国，又能在冷战和热战的时候引导国民支援美国。

1953 年，国际基督教大学副校长日高第四郎提出了战后日本教育制度的“民主化”问题，感叹日本教育制度民主化的底子薄弱。日高在 1946 年至 1949 年期间担任文部省学校教育局局长，之后在 1951 年 3 月至 1952 年 8 月期间任天野贞佑文部大臣的文部事务次官。他认为，要实现日本的教育制度民主化，就一定要解决同窗学阀或大学内部的封闭性派系人事制度等大学内的各种问题。[131]

根据日高的见解，造成学阀和大学内部的封闭性人事制度的原因是大学的讲座制。据说当时学生走路都怕踩到老师的影子。[132]一般来说，高等教育领域的教授和学生的关系类似于坚固的家长制。教授被终身雇佣制束缚，他通过大学的讲座制度，就像家长对待孩子一样经常管理支配自己的学生。学生认同教授，就要对教授顺从。虽然教授没有公开承认这一点。学生会选择在口碑好的教授手下做研究，这样的学生通常大部分会原样继承导师走过的道路。因此，学生研究的机会，几乎都被限制在导师专门研究的学术领域内。这就意味着学生很有可能错失拓宽自 294
己研究领域的机会。[133]年纪大的教授培养能够在自己退休后继承自己成就的弟子，这种王朝统治般奇妙的“世袭制度”是日本大学制度神秘的一面。日本的许多文化性遗产，履行着和西方意义上相去甚远的程序，一直由师父传给弟子。[134]时常会被教授私有化的讲座制，导致了学阀和大学内部封闭性的派系人事制度。由此还衍生出党派根性，派系小团体主义（校友组成的同学会等）和精英主义等。[135]

日本大学教员的任用制度，使得教授愈来愈不关心大学以外的世界。此外，教员的人事制度又在一定程度上导致了各大学在物理上、精神上与世隔绝的状态。正因为如此，日本各大学特有的文化得以产生、维持。事实上各个大学都为相互独立而感到很自豪。如果一个大学为了填补空位而向其他大学寻求人才，会被认为是很丢脸的事情。因此，大学的人事补充方法与大学内部封闭性的派系人事制度以及维持这个制度的作风有着密切联系。战后，视察日本高等教育的美国教授也在他的报告中说，日本的大学几乎都不鼓励大学教员互相接触或者保持联系。[136]

美国的软实力给日本带来了以下几点影响：第一，美国的软实力帮助金字塔形的序列化秩序在战后日本的学术界复活，事实上，这个秩序和战前的非常相似。这意味着，美国的软实力帮助东京大学再次登上了日本高等教育制度的顶点。而且，美国的软实力不仅维持了传统的讲座
295 制，还使得它更加牢固。换一个说法就是，美国的软实力进一步巩固了日本的高等教育制度，强化了学阀或大学内部的派系人事这一有害制度。

本书中，我们用事实证明了东京大学和京都大学之间存在着的围绕美国研究研讨会的激烈的对抗意识。日本大学的权威主义和排他性与学阀或者大学内部的派系人事制度脱不了干系。具有讽刺意味的是，虽然不是有意地、直接地，但美国的软实力对日本高等教育制度的序列化和中央集权化产生了极其重大的影响。[137]

第二点，美国的软实力使日本的研究学者养成了依存于他人的习惯和癖性。战后日本的美国研究非常依赖美国的资金，这一点在前面已有论述。战后的日本，许多积极向上的年轻研究者以长期留学海外为目标。但当时的日本非常贫穷，连旅费都无法在日本国内筹集，更不用说留学所需的费用了。对美国满怀兴趣的年轻研究者，将洛克菲勒基金会和福特基金会视为宽容大方的、慷慨拿出补助金的资助者。正如对东京研讨会和京都研讨会的研究结果显示，他们逐渐依存于那些宽宏大量的美国基金会。

关于“依存性”的问题，1954 年，时任洛克菲勒基金会会长的迪恩·腊斯克在美国议会的听证会上做了以下具有针对性的发言。他说：“来自政府的温情主义（来自所有集团的）的援助，可能会腐蚀不屈的精神，导致人变得软弱无能。”[138]日本的美国研究者对外部资金的依赖心理和依赖程度过于严重，他们持续向美国索求资金。同时，为了把日本

留作自由世界的一员，美国的基金会也持续向日本伸出援手，某种意义 296
上，美国认为有必要使日本养成对自己的依存性。日美依存的链条，与1954年腊斯克在议会所强调的洛克菲勒基金会的原则是背道而驰的。日本对美国资金的这种过度依赖，最终也会对美国研究的学术性成果产生不可避免的负面影响。1955年度洛克菲勒基金会补助金的获得者、历史学专业的有贺贞教授，于1980年尖锐地指出了这种影响。即美国的“过度”宽容，不仅在学术研究方面扭曲了日本的美国研究，还慢慢地腐蚀了日本研究学者的学术自由。

美国的资助者们，期待那些美国研究者在结束漫长的美国留学生活，回到日本之后，能在日本社会的重要领域做出建设性的重要贡献。在美国的研究生活经验不仅有利于研究者确立自己的身份，还能增加其学术的权威性，而且对建立自己的人生事业也有正面影响。研究者以为回到日本，等待着自己的会是名校的教师职位，或者与之相当的其他职位。可是，日本的高等教育机构，尤其是设置美国研究项目的大学，经常调整编制。结果，在许多情况下，这些被美国视为拥有亲美权利和影响力的日本精英，只能被许多大学当作一般大学教员雇用。

从美国回来的研究者如果能马上在日本找到工作，那只能说是太幸运了。因为日本的就业岗位非常有限。况且，就算已经在工作的研究者也经常会遭遇希望的破灭和挫折，因而感到无法安定下来。无论你留美期间学的是什么，上司和其他教员等对此都没有兴趣，研究者回国后会再次被保守的人们所包围。例如，获得富布莱特奖学金后在杜兰大学和加利福尼亚大学洛杉矶分校留学的研究者，归国后因前来迎接的上司表
现出的冷淡而感到愤懑。他说：“从美国回来之后，我想把自己的授课 297
方法改成以讨论为中心，要求学生提交小报告这样的形式。”但是，当他把授课方法改成讨论之后，经常会听到同事说“你只是在滔滔不绝地讲话罢了”。[139]显然上司没有对他改革授课方法这一举动给予肯定。同样，有一位同志社大学的年轻助教，在掌握了美国的授课方法后回国，却遭遇到更加令他失望的经历。据他自己跟美国人所说，他被负责英文作文的部门“排挤”了。[140]

像这样不幸的事件也许并不频繁。但是也能说明要从内部改革日本

保守的高等教育制度是非常困难的。有些日本研究者意识到了这样的不幸有可能会发生在自己身上，因此，他们中的大多数人认为完成美国研究回国时，不应该把美国的做法带回日本。正如第二章中论述的，日本的研究者对西方文化一直怀有日本人特有的矛盾态度。1980 年代，由于经济摩擦，日美关系紧张，两国关系陷入危机。当时的日本社会需要大量关于美国的信息。可是美国研究的专家却无法充分满足这种需求。以上所讲的文化隔阂问题，也许能从某种程度上说明为什么美国专家不能充分满足社会的需求。

第九章　有名无实的民主主义 299

真正的民主主义必须发源并发展于国民自身，它需要经历很长的时间，而且应该是一个渐进的过程。

——约翰·D. 洛克菲勒三世，1951 年

战后，日本人将美国人的到来视为救世主的到来。日本人原封不动地接受了“救世主”带给他们的民主主义，却并没有试图建立自己的民主主义。民主主义也逐渐与商业主义混为一谈。

——大原总一郎，1952 年

日美同盟目前仍处于一种根基相对不稳定的状态。危急时刻，维持日美同盟关系所必需的某些知识性的、政治的和文化的基础尚未扎根。

——《康伦报告书》，1959 年

日本的民主化，是盟军总司令部在战后对日占领的约七年时间内，完成的诸多改革中的一项重要遗产。美国的知识分子，尤其是外交关系委员会的研究员对日本的民主化这一复杂问题究竟作何评价，以及为何美国的知识分子认为战后日本的民主主义是肤浅而表面的（尽管占领当局是站在理想主义的立场上，并且付出了令人感动的努力），本章将对这些问题进行探讨。另外，也将就战后日本的民主主义与商业主义和消费主义被联系在一起的原委进行探究。笔者想要指出的是，战后的日 300

本，虽然根据占领当局的指令和指导实施了民主改革，但这也导致了日本人对美国软实力依存度的提高，因此民主改革不仅没有使战后的日本形成自己的民主主义，反而导致其堕落为商业主义和消费主义。

从占领初期到占领结束后不久，美国的日本问题研究专家对占领改革进行了一系列查证和总结。目的就是为了探究民主主义试验对日本社会的意义以及影响。大部分美国的日本专家曾经是占领当局的官员。这些拥有敏锐观察力的专家聚集在外交关系委员会，探讨美国主导下的对日改革的效果，试图找出改革的历史意义及其作为历史遗产的影响。在占领结束后不久的一个阶段内，想要完全理解占领改革的意义是一项十分困难的工作，准确客观地对其进行评价更是难上加难。关于改革的成果，如果从经济和公共卫生这种可见的、可衡量的具体领域和事实进行分析，会相对容易一些。但是如果对象换成了人们的价值观和思想等抽象事物，想要客观地评价改革在这方面的真正效果则是十分困难的。因此，占领当局自然对日本的民主改革进行了高度评价，诸如改革在短时间内取得了巨大成效等，对民主改革的前途抱有过度乐观的估计。另一方面，与占领当局相比，美国国内的观察者则更加谨慎，他们对日本民主主义今后的发展虽未表示怀疑，但也并不乐观。但是，大多数美国国民却对日本的各项民主改革做出了非常积极的评价，非常看好未来日美关系的发展。在他们看来，与其说日本是美国多余的“负担”，倒不如说日本这一东亚地区的同盟国是自己的某种“资产”。

301 外交关系委员会

外交关系委员会于 1921 年在纽约成立，其目的是从广阔的国际主义视野出发探讨外交问题，解决因孤立主义倾向而造成的各种问题。在资金方面，外交关系委员会得到了洛克菲勒基金会等的大力支持。外交关系委员会发挥着向联邦政府提供知识和人才支持的作用（现在其职能也基本未发生变化），以解决美国面对的各项课题。在经历了“二战”和冷战等的痛苦之后，外交关系委员会已经成长为“研究国际问题的最重要的且唯一的民间机构”。[1]在第二次世界大战和冷战期间，这一民间专家集团一直担负着向国务院、国防部、安全委员会等联邦政府组织的中坚核心部门提供人才的职能。也就是说，外交关系委员会实际上发挥着联邦政府的人才录用中心的职能。譬如，《华盛顿邮报》专栏作家约瑟夫·卡夫就评价外交关系委员会为“人才和点子的培养器”。[2]其他作家也认为外交关系委员会是“参与国家外交政策的团体中，十分重要的专家集团”。[3]

外交关系委员会的主要职责是讨论外交问题，并形成了三层式结构。[4]第一层叫作“晚餐会式讨论会”，全体委员都要参加，倾听国务卿以及正在华盛顿访问的外国政府高官等著名政治家的演讲。第二层是在傍晚举行的小型会议。这一会议通常会受到严格限制，不对外公开，由被邀请参会的名流和被选拔出的多名委员进行非正式的讨论。第三层则是由委员会内部某些特定领域的专家组成的研究班。各研究班定期举行 302
会议，就各自所承担的重要国际问题进行反复讨论。参加日本问题研究班的有在各自专门领域内学识渊博的大学教授和联邦政府的高官，还有从洛克菲勒基金会以及太平洋国际学会等民间组织请来的知识分子。通过这种层级式的方式研究讨论世界问题，不仅能够使实业界、经济界以及政界人士与精通政策和政策制定的人物保持接触，并且能够广泛获取学术调查的分析结果。[5]本章的研究对象正是位于第三层的日本问题研究班专家的观点。

外交关系委员会日本问题研究班

外交关系委员会日本问题研究班早在第二次世界大战期间就已经开始举行活动了，战后则开始更加频繁地举行集会。研究班在 1945—1946 年间和 1947 年分别就“东亚问题”和“日本问题”进行了讨论。此外还在 1948—1949 年间探讨了“日本重建问题”。研究班在 1950 年代初期就美国的对日占领问题进行了广泛的追踪调查。这项调查在较大范围内分析了占领改革给日本带来的社会、政治以及文化的影响，同时细致考察了占领改革留给后世的遗产。对日媾和问题以及日美文化关系等重要问题也是其调查和研究的对象。后两个问题都是为了探寻对日占领结束后日美关系该如何发展而进行的。科尔盖特大学的埃弗雷特·凯斯，曾在1950年和1951年的两年内担任“对日媾和条约问题”项目研究班的班长，哥伦比亚大学研究日本史的教授休·博顿担任研究班的书
303 记。[6]此外，1952—1953年间实施的“日美文化关系”研究项目中，约翰·D. 洛克菲勒三世担任讨论会的委员长，外交关系委员会研究员罗伯特·S. 施万特斯则担任调查研究项目文书一职。[7]

给民主主义下个定义

给民主主义下一个准确的定义，是在评价美国占领下的日本民主主义改革成果时不可缺少的。那么，究竟应该如何定义民主主义呢？围绕这一问题而产生的诸多问题也是最让外交关系委员会的委员们感到头痛的。[8]在研究班的成员当中，虽然有一部分人在战前已对日本有着深刻的了解，但是对于其中大部分人来说，他们对于日本的理解和体验还相当有限。他们对日本最初的体验大多是在太平洋战争期间参加对日战斗的经历，或者在对日占领期间作为盟军总司令部的官员被派到东京任职的经历。他们的共同点在于，对于日本所直面的紧急问题，总是从旧占领军改革者或者日本问题研究专家的角度出发进行讨论。

美国的日本问题专家首先就民主主义互相交换了意见，在“自由开放的社会”这一概念上达成了共识。在定义民主主义时，他们援引美国和其他西欧民主主义国家的例子，试图从中寻找经验和教训。他们在心中描绘出的理想的民主主义，是一种“民众凭借自己的意见自发构建起的统治形态”。[9]他们认为，在开放的社会中，将原有的秩序置于监管之下是一种十分重要的手段。而民主主义就是维护这一手段的政治体制。这一理念成立的前提是：民众积极地参加社会活动，自主地决定自己的社会目标。在民主社会中，为实现人类幸福这一终极目标，需要所有民
304 众认识到社会事务的重要性，并且持有理智和敏感的态度。另外，政府也必须竭力避免做出违反社会全体意志的专制行为。社会舆论是使民主主义时刻充满活力且保持功能健全必不可少的因素。民众为了维护自己的自由和权利，必须能够站起来与压迫做斗争。[10]

根据上述民主主义的理念，国民的思想自由、行为自由以及科学调查自由等个人的基本自由必须得到保障，另一方面，政府要为国民服

务。这些理念形成了民主主义最根本的要素。并且，在民主主义之下，作为个体的人的尊严和平等权利都必须得到承认。在美国国内，个人的权利优于一切，人们对于自由真理的探索被视为无可取代的神圣的事情，至少在理论上是这样。[11]美国的日本问题研究专家坚信，无论信仰和肤色如何，人人都应享有平等的权利。这些理念和理想成为形成美国民主主义的不可或缺的因素。[12]诗人阿奇博尔德·麦克利什在1944—1945年间曾任负责文化宣传事务的助理国务卿一职。麦克利什说："自由表达思想、自由交换意见是我们政治信条的根本所在。"[13]这一观念成为研究班成员在定义民主主义时共同的价值标准。不言而喻，美国对民主主义的定义是理念性的，而不是一种现实状态。无论美国还是其他国家，在相当多的情况下，作为理想的政治体制的民主主义和作为现实状态的民主主义的性质会完全不同。

对占领下的"民主主义试验"的评价

外交关系委员会日本问题研究班的委员们就美国的对日"民主主义试验"成果展开了连续的讨论。他们认为，试验成功与否与今后日美关 305
系的发展有着很大的关系。研究班委员们认为，"民主主义试验"除了在某些特定领域取得了一定的成效之外，也存在令人失望的方面。日本和日本文化方面的专家们在讨论时，一方面将自己的知识悉数道出，另一方面表现出他们生搬硬套美国民主主义的定义来解释日本社会现实的倾向。这也屡次暴露出他们对于日本和日本文化的先入为主的观念和偏见。

关于美国的民主改革对日本社会的影响，日本问题研究班委员们总体认为，尽管美国人付出了令人感动的努力，但是改革的影响还是仅仅局限于表面。甚至大部分的日本问题研究专家对日本民主主义抱有悲观的态度。他们的理由多种多样。譬如罗伯特·S. 施万特斯认为，虽然日本人在行政技术上的某些细微的方面接受了美国的指导，但是美国民主主义基本上没有给日本社会带来任何影响。[14]同样，休·博顿也认为民主主义并没有在日本深深扎根。休·博顿是美国哥伦比亚大学的教授，1945年被任命为国务院远东局日本科科长助理，1947年任国务院远东局局长特别顾问。[15]曾任美国驻日本大使馆参事、国务院远东局局长特别顾问的尤金·H. 杜曼也与博顿持有相同的观点。[16]两人虽然都没有完全否定在日本的民主主义改革，但也谈不上高度评价。为此，外交关系委员会日本问题研究班的委员们便将研究的重点放在了为何民主主义没有像人们期待的那样在日本生根发芽这一问题上。

围绕民主主义在日本根基浅薄的原因，日本问题专家们展开了热烈的讨论。最终大体上分成了两个派别。一派由约瑟夫·C. 格鲁、杜曼等国务院中较为保守的专家组成，有时也称他们为“旧亲日派”。另外
306 一派主要由美国的自由派以及旧新政改革派组成。他们中的大部分都曾在日本民主主义改革期间拟定并执行改革方案。

前者基本上毫无例外地认为日本民主主义是根基浅薄的，他们试图用“欠缺理论”来说明这一点。根据他们所提出的“欠缺理论”，日本和日本人没有能够形成近代欧洲式的民主主义、平等主义和个人主义原则，个人自由没有得到全面发展。“旧亲日派”对于日本和日本文化一直抱有“本民族中心主义”式的固定观念，对日本人的统治能力表示怀疑。[17]“旧亲日派”认为，日本的思想及精神传统里不存在或者说基本上不存在那种近代的特质。[18]与此相对，由自由派及旧新政改革派组成的后者则列举出了日本民主主义根基浅薄的两项原因：第一，民主主义被引入日本时日尚短；第二，日本国民在民主政府统治下的政治经验不足。

保守的“旧亲日派”

“旧亲日派”的代表人物杜曼，从文化和神学的角度阐释了日本民主主义根基浅薄的原因。他指出，由于日本国民并非基督教教徒，民主主义的概念作为一种外来思想，对他们来说是完全不能被理解的。杜曼认为，“民主主义与权利意识相结合，后者又与人类的本质密不可分”，民主主义之所以能够在欧洲生根发芽，正是由于“欧洲民众长期熟知基督教理念，相信神人一体”。[19]并且，他还主张日本现在并不存在民主主义的概念，日本所有的法律和规范都不是反映“与人相关的权利”而
307 是“与物相关的权利”。即便是明治时期的近代法律，也只不过是划定

神赋予我们的自我责任的范畴。根据杜曼的说法，日本民主化改革软弱无力的原因正是因为日本不存在接受民主主义的基础。[20]

“旧亲日派”保守的美国人认为，占领改革是在“在日本进行民主化改革是可能的”这一错误的幻想基础上施行的，日本的民主主义根基浅薄并且有名无实。他们批判民主改革，认为将美国的民主主义移植到日本这样的文化性质截然不同的国家，不仅不会有任何的回报，而且对于美国本身而言也是非常严重的过失。保守派夸大了日美文化的差异，并且低估了日本国民对美国民主主义概念和民主政治原动力的理解能力，所以才做出了上述的评价。也就是说，他们认为无论是从文化的角度还是从历史的角度，民主主义的概念都与日本本国的性质截然不同。因此，保守派不仅否定了日本民主化的可能性，而且对这一想法也嗤之以鼻。另外，他们为了证明自己主张的正确性，列举了如下三项原因：第一，西方与日本决策制定的方法不同；第二，日本人的国民性；第三，战争结束初期日本社会的状况。

“决策制定方法”的不同

“旧亲日派”保守主义的日本问题研究专家认为，虽然日本为构建民主政治制度引入了民主法律体系和政府组织结构，但是由于西方民主主义的“决策制定方法”与日本社会惯用的方法不同，所以西方民主主义并没有被日本社会完全吸收。[21]

保守派指出，西方民主主义基于少数服从多数的原则制定议会决策，其间通常伴有大大小小的争论。所谓议会决策制定方法是指议会将 308
法律、惯例和相关法律程序，在决策中加以应用或遵循先行惯例来发挥其政治体的机能。也就是说，在少数服从多数的原则下，获得较多支持的决定生效。与此相对，在日本社会中，双方同意或是全体通过的协商、解决问题的方法受到重视并在实践中普遍应用。日本认为双方同意或是全体通过的统治方法，虽然需要耗费较长时间和较大的精力，但这是获得社会安定所必须付出的代价。[22]

保守派日本问题专家指出，通过全体一致的原则来制定决策的方法会使少数派的意见破格得到重视，并且因为其“少”常会得到大众的同情。在极端场合下，少数反对派甚至会采取阻碍议会议事的行动。这意味着，在这样的议事过程中，少数派实际上既享有否决权也有造成政治混乱的能力。其结果则可能是因政治混乱，导致民众丧失对议会政治的信赖，民主主义也因此陷入危机。[23]为此，保守派专家认为，在这样的社会惯例之下，西方民主主义很难真正在日本扎根并有效发挥作用。[24]

国民性

“旧亲日派”的美国专家认为，日本民主主义根基浅薄的第二个主要原因在于日本人的国民性。也就是说，他们认为日本国民缺少追求真正独立的精神，即缺乏主体性。保守派认为，日本的民主主义不是日本
309 人自己创造出来的，而是由“第三者”即美国占领当局带到日本并使其制度化的。他们提出，战后盟军总司令部一方面破坏了旧态依然的前近代社会秩序，另一方面，强制日本国民建立新的民主主义体制。换言之，战后驻留在东京的美军政府虽然将建立民主政府所必需的法制体系和政治机构引入日本社会，但是日本国民仅将其视为外来之物而简单地接受。因此保守派专家认为这只不过是他人意志之下的民主化。尤其是杜曼认为，占领改革带给日本的只不过是民主方法的结构而已。休·博顿也赞同尤金·H. 杜曼的观点。[25]

另外，保守派美国日本问题专家认为，日本民主主义根基浅薄的原因在于日本国民缺少对民主价值的理解，欠缺构建民主主义体制的能力。他们之所以这样认为是因为，他们怀疑日本国民是否具备民主主义所必不可少的自治能力。但是，假若他们稍微了解一下日本近代史便会发现，自明治、大正时期以来，在日本普通国民之中就有着深厚的民主化运动的基础。1870—1880年代由板垣退助和中江兆民领导的自由民权运动就是一例。他们在设立民选议院建议书中提到“人民，凡是承担向政府纳税义务之人即有评价政府好坏之权”，要求由人民来管理政府。[26]但是这里所提到的“人民”仅指纳税人中的“士族及权势之家的农、商”等的资产阶级。其他民主运动的例子还有1910年代由平塚雷鸟领导的妇女解放运动，该运动以杂志《青鞜》为主要阵地。此外，

还有 1920 年代的“大正民主”运动等。

我认为，保守派的美国人轻视日本人的种种言论，是由于他们对日本近代史上重要的民主化运动丝毫不熟悉，或者也可以说是他们有意识地无视所造成的。310

战后的社会状况

保守的“旧亲日派”认为日本民主主义肤浅的第三条原因与“二战”结束后不久的日本社会状况有关。曾任美国驻日本大使馆参事官的杜曼指出，战败后日本国内的社会道德观彻底崩溃，这也意味着建立民主主义所必需的社会基础的丧失。杜曼认为，社会道德观念是民主主义形成和发展必不可少的要素，它的欠缺意味着民主主义不可能有效发挥其功能。[27]他极力主张，“自由”的概念是美国的核心价值观之一，与“放任”的概念完全不同。关于自由的二重性，杜曼这样认为：“我们不能仅仅因为享有自由的权利而沾沾自喜，我们还必须为实现自由所要求的社会责任而不懈努力。”杜曼提到，日本国民若不能满怀责任感为追求自我权利而战斗的话，日本民主主义的发展恐怕很难实现。他认为“如果认为仅仅有了它（民主主义制度的导入），便能形成民主主义的话，那么就大错特错了。这是因为日本人自身内部没有任何改变”。[28]

法兰克 · B. 吉尼一世也支持杜曼的观点，他指出，在日本历史上，每当既有规范崩溃之时，社会总会陷入明显的无秩序状态。[29]吉尼是一名新闻记者，曾在 1949—1951 年间被派遣到时代生活杂志社东京分社工作。他是当时在东京的四位会说日语的外国记者之一。[30]

历史学家约翰 · W. 道尔在其普利策奖获奖作品《拥抱战败》中指出，保守派美国人对日本民主主义所持有的否定意见，实际上折射出了美国精英阶层和日本问题专家对日本普通民众的蔑视和种族主义偏 311
见。[31]道尔认为，战后美国精英阶层仅与日本的上流阶级进行接触和交流，透过他们来认识日本民众。因此才会执意认为日本民众不具备自治能力并给予日本民众极低的评价。同时，就像连锁反应一般，日本上流阶级对普通民众持有的偏见也随着他们同保守派美国人的密切交流而不断加深。如此这般，日美两国的精英们便将日本的普通民众描绘成惧怕权威、依赖他人的“顺从之民”。[32]暂且不论他们对于日本人的看法是否合适，美国的日本问题研究的精英对日本普通民众和民主主义给予极低评价还有另一个重要原因，那便是太平洋战争残留下的影响，即他们互相之间对旧敌的憎恶感。日美两国国民在不久之前还将对方视为憎恶的敌人而互相作战，死伤者无数，最终以悲剧的结果结束了战争。若将这一原因考虑进来的话，我们便能够理解为何美国人会对日本的民主主义做出如此否定的评价了。

旧新政改革派

旧新政改革派属于外交关系委员会日本研究班的第二集团，在日本民主主义根基浅薄的问题上与第一集团“旧亲日派”持有相同的看法。但是在很重要的一点上与第一集团意见相悖，这就是他们是自由主义者，是彻头彻尾的乐观主义者。第二集团的日本问题专家认为，只要对日本国民进行适当的再教育并给予他们充足的时间，日本社会不仅可以在法律体系、政治制度等“硬件”方面，而且在思维模式和行为方式等“软件”方面也会发生变化。这些十分乐观的日本问题专家并没有像第一集团的专家们那样，认为日本人是从本质上缺乏自治能力的。[33]
312 不仅如此，他们还认为只要满足必要条件，一定能使民主主义在日本生根发芽。只是他们同样对日本民主主义根基浅薄一事感到沮丧。

美国的自由派和旧新政改革派人士将日本民主主义有名无实的原因归结为以下两点：第一，民主化改革进行的时间较短；第二，日本政府和日本国民缺乏民主政治的经验。就时间短这一问题，曾在名古屋任职的美国政府的宣传负责人提到，对日本的“大多数民众来说，民主主义这一理念仍然是全新的”。[34]关于第二点民主主义的经验，美国人认为，虽然社会舆论能使民主主义保持活力这一重要作用已经数次被提及，但是日本国民似乎仍然没有完全把握舆论所发挥的重要作用。比如说，战后留在日本的美国人观察到，日本的保守主义者专注于如何在国会获得压倒性的多数优势，而没有竭力发动舆论。也就是说，日本的普通民众并没有充分理解舆论对于维护、增进利益的重要性。[35]

对于日本而言，在七年军事占领期间要理解民主主义的概念并将其与自己的血肉融于一体，从时间上来看恐怕有些紧迫。1951 年公布的美国情报教育局的报告书说道，日本人想要吸收美国民主主义的理念和制度现在看来还须假以时日。此外，报告书中也提到，在日本想要让民主主义的价值得到更加广泛的理解，使日本国民能够完全灵活地运用民主主义制度需要更长的时间；想要通过教育和政治本身启迪社会底层国民的民主主义观念，使他们对新的社会秩序抱有关心则需要耗费更加长久的时间。[36]旧新政改革派改革人士眼中的日本人，不但没有完全吸收民主化改革，而且没有明确稳固的目的意识。另外，普通民众因为基本 313
上不能理解美国的政治理念，乃至对于民主主义规则漠不关心或者持怀疑的态度。美国人认为，随着大量的隐匿物资事件以及 1948 年“昭和电工丑闻案”等渎职事件的发生，日本人对政治漠不关心的趋势更加严重。[37]

美国人认为日本民主主义根基浅薄还有其他的原因。比如说在占领期间，日本人与美国人的接触非常少，日本国民基本上没有什么机会直接向美国人学习民主主义。尽管战后美国对日占领的时间长达七年，但是日本人与美国人的接触总是被限制在最低范围内，所以真正能够和美国人建立起有意义的个人关系的日本人少之又少，能够从美国那里学到的东西也不多。美国占领军的军宫和士兵原则上不被允许同日本人自由接触，日本人也决不能同美国士兵接触，除非有特殊情况。这在当时的情况下是不得不采取的措施。比如说，1945 年 9 月 6 日，日本《每日新闻》就报道了位于东京都立川地区的盟军骑兵部队上校发出禁止夜间通行的命令一事。这是盟军总司令部为避免占领军同日本民众发生不必要的摩擦和冲突而采取的方针。[38]在盟军占领日本的第一年，仅神奈川县一地发生的犯罪事件就达 1929 起，其中包含杀人和盗窃等重大案件。但嫌疑人最终被逮捕的案件仅有 51 起。[39]据某项统计，美国占领军的军官和士兵平均每月都会制造两起杀人案件或其他重大案件。[40]

事实上，基本上所有的美国人都处在同日本社会隔离的状态。同样，日本人也基本和占领军没有任何接触，因此也基本没有向他们直接学习民主主义的经历。[41]美国人中有人毫不避讳地声称，这种隔离政策

314 的原因在于“种族主义”。也就是说，日本人虽然自尊心极强且骄傲自大，但是在欧美占领者看来，他们只不过是比不上自己的劣等民族罢了。因此，欧美人和日本人在一起时，无论在什么情况下他们总会对日本人施加屈辱。自认为拥有先进文明的欧美人为了不与日本人平起平坐才制定了隔离政策。[42]在军事占领开始后不久，便有了仅向占领军士兵开放的特别的“慰安所”。据某苏联特派员从美国人那里听到的消息，欧洲人和美国人为了预防感染性病和肺结核等传染病，才采取了设立“慰安所”这样的隔离政策。我们暂且不提此种隔离政策是否奏效，但是从厚生省公布的《战后日本性病现状》白皮书来看，1948 年日本的性病患者多达 84026 人。因此，日本人讽刺地将“梅毒”称为“美毒”。[43]

实际上，在占领期间占领军军官和士兵属于日本社会的特权阶层。他们将日本视为自己的飞地*，在日本建立起“小亚美利加基地”似的文化“飞地”，并实施“隔离政策”。[44]哥伦比亚大学比较文学的日本问题专家唐纳德·基恩教授，对生活在“隔离状态”下的美国士兵及其家属的“窘况”做了如下描述：美国人所能接触到的只有“品行最坏”的日本人而已。他们为了私利学习英语，并用他们那“乱七八糟的英语”来和美国人搭话。[45]这里的“品行最坏”的日本人指的是当时被称为“邦邦女郎”的妓女，“乱七八糟的英语”则指的是妓女们的日语同美国兵乡音极重的英语混杂而成的不伦不类的语言，又被戏称为“邦式英语”。[46]基恩教授认为，生活在“隔离状态”下的美国士兵及其家属在日本人当中的名声并不好。在此之前，日本人的反美情绪并不如现在这般强烈，人们只是极其平常地谈论着这些事情。[47]基恩在英国剑桥大学获得了日本文学博士学位，31 岁时得到福特基金会的资助来到日本，
315 在京都大学大学院进修。在日期间，他与谷崎润一郎、川端康成及三岛由纪夫等日本文豪私交甚好。

尽管针对日本国民没能接受美国民主主义的批判声此起彼伏，但是也有美国专家认为，占领改革为日本社会做出了重大的贡献。比如盟军

---

* 飞地：一国位于其他国家境内或被其他国家领土所隔开，而不与该国主体相毗邻的一部分领土。——译者注

总司令部经济科学局分析官西奥多·科恩就认为占领改革使日本避免了重蹈战前旧体制覆辙的悲剧，并且对占领改革给予了积极的评价。同时，科恩也注意到了占领期间日本民主新势力的逐渐兴起。[48]外交政策协议会（Foreign Policy Association，FPA）是一个帮助美国国民开拓国际视野的非营利性组织（Non-Profit Organization，NPO）。曾是这一组织成员的布鲁克斯·艾迈尼也同科恩一样，对占领改革所发挥的抑制作用做出了高度评价。艾迈尼认为，以朝鲜战争为界，日本的重建军备、宪法修正、小选举区制的引入以及教育的中央集权化等一系列措施，都是为了修正或调整占领改革而采取的措施。只是，艾迈尼对日本民主主义的估计过于乐观。他认为，占领改革使得日本国内诞生了诸多新兴民主力量，因此即便是在占领结束之后，日本也不会立即重回战前的旧体制。艾迈尼虽然意识到了战后的日本仍存在几股旧势力，试图重新恢复战前的旧体制，但是他认为即便如此，因为有抵御他们的民主力量的存在，所以日本并不会重新回到中央集权的旧体制。[49]

威廉·J. 乔丹在卡内基基金会的赞助下，以新闻团体成员的身份参加了外交关系委员会日本研究班。他表达了与西奥多·科恩相同的意见，即占领下的“民主主义试验”使“力图使日本重回战前危险体制的势力得到抑制”。[50]乔丹认为，战后日本工会运动得到认可并如火如荼地开展起来，选举投票率提高，这些都有力地证明了盟军总司令部实施的民主改革正将日本国民引向解放的道路。实际上，日本的投票率已超 316
过了被视为民主主义发源地的美国。与尤金·H. 杜曼的观点不同，乔丹认为日本人并没有完全忽视自己的社会责任。他指出日本社会对犯罪行为的态度一向十分严厉，所以整个社会的犯罪率比较低，并以此例来佐证自己的观点。乔丹说道，如果以美国的标准来评价盟军总司令部的占领改革的话，或许会得出改革成果有限的结论。这也许是因为，在作为改革的实际实施者的总司令部官员眼中，改革并没有如他们期待的那般顺利进行，或者他们觉得应该有实际的更有利于改革的改革办法。因此，乔丹认为，虽然美国人对日本民主主义的未来抱有极端悲观主义的看法，但他却无法找到美国人这样认为的依据。[51]

其他的日本问题专家中也有人从日本社会的固有传统中发现了民主主义的特征，而这种民主特征与美国的占领改革无关。他们也大都对这些特征给予积极而正面的评价。比如说，长老派传教士亨利·博芬柯克就指出，在日本村落的生活方式中，民主主义在一定程度上得到了认可。亨利自1932年以来便在日本各地开展活动，基于这些经验他提出了上述观点。但亨利也承认，日本的民主主义与美国的民主主义相比，民主机会受到限制，个人权利也很难得到保护。曾任日本基督教布教委员会事务长的亨利·博芬柯克想要强调的是，在基督教尚未完全渗透的日本村落中，民主主义竟然能够得到认可，这是一个令人惊讶的事实。[52]罗格斯大学的阿达斯·伯克斯教授在日本农村社会的“米根”（模仿美国社会的“草根”的说法）阶层内部，注意到了民主化的另一侧面。那就是在日本地方社会中流行着一种“市民大会”制度。但是日
317 本的“市民大会”与美国不同，它并不根据居民的投票情况而明确表态。根据伯克斯教授的说法，这是因为居民若在市民大会上陈述己见的话，会妨碍传统的集体作业方式，而这种方式是水稻生产所必不可少的。另外，伯克斯教授还提到日本人为了开展农业生产结成合作社组织。[53]

这些日本专家还从日本人的传统生活中发现了其他的民主特征。哥伦比亚大学的哈罗德·G. 亨德森说道：“实际上，大部分的日本人都拥有虔诚的信仰。美国人也应该向日本人学习他们的宗教心。”[54]生于纽约的亨德森求学于哥伦比亚大学，在日本文化方面造诣颇深。他在盟军总司令部民间情报教育局首任局长肯尼思·R. 戴克手下，负责教育宗教部门的事务。[55]宾夕法尼亚大学日本史教授希拉里·F. 康罗伊教授赞同亨德森的意见，他指出，“美国人应该更加积极地向日本人学习”。[56]博芬柯克教授如果听到亨德森的看法的话，也一定会表示“深得我意”。他提到日本人的“尊老之心、祈愿礼节以及与自然的和谐”，才是美国人应该向日本人学习的。[57]这些日本问题专家以一种“奉承”日本的方式，表达了他们心中理想化的体制以及对日本的固有观念。可实际上这些言论大都脱离实际，也就是我们所说的重复二分法的“东方主义”式的东西罢了。日本许多具有传统价值的东西在战后早就已经消

失了。

在评价异文化的价值时，有的日本问题专家注意到了文化价值的相对性这一问题，比如太平洋国际学会的威廉·L. 霍兰以及前面提到的威廉·J. 乔丹教授。他们认为，各个国家因为历史、文化和传统的不同，形成的民主主义的性质也不尽相同。比如说，霍兰就提出“我们美国式的民主主义不一定与日本的民主主义相同”。[58]乔丹也赞同霍兰的意见，他认为占领当局认同并使用的民主主义的概念，实质上是美国式的 318
民主主义的概念。乔丹说道：“将（民主主义的）概念运用于日本时，其结果可能是产生与美国式的民主主义不同的体制（不能称其为非民主主义体制）。这种体制可能会使日本民众感到十分满意，也可能会对阻止日本重回战前的危险状态发挥作用。”[59]这些言论也说明了为推进民主改革，专家们最关心的问题是如何在日本实现非军事化，而此举正是为了消除日本对美国的威胁。

美国的占领政策及占领改革最终能否成功，在很大程度上受到与日本相关的国际形势和日本国内形势的影响。美国驻日本大使馆的高级官员们也注意到民主主义扎根于各国不同的土壤，就会形成各自的特征。因此他们也指出了将美国式的民主主义原封不动移植到日本所存在的危险。这些高级官员认为：“对日本来说，容易被接受的各项民主主义制度是可以在日本的文化传统和社会目的中确立形成的，这种制度没有必要与盎格鲁-撒克逊式的民主主义或者其他‘外国制造’的民主主义相同。”[60]约翰·D. 洛克菲勒三世说：“真正的民主主义必须发源且发展于国民自身，它需要经历很长的时间，而且应该是一个渐进的过程。”[61]这一论述使我们想起了斯大林的一段关于战争问题的表述。他说，国家的国民若是想要有自己的人生，就必须坚信除了革命别无他路。只有下定革命一定要成功的决心并付诸行动才能成功，革命绝非像商品一样属于可以随意输出之物。[62]可是，洛克菲勒认为日本人缺乏依靠自身发展民主主义的能力。但是他说道：“通过从外部世界获得的范本，以及友好国家的理解和支持来发展民主主义也是可能的。”[63]毫无疑问，我们可以 319
看出洛克菲勒是属于亲日派的，他的言论明显表现出保护人般的对日本人的温情态度。[64]

战后美国在日本的软实力

西奥多·科恩认为，从总体上来看占领改革是成功的。当时，在一些美国的方法不能完全适用的领域，占领当局依然强制实施改革措施。科恩对这种做法进行了批判。[65]阿达斯·伯克斯教授则说道，在没有完全考虑对方国的社会状况的情况下，便强行将美国的社会制度移植到国外的做法是不合适的，甚至是傲慢的。伯克斯教授认为美国人期待日本人“能够迅速接受占领当局强制施行的改革”这一想法是不正确的。[66]希拉里·F. 康罗伊教授也赞同这种意见。他提出：“我们美国人总是认为能够将所有东西悉数教给日本人，但是这一前提本身就是错误的。”[67]

无疑日本国民对美国及其发达的产业和科技充满了纯粹的赞美之情。但是他们对美国的认识和了解却是片面的，对美国的文化和精神活动成果则可以说是没有半点敬意。另一方面，美国人也将日本民主主义根基浅薄的原因归结于日本国民对美国的无知这一点上。

日本人对民主主义的认识

如何继续吸收美国的民主主义，以及如何对待以美国文化为代表的现代化课题，成为战后日本的领导者所面临的重大问题。大阪的实业家大原总一郎指出：“战后，日本人将美国人的到来视为救世主的来临。
320 日本人原封不动地接受了‘救世主’带给他们的民主主义。（民主主义）并不是经日本人之手亲自建立的，因此日本人并没有理解民主主义的核心，而是仅仅知其外表而已。”[68]与尤金·H. 杜曼的观点一致，大原认为日本人缺乏内发性和主体性，因此不能依靠自己的力量使民主主义发挥作用。这也是日本的民主主义根基浅薄、仅局限于表面的原因。

东京大学的斋藤真教授在哈佛大学进行了两年的研究之后，于1953年回到日本。回国后，斋藤教授被任命为负责东京大学“美国宪法、历史及外交”赫本讲座的教授。这一讲座在过去30年内都是由高木八尺主讲。回到日本后，美国大使馆负责文化的官员问他，如何看待日本民主主义根基薄弱的问题，斋藤说：“民主主义在日本真正扎根之前，还存在许多必须要解决的问题。”斋藤认为日本民主主义的将来并不乐观。这是因为从“渗入日本社会内部的传统”中派生出的问题还有很多。根据斋藤的说法，日本人采取负责任的行为或做出符合道德要求的决定只是履行对上级的义务或服从上级的意见，在其他情况下一般不会这么做。斋藤还认为，要使民主主义渗透到日本社会，比起通过新宪法、制定新法律这类简单的形式上的措施，有必要让日本人体验一下比这还要困难的变化。[69]他同时也强调了不应忽视日本人希望建成民主国家的单纯愿望。

斋藤还提到了日本人不喜欢明确表达自己立场和意见的倾向。他指出，日本人在自己的意见得到权威人士的认可之前，总是观察周围动静，竭力避免卷入麻烦，对是否表达自己的态度犹豫不决。日本的国民自幼便牢记“大树底下好乘凉”的古训。他们觉得这句古语历经了各种试验，其正确性得到了证明，基于这一古语而形成的行为方式，甚至 321
已经升华为一种人生哲学。简单而言，就是日本人觉得此种行为方式对自己的人生有益。社会学家马克斯·韦伯曾经在谈到德国国民的行为缺乏主体性时，说了如下的一段话：德国人总是被动地接受外部权威赋予他们的文化，那些想要主动使外国文化与本国文化相融合的国民力量却十分微弱。[70]换句话来说，德国人十分容易“适应”外国的文化。这恐怕是因为德国人一直都是被动地接受外部权威赋予他们的外国文化。[71]这虽然是韦伯关于德国人对外国文化的特殊态度的描述，但是也同样适应于日本社会。之所以这样说是因为，无论哪个国家，国民的主体性都是检验其民主主义成熟度的标准。

曾任太平洋国际学会日本分部理事长的浦松佐美太郎同样认为，占领改革基本上没有给日本社会带来任何变化。他指出，日本国民依然按照早在 17 世纪就已经形成体系的“义理”规范采取行动。战后，浦松成为《朝日新闻》的记者，他指出，与盟军总司令部对外宣传的不同，日本社会在美国的占领下仅发生了一些微小的变化。并且在这些微小的变化之中，旧的封建主义的东西依然顽固地存在着。[72]共同通信社专务理事松方三郎也赞同浦松的意见。他认为，尽管盟军总司令部为实现日本的民主化改革付出了巨大的努力，但是日本社会基本上没有发生变化。日本人未必真正实践了这些由外国传入的理念，“就像日本人在家中建造一个西式房间一样，他们在心中也建起了一个西式的房间，把外国的思想隔离起来，不让其与外界接触”。[73]

322 但是也有的日本人对日本民主主义的未来非常乐观。比如参议院外交委员会顾问坂西志保就认为，日本人从美国的占领者那里学到了许多。她认为，尽管在占领改革之后，某些领域的改革成果被尽数清理掉，又回到本来面目，但是在经历了改革之后，日本国民中存在着阻止日本政治体制重回战前状态的力量。[74]坂西志保直至 1941 年一直担任位于华盛顿的美国议会图书馆日本部的图书管理员。尽管她时常对美国的占领政策做出辛辣的批评，但是对美国还是十分友好的。[75]

同志社大学的松井七郎教授对日本民主主义的未来也持有谨慎却又乐观的态度。他认为，从长远来看，男女同校制度的引入和工会运动的发展给日本社会带来了重大的影响。但是松井教授同时也认为，民主主义要真正在日本扎根恐怕还需要更长的时间。他说："正因为如此，我们中的有些人希望占领时间能够延长。"[76]松井教授在战前就曾在美国生活了多年，并于 1927 年获得了威斯康星大学的经济学博士学位。战后，又作为盟军总司令部经济科学局劳动科顾问，在那里任职了一年半左右。[77]东京第一律师协会副会长近藤纶二也赞同松井的观点。他认为，无论从政治上还是文化上来看，占领的长期化对日本来说都是有利的。近藤还说"尽管这（占领的长期化）会造成占领经费的增加"，但是"只要削减占领军的数量，便能减少占领所需的费用"。[78]

传统的日本人在解决国内问题时，往往都是利用"外部压力"。战后，日本国民通过利用"美国占领军"这一外部权威完成了本国的民主化。丸山真男教授敏锐地观察了战后日本人接受民主主义的方式。丸
323 山真男是政治学和日本思想史方面的大家，他认为："战后日本的民主改革至多只是国家机构制度或者法制的变革，民主化还没有渗透到整个社会结构和国民的生活方式中去，更不用说国民精神生活的内部层面了。"他还指出"民主"这一高尚的理论和难得的教训，在目前看来还只不过是一种舶来品而已。[79]

无论后世的学者对日本人接受美国民主主义的方式作何评价，被占领军强行引入日本的民主主义制度受到了日本国民的广泛欢迎，并加以接受，这一点是难以推翻的事实。日本国民不一定都要在一夜之间变成民主主义者。但是不可否认的是，美国的影响正逐渐渗透到日本社会的

各个阶层，民主化进程也正在稳步地向前推进。1947—1948 年间，美国的占领政策发生改变（即公众熟知的“相反路线”），这导致知识分子纷纷表达反对意见，进行激烈的反抗。这也证明了上述的观点。这些知识分子认为，“相反路线”是美国政府大幅修改最初的民主化目标，将改革重点转移到日本重建军备上的不可诋毁的证据。

民族主义和反美情绪的关系就仿佛一枚硬币的正反两面。但是随着民族主义和反美情绪的高涨，日本人开始重新看待美国的创造精神和美国文化。日本人面对的关键问题是，在这样一种过渡性的社会状况下，如何从美国吸收来的异文化中选取能够满足自身迫切需求的部分，并以何种程度和方式对其加以消化吸收。日本人对异文化的接受态度比我们想象的还要干脆，他们在当时表现出来的极富灵活性的适应能力已经足以让人目瞪口呆。当时日本追求的两大重要目标分别是“进步”与“法律、秩序”。一方面，日本的领导者高喊“进步”的口号，试图在金字塔式的世界秩序中获得“与日本相符”的光荣地位。另一方面，在国内，他们不断地将国民固定在“与社会身份相符”（比如学历和职 324
业）的位置上，尽全力维护日本社会的秩序。这两个目标看似相互矛盾，但是日本的领导者却竭力想同时实现。在外界看来日本的这一行为有时是难以理解的，甚至外国人会觉得这十分奇怪。但是事实的真相却是日本的领导者们在充分利用传统价值的同时（例如传统家族制度等），又封锁了美国引入日本的“刷新”“革新”以及“进步”等名义上的变化所带来的破坏性影响。在难以对其封锁的情况下，则会随着时间的推移尽量减小其不利影响。也就是说，领导者为了保证改革风平浪静地顺利进行，或者说为了将改革的不利影响尽量控制到最低，他们只选取了日本传统价值中有利于上述的两个目标实现的部分，并加以灵活充分地运用。

与此相对的是，占领当局则为美国的文化价值体系感到自信和骄傲。他们认为对美国有益的东西一定同样会对日本有益。占领当局总是以此为前提来制定决策。[80]正因为如此，他们才会忽略日本国民对占领改革表现出的微妙的感受，或者也可以说成要识别这些感受对他们来说是非常困难的。而且，占领当局将日本的传统主义视为过时的东西，动不动就将美国人的主张强加给日本人，告诉他们这是正确的，对日本人表现出一种保护人般的态度。在短短七年的占领期间内，占领军在日本社会的各个领域实施了各种各样的改革措施。引入日本的各项民主制度究竟在多大程度上扎根日本了呢？想要如实刻画诸项制度的未来发展趋势不仅是非常困难的，现在来看也还为时尚早。外交关系委员会的日本问题专家们向美国国民提出忠告：不要因为一时看不见日本民主改革的
325 成果，就过早地下结论。比如阿尔弗雷德·A. 克诺夫出版社经理哈罗德·斯特劳斯就温柔地提醒人们："也许是我们太性急、太期待看到更多的改革成果吧。"[81]美国的日本问题专家在运用社会科学术语评价日本民主化改革的成果时，虽说确实做到了在认真而真挚的对话协商的基础上加以评价，但结果却是，其知识性评价到头来仍旧只是他们对"旧日本"和日本人的固定看法和偏见而已。

战后日本的"民主主义"和大众消费主义

1945 年美国向日本的广岛和长崎投下了两枚原子弹，这标志着美国在军事上取得了完全胜利。原子弹惊人的威力让日本人不得不注意到制造出这一威力强大的武器的美国所拥有的强大科技实力。[82]通过战争和战后的对日占领，日本国民亲眼目睹并亲身感受到了美国的物质文明。毫无疑问，他们对美国以及美国的产业、技术极其钦佩。同时，大部分日本人认为，在武器上占有优势的战胜国文化一定也会比本国文化更加先进。这些人甚至认为如果将美国的物质文明乃至美国文化引入日本，一定会大大促进战后日本的重建。正像之前所说的那样，大部分日本国民对新的社会状况表现出了这种惊人的适应能力。日本国民呈现出一种对美国的东西悉数接受的态度，这在平时是无法想象的。这种打上了爱国主义标签的国民态度的大转变，为大部分日本国民成为彻头彻尾的亲美派助了一臂之力。[83]

在美国人看来，战后日本国民一反常态地来了一个迅速的、180 度
326 的大转弯，从之前的反美转而成为美国的"跟班"，并变成了老实顺从的亲美派。美国人觉得日本人拥有非常好的灵活性，但同时认为他们的态度转变之快也令人咋舌。如果将日本视为应当畏惧的敌人，那么对于

大部分美国人而言，日本人这种态度的大转变是令人感到十分惊讶、难以理解和不安的。文化人类学者露丝·本尼迪克特却对日本人的这种“不可思议的”行为方式产生了浓厚的兴趣。在使她一举成名的著作《菊与刀》中，本尼迪克特认为，与遵循普遍价值观的传统西方人不同，日本人是根据不同条件下的伦理或者特殊伦理而行动的。[84]

但是战后的日本人面对美国政府和盟军总司令部从未明确表示过自己的观点和态度。这虽然有点遗憾，却是事实。实际上，日本人“对美国式的东西悉数接受”的倾向只不过是被动接受“权威”（占领当局）带来的美国文化这一态度的变形而已。换句话说，日本人经常一边嘴上说着“没有办法”，一边又顺从、被动地接受美国的影响，最后逐渐转变成为对权威的依附。日本人既没有自己主动建立起价值体系和行为方式，也没有努力促使美国文化和本国文化融合在一起，而是将大部分的精力用于如何适应被赋予的生活环境上。[85]在那样一种状况下，他们非但没有形成主体性以及对权威的批判精神，反而逐渐走向衰落。类似这样的现象在对日占领期间经常发生。可以说战后日本国民身上体现出的这种惧怕、依附权威的态度就源自美国的对日占领。

以上状况姑且不作赘述，美国的实业家们认为没有理由不去利用日本人这种突然的亲美态度。正如前文所述，日本人给美国贴上了“先进”的标签，并对它的“先进”之处抱有极大兴趣。事实上，美国实 327
业家则将注意力放在如何向作为消费者的日本出售美国的“先进”。[86]美国人为激起日本人对美国产品的购买欲，不断加大宣传力度。事实上，美国实业家正是认识到了日本人喜欢外国货的特点，并有效地利用了这一点。他们擅长煽动日本人的“欲望”，来帮助达成自己的目标。可口可乐公司、纽约国家银行、美国银行、西北航空公司、美国海运公司等众多美国企业以及他们在日本的分公司运用各种销售手段向日本人出售美国的产品和服务。尤其是在电影和杂志等大众传播媒体方面更是加大了促销力度，比如《时代》杂志、《新闻周刊》和《读者文摘》等，其促销手段甚至都有点强卖的意味。在物质方面，美国文化的渗透则以美国产品和服务的销售合约的形式表现得最为明显。[87]为此，日本社会变得到处都充斥着美国的产品。其结果便是，日本社会已完全置身于美国模式化的大众文明的压力之下。[88]

日本国民热心于购买美国的产品。他们这样做既不是因为对美国的喜爱，也不是因为对美国民主主义的理解。威廉·乔丹是一位拥有敏锐观察力的日本问题专家。根据他的观点，日本人购买美国产品最主要的原因在于他们认为美国产品的质量要优于日本的产品。这主要是因为日本国民在损益估算基础上做出了现实主义的判断。[89]换句话说，比起人权和平等的理念以及具体体现在美国民主主义中的美国的核心价值，日本人更倾向于将美国产品与美国联系在一起。约翰·D. 洛克菲勒三世从日本国民的言行举止中观察到了这一问题。他满含讽刺地说道："日本人太过强调美国文化中物质方面的特征了。"[90]

美国人的宣传活动和为促进产品所做的努力得到了充分的回报。从民主主义、男女同校制度这些先进的制度和理念到化妆品和厨房用具
328 等，只要是从美国引进的东西，日本人便什么都想拥有，什么都想买。无论是美国产的香烟还是最近的人民政府理论，只要是美国来的东西，日本人便可以如数接受。日本人陷入了这样一种思想错觉而不能自拔。因为日本人认为日本没有那些产品，即使有质量也会十分低劣。[91]但是，如果考虑到战后日本物资不足的状况以及国民精神状态的混乱，也许就比较容易理解日本国民的这种倾向了。

正如前面提到的，美国实业家所采取的过度宣传和近乎强制性的销售手段，极大地刺激了日本人想要吸收美国的物质成果和精神文化生活的欲望。这种现象在 1950 年代，尤其是因朝鲜战争特需而带来的日本经济短暂的景气之后极易见到。哥伦比亚大学的威尔伯·C. 马丁教授注意到，日本人对在口红和服装广告中描绘的"美国的形象"可以说是满怀憧憬。[92]唐纳德·基恩教授也指出，在日本销售最多的香烟和其他商品上面都会贴有英文标签。基恩教授注意到，日本人（至少是生活在大城市的日本人）在生活中都喜欢外国货。他们对外国货的嗜好程度，疯狂到甚至会让人觉得他们被什么东西附体了一样。[93]美国的日本问题专家称，即便是在意识形态方面同美国唱反调的日本左翼人士都住在美国式的房子中。[94]

根据一位在东京采访的苏联记者的报道，战后最先吸引外国游客关

注的就是银座的美国“文明”。银座的美国“文明”可以说让外国游客震惊万分。在这位苏联人眼中，银座的“美国化”十分显著，曾经的银座趣味早已荡然无存。这位苏联记者对美国文化持批判的态度，他认为美国“文明”的代表就是可口可乐、好莱坞电影里那种夸张俗气的宣传、侦探小说和黄色书刊的花哨封面以及喝得酩酊大醉的美国兵的吵嚷声。[95]苏联记者认为日本各地俨然一副完全接受美国资产阶级 329 “文明”的面貌了。只是，银座并不能够代表整个东京，也不能展现普通国民的真正生活状态。况且，银座并不是在“二战”之后才突然变得美国化的，早在1920年代和1930年代的时候，银座的美国化就已经开始了。[96]

但是，并不是所有在日本的美国人和所有的日本人都欣然接受美国产品进入日本。在他们之中也有人对美国的实业家们那种近乎强制性的销售手段进行了猛烈的批判。比如曾经担任农地改革总司令部首席顾问的沃尔夫·I. 拉得金斯基就是其中之一。他指出，美国的宣传政策过于将重点放在自我推销上面，这对于当地的人们并不会有多大的帮助，因而强烈批判了政府在东亚地区的宣传政策。[97]一年之后，即1952年，仓敷绢织株式会社社长同时也是慈善家的大原总一郎批判了日本商业主义和消费主义的发展。[98]大原指出，在美国人看来，民主主义简直成了与消费主义一样的东西。也就是说，认为购买以汽车和冰箱为代表的美国商品就是民主主义的观点已经在整个日本社会扩散开来。大原表示对这一事实感到十分遗憾。[99]他认为，日本现在需要的是促进生产而不是去煽动消费主义。同时大原还就此向国民发出警告，提醒国民要注意一味模仿美国的消费模式所潜存的危险。大原认为，与消费主义的核心地区东京相比，应当更加强调作为生产中心的大阪的重要性。另外，他还认为在国民生活方面，关西地区保留了更多的自主性和个人主义的因素。[100]

大原对消费主义的批判性评价既不是抽象论也不是脱离国民生活的简单的观念论。进入1950年代之后，有目共睹，日本人的生活方式发生着持续而深刻的变化。尤其是朝鲜战争及其后出现的短暂的景 330 气之后，日本的经济状况发生了明显的好转。[101]洛克菲勒基金会的查尔斯·B. 法斯曾在1948年到访过日本，两年后也就是1950年的4

月再次来到日本的他，对日本经济的迅速恢复印象深刻。他亲眼目睹了日本的变化，这不仅包括正在建设中的新建筑，还包括“修缮后的高速公路、包含日本产的新型公共汽车和三轮汽车在内的机动车数量的增加和品质大大提升的服装等”。[102]盟军总司令部经济科学局的经济顾问西奥多·科恩也注意到了日本经济的全面发展。他评价了日本对外贸易的迅速扩张，并指出日本的出口总额在1950年已经达到了7亿美元。[103]

进行中的消费者革命

1955年，鸠山内阁提出“经济自立五年计划”，其后的1957年，岸内阁提出了“新长期经济计划”。日本经济在政府经济政策的刺激下，走上了稳步成长的道路。比如1955年的经济增长率名义上为12.7%。实际为6.3%，到了1957年则分别增长到14.6%和7.5%。[104]1950年代以后，日本社会的消费者革命持续展开，实际上可以说消费者革命的发展正“在路上”。消费者革命正是当时充满活力的、不断变化的、成长中的战后日本经济的象征，它的展开也是由多种原因造成的。其中就包含大众传媒的扩大、知识、信息和技术的普及以及（由于宣传造成的）日本人的消费态度的转变等。其中，最新的美国文化所带来的影响十分巨大。包括大众音乐、时尚、家居用品等众多领域内所发生的各种变化基本上全是从美国传来的。消费者革命是战后每一个日本人都翘首企盼的，也是每一个国民心中蕴藏着的对消费物资的期待和憧憬不断膨胀的产物。

331 到了1960年代，大家对日本的消费主义风潮早已有目共睹。尤其是1960年，也就是日本投降的第十五年，池田勇人首相提出了“国民所得倍增计划”，在这之后日本的消费主义风潮变得更加显著。[105]日本国民为了尽快恢复因战争疲敝的日本经济，人人都怀着一颗热诚的爱国之心竭尽全力地长时间工作。他们的努力工作换来了日本经济的迅速恢复。国民们也开始考虑要求获得与自己的劳动相符的报酬。从1955年开始，国民们为要求获得与长时间劳动相应的报酬，每年春天都会举行要求增加工资的斗争活动。虽然步调有些缓慢，但是国民们确实收获了自己应得的利益。比如说，如果将1960年的工资支付总额指数视作100

的话，1955年制造业的名义指数为74.4，实际为80.4；1957年名义为84.1，实际为87.8；到了1962年则名义上达到122.0，实际为108.5，一步一步地增长了起来。[106]国民们通过购买从美国进口的各式新产品和新服务，开始逐渐满足自己对物质的需求和欲望。就这样，日本人的大量消费文化与对美的进出口贸易密切联系了起来。

这样的消费主义也给日本人的消费、储蓄和投资方式带来了变化。比如说，在美国的“新经济学”被介绍到日本之后，日本国民将分期付款制度运用到自己的生活之中，并轻而易举地适应了这项新制度。“新经济学”倡导“消费就是节约”，致力于将这一理念输送到所有潜在消费者的头脑中，同时不断宣扬消费的“美德”和满足即时欲望的“优点”。通过这样的手段，“新经济学”缓解了消费者对过度消费的警戒心，让消费者感觉不到曾经对消费怀有的“罪恶感”。自1959年日本政府制定了贸易和外汇自由化政策之后，日本社会剩余的巨额美元便被储蓄了起来。自从日本政府允许外币自由兑换之后，国民开始争相使用信用卡，愈来愈疯狂地购买美国货和其他外国产品。[107]关于这一点，只
要看一下1960—1970年代之间，日本进口的各种各样的美国产品和服 332
务明细表便一目了然。曾被认为是日本传统价值观念的“享后世之福”的美德正被一点一点地侵蚀。随着美国的新型消费制度和新产品强势进入日本，美国在物质方面的影响已经扩散到以大城市为中心的日本各地。

日本的领导者为早日实现日本的重建倾尽全力。这是因为他们相信，只有早日恢复在战争中受创的日本经济，才能使饱受贫困的日本国民过上安定的生活，并实现日本社会的稳定。日本国民为恢复本国经济一心一意地努力工作。他们满怀自豪地认为，商业主义和消费主义的兴盛正是自己努力工作的成果。然而，经济发展带给日本社会的并非全是好的一面。领导者也意识到自己已经陷入了一种进退两难的境地。伴随着激烈的社会变化而来的某种影响使领导者们格外头疼。换句话说，日本的领导者十分担心生产第一主义和大众消费主义以各种各样的形式给国民的思想和行为方式带来消极影响。因为“享后世之福”的传统美德和勤劳的伦理观有可能被即时享乐的快乐主义和物质主义击败，并且

逐渐走向崩溃。他们害怕日本传统的价值观会最终被与之相去甚远的外国价值观取代。同时，他们也担心在大众消费主义之下，至少是在理论层面，个人平等、个人权利得到重视和宣扬，但是对社会的责任感、对等级社会和秩序的尊敬等日本传统价值观会受到轻视。尤其是保守主义者们心怀不安，认为消费主义会使等级制度、家族制度和传统生活方式发生重大改变（参照第二章）。因此，领导者们也逐渐认识到了正面处理消费主义带来的各种问题的必要性。这些问题是：第一，对于那些绝
333 非有益，甚至可以说是有害的美国文化的影响，日本社会究竟能够容忍到什么程度；第二，如何防止和抑制消费主义带来的有害影响；第三点可以说是一个积极的解决对策，即如何将消费主义的影响引向对日本社会有利的方向上。正因为如此，在美国的权力和威严之下，今后如何对待占领当局主导实施的各项改革政策及其引进日本的美国文化，成为日本领导者所要解决的核心问题。

软实力和美国的宽容

日本问题专家罗伯特·S. 施万特斯认为，盟军总司令部的对日占领计划是基于值得赞赏的理想之上而制定的。尽管他也承认这一计划有着不全面和不得法之处。[108]时至2008年的今天，如果从一个更加广泛的角度来审视美国的对日占领的话，尽管它存在着因异族统治造成的众多问题，但是对于大部分日本国民来说，占领无疑是极具建设性和启发性的一次经历。实际上，大部分日本国民对盟军总司令部初期的改革措施都表现出了积极的态度。总体上看，在美国对日占领中随处可见其对日本国民的深厚感情。尤其是日本自由派知识分子战前饱受军国主义的残酷压迫，在战后向美国学习，梦想能够实现日本的民主化。他们完全能够理解盟军总司令部表现出的美国的宽容、同情和善意。[109]在占领期间，只有极少数的日本人会怀疑美国人的理想、热情和诚意。面对美国人的善意，日本人也表现出了丝毫不输于他们的诚意。占领的经历使得日美
334 两国国民之间形成了各种形式的友好关系。当然，根据问题的种类和性质，日本国民有时会积极协助盟军总司令部，有时也会对它的决策加以反对和抵制。[110]

但是，在美国对日占领“大获成功”的问题上，这一自说自话的观点成立的范围仅局限于日本四岛内。并且，在对日占领“大获成功”的观念之下，我们不能忘记这其中还牵涉到美国的软实力。也就是说，众多的日本国民感受到的美国的“宽容”在另外两个东亚地区占领地，即冲绳和朝鲜，并没有表现出来。换句话说，这也意味着冲绳所处的位置和它面临的严峻现实同美国对日本本土的“宽容”态度是表里一体的。这又使人想到了美国人的善意究竟为何物这一问题。正像本书指明的那样，美国因其对共产主义的畏惧而形成的善意，基本上就是其“宽容”的内容。反共产主义的“相反路线”以及“真理运动”就是其典型表现。另外审查制度也可以说体现出了反民主主义的一面。

总之，在对日占领期间以及之后，美国“宽容的”软实力违反了民主主义的初衷，直接影响了或者极大地影响了日本高等教育制度的等级化和中央集权化。也使战后日本的精英知识分子成为在精神上依附于美国的软弱群体。尽管日本在占领当局的命令和指导下进行了民主化改革，但这也加剧了日本人对美国软实力的依赖和依存度。日本人非但没有主动地形成自己的民主主义，反而使民主主义堕落成了商业主义和消费主义。

335 结　论

第二次世界大战结束后不久，美国政府意识到战时结成的美苏同盟关系已经逐渐冷却。在东地中海地区和伊朗等两国利益发生正面冲突的区域，美苏关系甚至恶化成为敌对关系。苏维埃政府认为，美国企图在拥有绝对优势的情况下支配全世界，因此对它的任何霸权主义计划都表示强烈反对。与此相对，美国政府则认为面对苏联的扩张主义，战后的自由世界无比脆弱，所以对苏维埃政府的任何扩张主义政策也都采取反对的立场。

美国政府的领导者们非常担心战后日本因“精神的真空状态”而导致国内社会和政治结构变得脆弱，比如迪安·艾奇逊、约翰·福斯特·杜勒斯和乔治·F. 凯南就是其中的代表。他们将日本视为美国能够自由出入东亚地区的关键地带。因此，美国政府出于安全保障和经济利益的考虑，绝不会允许共产主义者与工会激进的左翼分子合作，从亲美、稳健的保守派手中夺取权力。美国人声称，如果日本社会产生了社会主义政权的话，这不仅会给日美关系造成不可挽回的破坏性影响，也会造成亚洲其他地区发生倾向于共产主义的权力转移。换句话说，美国政府担心，如果发生这样的事情，那么除日本以外的亚洲其他国家都
336 会向共产主义倾斜，或者至少是向中立主义方向转变。为防止苏维埃和共产主义中国的影响扩散至亚洲其他地区，也为了维持在东亚地区地缘政治上的力量平衡，美国政府加剧了与苏联和中国的对立。

美国政府为促进日本经济的复兴、将其培养成为亚洲地区的强国，采取了有利于日本发展的策略。美国希望日本的军事力量能够得到强化，能够肩负起保卫本土的责任。自 1950 年朝鲜战争爆发以来，这种观点在美国的领导者之中极具说服力。但是，这种想法基于以下两个条

件：首先，军事力量的增强不会给日本经济和日本的经济地位带来负面影响；其次，在日本禁止军事行动自由化。对于美国而言，决不放松对日本军队的监视便成为一项非常重要的任务。从美国的安全保障角度考虑，防止日本再次做出1930年代在亚洲地区失控的疯狂举动是极其重要的。因此，美国政府为防止日本军队完全脱离外部支配，取得100%的军事行动的自由，而做了万全的准备。占领期间，无论日本社会实现了多大程度的民主，在大多数美国人看来，日本国民依然是缺乏可信赖感和安定性的。美国人不仅无法预测日本国民的行动，简直可以将他们视为经常需要美国人关心和帮助的“孩子一般”的存在。

盟军总司令部官员经常用“经常需要警告和帮助”这一说法来表达他们在占领期间对所接触到的日本国民的看法。正如本书在前面已经论及的那样，美国的领导者们对待日本人经常像是父亲对待儿子一样，表现出温情主义的态度，既谦逊又像是在施予恩惠。美国人的这种态度 337
并不仅仅体现在占领期间，在对日占领之前也时常会看到。比如在大约30年前，即1919年，美国的银行家同时也是国家城市公司副总经理的G. K. 威克斯斯曾经就以新四国银行团（美国、英国、法国、日本）的加入条件，与日本代表井上準之助以及梶原仲治等举行过会谈。从威克斯与日本银行家的交涉中便能清晰地看到美国人对于日本人的温情态度。威克斯说：“当我看到日本人的时候，就像是看到了一个拥有燃烧着特殊能量和野心的少年。对他们无论是采取抑制的手段还是任其自由发展的态度都是十分危险的。聪明的方法应该是在向少年表达同情的同时，对他予以理解和指导，并使用符合常理的方法对其实施监督，从而影响他释放能量的方式。我认为，对待日本人只有此种方法才能奏效。然而，要完成这项工作，需要一位强有力的并能熟练运用外交手段的人。”[1]美国人对于日本人的这种看法，无论经过多长时间都不会发生太大的变化。

日美关系中“文化”的作用

美国的领导者认为，将过去的经验教训运用于实际政策中是很好的方法。他们在制定战后的对日政策时，充分利用了从过去日美关系的经历中得到的知识和经验。美国的领导者体会到的其中一点便是，仅靠经济手段并不能有效地、完全地抑制那些促使日本要求军事行动自由的因
338 素和实际的自由军事行动。随着 1922 年《华盛顿海军条约》等一系列条约的签订，华盛顿体制形成。在这一体制之下，两次世界大战期间日美两国一直保持着友好的关系。但是，以世界性大萧条为理由，从 1930 年代后期开始，日美两国的友好关系开始以惊人的速度恶化，到了 1940 年代初期则走向了崩溃。战后，美国领导者总结出两次世界大战期间日美关系的经验：想要彻底封锁日本的扩张主义，单纯依靠经济手段是十分不够的。关于这一点，很有意思的一件事就是，正如我们第五章所讲到的，甚至连桦山爱辅这样的战后日本领导者也指出，为了维持和发展日美两国的友好关系，“今后我们应该尝试一下文化这个方法”，日美关系中“文化”的作用开始逐渐被重视起来。

另外，美国领导者学到的第二点经验就是：在大众传媒技术日益发达的今天，对外政策中文化的重要性日益凸显。在这种目的意识和历史感觉之下，美国领导者意识到，战后的日美关系必须从三个方面——军事、经济、文化——综合地、多方面多角度地展开。他们对日本独立之后的日美关系发展做出了这样的定位，同时也将协助日本适应新的国际环境。

为了对抗共产主义势力主导的世界性的反美宣传活动，美国把日美关系看作反共运动的一环，并且愈来愈强烈地意识到日美关系中文化作用的重要性。“软实力”这一概念，是至少十年以前由国际政治学者小约瑟夫·S. 奈介绍并传播至学术界的，意指“吸引他国的能力”。美国领导者清楚地知道软实力的功能，即它能达到什么，不能达到什么。[2] 他们经常思考如何在东亚建立一个符合美国政策目标的日本，在反复考虑对日政策之后进行了立案。美国的长期目标之一是，挖掘日本的人才
339 资源，培养支持美国全局和个别政策目标的稳健的、亲美的领导阶层。在冷战激化时期，日美两国的领导者达成了共同经营和管理日本，防止共产主义在东亚各地扩散的约定，以此来共同对抗共产主义。正因为如此，美国政府才会迫切地需要既能理解美国和美国文化，又能支持美国广泛的外交政策的亲美的、自由主义的领导者。美国政府在培养他们的

同时，必然会期待他们对美国的理解和支持。美国希望日本的自由派人士能够对日本国民进行启发和指导，使国民能够正确理解并支持美国的外交政策，并期望他们能够成为美国人和日本国民沟通的桥梁，发挥他们实现互相对话的作用。出于这样的原因，美国政府认为日本的自由派在形成友好且稳定持久的日美关系方面发挥着非常重要的作用。像这种日美关系的存在方式正是美国的领导者在两次世界大战期间学到的经验。

不仅美国政府，像洛克菲勒基金会和福特基金会这样的民间组织也认识到日美关系中文化的重要作用，以及软实力在维持友好稳定的日美关系方面所发挥的作用。具体来说，他们认为，为了实现对日美两国都有益的政治性目的，应该充分发挥美国软实力的作用。实际上，盟军总司令部民间情报教育局在占领日本期间，为实现日本国民传统思维和行为方式的民主化，实施了多方面的教育改革。美国政府在洛克菲勒基金会等民间组织的协助下，为形成并强化安定持久的日美关系而努力实现日美两国文化交流的制度化。桦山爱辅、松本重治、高木八尺等日本文化领域的领导者与约翰·福斯特·杜勒斯、约翰·D. 洛克菲勒三世、查尔斯·B. 法斯等美国人互相协助，为实现日美文化交流制度化做出了重要的贡献。另一方面，东京的美国驻日本大使馆负责宣传和文化交 340
流的官员也在这一舞台的背后默默地向日本的领导者提供帮助。正如本书在前面所论述的那样，日美两国的领导者通过设立国际文化会馆、促进战后美国研究，在推进日本的日美文化交流制度化方面扮演着最为重要的角色。

文化攻势未得到预想的结果

1947 年，随着冷战的不断激化，美国政府改变了对日政策目的的优先顺序。为了在冷战中获得主动权，美国政府不惜牺牲日本的民主化和非军事化这一占领的预期目标。[3]为了对抗世界范围内展开的共产主义运动，1950 年 4 月 12 日，杜鲁门总统宣布美国政府将耗费数百万美元开展“真理运动”。[4]美国政府在信息方面投入了愈来愈多的时间、资金和精力，与苏联以及全世界的共产主义同盟国展开心理战。1950 年 6

月，朝鲜战争爆发之后，美国国会通过决议，将当前国际情报活动的预算额增加到之前的三倍多。[5]美国政府在全世界树立美国积极向上的形象，并传播与美国相关的各种信息，将此视为冷战的重要一环。然而，具有讽刺意味的是，美国对日本的文化攻势在1950—1960年代却造成了日本知识分子，尤其是研究美国的知识分子的两派分化。这也意味着文化冷战开始在日本展开。其中一派为非马克思主义的自由派学者，这一派的人数后来不断增加。与其相对立的另外一派的知识分子，半数以上都受到过马克思主义的影响。美国的日本问题专家罗伯特·S. 施万特斯表达了自己的担心。他认为，美国政府的政策变更可能会给日本的
341 知识分子带来文化上和心理上的影响。并且他还坦率地承认美国政策的变更无疑会影响改革的速度。施万特斯说："为了积极地与全世界的共产主义势力展开斗争，这在某种程度上意味着继续在日本实施改革的可能性愈来愈小了。对此我表示相当遗憾。"[6]

美国的反共运动也给日本的高等教育制度蒙上了阴影。与其他领域一样，日本的高等教育领域内也存在着现代国家不可避免的过度中央集权化，以及与之相伴的统一严格管理的倾向。占领期间，盟军总司令部民间情报教育局凭借占领军的权力，强力推行了高等教育分权化政策，试图抑制过去很难改变的高等教育集权化倾向。虽然在第三者看来这是非常不现实的，但是当时的民间情报教育局的官员们则认为，通过实现高等教育分权化，日本的教育一定能够实现真正的民主。在美国的自由主义人士看来，日本大学存在着很多的弊端。其中之一就是，日本的大学大都集中于大城市，另外就是大学里面司空见惯的现象之一，即学校内部错综复杂的派系关系。这给一直秉承教育机会均等原则的日本大学教育带来了各种不利影响。盟军总司令部提出在各个都、道、府、县都设置一座国立大学的建议，也正是为了实现战后日本高等教育的分权化和教育机会均等化。只是美国的民主试验还是难逃短命的厄运。关于它的原因，正像本书提到的那样，美国的教育民主化改革遭到了日本保守派官僚和学者的强烈反对。另外，冷战的激化转移了日本国民的注意力，国民们无暇关注教育民主试验。正是以上原因导致美国主导的教育改革只能无疾而终。

少数的日本精英分子接受了美国提供的补助金和奖学金，在美国进行了长时间的学习和研究。这些特殊的研究者凭借在美国的留学经验，在日本国内不仅能够使自己的研究成果打上权威的印记，还能凭此确立自己研究者的地位。他们在结束多年留学生活回到日本后，通常都能够 342
到权威大学任教。日本研究者和精英所在的大学（尤其是设有美国研究项目的学校）接受了美国提供的大量赞助，他们也利用在美国学到的知识和经验，并且充分运用他们与美国人之间的个人乃至组织的关系，对自己的学校进行重新编制或者系统化。因此这些相对容易接触到美国“软实力”的日本精英，不仅能够到权威大学任教，还能够在美国权威的庇护下行使自己的权力和影响力。当时传统的大学中补充空缺教师职位的方法，基本上是由学校内部不同派阀进行安排。这一制度尽管被指责助长了学校内部的派阀势力，但是在被精英分子占据的学校里想要听到要求改革学阀制度的声音基本上是不可能的。另外，传统的大学讲座制度也因为助长了校内派阀势力而受到批判。尽管日本在占领当局的指令和指导之下进行了民主化改革，但是在美国软实力的影响下，战前日本学术界特有的金字塔式的等级秩序却也极易被恢复。同时，美国政府将东京大学推至高等教育等级制度的顶端，从而赋予了这种序列制制度权威性和正统性。在占领期间及占领结束后，日本的学阀制度和学校内部的派系人事关系制度丝毫没有得到改变，仍然维持着本来的面貌。在这样一种关系脉络中，美国的软实力违背了其民主化的意图，虽然不能说直接影响了，但是确实是在很大程度上对日本高等教育制度的等级化和中央集权化造成了重大的影响。这实在具有相当的讽刺意味。

其次，“宽容的”美国软实力也使战后日本精英知识分子在知识上和精神上变得十分软弱。美国人希望把这些精英知识分子培养成为亲美派，而他们也在美国政府的资助下，在这一“权威”的支撑下，在战后日本社会行使着巨大的权力，也发挥着巨大的影响力。日本政府的高 343
级官员也是如此。以道格拉斯·麦克阿瑟为首的盟军总司令部官员在对日间接统治的情况下，为实施自己的指示命令，在很大程度上还需要依靠日本的精英官僚和高级官员。[7]这也使得日本高级官员除了拥有作为国家官员的权力之外，还获得了美国赋予他们的“权威”，因此有着比战时动员的顶峰期还要强大的权威和影响力。

只是战后日本的精英知识分子在美国这一“权威”面前十分软弱。这是因为他们在思考和行为这两方面都缺乏主体性。日本精英知识分子基本上每天都能与盟军总司令部高官，或者与访问日本的洛克菲勒三世以及洛克菲勒基金会的人员等比较有影响力的美国人保持接触。在与这些美国的“权威”接近、接触时，日本的精英知识分子经常会采取阿谀奉承的态度，不断地拍美国人的“马屁”。正如历史学家约翰·W.道尔尖锐指出的那样，对日占领可以说是“上一次革命的遗产之一，只是造成了日本人接受权力的社会态度”。[8]大部分日本精英知识分子都将美国视作权威的来源。只是，正如韦伯指出的那样，日本人不能“依靠自己的双手构建自己的价值体系和行为方式体系”。相反地，他们倒是接受了不少美国“权威”表现出来的“主动权”。美国驻日本大使馆的外交官威廉·里昂哈特提到了“由上至下的革命”留下的遗产问题，同时也表露了对日本学者轻蔑的态度。威廉说道：“尽管大多数的日本学者都非常反对军国主义，但是抛开他们（光辉）的业绩不说，在政治上他们却是极易受欺骗、十分单纯且考虑事物思路不清晰的人。”[9]从这种说法来看，麦克阿瑟与其他的美国人认为日本人“不成熟”、行动就像“12 岁
344 的孩子那样”也并不是不可思议，甚至是可以理解的。[10]

美国的软实力不仅没有使日本的精英知识分子在美国的“宽容”之下走向独立，反而强化了他们无时无刻不依赖美国的“宽容”的态度。战后，众多日本学者为进行调查研究以补助金或奖学金的形式从美国那里接受了很多援助。比如，1961 年美国政府投资 200 万美元[11]实施政府的教育文化交流项目，其重点涉及政治理论、法律、社会科学、大众传媒、教育以及劳动等各个领域。美国为推进文化外交事业不惜投入巨额资金。鉴于此，我们也就不会对日本的精英知识分子从美国驻日本大使馆及洛克菲勒基金会等民间组织得到各种形式的赞助一事感到那么吃惊。根据美国政府的政策方针，美国驻日本大使馆负责宣传和文化交流的官员在积极鼓励民间组织赞助的同时，将美国政府的财政赞助（每年约 100 万美元）花费在美国文化的宣传活动上。通过这样的方式，美国大使馆逐步扩大了自己在日本的文化活动的宣传范围。[12]

各个学会和研究团体作为精英知识分子集团受到了盟军总司令部民间情报教育局的祝福和支援。其中一个典型案例就是1947年成立的第一次日本美国学会。美国学会虽然以会员缴纳的会费作为主要的财政来源，但是其大部分活动的支出还是由美国政府或者美国的民间慈善团体和美国民众来承担的。[13]美国大使馆新闻处的沃伦·奥布拉克坦率指出，1950年代初期以来，新闻处一直扮演着（美国研究的）后援的角色，对“日本的美国研究事业的发展做出了相当大的贡献”。并且他还提到了由日本一流教授组成的使节团到美国考察如何教授美国研究一事。奥 345
布拉克指出，组织此次访美行程并负担其经费的正是美国大使馆。[14]

日本的知识分子从美国政府以及美国的民间组织那里得到了大量的资金和物资支持，作为回报他们也会积极地参加美国驻日本大使馆和日本各地的美国文化中心等美国文化机构组织的活动，并积极协助美国政府驻外机构的工作。即便是在他们不赞同美国政府的对外政策的情况下，他们也会三缄其口，沉默不语。另外，即使外界认为美国大使馆的行为是出于政治方面的考虑时，他们也认为大使馆的行为是善意的。就算是在日美关系不断紧张并陷入危机的状况下，他们作为美国问题专家为缓和两国紧张关系而需要发表意见时，非但不会运用自己的专业知识发表自己的意见，反而会选择沉默不语。包括美国问题专家在内的日本知识分子，不想插手现代的政治社会问题和经济问题，或者说对这些问题怀有敬而远之的心态。并且他们认为很难对日美关系中目前正在发生的问题进行客观的分析。[15]

比如在1970—1980年代，日美两国就贸易摩擦问题发生了冲突。截至1970年代末，日美经济摩擦主要集中于纤维、钢铁、家电产品（电视）等日本对美国的出口产业领域。但是进入1980年代以后，日美经济摩擦不仅在对美出口方面，在农产品问题尤其是牛肉和橙子等问题上，美国政府对日本的进口壁垒（日本市场的封闭性）和贸易惯例等进行了全面的批判，日美经济关系由此进入了另一个阶段。在美国国内，随着国内产业基础的下降和竞争力的低下，国民中产生了强烈的危机感。在这样的情况下，1981年里根的共和党政府上台。里根总统出于对苏强硬政策的考虑，大幅增加军事预算。同时推行里根经济政策，

346 大幅减税。结果到了1985年美国的贸易赤字超过了1000亿美元，与财政赤字一起形成史无前例的“双赤字”局面。为此美国成为了巨大的债务国。美国民众对联邦政府经济政策的不满情绪不断高涨，众多利益集团以及为他们代言的议员在1985年春季到秋季之间向联邦议会提出了逾300次的保护法案。1980年代后半期，日美两国的经济摩擦逐渐向诸如宏观、微观经济问题和通信设备的政府间调度、《禁止垄断法》的适用、流通制度、知识产权、土地问题等制度问题发展，并在结构问题协议（Structural Impediments Initiative，SII）中进一步凸显出来。在半导体和工作机器的交涉上和第二代支援战斗机（FSX）的日美共同开发等问题上，两国关系逐渐政治化，紧张感进一步加剧。1974年，由于要求严格实施《通商法》第301条（“超级301”条款）的声音不断高涨，联邦议会于1988年出台了《综合贸易与竞争法》。在日美关系紧张的氛围中，美国国内将日本视为美国“威胁”的修正主义势力抬头，发生了激烈的批判日本的运动，也就是“抨击日本”运动。譬如位于美国的日本东芝公司的分公司——东芝机械，因其违反巴黎统筹委员会的规定引发了美国民众的反日情绪。1987年7月1日，美国国会议员在美国国会大楼前当众用锤子将东芝产的收音机砸坏，表达了国民对于日本的不满情绪。此外，美国《新闻周刊》杂志1989年10月9日号就日本索尼公司收购哥伦比亚电影公司一事发表了评论，认为日本是在收购美国的心脏，并且在这期杂志的封面上，刊登了一幅艺妓形象的自由女神像对此加以嘲讽。

这种反映美国国民情绪的保护主义和民族主义事件在美国国内接二连三地发生。面对瞬息万变的日美形势，日本国民完全不能理解。他们不断追问为什么美国议会会对日本持续地采取如此严厉的态度，为什么美国议会不堪利益集团的压力，美国总统为什么不能抑制美国议会的保护主义等问题。在这种形势下，除了新闻记者、国际关系论者和研究日
347 本政治的学者等非美国问题专家以外，日本政府和实业界等社会集团强烈要求美国问题专家给出意见和评价。然而，与此相反的是，大部分美国问题专家不是保持沉默就是不出席日美关系的公开讨论会。实业家和大众传媒对这些专家的行为做出了猛烈的批判。[16]批判者们认为，目前社

会正急需与美国相关的正确信息，然而这些专家却完全不能满足这种社会需求。同时，批判者们还指责研究美国问题的专家“不仅应该在自己的研究领域内取得相应的成果，还有责任满足社会的需要”，以此来唤起研究者对社会的责任感和关注。[17]

美国人也对日本的美国问题专家做出了同样的批判。他们指出，日本的美国研究偏重于文学和历史方面，对现在正在发生的事情和公共政策则缺乏相应的关注。[18]日美友好基金华盛顿办事处的埃里克·甘洛夫认为，“美国研究活动确实发展起来了”，但是日本的“美国研究不能直接解决近来发生的一系列事件（日美经济摩擦），和由此引发的各种问题”。[19]另外，其他的批判者考虑到日本学者逃避现实社会的态度，对日本的美国研究做了如下评价：研究美国问题的日本教授“虽说是专家，但是很难说他们完全理解了美国，并且他们的岛国根性和傲慢态度愈来愈明显地表露在他们的学术态度上”。[20]这些批判者们热切期望日本的美国研究者，能够“拓宽美国研究的视角，从正面解决目前这些重大问题”，督促他们与领域以外的专家和新闻记者展开广泛的对话和交流。[21]日美友好基金是美国对日本美国研究的主要的资金支持者。从甘洛夫对日本的美国研究者的批判来看，我们可以预料到，基金于1986年向美国学会提出了中断对日本的美国研究提供资金支持的提议。其理 348
由是，他们认为日本的美国研究已经不会对增加日本人对美国的理解有任何帮助。

假如这些猛烈的批判是正确的话，那么可以说，日本的美国问题专家们只是将自己关在研究室里埋头学习与美国有关的知识，却不想将学到的知识运用于实践。所以也就不难理解为什么国民认为专家是在逃避他们作为知识分子所应承担的推动社会进步的责任了。随着对美国研究者的批判之声日益高涨，比如发生了日美友好基金中断赞助资金这样的事情，使得继续美国研究所必需的支持和学术的正统性陷入了危机。

毫无疑问，学术研究不是一成不变的。尤其是近年在学术方面取得显著进步的美国研究更是如此。美国研究随着时代的发展不断反映出日美关系的变化。[22]尤其是当其研究直接涉及现在人们关注的政治和经济问题的时候，研究者们的神经便会变得敏感起来，有时甚至会觉得很难继续进行研究。因此在那种情况下，研究者的社会责任感便会在不知不觉中变得迟钝。尽管如此，研究者个人仍不应忘记继续寻找自己的研究对于社会的意义。如果上述所提及的对美国研究者的批判是正确的话，那么日本的美国专家——尽管不是故意为之——，就不会做出逃避自己的社会责任和道义的事情了。这是因为社会需要的是他们以专家的身份从不同的角度提出的解决日美关系相关问题的建议。

《知性的命运》的作者雅克·巴赞认为，研究辅助会成为知识性创造的障碍。“研究辅助指的是一些巧妙的手段。（研究者）通过设法找到一些窍门顺利做出计划，得到大家的认可，以此来谋求好感和知名
349 度。但为此精神上则会战战兢兢。”[23]1954 年，时任洛克菲勒基金会会长的迪恩·腊斯克，对“软实力”潜藏的危险性做了如下的评价：“政府温情主义的帮助可能会腐蚀不屈的精神，导致人变得软弱无能。”[24]这从另一个侧面展现了洛克菲勒基金会的创立精神，即摒弃依赖他人之心，尊重自助精神和节俭美德。正如之前说到的，日本的精英知识分子，尤其是旨在振兴美国研究的精英知识分子，他们内心对美国的“宽容”的感激之情和依赖心理从萌芽到逐渐发展增强。国际文化会馆的常务理事加藤干雄就“日本美国研究的现状和问题”发表了自己的感想。他指出日本的“美国研究者的培养基本上都依赖于美国方面的资金支持”，并且日本的美国研究学者“基本上很少在共同研究中自主地提出计划，很少主动地去筹集实施研究计划的必要资金。与美国的日本问题专家相比，他们更为缺乏知识分子的企业家精神（Intellectual Entrepreneurship）。”[25]这种对“权威”的顺从和依存的特质会于无意识间侵蚀掉研究者的批判精神。如果现在我们将这一现象归咎于“钱”的话，那么不得不说这对洛克菲勒基金会来说实在是莫大的讽刺。因为洛克菲勒基金会的创始人正是出于对“创造性的慈善活动”所持有的强烈信念和浸礼的信条，才设立了他们“行道德高尚之业”的原则。[26]

日美关系的未来？

我从事美国研究的工作将近 40 年，其间因为研究或者教学的需要曾经在美国待过几年时间。经过这么多年的研究，我知道大部分美国国

民与我们对美国人固有的印象不同，他们基本上都非常积极地倾听他人的见解和意见。同时，他们也愿意敞开胸襟诚实地与外国人进行交 350
流。已故的美国著名历史学家威廉·A. 威廉姆斯，在《美国外交的悲剧》一书的日文版出版发行之际发表了如下言论：“我希望对外国来说，美国能够成为比过去甚至比现在更好的邻国。我们美国人需要能够给我们以忠告的外国友人，使我们能够改正过去或者现在的行为。”[27]美国人希望真正的外国朋友对自己的看法的前提提出质疑，并且针对美国正面临的各种各样的问题从不同角度提出不同意见。无论是美国人还是日本人，我认为大家都不乏创造性的想象力和想法。人们需要敞开胸襟进行真诚的交流和讨论。也就是说，如果是日本人的话，他们应当站在与美国公民相同的立场上，像思考自己的事情一样认真地去思考美国的事情，互相交换意见。借用内田树的话就是“比美国公民还要用心感受当事人的责任”，去思考问题并付诸行动。[28]我坚信通过这种方式，人们一定会互怀尊敬之心。但是我们在太平洋两岸见到的却是过度的隐私、目光短浅的权力欲望、互不信任以及面对问题趋易避难的软弱态度。这些极大地妨碍了日美两国国民进行观念和身份的交流，妨碍了他们敞开胸襟坦率地进行讨论。这实在是一件非常遗憾的事情。

美国的领导者认为，本国的历史发展过程证明了美国社会发展方式的正确性。他们对于美国文明（也许可以称其为美国的生活方式[American Way of Life]）不仅怀有坚定的自信心和自豪感，也深信美国的发展方式会同样适用于本国以外的国家和民族。美国政府同时持有理想主义、道德主义和重实利精于算计的现实主义立场。这三个部分组成 351
了美国的国家目标，即美国式的民主主义、自由企业资本主义经济以及美国的生活方式。美国政府将其三位一体化，推广至世界各地。在这一过程当中，美国外交凭借其压倒性的力量优势，有意或无意地强迫其他国家和民族接受美国的发展模式。另一方面，他们也经常使其他国家依附于自己，通过这种方式，即便不是“支配”，也会给各个国家和国民造成重大影响。但是，因为美国的外交是迫使他国依存于自己，这种外交政策使得无论是美国自己还是对方国家都很难达到双方满意的结果。

因为美国的外交方式会让对方国家产生从属于美国的感觉。美国的领导者们也会因为美国在军事和经济上的强大优势，在与他国进行外交交涉时有意无意地表现出优越感和骄傲。

在美国的这种外交方式之下，战后日美关系在过去的六十多年间一直是跌宕起伏，并被附加了许多条件。实际上，在过去半个多世纪的美国外交文献中，明确指明了到目前为止的日美关系不是真正友好健全的关系。比如下面讲到的一个例子就是很好的证明。1964 年 5 月 5 日，美国的领导者们出席国务卿举办的政策计划会议时，表露了他们对日本以及日本国民的真实看法。他们这样说道："我们怀疑日本国民是否真正意识到占领已经结束的事实。日本的国民太看重美国的反应，却没有明白自己的国家利益到底是什么。我们有必要帮助他们从自己的角度来观察本国的问题。看清日美两国的利益是什么并形成一个清楚的认识，这
352 才是进一步稳固两国关系的根基。"[29]这份外交文书清楚地表明了当时日本的外交精英十分在意并畏惧美国的态度，也就是说，日本的精英十分担心美国会对自己的行为采取怎样的态度。

一方面，日本的外交交涉方式具有许多特征，例如可以有多种解释方式的发言的不明确性、想要逃避公约约束的态度或矛盾的思考方式等。美国运用自己的软实力使日本的精英形成了依存于美国的体制；另一方面，日本精英也非常主动地接受了美国的软实力和"权威"，抱着些不得已的态度协助美国的外交。正是因为日本如此这般的外交交涉方式，使得 1960 年代的时候美国经常有这种感觉：即使是无视日本的国家利益，只要没什么大的过错便能继续下去。虽然美国政府高级官员经常会在发言中说"美国将日本视为对等的重要的伙伴"，但是实际上日本人经常会突然感受到美国人带给他们的失望感。[30]譬如，1963 年，国务院官员认为："在财务省、国防总省、商务省、农务省以及其他部门看来，一个明显前提条件就是，在安全保障和经济两方面，（日本）对美国的依存度还是相当高的。另外，因为（日本的）经济已经很强大了，所以我们牺牲一些日本的国家利益也没有什么大碍。"[31]

不仅日本，在美国也出现了一些类似日本人的奇妙的行为模式。当美国国民觉得在权力和影响力方面，美国与外国基本毫无差别，甚至对

方国家占有优势的情况下，他们便会突然变得不安，一直以来拥有的自信心和忍耐力也会降低，心理上开始动摇甚至难以忍受。感受到这种不安和威胁的美国人，不会去隐藏自己的感受而是会直接变得具有攻击性。并且他们的行为是十分强硬和不容抗拒的。另外，当对方是他们认为在种族和文化上都属于低等的国家和国民时，美国政府的态度和对外 353
行动则会变得更加混乱和令人不知所措。在日本作为经济大国崛起的问题上，美国政府的高级官员们在解释国民心理时坦承："在经济成长方面上，外国（特别是亚洲的国家）比我们更迅速地实现了经济发展而我们还没有完全做好心理准备来接受这一现实。虽然不甚强烈，但是我们现在能够感受到威胁，并为此感到愤怒。而巨我们不知道如何应对这种局面。"[32]

日美关系在未来将如何发展？日美关系虽然是在不同的要素和人物的共同作用和互相交错下创造出来的，但是不可否认的是，它有时也会由国际形势和历史状况来决定。为得到这一问题的答案，在这里我想引用威廉·罗斯伯里的一句话："被主流秩序排除的各种关系和内容依然会存在。并且能够取代主流秩序的另外的内容、另外的价值、对人生和历史的另外的解释也一定会出现的。"[33]现在，我要再次追问日美关系在未来会如何发展。我想现在我们能做的就是时刻关注并等待那些"一定会出现的、取代主流秩序的另外的内容、另外的价值、对人生和历史的另外的解释"的出现。

355 # 附录1 日美关系史谱系

为了如实反映战后日美两国的关系，很多研究者都将兴趣集中于日美关系史的研究，并且已经进行了许多相关的研究。基于他们的研究，日美关系奇特而复杂的实情得到了清晰的呈现。尽管如此，略观以往的历史研究，在日美关系的研究上存在着某种必须矫正的偏向，同时历史研究还存在失衡。

日美关系史研究的第一个特征是研究对象一边倒。到目前为止，研究者的主要兴趣都在安全保障问题和经济问题上，对日美文化关系的研究关注度不够。美国国务院人事交流局局长佛朗西斯·J. 科里根说："现在的对外政策必须是整体性的，必须包括国际关系的所有领域。文化交流是其中之一。"[1]正如该引言所提及的，在分析日美关系时，要建立一个分析框架，把安全保障、经济、文化这三个构成两国关系的要素全部综合起来。这对于研究两国关系的真实情况非常重要。政治学者小约瑟夫·S. 奈在十多年前就提出了"软实力"这个概念，并得到广泛普及。如今，"软实力"的概念愈来愈受到重视，在这种情况下，日美关系史的研究对象不能继续一边倒。[2]

日美关系史研究的第二个特征是，二分法或者两项对立的分析方法。这个倾向在英文版的研究著作里面尤其显著。举例来说，如收敛
356 （或者相似）对于偏差（或者差异），连续性对于非连续性，等等。近年来，研究者频繁应用这种二分法做分析。[3]在1960年代的美国和稍晚些的日本，采用收敛理论的接近法进行研究曾经风靡一时。那时，美国和日本正因为冷战在亚洲其他地区并肩作战。所以日美两国都将对方视为自己无可替代的搭档。收敛理论的实证主义研究者，虽然在分析框架方面很大程度上采用了现代化理论，强调日美的类似性，但是对于两国

的差异不是含糊其辞，就是做一些尽可能小的评价。这个学派的研究者，用现代化理论来说明日本如何作为一个近代国家而取得成功。根据这个理论，所有社会都被叫作“近代”，并且朝着单一的理想组织，实现能够被量化的发展。[4]这种情况下，我们也可以把“近代”这个词理解成“美国式资本主义”的同义词。这类研究建立在一个“自我中心的”假说之上，它假设如果日本能够吸取美国的历史经验，持续发展近代化，那么最终日本社会就能向美国社会接近。

近代的研究者开始采用后现代主义的研究方法。在1980年代之前，日本就早早达成了近代化和工业化这两个目标，成为世界上最先进的工业国家。基于这个历史事实，后现代主义派的日本研究者，试图使用相对主义的接近方法把欧美的价值和文化相对化。他们没有止步于摸索日本的“国家主体性”，而是克服长期以来日本人在欧美各国面前的自卑感，强调日本文化固有的独立性和特殊性。如同文艺评论家柄谷行人所说，在日本，学者实际上一直将后现代主义定义为“现代主义，或者从更本质的方面，以脱离西洋的形而上学的构造”为目标。“主体被去存在化，中心被去中心化（或者多中心化），深层被表层，原创被复制，创造被粘贴（各种片段的集合）或者东拼西凑（效仿其他作品主题的模仿作品）取代。”[5]后现代主义历史学家强烈主张，普遍的特性或者现实等不存在，只有个人的认识是存在的，[6]他们认为所有的发现、所有的 357
表象、所有的文化都有其正当性。[7]后现代主义的接近方法，主要与多元文化论的接近方法相对应，1990年代以后，在美国的日本研究方面占据支配地位。

1960年代之后，收敛理论的研究方法占主导。而在日美贸易问题闹得沸沸扬扬的1980年代，出现了一个采用偏差理论的研究方法的学派，并在学术界占据了支配地位。

日本经济的成长，导致与美国之间激烈的经济竞争。1980年代，隔着太平洋的两个对手——日本与美国是否会产生冲突？日美两国的国民，以及研究者们都很担心。为什么日本能在经济上取得如此巨大的成功？此外，日本如何才能维持经济增长？研究者们试图寻找答案。那些采用偏差理论研究方法的研究者被称为修正主义者，包括斯拉·沃格尔、查默斯·约翰逊、美国外交史家沃尔特·拉夫伯等。他们在强调日本特殊性的同时，还极力主张日美之间有着超越历史的、永存性的、根深蒂固的差异。[8]修正主义者主张，日本社会的主要制度，尤其是政府与民间组织的关系，与美国有着根本的区别。他们强调，日本文化有着超越时间的价值，是独特的非西洋文化。他们还主张日美关系史的基调不是友好而是冲突。大致分类的话，这些研究者属于强调文化资本主义的“日本异质论”学派。

日美关系史研究，周期性地来往返于聚焦理论和偏差理论之间。即1930—1940年代是偏差理论，1960年代是聚焦理论，接着1980—1990年代又是偏差理论，可谓你方唱罢我登场。[9]但是，这种以二分法为基础的分析方法逐渐失去了生产力，没有了价值。这时，在研究对日占领的研究者中慢慢出现了这么一批人，他们强烈感到必须从这种方法中脱离出来。

358 日美关系史研究的第三个特征是，右翼研究者试图从马克思主义理论出发，把日本的发展定位成世界资本主义发展过程的一部分。对于这些研究者来说，对占领改革的解释和评价是中心课题。他们议论的焦点在于历史的连续性和非连续性问题上，并将这个问题置于近代日本的历史发展轨迹中，或者日本资本主义发展的轨迹中进行处理。而近年的左派历史学家也开始强烈地意识到文化的重要性。[10]他们还尝试划分日本占领期，并明示了这长达六年八个月的占领期的各个阶段的特征。[11]例如，他们研究了对日占领政策中的“相反路线”等基本概念，还考察了“相反路线”确切的开始时间等。

从1980年代开始，日美关系史研究发生了戏剧性变化。因为在1980年代，占领期间的大量公文和记录在美国公开。因此，关于日美关系的整体，尤其是关于对日占领的许多论文和研究书籍相继问世。1990年，近代日本政治外交史学家五百旗头真教授试图通过提出新问题，来打破日美关系史研究停滞不前的状态。五百旗头教授提出了占领改革的责任人到底是谁这一疑问。他还提出了一个假说，认为占领改革是以日本民主化为目的的日美合作事业。[12]

由于1980年代的公文和记录被公开，研究者的方法论和研究方法开始变得多样、精炼和成熟。对于对日占领的历史经验的考察也变得更加深刻、更加详细。此外还产生了新的研究领域，即有关美国军事占领的国际性比较。结果表明，美国占领日本的实际状态，比目前为止研究者认为的要复杂得多。

日美关系史研究的第四个特征是，肤浅的看法依旧占主导地位。尤其是绝大部分的研究都局限于狭小的框架内。占领期间，几乎没有人反 359
对美国人是充满善意的、宽宏大量的这一说法。这里我想就这个“宽宏大量”表达自己的观点。国民和国家的思考和行动会随着时间发展而变化。对于时间和立场，国民有的时候显示出宽大宽容的态度，有的时候也可能显示表现出不宽容的强势态度。在没有敌对国或者威胁美国国家安全的国家时，或者其他国家承认美国在领导和力量上的优势，愿意跟随其后时，美国就会表现得极为宽宏大量。但是1930年代，因为大萧条，美国国内陷入了危机，加之德国和日本等竞争对手的挑战，试图与美国平起平坐，于是，美国国民丧失了一直以来的自信，严重地感到不安和焦虑。另外虽然占领期内“美国人”对“日本人”宽宏大量，但并不意味着“美国人”对包括南部非洲裔美国人在内的美国国内所有种族和民族群体也是宽宏大量的。

因此，研究日美关系史的时候，研究者必须谨记，不能想当然地认为美国人一直都是宽宏大量的人道主义者，而更应该问一问为什么美国人在占领时期这一特殊时期对日本人表现得“宽宏大量”。在我看来，美国对日本实施“宽宏大量的”占领政策是美国出于霸权国立场而做出的判断。

无论何种原因，肤浅的看法依旧在日美关系史的研究中占据支配地位。这一点真的令人感到遗憾。我希望研究者能够克服它。[13]“世界体系分析”和“文化霸权”这些概念，对研究美国对日政策的本质以及隐含的历史讽刺性，会有很大的帮助。

361

附录2 京都美国研究研讨会客座教授名单

1950年	约瑟夫·S. 戴维斯（负责人）	斯坦福大学	经济学
	克劳德·A. 巴斯	斯坦福大学	外交史
	约翰·D. 戈欣	斯坦福大学	哲学
	乔治·H. 诺尔斯	斯坦福大学	历史学
	詹姆斯·T. 沃特金斯	斯坦福大学	政治学
1951年	约翰·D. 戈欣（负责人）	斯坦福大学	哲学
	罗登·J. 丹杰菲尔德	伊利诺伊大学	政治学
	霍华德·S. 埃利斯	加利福尼亚大学	经济学
	莱昂·霍华德	加利福尼亚大学	文学
	乔治·H. 诺尔斯	斯坦福大学	历史学
1952年	约翰·H. 诺尔斯（负责人）	斯坦福大学	历史学
	佩里·米勒	哈佛大学	文学
	罗里·塔尔西斯	斯坦福大学	经济学
	罗伯特·沃克	斯坦福大学	政治学
	莫顿·怀特	哈佛大学	哲学
1953年	约翰·D. 戈欣（负责人）	斯坦福大学	哲学
	阿尔菲乌斯·T. 梅森	普林斯顿大学	政治学
	爱德华·S. 乔	斯坦福大学	经济学
	亨利·N. 史密斯	明尼苏达大学	文学
	C. 范·伍德沃德	约翰·霍普金斯大学	历史学
1954年	威廉·弗兰克纳	密歇根大学	哲学
	哈罗德·费舍尔	斯坦福大学	国际政治学
	利昂·霍华德	加利福尼亚大学	文学
	克莱德·克拉克洪	哈佛大学	文化人类学

（续表）

1954 年	洛里·塔西斯	斯坦福大学	经济学
1955 年	唐纳德·H. 戴维森	斯坦福大学	哲学
	亨德里克·S. 霍撒克	斯坦福大学	经济学
	梅里尔·延森	威斯康星大学	历史学
	哈罗德·拉斯韦尔	芝加哥大学	政治学
	哈里·莱文	哈佛大学	文学
1956 年	约翰·D. 戈欣	斯坦福大学	哲学
	约翰·哈泽德	哥伦比亚大学	公法
	乔治·H. 诺尔斯	斯坦福大学	历史学
	马克·肖勒	加利福尼亚大学	文学
	霍利斯·钱纳里	斯坦福大学	经济学
1957 年	未开讲		
1958 年	沃尔特·盖尔霍恩	哥伦比亚大学	法学
1959 年	卡尔·芬利·克里斯托	芝加哥大学	经济学
	威拉德·奥曼·奎因	哈佛大学	伦理学
	马尔·柯蒂	威斯康星大学	历史学

资料来源：Tokyo-Stanford American Studies Seminar List，January 20，1959，folder 13，box 2，series 205，record group 1.2，Rockefeller Foundation Archives，Rockefeller Archive Center，Sleepy Hollow，N. Y.

362

附录3　东京大学-斯坦福大学美国研究研讨会客座教授名单

1952年	罗登·J. 丹杰菲尔德	伊利诺伊大学	政治学
	约翰·T. 弗拉纳根	伊利诺伊大学	文学
	克拉伦斯·H. 格雷厄姆	哥伦比亚大学	心理学
	约瑟夫·J. 斯宾格勒	杜克大学	经济学
	威廉·O. 斯坦利	伊利诺伊大学	教育学
1954年	查尔斯·M. 艾伦	伊利诺伊大学	教育学
	罗德尼·L. 莫特	科尔盖特大学	宪法学
1955年	维吉尔·C. 奥尔德里奇	凯尼恩学院	哲学
	弗里茨·马克卢普	约翰·霍普金斯大学	经济学
1956年	诺曼·尼尔逊	芝加哥大学	文学
	朱利安·H. 斯图尔特	伊利诺伊大学	人类学
1957年	温德尔·H. 巴什	科尔盖特大学	社会学
	爱德华·S. 伯尔丁	密歇根大学	心理学
1958年	理查德·N. 柯勒特	北卡罗来纳大学	历史学
	鲁珀特·N. 埃文斯	伊利诺伊大学	教育学
	查尔斯·哈茨霍恩	埃默里大学	哲学
	杰里米·英格鲁斯	罗克福德学院	文学
	道格拉斯·B. 马格斯	杜克大学	行政法学
	丹尼尔·休茨	密歇根大学	经济学

资料来源：Kyoto American Studies Seminar List, January 20, 1959, folder 34, box 5, series 609, record group 1.2, Rockefeller Foundation Archives, Rockefeller Archive Center, Sleepy Hollow, N. Y.

注 释

序章

1. John W. Dower, "Flunking Postwar Japanese History," *Japan Times*, December 16, 2003; Dower, "A Warning from History," *Boston Review*, March 6, 2003; Dower, "Lessons from Japan about War's Aftermath," *New York Times*, October 27, 2002.

2. Ruth Benedict, *The Chrysanthemum and the Sword: Patterns of Japanese Culture* (Boston: Houghton Mifflin, 1946)(露丝·本尼迪克特:《菊与刀——日本文化的类型》,长谷川松治译,社会思想社,1972年).

3. 实际上,外交关系委员会的《战争与和平研究》(The War and Peace Studies)开始于1939年。有关日本的研究请参照:*Studies of American Interests in the War and the Peace*(报告者是Hamilton Fish Armstrong)(New York: Council on Foreign Relations, 1942)。关于太平洋国际学会的研究请参照:*Proceedings of the Institute of Pacific Relations, War and Peace in the Pacific: A Preliminary Report of the Eighth Conference of the IPR on Wartime and Post-war Cooperation of the United Nations in the Pacific and the Far East, Mont Tremblant, Quebec*, December 4—14, 1942 (New York: International Secretariat, Institute of Pacific Relations, 1943)和"Provisional Analytical Summary of IPR Conference on Japanese Character Structure," December 16—17, 1944, Prepared by Margaret Mead, Papers of the Institute of Pacific Relations, Box 92, Japanese Psychiatrist Meetings, Bulter Library, Columbia University, New York。

4. 其中的一个例子就是农地制度的改革。1936年2月26日作为国家改造运动(昭和维新)的一环,受到北一辉的思想影响的皇道派青年将校率领的队伍为了坚决实行民治时期的领导者未能实现的农地改革,引发了军事政变。佃户农民频繁的争议、姑娘卖身和缺食儿童剧增所象征着的农村生活的贫困化都是"二·二六"事件的诱因之一。但是,这场军事政变被当作是叛乱而遭到镇压。因此,"彻底的"农地改革一直到第二次世界大战之后才由盟军最高司令官总司令部实行。Ronald Dore, *Land Reform in Japan* (London: Oxford University Press, 1959), pp. 116—125. 参见丸山真男:"极端国家主义的逻辑和心理""日本法西斯的思想和运动",《现代政治的思想和行动》增补版,未来社,1964年,第11—28、29—

87 页。

5. 五百旗头真认为，占领改革中有三种类型可以被认可。第一种类型是盟军最高司令官总司令部命令型的改革，比如反对垄断的财阀解体。第二种类型是日本方面率先进行的改革，比如选举法的修正和劳动组合法。第三种类型是第一种和第二种的混合，即盟军最高司令官总司令部和日本合作进行的改革，比如农地改革和宪法的修正。五百旗头真："占领——日美的再次相遇的地方"，《アスティォン》+《DAEDELUS》国际共同编辑，山崎正和、高坂正尧主编，《日美的昭和》，TBS 不列颠，1990 年，第 62—82 页。五百旗头："占领改革的三种类型"，《LEVIATHAN》，第 6 号（1990 年），第 97—120 页。

6. 森户辰男："和平国家的建设"，《改造》（1946 年 1 月），第 3—16 页。

7. 引用自：Robert N. Bellah，"Values and Social Changes in Modern Japan," *Asian Cultural Studies* 3，Tokyo：International Christian University，October 1962，pp. 13—56，John W. Dower，ed.，*Origins of the Modern Japanese State：Selected Writings of E. H. Norman*' New York：Random House，1975，p. 60。

8. Dower，ed.，*Origins of the Modern Japanese State*，p. 62.

9. "Japanese Peace Treaty Problems，First Meeting，October 23，1950，" Council on Foreign Relations Study Group Report，Manuscript Division，Council on Foreign Relations，New York.

10. 洛克菲勒三世从 1931 年开始担任洛克菲勒基金会的理事。他与杜勒斯通过洛克菲勒基金会的活动而相识，是多年的好友。John Curtis Perry，"Private Philanthropy and Foreign Affairs：The Case of John D. Rockefeller Ⅲ and Japan，" *Asian Perspective* 8（fall-winter 1984）：pp. 268—284.

11. "Proposal for Culture Center and Student International House，" September 6，1951，Japanese-American Cultural Relations，folder 6，box 1，series 609，record group（RG）1.2，Rockefeller Family Archives，Rockefeller Archive Center，Sleepy Hollow，N. Y.（RAC）。

12. John D. Rockefeller 3rd diary entry，January 22，1951，folder 62，box 7，series 1—OMR files，RG 5（John D. Rockefeller 3rd），Rockefeller Family Archives，RAC; John Foster Dulles to John D. Rockefeller 3rd，draft letter，May 4，1951，confidential U. S. State Department special files，Japan，1947—1956（microfilm，University Publications of America，1990，in reel 13，lot files 54－D－423：Japan Peace Treaty Files of John Foster Dulles，1947—1952）.

13. John Tomlinson，*Cultural Imperialism：A Critical Introduction*（London：Continuum，1991）（约翰·汤姆林森：《文化帝国主义》，片冈信译，青土社，1939 年）。也可以参照：Rob Kross，"American Empire and Cultural Imperialism：A View from the Receiving End，" *Diplomatic History* 23（summer 1999）：pp. 463—477。

14. 美国大使馆宣传文化交流局的一位负责文化关系的官员，针对文化帝国主义的相关问题如何让人神经过敏，做了以下说明：“迄今为止，在与各国的人们接触时，‘国务院的国际交流部’一直将合作当作是这个政策的指南。世界各国对文化帝国主义的威胁及其责难，或者文化帝国主义的宣传活动十分的神经过敏，尤其是现在，因此这一点非常重要。比如，在实施这个项目的时候，我们在很多国家设置了由当地美国人和那个国家的国民组成的委员会，在这个委员会的参与下，实施项目计划，进行运营。……”“1948 年《美国信息与教育交流法案》（《史密斯·蒙特法案》）成立之时，大家也认为这个政策方针很明智，这个政策的成果也是有目共睹的。”“General Information and Problems of the Department's International Exchange Service,” August 1954, Bureau of Educational and Cultural Affairs Historical Collection, U. S. Department of State, manuscript number 468, box 301, file 34, Special Collections Division, University of Arkansas Libraries, Fayetteville, Arkansas.

15. 最高法院院长田中耕太郎在评论日本和外国的文化交流计划时，批判说过去日本的文化交流项目虽然将重点放在了向外国介绍日本的文化，却疏于考虑外国的文化。Tanaka Kōtarō, “Cultual Interchange between Japan and the United Stated,” *Tokyo Times*, February 21, 1951, folder 445, box 49, series 1—OMR files, RG 5 (John D. Rockefeller 3rd) Rockefeller Family Archives, RAC.

16. Robert W. Cox, with Timothy J. Sinclair, *Approaches to World Order* (Cambridge: Cambridge University Press, 1966), pp. 57, 120.

17. Jessica C. E. Gienow-Hecht, “Art Is Democracy and Democracy Is Art: Culture, Propaganda, and the *Neue Zeitung* in Germany, 1944—1947,” *Diplomatic History* 23, no. 1 (1999): p. 29

18. 文化一词的意思十分复杂。关于它的语源，可参照：Raymond Williams, *Keywords: A Vocabulary of Culture and Society*, rev. ed. (New York: Oxford University Press, 1983), pp. 87—93。

19. Robert F. Arnove, ed., *Philanthropy and Cultural Imperialism: The Foundations at Home and Abroad* (Boston: G. K. Hall, 1980); Tomlinson, *Cultural Imperialism*.

20. 最近，出现了以美国人和德国人之间的文化关系为题材的优秀研究。Petra Goedde, *GIs and Germans: Culture, Gender, and Foreign Relations, 1945—1949* (New Haven, Conn.: Yale University Press, 2003); Maria Höhn, *GIs and Fräuleins: The German-American Encounters in 1950s West Germany* (Chapel Hill: University of North Carolina Press, 2002)。

21. Emily S. Rosenberg, “Cultural Interactions,” in *Encyclopedia of the United States in the Twentieth Century*, vol. 2, ed Stanley I. Kutler (New York: Scribner's Sons, 1996), p. 708.

22. Rosemary O'Neil, “A Brief History of Department of State Involvement in International Exchange,” fall 1972, Bureau of Educational and Cultural Affairs Historical Collection, U. S. Department of State, box 103, file 12, Special Collections Division,

University of Arkansas Libraries, Fayetteville, Arkansas.

23. 吉诺-赫克特在对1944—1947年的《新报》(*Neue Zeitung*)的研究中，试图说明美国的价值传到德国的程度。她强调了在文化的传播过程中，在美国和其他国家之间发挥着媒介作用的文化“宣传”或者文化变容的重要性。Gienow-Hecht, “Art Is Democracy and Democracy Is Art” pp. 21—43. 另外，讨论非政府组织发挥的作用的研究，请参照：Akira Iriye, *Global Community: The Role of International Organizations in the Making of the Contemporary World* (Berkeley: University of California Press, 2002).

24. 参见：T. Jackson Lears, “The Concept of Culture Hegemony: Problems and Possibilities,” *American Historical Review* 90, no. 3, 1985: pp. 567—593。

25. 到目前为止，在日本的对日占领研究中，人们认为研究者在道格拉斯·麦克阿瑟和吉田茂这两者身上投入了较多的兴趣和关心。

26. 考克斯将制度化界定为“稳定某种特定秩序并使之长久持续下去的方法”。Cox with Sinclair, *Approaches to World Order*, p. 99.

27. “Guidelines of U. S. Policy toward Japan,” Secret Policy Paper, May 3, 1961, U. S. Department of State, US-J 00098. Japan and the United State: Diplomatic, Security and Economic Relations, 1960—1976, National Security Archive, Gelman Library, George Washington University, Washington, D. C.

28. Warren Obluck, “The Development of American Studies in Japan: As Observed from an American Point of View”。《东京大学美国研究资料中心年报》第8号（1985年），第1—7页。

29. 能登路雅子：“东京大学-斯坦福大学美国研究研讨会”，美国研究综合调查报告书《战后日本的“美国研究研讨会”进程》，国际文化会馆，1998年，第25—26页。

30. 有贺贞：“回顾和展望——美国”，《史学杂志》，第90编第5号（1981年），史学会编《日本历史学界的回顾和展望》，25，山川出版社，1988年，第172页。

31. Howard S. Ellis, Department of Economics, Stanford University, to Joseph H. Willits, director for social sciences, Rockefeller Foundation, September 2, 1951, folder 6, box 1, Stanford University-American Studies (Japanese Program), series 205, RG, 1.2, Rockefeller Foundation Archives, RAC.

32. Eric J. Gangloff, “American Studies and Public Responsibility” (《东京大学美国研究资料中心年报》，第10号（1987年），第9—11页).

33. Dean Rusk (president), “Statement of the Rockefeller Foundation and the General Education Board to the Special Committee to Investigate Tax-Exempt Foundations,” Eighty-third Cong., 2nd sess., August 3, 1954, p. 1080.

34. Obluck, “Development of American Studies in Japan.”

35. 南原繁:《南原繁著作集》第7卷,岩波书店,1937年,第414—420页。

36. John W. Dower, *Embracing Defeat*: *Japan in the Wake of World War II* (New York: Norton, 1999), pp. 550—551 (约翰·W. 道尔:《拥抱战败》增补版,三浦阳一、高杉忠明、田代泰子译,岩波书店,2004年).

第一章

1. Karl Polanyi, *The Great Transformation*: *The Political and Economic Origins of Our Time* (Boston: Beacon Press, 1944) (卡尔·波兰尼:《大转型》,吉泽英成、野口建彦、长尾史郎、杉村芳美译,东洋经济新报社,1975年). Charles P. Kindleberger, *World Economic Primacy*: *1500 to 1990* (New York: Oxford University Press, 1996) (查尔斯·P. 金德尔伯格:《经济大国兴亡史1500—1990》,中岛健二译,岩波书店,2002年)。

2. 关于世界体系和霸权的详细内容参照: Thomas J. McCormick, *America's Half-Century*: *United Stated Foreign Policy in the Cold War and After*, second edition (Baltimore: The Johns Hopkins University Press, 1995), pp. 1—6 (托马斯·J. 麦考密克:《美国黄金时代的五十年》新版,松田武、高桥章、杉田米行译,东京创元社,1999年).

3. 历史学家、社会学家伊曼纽尔·沃勒斯坦将"世界经济"和"世界体系"视为具有互换性的词语,用作同一个意思。他将"世界经济"定义为在政治意义上可以分为多个机构,但是在经济意义上是综合生产结构的庞大且不均等的相互联系体。而且根据他的分析,剩余的资本积累在市场中会朝着对能够形成多种多样短期垄断的人们有利的方向被不均等地分配,这是"世界经济"的基本规律。参照: Immanuel Wallerstein, *Unthinking Social Science* (Cambridge: Polity Press, 1991), p. 247 (伊曼纽尔·沃勒斯坦:《否思社会科学》,本多健吉、高桥章监译,藤原书店,1993年).

4. Wendell L. Willkie, *One World* (New York: Simon and Schuster, 1943).

5. McCormick, *America's Half-Century*, pp. 4—7.

6. "Japan: Confidential Memorandum of Conversation, April 8, 1961," sent to Douglas MacArthur from U. S. Department of State, US-J 00090, Japan and the United States: Diplomatic, Security and Economic Relations, 1960—1976, National Security Archive, Gelman Library, George Washington University, Washington, D. C.

7. 关于霸权和拉拢的详细讨论,参照: McCormick, *America's Half-Century*, pp. 4—7; Immanuel Wallerstein, *The Capital World-Economy* (Cambridge: Cambridge University Press, 1979), pp. 35—36 (伊曼纽尔·沃勒斯坦:《资本主义世界经济》Ⅰ·Ⅱ,藤濑浩司、麻沼贤彦、金井雄一译,名古屋大学出版社,1987年)。

8. Douglas MacArthur, *Reminiscences* (New York: McGraw-Hill, 1964), p. 275 (道格拉斯·麦克阿瑟:《麦克阿瑟回忆录》,津岛一夫译,朝日新闻社,1964年)。

9. 鹿岛和平研究所编：《日本外交主要文件·年表（一）1941—1960 年》，原书房，1983 年，第 81—91 页。细谷千博、有贺贞、石井修、佐佐木卓也编：《日本关系资料集 1945—1997》，东京大学出版会，1999 年，第 27—33 页。

10. John W. Dower, *Embracing Defeat: Japan in the Wake of World War Ⅱ* (New York: Norton, 1999), pp. 76—77（约翰·W. 道尔：《拥抱战败》增补版，三浦阳一、高杉忠明、田代泰子译，岩波书店，2004 年）.

11. Digest of "Report of the Education Exchange Survey," September 17, 1949, folder 444, box 49, record group (RG) 5 (John D. Rockefeller 3rd), Rockefeller Family Archives, Rockefeller Archives Center, Sleepy Hollow, N. Y. (RAC).

12. 比如，听说岩波书店的创始人岩波茂雄一听到日本投降的消息，就如释重负地松了口气。参照：吉野源三郎"创刊寄语"，《世界》（1966 年 1 月），第 259—268 页；"战后三十年和'世界'三十年"，《世界》（1976 年 1 月），第 253—282 页。

13. 政治学家丸山真男从心理历史学的视点，对于为什么日本的国家主义在 1945 年 8 月 15 日没有达到顶峰的理由进行了富有说服力的分析。参照：Maruyama Masao, "Nationalism in Japan: Its Theoretical Background and Prospect," in Maruyama, *Thought and Behavior in Modern Japanese Politics*, ed. Ivan Morris, trans. Dvaid Titus (London: Oxford University Press, 1963), pp. 136, 148（丸山真男："日本的国家主义"，《现代政治的思想和行动》增补版，未来社，1964 年）.

14. 石川达三："反美情绪不会消失"，《中央公论》（1953 年 11 月），第 34 页。

15. 荒正人：《第二青春》，八云书店，1947 年，第 2 页。关于"虚脱"的描写可参照道尔的《拥抱战败》增补版，尤其是第三章。

16. Tokyo 1020 to U. S. Department of State, February 2, 1951, 794. 00/2—251, U. S. Department of State, National Archives and Records Administration, Washington, D. C. (NARA); Saxton Bradford, AMEMBASSY, Tokyo, to U. S. Department of State, "IIA: ICS: American Books in Japanese Translation, 1952," April 1, 1953, 511. 9421/4—153, U. S. Department of State, NARA.

17. Robert S. Schwantes to John D. Rockefeller 3rd, January 23, 1955, folder 42, box6, collection Ⅲ 2Q, Rockefeller Family Archives, RAC.

18. Robert S. Schwantes, "The Exchange of Cultural Materials," Council on Foreign Relations Study Group on American Cultural Relations with Japan, Working Paper No. 5, April 22, 1953, folder 42, box 6, collection Ⅲ 2Q, Rockefeller Family Archives, RAC.

19. 六个部门指的是：Plans and Operations, School and Organization, Research, Press and Publications, Radio, Motion Pictures. 参见有山雄辉：《占领期媒体史研

究——自由和统制·1945年》，柏书房，1996年，第237—238页；以及：Bradley Connors，Confidential Memorandum：USIE Program for Japan，March 3，1951，511. 9421/3—351，U. S. Depart-ment of State，NARA.

20．参照：Robert S. Schwantes，*Japanese and Americans：A Century of Cultural Relations*（New York：Harper and Brothers，1955），pp. 308—309（罗伯特·S. 施万特斯：《日本人和美国人——日美文化交流百年史》，石川欣一译，创元社，1957年）.

21．竹前荣治：《GHQ》，岩波书店，1983年，第116页。竹前荣治，"GHQ论——GHQ的组织和改革者"，中村政则等编，《战后日本——占领和战后改革》第2卷，岩波书店，1995年，第55页。

22．新堀通也编：《亲日派的诞生》，东进堂，1986年，第141页。竹前荣治："GHQ论"，第55页。

23．丸山真男："超国家主义的逻辑和心理"，《现代政治的思想和行动》增补版，第11—28页。

24．日高第四郎："占领下的教育改革"，汤浅八郎等著，《我生活的20世纪》，日本基督教团出版局，1980年，第122页。

25．引用自："Report of the United States Cultural Sciende Mission to Japan，January 1949"。Supreme Commander for the Allied Powers，Civil Information and Education Section，p. 5，folder 444，box 49，RG 5（John D. Rockefeller 3rd），Rockefeller Family Archives，RAC.

26．Takemae Eiji，*The Allied Occupation of Japan*（New：Continuum，2002），p. 354.

27．第二次美国教育使节团于1950年8月被派遣到日本。南原繁：《南原繁著作集》第7卷，岩波书店，1973年，第414—420页。

28．Takemae，*Allied Occupation of Japan*，p. 352.

29．鲍尔斯于1904年在东京出生，毕业于哈佛大学，获得了人类学博士学位。他从1925年到1927年在第一高等学校（现在的东京大学驹场校区）教授英语。参见大崎仁等编：《战后大学史》，第一法规出版，1988年，第5页；以及：USPOLAD，Tokyo，to U. S. Department of State，October 23，1951，894. 43/10—2351，U. S. Department of State，NARA.

30．同上书，xii页。

31．Gary H. Tsuchimochi，*Education Reform in Postwar Japan：The 1946 U. S. Edu-cation* Mission（Tokyo：University of Tokyo Press，1993），p. 4.

32．同上，以及：*The Report of the United States Education Mission on Japan*（村井实译：《美国教育使节团报告书》，讲谈社，1979年），Takemae，*Allied Occupation* of Japan, pp. 352—371.

33. 同上。

34. 科恩的发言引用自哈伯特·帕辛的“占领带来的东西”。《アスティォン》+《DAEDELUS》国际共同编辑，山崎正和、高坂正尧监修，《日美的昭和》，TBS不列颠，1990年，第94页。

35. Takemae, *Allied Occupation of Japan*, p. 357

36. 同上书，p. 355。

37. Entry of June 20, 1947, Charles B. Fahs Diaries, box 16, series 12. 1 diaries, Rockefeller Foundation Archives, RAC. (Fahs Diaries).

38. 同上。

39. Entry of June 24, 1947, Fahs Diaries.

40. 细谷千博等编:《日美关系资料集》，第30页。

41. Schwantes, *Japanese and American*, pp. 308—309; Rosemary O'Neil, "A Brief History of Department of State Involvement in International Exchange," fall 1972, Bureau of Educational and Cultural Affairs Historical Collection, U. S. Department of State, box 130, file 12, Special Collection Division, University of Arkansas Libraries, Fayetteville, Arkansas.

42. Institute for Educational Leadership by General Headquarters, Supreme Commander for the Allied Powers, Civil Information and Education Section, Education Division, undated, folder 445, box 49, series 1—OMR files, RG 5 (John D. Rockefeller 3rd), Rockefeller Family Archives, RAC.

43. 同上。

44. Enclosure: Undated draft of a reply to Louis C. Ieradi from Jack K. McFall, Assistant Secretary of State, in Jack K. Mcfall to Sen. James H. Duff, December 17, 1951, 511. 94/12—1751, U. S. Department of State, NARA.

45. Institute for Educational Leadership by General Headquarters.

46. 同上。

47. 同上。

48. Enclosure: Undated draft of a reply to Ieradi from McFall.

49. 同上。

50. 同上。

51. Digest of "Report of the Education Exchange Survey."

52. 今まど子:“日本占领和图书馆”，《中央大学文学部纪要社会学科》第2号（1992年4月），第1—14页。

53. Schwantes, "Exchange of Cultural Materials," p. 12.

54. Niles W. Bond, USPOLAD, Tokyo, to U. S. Department of State, USIE Country Paper on Japan, August 16, 1951, 511. 9421/8—1651, U. S. Department of State, NARA.

55. Civil Information and Education Section, General Headquarters, Supreme Commander for the Allied Powers (CI&E). *Mission and Accomplishments of the Occupation in the Civil Information and Education Fields*, January 1, 1950, folder 444, box 49, series 1—OMR files, RG5 (John D. Rockefeller 3rd), Rockefeller Family Archives, RAC. 今まど子教授和丰后レイ子氏提供了关于民间情报教育局的中心图书馆的重要信息，在此向二位表示感谢。

56. Entry of June 5, 1947, Fahs Diaries.

57. Entry of June 13, 1948, Fahs Diaries, box 16.

58. Bond, USPOLAD, Tokyo, to U. S. Department of State, USIE Country Paper on Japan.

59. Schwantes, "Exchange of Cultural Materials," p. 13.

60. Saxton Bradford, AMEMBASSY, Tokyo, Desp. No. 1343, "Semi-annual Evaluation Report," January 23, 1953, 511. 94/1—2353, U. S. Department of State, NARA.

61. "American Cutural Relations with Japan. Fifth Meeting April 30, 1953, Digest of Discussion," Council on Foreign Relations Study Group Report, folder 42, box 6, collection Ⅲ2Q, Rockefeller Family Archives, RAC.

62. 同上。

63. 竹前荣治：《GHQ》，第45页。

64. Dower, *Embracing Defeat*, p. 138.

65. AMEMBASSY, Tokyo, to U. S. Department of State, Desp. No. 2750, "IIA: Japanese Press Comments on the U. S. Copyright Situation," June 26, 1953, 511. 9421/6—2653, U. S. Department of State, NARA.

66. Entry of June 4, 1947, Fahs Diaries.

67. 引用自：AMEMBASSY, Tokyo, to U. S. Department of State, Desp. No. 2750, "IIA: Japanese Press Comments on the U. S. Copyright Situation"。

68. Bradford, AMEMBASSY, Tokyo, Desp. No. 1343, "Senuannual Evaluation Report."

69. 同上。

70. 同上。

71. Bradford, AMEMBASSY, Tokyo, to U. S. Department of State, "IIA: ICS: American Books in Japanese Translation, 1952."

72. CI&E, *Mission and Accomplishments*, p. 4.

73. 同上。

74. Bradford, AMEMBASSY, Tokyo, to U. S. Department of State, "IIA: ICS: American Books in Japanese Translation, 1952."

75. Entry of July 14, 1947, Fahs Diaries.

76. Schwantes, "Exchange of Cultural Materials."

77. 马克·盖恩:《日本日记》,井本威夫译,筑摩书房,1951 年。

78. Bradford, AMEMBASSY, Tokyo, to U. S. Department of State, "IIA: ICS: American Books in Japanese Translation, 1952."

79. 参见富田仁编:《事典——外国人眼中的日本》,日外アソエーツ,1992 年的 Gayn 的 *Japan Diary* 的事项,第 66—69 页。Bradford, AMEMBASSY, Tokyo, to U. S. Department of State, "IIA: ICS: American Books in Japanese Translation, 1952".

80. Schwantes, "Exchange of Cultural Materials," p. 3; Schwantes, *Japanese and Ameri-cans*, p. 227.

81. 同上。

82. "American Cutural Relations with Japan, Fifth Meeting April 30, 1953, Digest of Discussion"; Schwantes, "Exchange of Cultural Materials," p. 3.

83. Bradford, AMEMBASSY, Tokyo, Desp. No. 1343, "Semiannual Evaluation Report."

84. Bond, USPOLAD, Tokyo, to U. S. Department of State, USIE Country Paper on Japan.

85. Barak Kushner and Satō Masaharu, "Digesting Postwar Japanese Media," *Diplomatic History* 29 (January 2005): pp. 36, 37, 46.

86. CI&E, *Mission and Accomplishments*, p. 4. The circulation number of *Reader's Digest* varies. 比如,有关《读者文摘》杂志的最新研究中,巴克拉·库什纳和佐藤マサハル认为当时售出的《读者文摘》杂志有 150 万册。参照:Kushner and Satō, "Digesting Postwar Japanese Media"。

87. 引用自:Joanne P. Sharp, *Condensing the Cold War: Reader's Digest and American Identity* (Minneapolis: University of Minnesota Press, 2000), p. xiv, Kushner and Satō, "Digesting Postwar Japanese Media," p. 27。

88. CI&E, *Mission and Accomplishments*, p. 4.

89. Bond, USPOLAD, Tokyo, to U. S. Department of State, USIE Country Paper on Japan.

90. 同上。

91. "American Cutural Relations with Japan, Fifth Meeting April 30, 1953, Digest

of Discussion," p. 6.

92. Bond, USPOLAD, Tokyo, to U. S. Department of State, USIE Country Paper on Japan.

93. Saxton Bradford, AMEMBASSY, Tokyo, to U. S. Department of State, Desp. No. 2286, "IIA Prospectus for Japan, Enclosure: 1954—1955," April 30, 1953, 511. 94/4—3053, U. S. Department of State, NARA.

94. 同上。

95. 同上。

96. Schwantes, "Exchange of Cultural Materials," p. 4.

97. 关于在日本的民间审查和媒体统制的信息，参见：Marlene J. Mayo, "Civil Cen-sorship and Media control in Early Occupied Japan," *in Americans as Proconsuls: United Stated Military Government in Germany an Japan, 1944—1952*, ed. Robert Wolfe (Carbondale and Edwardsville: Southern Ilinois University Press, 1984), pp. 263—320.

98. Takemae, *Allied Occupation of Japan*, p. 383.

99. CI&E, *Mission and Accomplishments*; Entry of July 14, 1947, Fahs Diaries.

100. Connors, Confidential Memorandum.

101. Entry of June 29, 1947, Fahs Diaries.

102. Entries of June 29 and July 2, 1947, Fahs Diaries.

103. Entry of July 2, 1947, Fahs Diaries.

104.《朝日新闻》(2005年8月24日) 第17面。

105. "依照进驻军的命令"这一表达从在1947年7月1日的《朝日新闻》的《天声人语》中被使用后，在日本人中成了爆炸性的流行语。

106. Entry of C. Nelson Spinks, John D. Rockefeller 3rd Diaries 1952, folder 63, box 7, series 1—OMR files, RG5 (John D. Rockefeller 3rd), Japan Section, Rockefeller Family Archives, RAC; USPOLAD, Tokyo, to U. S. Department of State, Mission Telegram No. 788, dated October 18, 1951, October 23, 1951, October 23, 1951, 894. 43/10—2351, U. S. Department of State, NARA.

107. Entry of June 24, 1947, Fahs Diaries.

108. Entry of June 23, 1947, Fahs Diaries.

109. 布莱克摩尔是位律师，有过在战略事务局工作的经验。他毕业于东京帝国大学的法学专业，在民事法和民事诉讼程序法的修正中担任顾问（Entry of June 5, 1947, Fahs Diaries）参照竹前荣治："GHQ论"，第60页。

110. Entry of June 5, 1947, Fahs Diaries.

111. Entry of June 30, 1947, Fahs Diaries.

112. 据说在法斯的印象中，奥尔是个十分年轻能干的人。他毕业于北卡罗来纳大学，不仅成为了一名军人，还担任了第三代民间情报教育局的局长。参照Entry of June 29, 1947, Fahs Diaries; Herbert J. Wunderlich, *The Japanese Textbook Problem and Solution*, *1945—1946* (Stanford University, 1952). 赫伯特·J. 温德里克：《占领下的日本的教科书改革》，土持ゲーリー法一监译，玉川大学出版部，1998年。

113. 竹前荣治：《GHQ》，第118页。

114. Entry of June 14, 1948, Fahs Diaries.

115. Entry of June 29, 1947, Fahs Diaries.

116. Entries of June 5, 30, 1947, Fahs Diaries.

117. Entry of June 5, 1947, Fahs Diaries. 竹前荣治：《GHQ》，第127页。在日俄战争中从俄罗斯移居到美国的双亲在芝加哥生下了帕辛。帕辛进入芝加哥大学，专攻人类学。他在北卡罗来纳大学执教，之后在密歇根大学修完陆军日语课程，在民间情报教育局工作。帕辛精通日语，他被认为是"在战争中接受训练的年轻人中给人留下印象最深刻的人物之一"（Bradford, AMEMBASSY, Tokyo, to U. S. Department of State, "IIA: ICS: American Books in Japanese Translation, 1952"）。

118. Entry of June 5, 1947, Fahs Diaries.

119. Bradford, AMEMBASSY, Tokyo, to U. S. Department of State, "IIA: ICS: American Books in Japanese Translation, 1952."

120. "American Cutural Relations with Japan, Fifth Meeting April 30, 1953, Digest of Discussion," p. 13. 罗伯特·B. 特克斯：《在日本的失败》，下岛连译，文艺春秋新社，1952年，第225页（Robert B. Textor, *Failure in Japan*, New York: John Day, 1951）。

121. 同上。

122. O. 库尔加诺夫：《在日美国人——苏维埃记者的日本日记》，高木秀人译，五月书房，1952年，第39—40页（O. Kurganov, *Amerikantsy v Yaponii*, *reportaz* [USSR, 1946]）。

123. 同上书，第16—17页。

124. 同上书，第17—18页。

125. Bradford, AMEMBASSY, Tokyo, Desp. No. 1343, "Semiannual Evaluation Report," p. 19.

126. Bradford, AMEMBASSY, Tokyo, to U. S. Department of State, "IIA: ICS: American Books in Japanese Translation, 1952."

127. 同上。"American Cultural Relations with Japan, Fifth Meeting April 30, 1953, Digest of Discussion," p. 4.

128. 同上。

129. Entry of July 2, 1947, Fahs Diaries.

130. Entry of July 4, 1947, Fahs Diaries.

131. Bradford, AMEMBASSY, Tokyo, to U. S. Department of State, "IIA: ICS: American Books in Japanese Translation, 1952."

132. Bradford, AMEMBASSY, Tokyo, Desp. No. 1343, "Semiannual Evaluation Report."

133. AMEMBASSY, Tokyo, to U. S. Department of State, Desp. No. 2750, "IIA: Jap-anese Press Comments on the U. S. Copyright Situation."

134. 同上。

135. 同上。

136. "American Cultural Relations with Japan, Fifth Meeting April 30, 1953, Digest of Discussion."

137. 同上。

138. Entry of July 3, 1947, Fahs Diaries.

139. Schwantes, "Exchange of Cultural Materials," p. 3.

140. 同上。

141. CI&E, *Mission and Accomplishments*, p. 4.

142. Entry of April 27, 1950, Fahs Diaries, box 16.

143. 竹前荣治:《GHQ》,第107页。

144. 同上书,第3页。

145. 正如《伦敦时报》的特派员弗兰克·霍利所说的那样,所谓的"巴丹男子"指的是在太平洋战争中和麦克阿瑟将军共同作战的战友,是盟军总司令部的高级干部。例如邦纳·F. 费勒斯准将(军事秘书),考特尼·惠特尼(菲律宾时代麦克阿瑟将军的好友之一,民政局局长),理查德·K. 萨瑟兰中尉(参谋长),理查德·马歇尔少校(参谋长),查尔斯·A. 威洛比少校(参谋第二部部长),威廉·F. 马库特(初代对日理事会美丽家合众国代表、经济科学局局长)。盟军总司令部,特别是威洛比少校主张对华盛顿政府的所有联系渠道进行全面管理(Entry of June 7, 9, and July 1 1947, Fahs Diaries)竹前荣治,《GHQ》,第3页。

146. 细谷千博等:《日美关系资料集》,第30页。

147. Inoue Kyoko, *MacArhur's Japanese Constitution: A Linguistic and Cultural Study of Its Making* (Chicago: University of Chicago Press, 1991) (キヨウコ·イノウエ:《麦克阿瑟的日本国宪法》,古关彰一监译,五十岚雅子译,桐原书店,1994年).

148. 插曲式证据:加藤ミヅエ,《致深爱的"日本"的遗言》,书苑新社,1995年,第97—106页。

149. 竹前荣治：《占领战后史》，双柿舍，1980年，第40—41页，竹前荣治：《GHQ》，第55页。

150. Entry of July 10, 1947, Fahs Diaries.

151. 同上。

152. Entry of July 14, 1947, Fahs Diaries.

153. 同上。

154. Entry of June 5, 1947, Fahs Diaries.

155. Entry of July 1, 1947, Fahs Diaries. 曾在第三高等学校（现京都大学教养学部）教过英语的霍利，战前在京都的英国信息部工作。之后，他成了《伦敦时报》的特派员，也曾一度担任过《基督教科学箴言报》的特派员。他精通日语。参照：Entries of June 4 and July 1, 1947, Fahs Diaries.

156. Entry of July 1, 1947, Fahs Diaries. 竹前荣治：《GHQ》，第3页。

157. C. 纳尔逊·斯平克斯获得了斯坦福大学的博士学位，从1936年到1941年在东京商业大学教授英语。他精通日语，在日本的文化、教育、政治各个领域都有很广的人脉。斯平克斯从1946年到1948年担任盟军总司令部的调查分析部部长。参照：Entry of July 3, 1947, Fahs Diaries; USPOLAD, Tokyo, to U. S. Department of State, Mission Telegram No. 788.

158. Entry of July 3, 1947, Fahs Diaries.

159. Entry of June 5, 1947, Fahs Diaries.

160. George F. Kennan, *Memoirs*, 1925—1950 (Boston: Little, Brown, 1967), p. 387（乔治·F. 凯南：《乔治·F. 凯南回忆录》，清水俊雄、奥畑稔译，读卖新闻社，1973年），日高："占领下的教育改革"，第134页。

161. I. 博鲁塔夫斯基：《占领下的日本》，牧山启译，苍树社，1953年，第40、119页（I. Poltavskii, Okkupirovannaya Yaponiya [USSR, 1952]）。

162. Kennan, *Memoirs*, 1925—1950, p. 387.

163. Entry of July 2, 1947, Fahs Diaries.

164. Entry of July 3, 1947, Fahs Diaries.

第二章

1. George F. Kennan, *Memoirs*, 1925—1950 (Boston: Little, Brown, 1967), p. 375（乔治·F. 凯南：《乔治·F. 凯南回忆录》，清水俊雄、奥畑稔译，读卖新闻社，1973年）.

2. 关于凯南的倡议的详细内容，请参照五十岚武士：《对日媾和与冷战——战后日美关系的形成》，东京大学出版会，1986年，第63—124页。

3. Kennan, *Memoirs*, 1925—1950, pp. 376—383, 386, 391—392.

4. 细谷千博、有贺贞、石井修、佐佐木卓也编：《日美关系资料集 1945—1997》，东京大学出版会，1999 年，第 55—62 页。

5. "NCS-68: A Report to the National Security Council by the Executive Secretary on United States Objectives and Programs for National Security, April 14, 1950," *Naval War College Review*, reprinted from vol. 27 (May-June 1975); Ernest R. May, ed., *American Cold War Strategy: Interpreting* NSC 68 (Boston: Bedford Books of St Martin's Press, 1993).

6. "The Far East," Working Paper No. 11, March 30, 1954, folder 55, box 8, series 1—Office of the Messrs. Rockefeller files, collection Ⅲ 2Q, Rockefeller Archive Center, Sleepy Hollow, N. Y. (RAC).

7. Kennan, *Memoirs*, 1925—1950, p. 393.

8. Speech by Secretary of the Army Kenneth C. Royall on U. S. Policy for Japan, San Francisco, January 6, 1948（细谷千博等编：《日美关系资料集 1945—1997》，第 46—48 页）.

9. 艾利胡·卢特二世是卢特-巴兰坦-哈伦-布什-帕尔默（Root, Ballantine, Harlan, Bushby & Palmer）律师事务所的代表。"Japanese Peace Treaty Problems, First Meeting, October 23, 1950." Council on Foreign Relations Study Group Report, Manuscript Division, Council on Foreign Relations, New York.

10. "Japanese Peace Treaty Problems, First Meeting, October 23, 1950." Council on Foreign Relations Study Group Report, Manuscript Division, Council on Foreign Relations, New York.

11. 同上。

12. John W. Dower, ed., *Origins of the Modern Jcpanese State: Selected Writing of E. H. Norman* (New York: Random House, 1975), p. 40.

13.《近代日本综合年表》，岩波书店，2001 年，第 378 页。

14.《日本共产党的六十年》，日本共产党，1982 年，第 213 页。

15. 统计资料来源于绿川亨在"关于'和平问题谈话会'"的讨论会上的发言。"战后和平论的源流"，《世界》（1985 年 7 月），第 84 页。

16. 道奇计划指的是为了抑制战后日本经济的通货膨胀而采取的一系列经济措施。1949 年 2 月，美国政府为了缓解日本的通货膨胀，派遣底特律的银行家约瑟夫·道奇到东京担任盟军最高司令部的经济顾问。也就是说，道奇计划旨在均衡预算，大幅削减政府从日本银行的信用贷款，设定单一、固定的外汇汇率，削减公务员以及民间企业的人员。希望国民追求艰苦生活的道奇计划的目的在于通过抑制通货膨胀和国内消费，振兴出口部门，使日本经济作为市场经济独立起来。由于道奇计划的实行，从 1960 年代到 1970 年代，日本在世界各地打出了"出口旋风球"。

17. 田丸信尧：《崛起史——读卖新闻争议 1945—1946》，日本机关报出版中心，1997 年。参照：Joe Moore，*Japanese Workers and the Struggle for Power, 1945—1947*（Madison：University of Wisconsin Press，1983），pp. 190—196.

18. 佐佐木毅、鹤见俊辅、富永健一、中村政则、正村公宏、村上阳一郎编：《战后史大事典 1945—2004》增补新版，三省堂，2005 年，第 938 页。

19. John W. Dower，*Embracing Defeat：Japan in the Wake of World War Ⅱ*（New York：Norton，1999），p. 272.（约翰 · W. 道尔：《拥抱战败》增补版，三浦阳一、高杉忠明、田代泰子译，岩波书店，2004 年。）

20. Kennan，*Memoirs，1925—1950*，p. 388.

21. 松尾尊兊：“向国际社会出发”，《日本史》第 21 卷，集英社，1993 年，第 44 页。

22. Dower，*Embracing Defeat*，p. 272.

23. 佐佐木毅等编：《战后大事典 1945—2004》增补新版，第 616—617 页。

24. Thomas Parrish，*The Cold War Encyclopedia*（New York：Henry Holt，1996），p. 70.

25. 丸山真男：“近代日本的知识人士”，《源于后卫的位置》，未来社，1982 年，第 71—133 页。

26. “Humanities Program and Relate Foundation Interests in History，1950—1960，” prepared by Charles B. Fahs，November 16，1960，p. 6，file 18，box 3，Pro—25b，series 911 Humanities，Administration，Program and Policy，record group（RG）3，Rockefeller Foundation Archives.

27. 来源于久野收在“关于‘和平问题谈话会’”的讨论会上的发言。《世界》临时增刊《战后和平论的源流》（1985 年 7 月），第 14 页。

28. 来源于丸山真男在“关于‘和平问题谈话会’”的讨论会上的发言。《世界》临时增刊《战后和平论的源流》（1985 年 7 月），第 52 页。

29. 都筑勉：《战后日本的知识人士——丸山真男和那个时代》，世织书房，1995 年，第 108—110 页。

30. 丸山真男：“日本的国家主义”，《现代政治的思想和行动》增补版，未来社，1964 年，第 152—170 页。

31. 伊藤律：《伊藤律回忆录》，文艺春秋，1993 年。

32. 关于日本共产党的详细内容，参照日本共产党《日本共产党的六十年》。犬丸义一、小林荣三、饭塚繁太郎：《“日本共产党的研究”之研究》，现代史出版会，1980 年。安东仁兵卫，《战后日本共产党私记》，文艺春秋，1995 年。

33. Saxton Bradford，USPOLAD，Tokyo，to U. S. Department of State，January 18，1951，511. 94/1—1851，U. S. Department of State，National Archives and Records

Administration, Washington, D. C. (NARA).

34. O. 库尔加诺夫:《在日美国人——苏维埃记者的日本日记》，高木秀人译，五月书房，1952 年，第 251—253 页 (O. Kurganov, *Amerikantsy v Yaponii, reportaz* [USSR, 1946])。

35. 石川达三:“反美情绪不会消失”，《中央公论》(1953 年 11 月)，第 34 页。

36. 远山茂树:《战后的历史学和历史意识》，岩波书店，1968 年，第 128—131 页。

37. Moore, *Japanese Workers*, pp. 229—243.

38. 1947 年 4 月 25 日举行的总选举的结果如下：日本社会党的得票率为 26.2%，在 466 票的总议席数中获得的票数为 143 票 (30.7%)；吉田茂率领下的保守的日本自由党的得票率为 26.9%，获得 131 票 (28.1%)；日本民主党(在中立和右派中以旧日本进步党为核心)的得票率为 25.0%，获得 121 票 (26.0%)；国民协同党的得票率为 7.0%，获得 29 票 (6.2%)；日本共产党的得票率为 3.7%，获得 4 票；各少数党党派的得票率为 5.4%，获得 25 票；无所属的得票率为 5.8%，获得 13 票。此次总选举的意义可以说是事实上保证了旧保守势力自此次选举以后长期连续获得政治上的胜利。松尾尊兊:《向国际国家出发》，第 90 页。

39. 同上书，第 93 页。

40. 库尔加诺夫:《在日美国人》，第 130 页。

41. 松尾尊兊:《向国际国家出发》，第 40 页。

42. 在新组成的片山内阁中，日本社会党占了 7 个官僚职位，芦田均率领的日本民主党占了 7 个官僚职位，三木武夫率领的国民协同党占了 2 个官僚职位。宫野澄，《最后的自由主义者——芦田均》，文艺春秋，1987 年。松尾尊兊:《向国际国家出发》，第 92 页。

43. 片山哲:“片山内阁总辞职的真相”，《朝日新闻》(1976 年 3 月 4 日)。松尾尊兊:《向国际国家出发》，第 99 页。

44. 保守民主党的得票率为 15.7%，该党获得 69 票议席数 (14.8%)；社会党的得票率为 13.5%，获得 48 票议席数 (10.3%)；日本共产党的得票率为 9.7%，获得 35 票议席数 (7.5%)。松尾尊兊:《向国际国家出发》，第 125 页。

45. Dower, *Embracing Defeat*, p. 218.

46. 同上。

47. 也可参照：Takemae Eiji, *The Allied Occupation of Japan* (New York: Continuum, 2002), p. 367; Kubota Akira, *Higher Civil Servants in Postwar Japan* (Princeton, N. J.: Princeton University Press, 1969).

48. 洛克菲勒基金会的查尔斯·法斯对铃木的话特别感兴趣，将其理解为富有新事实的话。关于铃木所说的话可参照：Fahs's diary entry of May 1, 1952, Charles B. Fahs Diaries, box 17, series 12. 1 diaries, Rockefeller Foundation Archives, RAC（略记为 Fahs Diaries）。

49. Entry of February 28, 1951, Fahs Diaries, box 16.

50. Conlon Associates Ltd., *United States Foreign Policy: Asia*, Studies prepared at the request of the Committee on Foreign Relations, U. S. Senate, November 1, 1959 (Wash-ington, D. C.: Government Printing Office, 1959). p. 93. (Conlon report)（康伦联营公司编：《亚洲的现状·美国的政策——"康伦组"调查报告》，时事通讯社外信部译，时事通讯社，1959 年）

51. 也许有人主张丸山真男和大塚久雄是现代主义的最杰出的理论家吧。他们这样的进步主义者深深地信赖着人类的理性。

52. 桥川文三编：《保守的思想》，《战后日本思想体系》第 7 卷，筑摩书房，1968 年，第 35—36 页。林健太郎编：《新保守主义》，《现代日本思想体系》第 35 卷，筑摩书房，1963 年，第 7—42 页。

53. 荒濑丰："对于战后情况的思想应对"，宫泽俊义、大河内一男监修，古田光他编：《近代日本思想史大系（二）》，有斐阁，1917 年，第 327—329 页。桥川文三编：《保守思想》，第 6 页。

54. 荒濑丰："对于战后情况的思想应对"，第 327—329 页。林健太郎编：《新保守主义》，第 7—42 页。

55. Jonathan Crowther, ed., *Oxford Advanced Learner's Dictionary of Current English*, 5th ed. (Oxford University Press, 1995), p. 245; Jack C. Plano and Milton Greenberg, eds., *The American Political Dictionary*, 6th ed. (New York: Holt, Rinehart and Winston, 1982), p. 6; M. A. Riff, ed., *Dictionary of Modern Political Ideologies* (New York: St. Martin's Press, 1987), pp. 67—72.

56. 石田雄：《社会科学再考》，东京大学出版社，1995 年，第 86—87 页。

57. "Japanese Peace Treaty Problems, First Meeting, October 23, 1950."

58. 关于"相反路线"的内容，参照第三章。

59. Edwin O. Reischauer, *Wanted: An Asian Policy* (New York: Knopf, 1955), as cited in John W. Dower, ed. *Origins of the Modern Japanese State*, p. 48.

60. 丸山真男："日本的国家主义"。参照：Takeshi Matsuda, "The Coming of the Pacific War: Japanese Perspectives," *Reviews in American History* 14 (December 1986): pp. 629—652.

61. John W. Dower, *War without Mercy: Peace and Power in the Pacific War* (New York: Pantheon Books, 1986), p. 280（约翰·W. 道尔：《无情的战争——太平洋战争中的种族歧视》，猿谷要监译，齐藤元一译，平凡社，2001 年）.

62. 铃木大拙："明治的精神和自由"，桥川文三编，《保守思想》，第199—207页，桥川文三，《解说》，第37—38页。

63. 丸山真男："致一个自由主义者的信"，《现代政治的思想和行动》增补版，第144页。大塚久雄："自由和独立"（1946年），《大塚久雄著作集》第8卷，岩波书店，1969年，第176—186页。川岛武宜："日本社会的家族构成"，《中央公论》1946年6月。日高六郎编：《近代主义》，《现代日本思想体系》第34卷，筑摩书房，1964年，第236—249页。

64. 河上徹太郎：《攻克现代》，富山房，1979年。广松涉：《"攻克现代"论》，讲谈社，1989年。

65. 参见石田雄：《社会科学再考》第90页。

66. Conlon report, pp. 92—96.

67. 同上。

68. "Japan between East and West, Fifth Meeting, May 23, 1956," Council on Foreign Relations Discussion Meeting Report, Manuscript Division, Council on Foreign Relations, New York.

69. 同上。

70. 同上。

71. Conlon report.

72. "Japan between East and West, Fifth Meeting, May 23, 1956."

73. Thomas A. Bisson, *Prospects for Democracy in Japan* (New York: Macmillan, 1949); Bisson, "Reform Years in Japan, 1945—1947: An Occupation Memoir," unpublished manuscript, 1975.（托马斯·A. 比森：《日本占领回忆录》，中村政则、三浦阳一译，三省堂，1983年。）Howard B. Schonberger, *Aftermath of War: Americans and the Remaking of Japan, 1945—1952* (Kent, Ohio: Kent State University Press, 1989), chap. 3（霍华德·B. 舍恩伯格：《占领1945—1952》，宫崎章译，时事通讯社，1994年）. 道尔：《拥抱战败》增补版，第六章。

74. Saxton Bradford, USPOLAD, Tokyo, to U. S. Department of State, September 7, 1951, 511. 94/9—751, U. S. Department of State, NARA.

75. "The Fast East," Working Paper No. 12, April 27, 1954, folder 55, box 8, series 1—OMR files, collection Ⅲ 2Q, RAC.

76. "Japan between East and West, Third Meeting, May 7, 1956," Council on Foreign Relations Discussion Meeting Report, Manuscript Division, Council on Foreign Relations, New York.

77. Conlon report, p. 101.

78. "Japan between East and West, Third Meeting, May 7, 1956."

79. 同上。

80. 同上。

81. Niles W. Bond, USPOLAD, Tokyo, to U. S. Department of State, USIE Country Paper on Japan, August 16, 1951, 511. 9421/8—1651, U. S. Department of State, NARA.

82. Council on Foreign Relations Memorandum for the Committee on Studies, "Robert S. Schwantes Proposal for a Study of Japanese-American Cultural Relations," undated, Council on Foreign Relations Library, New York.

83. Dallas Finn, " What the Japanese Intellectuals Are Thinking," *American Scholar* 24 (Autumn 1955): p. 445.

84. Robert S. Schwantes to John D. Rockefeller 3rd, January 23, 1955, foler 42, box 6, collection Ⅲ 2Q, RAC.

85. Council on Foreign Relations Memorandum for the Committee on Studies, "Robert S. Schwantes Proposal."

86. Kennan, Memoirs, *1925—1950*, p. 395.

87. "Japanese Peace Treaty Problems, First Meeting. October 23, 1950."

第三章

1. "Japanese Peace Treaty Problems: Progress toward Framing a Peace Treaty with Japan," October 16. 1950, Council on Foreign Relations Study Group Report, Manuscript Division, Council on Foreign Relations, New York.

2. U. S. Department of State Bulletin, no. 23, September 25, 1950, p. 513. 细谷千博、有贺贞、石井修、佐佐木卓也编:《日美关系资料集 1945—1997》,东京大学出版会,1999 年,第 78 页。

3. Dean Acheson, *Present at the Creation* (New York: Norton, 1969), p. 432 (迪恩·艾奇逊:《迪恩·艾奇逊回忆录》第 2 卷,吉泽清次郎译,恒文社,第 1979 年).

4. "Japanese Peace Treaty Problems, First Meeting, October 23, 1950," Council on Foreign Relations Study Group Report, Manuscript Division, Council on Foreign Relations, New York.

5. "The Far East (continued)," April 27, 1954, Council on Foreign Relations Study Group Working Paper No. 12, folder 55, box 8, series 1—OMR files, collection Ⅲ 2Q, Rockefeller Archive Center, Sleepy Hollow, N. Y. (RAC).

6. "Japanese Peace Treaty Problems, First Meeting, October 23, 1950."

7. Niles W. Bond, USPOLAD, Tokyo, to U. S. Department of State, USIE

Country Paper on Japan, August 16, 1951, 511. 9421/8—1651, U. S. Department of State, National Archives and Records Administration, Washington, D. C. (NARA).

8. Peter Collier and David Horowitz, *The Rockefellers: An American Dynasty* (New York: Holt, Rinehart and Winston, 1976), p. 284.

9. "Japanese Peace Treaty Problems, First Meeting, October 23, 1950."

10. A. H. McCullum, Member, Panel "D" Japan, Top Secret Memorandum for Mr. John Allison, Chairman, Panel "D" Japan April 28, 1952, 511. 94/4—2852, U. S. Department of State, NARA.

11. 普林斯顿大学国际问题研究中心主任弗雷德里克·S. 邓恩参考未公开的国务院文书，写出了一部关于1951年对日讲和的权威历史文献，主要探讨《对日媾和条约》的起源。参照：F. S. Dunn, *Peace-Making and the Settlement with Japan* (Princeton, N. J.: Princeton University Press, 1963).

12. "American Cultural Relations with Japan, Sixth Meeting, June 3, 1953," Council on Foreign Relations Study Group Report, folder 42, box 6, collection Ⅲ 2Q, Rockefeller Foundation Archives RAC.

13. John D. Rockefeller 3rd to Robert S. Schwantes, January 18, 1955, folder 42, box 6, collection Ⅲ 2Q, RAC.

14. McCullum, Member, Panel "D" Japan, Top Secret Memorandum for Allison, Chairman, Panel "D" Japan.

15. "The Far East (continued)."

16. 同上。

17. 同上。

18. McCullum, Member, Panel "D" Japan, Top Secret Memorandum for Allison, Chairman, Panel "D" Japan.

19. "Japanese Peace Treaty Problems, First Meeting, October 23, 1950".

20. 同上。

21. U. S. Department of State outgoing telegram to USDEL, San Francisco, September 3, 1951, 511. 94/9—351, U. S. Department of State, NARA.

22. "Japanese Peace Treaty Problems, First Meeting, October 23, 1950".

23. 同上。"American Cultural Relations with Japan, Sixth Meeting, June 3, 1953."

24. 同上。

25. Confidential Draft, "Special Guidance on Japan", June 29, 1951, 511. 9421/6—2951, U. S. Department of State, NARA.

26. "Japanese Peace Treaty Problems, First Meeting, October 23, 1950."

27. Saxton Bradford, AMEMBASSY, Tokyo, to U. S. Department of State,

"Attitudes of Japanese Intellectuals towards the United States," June 4, 1952, 511. 94/6—452, U. S. Department of State, NARA.

28. "Japanese Peace Treaty Problems, Sixth Meeting, May 25, 1951," Council on Foreign Relations Study Group Report, Manuscript Division, Council on Foreign Relations; Robert D. Eldridge and Ayako Kusunoki, "To Base or Not to Base? Yoshida Shigeru, the 1950 Ikeda Mission, and Post-Treaty Japanese Security Conceptions," *Kobe University Law Review* 33, no. 1 (1999): p. 114.

29. Bradford, AMEMBASSY, Tokyo, to U. S. Department of State, "Attitudes of Japanese Intellectuals towards the United States."

30. "Japanese Peace Treaty Problems, Sixth Meeting, May 25, 1951."

31. Report to Ambassador John Foster Dulles, April 16, 1951, folder 446, box 49, series 1—OMR files, record group (RG) 5 (John D. Rockefeller 3rd), Rockefeller Family Archives, RAC. (Report to Ambassador John Foster Dulles, April 16, 1951)

32. Acheson, *Present at the Creation*, pp. 512—528.

33. Telegram to Rep. Joseph Martin (1951), quoted in Lawrence S. Wittner, ed., *MacArthur* (Englewood Cliffs, N. J.: Prentice Hall, 1971), p. 45.

34. Douglas MacArthur, *Reminiscences* (New York: McGraw-Hill, 1964), pp. 360—364, 389—395. (道格拉斯·麦克阿瑟:《麦克阿瑟回忆录》,津岛一夫译,朝日新闻,1964 年)。杜鲁门和麦克阿瑟的对立观点,可参考: John W. Spanier, *The Truman-MacArthur Controversy and the Korean War* (New York: Norton, 1965).

35. "Japanese Peace Treaty Problems, Sixth Meeting, May 25, 1951."

36. Entry of May 9, 1950, Charles B. Fahs Diaries, box 16, series 12. 1 diaries, Rockefeller Foundation Archives, RAC (Fahs Diaries).

37. 同上。

38. Entry of May 11, 1950, Fahs Diaries. 日本宗教学会会长岸本英夫和法斯是知己。1932 年由洛克菲勒基金会赞助在哈佛大学召开了第一届远东夏季研讨会,当时岸本英夫是法赫斯的日语老师。参照: Entries of June 7, 1947, and March 1, 1951, Fahs Diaries, box 16。

39. "Japanese Peace Treaty Problems, First Meeting, October 23, 1950."

40. George S. Franklin Jr., director of meetings, to John Foster Dulles, October 24, 1950, Council on Foreign Relations, New York.

41. John W. Dower, *Embracing Defeat: Japan in the Wake of World War Ⅱ* (New York: Norton, 1999), p. 45 (约翰·W. 道尔:《拥抱战败》增补版,三浦阳一、高杉忠明、田代泰子译,岩波书店,2004 年).

42. 同上。

43. 当今日本人平均每日摄入热量约为2500卡。竹内宏:《昭和经济史》，筑摩书房，1988年，第93页。

44. O. 库尔加诺夫:《在日美国人——苏维埃记者的日本日记》，高木秀人译，五月书房，1952年，第120—123页（O. Kurganov, *Amerikantsy v Yaponii*, *reportaz* [USSR, 1946]）。

45. Dower, *Embracing Defeat*, p. 63.

46. "Japanese Trade and Investment, First Meeting, October 27, 1952," Council on Foreign Relations Discussion Meeting Report, p. 3, folder 40, box 6, collection Ⅲ 2Q, RAC.

47. I. 波尔塔夫斯基:《占领下的日本》，牧山启译，苍树社，1953年，第135页（I. Poltavskii, *Okkupirovannaya Yaponiya* [USSR, 1952]）。

48. 松尾尊兊:《朝着国际国家出发》，《日本的历史》第21卷，集英社，1993年，第34页。

49. Jerome B. Cohen, "Foreign Trade in the Japanese Economy and Japan's Trade with China," Council on Foreign Relations Study Group on Japanese Trade and Investment, Working Paper No. 1. October 20, 1952, folder 40, box 6, collection Ⅲ 2Q, RAC.

50. 同上。

51. 同上书，第2—3页。

52. 同上书，第9页。

53. 加藤（安原）洋子: "Japan, Communist China, Export Controls in Asia, 1948—1952," *Diplomatic History* 10 (Winter 1986): p. 81。

54. "Japanese Peace Treaty Problems, First Meeting, October 23, 1950."

55. 同上书，第9页。

56. 加藤（安原）洋子: "Japan, Communist China, Export Controls in Asia, 1948—1952," p. 75.

57. 同上书，第82—85页。

58. 引用自: Cohen, "Foreign Trade in the Japanese Economy and Japan's Trade with China"。

59. 石川达三:"不会消失的反美情绪"，《中央公论》（1953年11月），第36、37页。

60. Cohen: "Foreign Trade in the Japanese Economy and Japan's Trade with China," p. 17.

61. 同上书，第10页。

62. 同上书，第21页。

63. “Japanese Trade and Investment, First Meeting, October 27, 1952,” p. 13.

64. 同上书，第 15 页。

65. “Japanese Peace and Problems, First Meeting, October 23, 1950.”

66. Confidential File, Tokyo 1275 to U. S. Department of State, March 15, 1951, 794. 00/3—1551, U. S. Department of State, NARA.

67. 关于这一点的具体内容，可参考伊藤裕子：“战后美国对菲律宾的军事政策和日本要因”，池端雪浦、利迪娅·N. 尤·何塞编，《近现代日本·菲律宾关系史》，岩波书店，2004 年，第九章，第 327—366 页（*Philippines-Japanese Relations*, ed. Ikehata Setsuho and Lydia. N. Yu Jose, Quezon City: Ateneo de Manila University Press, 2003）。

68. Council on Foreign Relations Discussion Group on Japan, Discussion Meeting Report, Japan, Fourth Meeting, April 1, 1984, Manuscript Division, Council on Foreign Relations, New York, p, 3.

69. “American Cultural Relations with Japan, Sixth Meeting, June 3, 1953.”

70. “Japanese Peace Treaty Problems, First Meeting, October 23, 1950.”

71. 同上。可参考：William S. Borden, *The Pacific Alliance: United States Foreign Economic Policy and Japanese Trade Recovery, 1947—1955* (Madison: University of Wisconsin Press, 1984)，这部书中关于日本的“亚洲工厂”这一概念的起源以及展开的论述很具说服力。

72. 还可参考：Sherwood M. Fine to John D. Rockefeller 3rd, August 4, 1952, folder 422, box 46, series 1—OMR files, RG 5 (John D. Rockefeller 3rd), Rockefeller Family Archives, RAC. Borden, *The Pacific Alliance*.

73. 同上。

74. Entry of April 27, 1950, Fahs Diaries.

75. 亦可参考：Fine to Rockefeller, August 4, 1952. Borden, *The Pacific Alliance*.

76.《剩余财产法》是在 1944 年由参议员 J. 威廉姆·富布莱特递交给美国国会后成立实施的。1946 年这项法律得以修改，最终成立了富布莱特交流计划。计划的目的是派遣美国学者去海外开展研究和教育工作。同时，让美国文化使节传递美国民主主义、资本主义之类的价值观也是计划被赋予的目的。在富布莱特交流计划的支持下，美国的文化使节们被派往世界各地。不仅如此，该计划还从海外募集学者来美国，这使海外的众多研究员得以直接亲身体会美式生活。“Introduction: The ‘Afterlife’ of Area Studies,” in *Learning Places: The Afterlives of Area Studies*, eds. Masao Miyoshi and Harry D. Harootunian (Durham, N. C.: Duke University Press, 2002), p. 3. 近藤健：《另一种日美关系——富布莱特教育交流的四十年》，日本时报，1992 年。

77. Frank A. Ninkovich, *The Diplomacy of Ideas: U. S. Foreign Policy and Cultural Relations, 1938—1950* (Cambridge: Cambridge University Press, 1981).

78. "American Cultural Relations with Japan, Sixth Meeting, June 3, 1953."

79. 同上。

80. Confidential Memorandum, Notes on USIE Japan, March 3, 1951, 511. 9421/3—351, U. S. Department of State, NARA.

81. 1948 年，原美国大使格鲁的著作《在日十年》（每日新闻社）被翻译成日文版，格鲁捐出了这部分版税。格鲁基金会以此为资金开始运作。以天皇、皇后带头的此后一系列募捐活动，在日本银行总裁一万田尚登的指导下开展得更具规模。为了促进日美两国的学生交流，基金会为学生提供奖学金（Entry of February 27, 1951, Fahs Diaries）。

82. 普林斯顿大学国际问题研究中心主任弗雷德里克·S. 邓恩说："为了改变人们的政治行动，必须先改变人们的态度，文化交流就是以各种此类问题为对象的活动。其目的是构筑和平的关系，丰富彼此的精神。"（American Cultural Relations with Japan, Sixth Meeting, June 3, 1953）

83. 同上。Saxton Bradford, USPOLAD, Tokyo, to U. S. Department of State, September 7, 1951, 511. 94/9—751, U. S. Department of State, NARA.

84. "Proposed Cultural and Student Centers," memorandum dated November 15, 1951 (handed conference members by Rockefeller), attachment to Confidential Memorandum of Conversation, U. S. Department of State, December 3, 1951, confidential U. S. State Department special files, Japan, 1947—1956 (microfilm, University Publications of America, 1990, in reel 13, lot files 54—D—423: Japanese Peace Treaty Files, John Foster Dulles, 1947—1952).

85. Report to Ambassador John Foster Dulles, April 16, 1951.

86. Robert S. Schwantes, *Japanese and Americans: A Century of Cultural Relations* (New York: Harper and Brothers, 1955), p. 43（罗伯特·S. 塞万提斯：《日本人和美国人——日美文化交流百年史》，石川欣一译，创元社，1957 年）.

87. 同上。

88. 可参考：Roy Watson Curry, *Woodrow Wilson and Far Eastern Policy, 1913—1921* (New York: Octagon Books, 1968), pp. 253—255; Russell H. Fifield, *Woodrow Wilson and the Far East: The Diplomacy of the Shantung Question* (Hamden, Conn.: Archon Books, 1965), pp. 158—169; Ian H. Nish, *Alliance in Decline: A Study in Anglo-Japanese Relations, 1908—1923* (London: Athlone Press, 1972), pp. 269—271。

89. 家坂和之：《日本人的人种观》，弘文堂，1986 年，第 110—153 页。

90. Dunn, *Peace-Making and the Settlement with Japan*, p. 100.

91. 关于1951年1月29日杜勒斯和加斯科达成协议内容可参考：*Foreign Relations of the United States* 1951, vol. 6, part 1 (Washington, D. C.: Government Printing Office, 1977), p. 825。

92. "Japanese Peace Treaty Problems, First Meeting, October 23, 1950."

93. Quoted in John W. Dower, "Race, Language, and War in Two Cultures," in *Japan, in War and Peace*: *Selected Essays* (New York: The New Press, 1993), p. 258. 停战后经历了四分之一个世纪，到1971年，理查德·尼克松总统将日本人比作跳蚤。派尔的发言发生在"二战"期间，而尼克松总统却是在和平年代里讲了这样的话。或许可以说，在和平年代总统的心理状态与在战争中的极其相似。尼克松说："日本人就像成群的跳蚤散见于亚洲各地。看看日本和德国，它们欲求不满，怀抱着战败的记忆。我们该做的，就是不给它们留下任何空间。" White House Special Files: POF: Memorandum for the President, beginning December 19, 1971, box 87, Memorandum for the President's File, December 20, 1971 (Government House, Bermuda).

94. 同上。

95. Dower, "Race. Language, and War in Two Cultures," p. 271. 关于日本人和美国人的思想体系，更具体的研究可参考：*War without Mercy*: *Peace and Power in the Pacific War*, New York: Pantheon Books, 1986（约翰·W. 道尔：《冷酷的战争——太平洋战争中的人种歧视》，猿谷要监译，斋藤元一译，平凡社，2001年）.

96. 石田雄：《社会科学再考》，东京大学出版社，1995年，第47—48页。Dower, "Race. Language, and War in Two Cultures," pp. 277, 279.

97. "Japanese Peace Treaty Problems, Sixth Meeting, May 25, 1951."

98. "Japanese Peace Treaty Problems, First Meeting, October 23, 1950."

99. 这些杂志包括岩波书店的《思想》《世界》《中央公论》《文艺春秋》和《改造》等。《思想》《中央公论》《文艺春秋》于战前出版，持续发行至今。都筑勉：《战后日本的知识人—丸山真男与他的时代》，世织书房，1995年，第120—122页。岩波书店于1945年12月开始出版《世界》，持续发行至今。八万本"创刊号"旋即销售一空。吉野源三郎："直到创刊"，《世界》（1966年1月），第259—268页。

100. 城户又一、久野收、桑原武夫、中野好夫，"创刊时"，《世界》（1966年1月），第176—191页。引用自"和平问题谈话会以及之后"对谈中绿川亨的发言。《世界》临时增刊《战后和平论的源头》（1985年7月），第58页。

101. 《世界》特别号如下。《和平问题》（1949年3月）、《世界和平与讲和的问题》（1950年4月）、《讲和问题》（1951年10月）、《民族的命运与讲和后的民主化》(1952 年 1 月)、《和平宪法与武装问题》(1952 年 5 月)。

102. “和平问题谈话会及之后” 对谈中绿川亨的发言部分可参考第 57 页。

103. 同上书,参考第 60 页。吉野源三郎记忆中联合国教科文组织声明是在 1948 年 7 月 18 日公开发表的。可参考丸山真男、吉野源三郎:“安倍先生与和平问题谈话会”,《世界》(1966 年 8 月),第 125 页。

104. 该信息刊登于 1949 年 3 月号的《世界》。第 56 页 “和平问题谈话会以及之后” 对谈中绿川亨的发言。城户他:“创刊时”,第 187 页。

105. 参见 “关于 ‘和平问题谈话会’” 和 “和平问题谈话会及之后”,《世界》临时增刊《战后和平论的源头》(1985 年 7 月)。丸山真男、吉野源三郎:“安倍先生与和平问题谈话会”,第 121—134 页。“和平问题谈话会” 至今已被多位研究者提出来,并得到研究。可参见五十岚武士:“战后日本外交姿态的形成”,《国家学会杂志》97(1984 年 7—8 月号),第 1—45 页。都筑勉:《战后日本的知识人——丸山真男与他的时代》;石田雄:《社会科学再考》。

106.《世界》临时增刊《战后和平论的源头》,岩波书店(1985 年 7 月)。

107. 同上书,第 108—111 页。

108. 和平问题谈话会第二次声明刊登在《世界》1950 年 3 月号上。“关于讲和问题的和平问题谈话会声明”,《世界》临时增刊《战后和平问题的源头》(1985 年 7 月),第 108—111 页。亦可参考:“A Statement by the Peace Study Group on the Problem of the Peace Settlement for Japan (1950),” in *The Japan Reader* 2. *Post War Japan: 1945 to the Present*, eds. Jon Livingston, Joe Moore, and Felicia Oldfather (New York: Pantheon Books, 1973), pp. 250—253.

109. 吉野源三郎:“战后三十年和 ‘世界’ 的三十年”,《世界》(1976 年 1 月),第 262 页。

110. 丸山真男、吉野源三郎:“安倍先生与和平问题谈话会”,第 126 页。

111. 吉野源三郎:“直至创刊”,第 259—268 页。丸山真男、吉野源三郎:“安倍先生与和平问题谈话会”,第 126—127 页。吉野源三郎:“战后三十年和 ‘世界’ 的三十年”,第 261 页。

112. 丸山真男:“近代日本的知识人”,《源于后卫的位置》,未来社,1982 年,第 114 页。

113. Saxton Bradford, USPOLAD, Tokyo, Desp. No. 1207, “Psychological Factors in Japan,” February 28, 1952, 511. 94/2—2852, U. S. Department of State, NARA.

114. 和平问题谈话会的声明参见 “战后和评论的源头”,第 108—111 页。“和平问题谈话会以及之后” 对谈中绿川亨的发言部分参见第 63 页。详细内容可参考:Laura Hein, *Reasonable men, Powerful Words: Political Culture and Expertise in Twentieth-Century Japan* (Washington, D. C.: Woodrow Wilson Center Press; Berkeley:

University of California Press, 2004), especially chap. 5, pp. 114—139 (劳拉·海因:《理性的人们和有力的语言——大内兵卫集团的思想与行动》, 大岛香译, 岩波书店, 2007年).

115. 具体内容可参考: Hein, *Reasonable men*, *Powerful Words*: *Political Culture and Expertise in Twentieth-Century Japan*, pp. 114—139。

116. 和平问题谈话会第三次声明可参考《世界》1950年12月号。

117. Entries of April 27 and May 11, 1950, Fahs Diaries.

118. Entry of December 14, 1949, Fahs Diaries, box 16.

119. Entry of May 5, 1950, Fahs Diaries.

120. AMEMBASSY, Tokyo, to U. S. Department of State, Desp. No. 542, September 16, 1952, 511. 94/9—1652, U. S. Department of State, NARA.

121. Entry of April 14, 1952, Fahs Diaries, box 17.

122. "American Cultural Relations with Japan, Sixth Meeting, June 3, 1953."

123. Bond, USPOLAD, Tokyo, to U. S. Department of State, USIE Country Paper on Japan.

124. Confidential Memorandum, Notes on USIE Japan, March 3, 1951.

125. 同上。

126. 同上。

127. Confidential Draft, "Special Guidance on Japan," June 29, 1951.

128. 1961年, 即《对日媾和条约》以及《日美安全保障条约》缔结十年之后, 美利坚合众国国务院估算, "设在日本本岛和冲绳的美国军事基地, 便于美国维持第七舰队以及西太平洋地域的其他军队, 在和平年代, 能为美国每年节省几亿美元的开支"。国务院甚至还说, 如果日美同盟以及同盟与西方的互相依存关系能变得更加紧密, 那么到时候不管日本政府由左翼还是右翼掌权, 日本都不可能违背"1952年"在圣弗朗西斯科选择的这条路线。这番支持日美安全保障体制的发言让人明白了日本"便车"论的肤浅和空虚。所谓的"便车"论时常在舆论指责日本在安全保障上的贡献不够、努力不足时被广泛议论。这种"便车"论在1980年代初期, 日本朝着经济大国不断发展, 而美国经济呈现衰退之势时在美国国内甚为流行。这种观点并不违背事实, 它是以打击日本这一政治动机为依据的, 是美利坚合众国国内政治游戏的一部分。参见: "Japan: Confidential Memorandum of Conversation, April 8, 1961," sent to Gen, Douglas MacArthur from U. S. Department of State, xUS-J 00090, Japan and the United States: Diplomatic, Security and Economic Relations, 1960—1976, National Security Archive, Gelman Library, George Washington University, Washington, D. C. (National Security Archive). 还参见: "Depart-ment of State Policy on the Future of Japan," Secret Policy Paper sent to Dean Rusk from U. S. Department of

State, US-J 00329, "Guidelines of U. S. Policy toward Japan," Secret Policy Paper, May 3, 1961, Office of Northeast Asian Affairs, Bureau of Far Eastern Affairs, U. S. Department of State, US-J 00098。

129. Robert W. Cox, with Timothy J. Sinclair, *Approaches to World Order* (Cambridge: Cambridge University Press, 1966), p. 56.

130. 关于《对日媾和条约》，参见细谷千博等编著：《日美关系资料集 1945—1997》，第 123—134 页。

131. Michael Schaller, "The United States, Japan, and China at Fifty." in *Partnership: United States and Japan, 1951—2001*, eds. Akira Iriye and Robert Wampler (Tokyo: Kōdansha International, 2001), p. 39 (入江昭、罗伯特·A. 万普勒编：《日美战后关系史 1951—2001》，细谷千博、有贺贞监译，讲谈社国际，2001 年).

132. Immanuel Wallerstein, *The Capitalist World-Economy* (Cambridge: Cambridge University Press, 1979), pp. 35—36 (伊曼纽尔·沃勒斯坦：《资本主义世界经济》Ⅰ·Ⅱ，藤濑浩司、麻沼贤彦、金井雄一译，名古屋大学出版社，1987 年).

133. Schwantes, *Japanese and Americans*, pp. 329—330.

134. 关于美国"宽大"的详细研究，可参考附录 1 "日美关系史系谱"。

135. "U. S. -Japan Relations: Japan-ROK Settlement Prospects," Confidential Memorandum, Office of East Asian Affairs, Bureau of Far Eastern Affairs, U. S. Department of State, US-J 00285, Japan and the United States: Diplomatic, Security and Economic Relations, 1960—1976, National Security Archive.

136. 宫里政玄：《日美关系与冲绳》，岩波书店，2000 年。《冲绳时报》编：《冲绳——美军基地问题的深层问题》，朝日新闻社，1997 年。朝日新闻社编：《冲绳报告——复还前·1969 年》，朝日新闻社，1996 年。冲绳县编：《冲绳苦难的现代史》，岩波书店，1996 年。照屋善彦、山里胜己、琉球大学美国研究会编：《战后的冲绳和美国——与异文化接触的 50 年》，冲绳时报社，1995 年。大田昌秀：《丑陋的美国人》，Simul 出版会，1995 年。大田昌秀：《冲绳的挑战》，恒文社，1990。宫里政玄：《美国的冲绳统治》，岩波书店，1966 年。比屋根照夫："战后日本冲绳论思想的系谱"，《思想》，2005 年 12 月，第 24—41 页。

第四章

1. "杜勒斯讲和使团"的成员有约翰·福斯特·杜勒斯夫妇、杜勒斯的副手约翰·M. 阿里森、陆军副官埃尔·D. 约翰逊夫妇、陆军长官官房占领负责人特别助理卡特·B. 麦格鲁德少将、麦格鲁德的部下民政部长 C. 斯坦通·巴布科克大佐、国务院东北亚事务局罗伯特·A. 费尔里、使节团顾问约翰·D. 洛克菲勒三世夫妇、杜勒斯的秘书多丽丝·A. 多伊尔。参见：*Papers Relating to Foreign Relations of the United States 1951*，vol. 6，Asia and the Pacific，Part 1（Washington，D. C.：Government Printing Office，1977），p. 141. Entry of January 22，1951，John D. Rockefeller 3rd Diaries，series 1—OMR files，record group（RG）5（John D. Rockefeller 3rd），Rockefeller Family Archives，Rockefeller Archive Center，Sleepy Hollow，N. Y.（RAC，Rockefeller Diaries）。John Foster Dulles to John D. Rockefeller 3rd，draft letter，May 4，*1951*，confidential U. S. State Department special files，Japan，1947—1956（microfilm，University Publications of America，1990，in reel 13，lot files 54—D—423：Japanese Peace Treaty Files，John Foster Dulles，1947—1952）。

2. John E. Harr and Peter J. Johnson，*The Rockefeller Century*（New York：Scribner's Sons，1988），p. 505.

3. John D. Rockefeller 3rd to DeWitt Wallace，*Reader's Digest*，November 26，1951，folder 461，box 51，series 1—OMR files，RG 5（John D. Rockefeller 3rd），Rockefeller Family Archives，RAC.

4. 同上。

5. Dulles to Rockefeller，draft letter，May 4，1951.

6. Harr and Johnson，*Rockefeller Century*，p. 502.

7. Peter Collier and David Horowitz，*The Rockefellers：An American Dynasty*（New York：Holt，Rinehart and Winston，1976），p. 282.

8. John E. Harr and Peter J. Johnson，*The Rockefeller Conscience：An American Family in Public and Private*（New York：Scribner's Sons，1991），p. 10.

9. Memorandum by Robert A. Fearey，Office of Northeast Asian Affairs，"Mr. Rocke-feller's Work，" *Papers Relating to Foreign Relations of the United States 1951*，vol. 6，Asia and the Pacific，Part 1（Washington，D. C.：Government Printing Office，1977），p. 814.

10. Entry of January 22，1951，Rockefeller Diaries.

11. Entries of January 5，8，and 12，1951，Rockefeller Diaries.

12. Entry of January 8，1951，Rockefeller Diaries.

13. Entry of January 12，1951，Rockefeller Diaries.

14. 在华盛顿和洛克菲勒三世进行协商的人中，有国务院元老、后任远东委员会委 员的日本通马克斯·汉密尔顿以及罗伯特·费尔里、国务院东北亚事务局副部长U. 阿历克斯·约翰逊、尤金·H. 杜曼、埃尔·约翰逊、布鲁金斯学会的约翰·瓦伦丁等。Entries of January 14—17，1951，Rockefeller Diaries。

15. Howland H. Sargeant，deputy assistant secretary for public affairs，to Saxton Bradford，undated，511. 94/11—1551，U. S. Department of State，National Archives

and Records Ad-ministration, Washington, D. C. (NARA).

16. Entries of January 14—17, 1951, Rockefeller Diaries.

17. Memorandum of conversation on Rockefeller Report on U. S. -Japanese Cultural Relations, August 20, 1951, 511. 94/8—2051, U. S. Department of State, NARA.

18. Entries of January 14—17, 1951, Rockefeller Diaries.

19. Entry of January 22, 1951, Rockefeller Diaries.

20. Douglas W. Overton to U. Alexis Johnson. Confidential Office Memorandum on USIE Planning for Japan, March 30, 1951, 511. 9421/3—3051, U. S. Department of State, NARA.

21. 还可参考：Entries of January 24, 25, 1951, Rockefeller Diaries. Entry of January 22, 1951, Rockefeller Diaries; Harr and Johnson, *Rockefeller Century*, p. 507.

22. Entry of January 27, 1951, Rockefeller Diaries.

23. Niles W. Bond, confidential, Desp. No. 1246, "Future Implication of a Cultural Interchange Program with Japan," March 12, 1951, 511. 94/3—1251, U. S. Department of State, NARA.

24. Entry of February 22, 1951, Charles B. Fahs Dairies, box 16, series 12. 1 diaries, Rockefeller Foundation Archives, RAC. (Fahs Diaries)

25. Entry of March 1951, Fahs Diaries.

26. Statement by John D. Rockefeller 3rd, January 25, 1951, confidential U. S. State Department special files, Japan, 1947—1956 (microfilm, University Publications of America, 1990, in reel 13, lot files 54—D—423: Japanese Peace Treaty Files, John Foster Dulles, 1947—1952).

27. 占领进入最终阶段之前，东京的民间情报教育局有美国公国人员 321 名，加上 23 名就职于日本各地信息中心的主任，共计有 344 名美国工作人员。占领期间，盟军最高司令官总司令部里部署着 544 名民间情报教育局人员。而且这一现象几乎贯穿了整个占领期。参照：USPOLAD, Tokyo, to U. S. Department of State, Desp. No. 370, September 7, 1951, 511. 94/9—751, U. S. Department of State, NARA.

28. 1953 年美国新闻署成立，从此，国务院开始从信息情报项目中解放出来。参照：Richard A. Johnson, *The Administration of United States Foreign Policy* (Austin: University of Texas Press, 1971), p. 85, 89; Wilson Dizard Jr., "Telling America's Story," *American Heritage* (August/September 2003): pp. 41—47; Harr and Johnson, *Rockefeller Century*, p. 505. 亚力克·杜普洛、松井道男："首次揭开面纱的美国对日洗脑工作全貌"，《Views》，讲谈社，1994 年 2 月，第 40、44 页。参照：Howard R. Ludden, "The International Information Program of the United States: State Department

Years, 1945—1953," Ph. D. diss., Princeton University, Princeton, N. J., 1966, p. 96; Robert S. Schwantes, *Japanese and Americans: A Century of Cultural Relations* (New York: Harper and Brothers, 1955), pp. 313—314（罗伯特·S. 塞万提斯:《日本人和美国人——日美文化交流百年史》，石川欣一译，创元社，1957 年）.

29. 1945—1951 年的鼎盛时期，民间情报教育局和民政局团队在日本各地方有 300 名工作人员，本部 244 名。与此相比，1952 年 3 月职责调整后，合众国情报教育局的人员数量为日本各地方 47 名，本部 83 名，合计 130 名。参照：Saxton Bradford, USPOLAD, Tokyo, to U. S. of State, Desp. No. 370, September 7, 1951, 511. 94/9—751, U. S. Department of State, NARA.

30. Entry of March 1, 1951, Fahs Diaries.

31. Confidential memorandum, Notes on USIE Japan, March 3, 1951, 511. 9421/3—351, U. S. Department of State, NARA.

32. Overton to Johnson, Confidential Office Memorandum on USIE Planning for Japan.

33. Entry of June 25, 1947, Fahs Diaries, box 16.

34. Entry of February 23, 1951, Fahs Diaries: "American Cultural Relations with Japan, Fifth Meeting, April 30, 1953, Digest of Discussion," Council on Foreign Relations Study Group Report, Manuscript Division, Council on Foreign Relations, New York, p. 14.

35. "American Cultural Relations with Japan, Fifth Meeting, April 30, 1953, Digest of Discussion," p. 14.

36. Entry of February 4, 1951, Rockefeller Diaries.

37. Tsurumi Shunsuke, *A Cultural History of Postwar Japan, 1945—1980* (London: KPI Limited, 1987). 该书第一版为日文。鹤见俊辅：《战后日本的大众文化史》，岩波书店，1984 年。

38. 关于"太平洋问题调查会"，可参考：Akami Tomoko, *Internationalizing the Pacific: The United States, Japan and the Institute of Pacific Relations in War and Peace, 1919—1945* (New York: Routledge, 2002)。

39. 引用自：Collier and Horowitz, *Rockefellers: An American Dynasty*, p. 283。

40. "American Cultural Relations with Japan, Sixth Meeting, June 3, 1953," Council on Foreign Relations Study Group Report, folder 42, box 6, collection Ⅲ 2Q, Rockefeller Foundation Archives, RAC.

41. AMEMBASSY, Tokyo, to U. S. State Department Desp. No. 669, February 8, 1962, Attachment: Hugh Borton, "Report of the First Meeting of the Joint United States-Japan Conference on Cultural and Education Interchange," January 31, 1962, 511. 943/2—862, U. S. Department of State, NARA.

42. "American Cultural Relations with Japan, Sixth Meeting, June 3, 1953."

43. Francis J. Colligan, "The Fulbright Act: An Opportunity and a Challenge to American Educators," August 10, 1949, Bureau of Education and Cultural Affairs Historical Collection, U. S. Department of State, manuscript number 468, box 296, file 29, Special Collections Division, University of Arkansas Libraries, Fayetteville, Arkansas.

44. Schwantes, *Japanese and Americans*, p. 327.

45. Japanese-American Cultural Relations, Council on Foreign Relations Study Group, July 27, 1953, folder 447, box 50, series 1—OMR files, RG 5 (John D. Rockefeller 3rd), Rockefeller Family Archives, RAC.

46. Donald R. Nugent to John D. Rockefeller 3rd, February 14, 1951, folder 445, box 49, series 1—OMR files, RG 5 (John D. Rockefeller 3rd), Rockefeller Family Archives, RAC.

47. Quoted in Francis J. Colligan, "The Government and Cultural Interchange," *Review of Politics* 20, no. 4 (1958): p. 564.

48. "American Cultural Relations with Japan, Sixth Meeting, June 3, 1953."

49. Report to Ambassador John Foster Dulles, April 16, 1951, folder 446, box 49, series 1—OMR files, RG 5 (John D. Rockefeller 3rd), Rockefeller Family Archives, RAC. (Report to Ambassador John Foster Dulles, April 16, 1951)

50. Collier and Horowitz, *Rockefellers: An American Dynasty*, p. 280.

51. Conlon Associates Ltd., *United States Foreign Policy: Asia*, Studies prepared at the request of the Committee on Foreign Relations, U. S. Senate, November 1, 1959 (Washington, D. C.: Government Printing Office, 1959), p. 96. (Colon report). (康伦有限公司编:《亚洲的现状·美国的政策——"康伦组"调查报告》, 时事通信社外信部译, 时事通信社, 1959 年).

52. Report to Ambassador John Foster Dulles, April 16, 1951.

53. 关于文化帝国主义的具体研究参见: John Tomlinson, *Cultural Imperialism: A Critical Introduction* (London: Continuum, 1991) (约翰·汤姆林森:《文化帝国主义》, 片冈信译, 青土社, 1993 年).

54. "Proposed Cultural and Student Centers," memorandum dated November 15, 1951 (handed conference members by Rockefeller), attachment to Confidential Memorandum of Conversation, U. S. Department of State, December 3, 1951, confidential U. S. State Department special files, Japan, 1947—1956 (microfilm, University Publications of America, 1990, in reel 13, lot files 54—D—423: Japanese Peace Treaty Files, John Foster Dulles, 1947—1952).

55. "American Cultural Relations with Japan, First Meeting, December 17, 1952,"

Council on Foreign Relations Study Group Report, folder 40, box 6, collection Ⅲ 2Q, Rockefeller Foundation Archives, RAC.

56. 同上。

57. Report to Ambassador John Foster Dulles, April 16, 1951.

58. "American Cultural Relations with Japan, Sixth Meeting, June 3, 1953."

59. Niles W. Bond, USPOLAD, Tokyo, to U. S. Department of State, USIE Country Paper on Japan, August 16, 1951, 511. 9421/8—1651, U. S. Department of State, NARA.

60. John W. Dower, *Embracing Defeat: Japan in the Wake of World War Ⅱ* (New York: Norton, 1999), pp. 550—551（约翰・W. 道尔：《拥抱战败》增补版，三浦阳一、高杉忠明、田代泰子译，岩波书店，2004 年）.

61. Saxton Bradford, AMEMBASSY, Tokyo, to U. S. Department of State, "Attitudes of Japanese Intellectuals towards the United States," June 4, 1952, 511. 94/6—452, U. S. Department of State, NARA.

62. 福田定良："反美思想"，《文艺春秋》（1953 年 9 月），第 77 页。

63. Report to Ambassador John Foster Dulles, April 16, 1951.

64. "American Cultural Relations with Japan, Sixth Meeting, June 3, 1953."

65. Tanaka Kōtarō, "Cultural Interchange between Japan and the United States," *Tokyo Times*, February 21, 1951, folder 445, box 49, series 1—OMR files, RG 5 (John D. Rockefeller 3rd), Rockefeller Family Archives, RAC.

66. Donald R. Nugent to John D. Rockefeller 3rd, March 6, 1951, folder 461, box 52, series 1—OMR files, RG 5 (John D. Rockefeller 3rd), Rockefeller Family Archives, RAC.

67. Quoted in Bond, confidential, Desp. No. 1246, "Future Implication of a Cultural Interchange Programs with Japan."

68. 引用自前文。

69. Charles B. Fahs to John D. Rockefeller 3rd, August 29, 1951, folder 6, box 1, series 609, RG 1. 2, Rockefeller Foundation Archives, RAC.

70. Report to Ambassador John Foster Dulles, April 16, 1951.

71. Saxton Bradford to John D. Rockefeller 3rd, "Relations of Governmental and Private Endeavor in the Field of Japanese-American Cultural Relations," October 17, 1951, folder 461, box 51, series 1—OMR files, RG 5 (John D. Rockefeller 3rd), Rockefeller Family Archives, RAC.

72. 同上。

73. 同上。

74. AMEMBASSY, Tokyo, to U. S. Department of State, USIS Country Plan-Japan, April 27, 1953, 511. 94/4—2753, U. S. Department of State, NARA.

75. 同上。Saxton Bradford, AMEMBASSY, Tokyo, Desp. No. 1343, "Semi-annual Evaluation Report," January 23, 1953, 511. 94/1—2353, U. S. Department of State, NARA.

76. 同上。

77. Bradford, AMEMBASSY, Tokyo, Desp. No. 1343, "Semi-annual Evaluation Report."

78. Warren M. Robbins (USIA), "Toward an American Global Cultural-Educational-Infor-mation Program in the Framework of the Present World Scene," December 14, 1960, Bureau of Educational and Cultural Affairs Historical Collection, U. S. Department of State, box 301, file 28, Special Collections Division, University of Arkansas Libraries, Fayetteville, Arkansas.

79. 同上。

80. 同上。

81. Confidential-Security Information, USIE Country Plan-Japan, Priority Ⅲ, December 4, 1951, 511. 94/12—451, U. S. Department of State, NARA.

82. Colon report, p. 96.

83. Schwantes, *Japanese and Americans*, p. 327.

84. Bond, USPOLAD, Tokyo, to U. S. Department of State, USIE Country Paper on Japan.

85. Conlon report, p. 10.

86. Confidential file, Tokyo 1275 to U. S. Department of State, March 15, 1951, 794. 00/3—1551, U. S. Department of State, NARA.

87. Entry of February 23, 1951, Rockefeller Diaries.

88. 同上。

89. Entries of February 26, 27, 1951. Rockefeller Diaries.

90. Harr and Johnson, *Rockefeller Century*, p. 507.

91. Entry of March 17, 1951, Rockefeller Diaries; Entry of June 11, 1948, Fahs Diaries, box 16.

92. Report to Ambassador John Foster Dulles, April 16, 1951.

93. 同上。

94. Overton to Johnson, Confidential Office Memorandum on USIE Planning for Japan.

95. 同上。

96. 同上。

第五章

1. Douglas W. Overton to U. Alexis Johnson, "Rockefeller Report on U. S. -Japanese Cultural Relations," April 13, 1951, 511. 94/4—1351, U. S. Department of State, National Archives and Records Administration, Washington, D. C. (NARA). 美国国务院负责日美文化交流问题的官员早在洛克菲勒向杜勒斯提交《洛克菲勒报告书》的4月16日之前，就得到了该报告书的草案。

2. Department of State for the Press, No. 819. September 12, 1951, confidential U. S. State Department special files, Japan, 1947—1956 (microfilm, University Publications of America, 1990, in reel 13, lot files 54 - D - 423: Japanese Peace Treaty Files, John Foster Dulles, 1947—1952).

3. Report to Ambassador John Foster Dulles, April 16, 1951, folder 446, box 49, series 1—OMR files, record group (RG) 5 (John D. Rockefeller 3rd), Rockefeller Family Archives, Rockefeller Archives Center, Sleepy Hollow, N. Y. (RAC, Report to Ambassador John Foster Dulles, April 16, 1951). Confidential-Security Information, Country Plan-Japan, Priority Ⅲ, December 4, 1951, 511. 94/12—451, U. S. Department of State, NARA.

4. 美国情报教育局的一位官员对优先支持大众信息媒体项目而忽视文化项目的盟军最高司令官总司令部持批判的态度。参照：Niles W. Bond, USPOLAND, Tokyo, to U. S. Department of State, USIE Country Paper on Japan, August 16, 1951, 511. 942/8—1651, U. S. Department of State, NARA.

5. Report to Ambassador John Foster Dulles, April 16, 1951; Overton to Johnson, "Rockefeller Report on U. S. -Japanese Cultural Relations."

6. Report to Ambassador John Foster Dulles, April 16, 1951; Confidential-Security Information, USIE Country Plan-Japan. 到目前为止，日本的知识分子围绕着知识分子在社会上所发挥的作用和知识分子应该发挥的作用，展开了长期的激烈的讨论。比如，序文"青年和知识阶层向何处去"，《中央公论》（1946年2月），第1—7页。日高六郎："大知识分子论"，《近代文学》六（1947年2月），第2—12页。林健太郎："现代知识分子 的良心——对丸山真男非批判性的批判"，《世界》（1950年10月），第97—103页。约瑟夫·弗洛姆："对日本知识分子直言不讳——再武装和之后的日本"，《世界》（1952年5月），第131—135页。杉捷夫："致弗洛姆氏的信"，《世界》（1952年6月），第40—44页。堀田善卫："日本的知识分子"，《现代日本的思想》，岩波讲座《现代思想》第11卷，岩波书店，1957年，第157—183页。加藤周一、久野收编：《知识人士的产生和作用》，《近代日本思想史讲座》第四卷，筑摩书房，1959年。竹内好：《精英论》，《竹内好全集第六

卷 日本的意识形态》，筑摩书房，1980 年，第 86—105 页。丸山真男："近代日本的知识人士"，《源于后卫的位置》，未来社，1982 年，第 73—133 页。

7. "Proposal for a Cultural Center and Student International House," September 6, 1951, Japanese-American Cultural Relations, folder 6, box1, series 609, RG1. 2, Rockefeller Family Archives, RAC.

8. Bond, USPOLAND, Tokyo, to U. S. Department of State, USIE Country Paper on Japan.

9. Report to Ambassador John Foster Dulles, April 16, 1951.

10. 同上。

11. Entry of June 9. 1948, Charles B. Fahs Diaries, box 16, series 12. 1 diaries, Rockefeller Foundation Archives, RAC (Fahs Diaries).

12. 引用自 John W. Dower, "E. H. Norman, Japan and the Uses of History," in *Origins of the Modern Japanese State*: *Selected Writings of E. H. Norman*, ed. John W. Dower (New York: Random House, 1975), p. 49。

13. Conlon Associates Ltd., *United Stated Foreign Policy*: Asia, Studies prepared at the request of the Committee on Foreign Relations, U. S. Senate, November 1, 1959 (Washington, D. C.: Government Printing Office, 1959), p. 11 (Conlon report). (康伦联营公司编，《亚洲的现状·美国的政策——"康伦组"调查报告》，时事通讯社外信部译，时事通讯社，1959 年).

14. Entry of June 9, 1948, Fahs Diaries.

15. Council on Foreign Relations Study Group on American Cultural Relations with Japan, "Binational Cultural Organizations," Working Paper No. 6, prepared by Robert S. Schwantes, May 26, 1953, folder 42, box 6, collection Ⅲ 2Q, RAC.

16. Report to Ambassador John Foster Dulles, April 16, 1951.

17. "Proposed Cultural and Student Centers," memorandum dated November 15, 1951 (handed to conference members by Rockefeller), attachment to Confidential Memorandum of Conversation, U. S. Department of State, December 3, 1951, confidential U. S. Department of State, December 3, 1951, confidential U. S. State Department special files, Japan, 1947—1956 (microfilm, University Publications of America, 1990, in reel 13, lot files 54—D—423: Japanese Peace Treaty Files, John Foster Dulles, 1947—1952).

18. Report to Ambassador John Foster Dulles, April 16, 1951.

19. "Proposal for a Cultural Center and Student International House"; "Proposal for Cultural and Student Centers," memorandum dated November 15, 1951 (handed to conference members by Rockefeller), attachment to Confidential Memorandum of

Conversation, U. S. Department of State, December 3, 1951; Saxton Bradford to John D. Rockefeller 3rd, October 17, 1951, folder 461, box 51, series 1—OMR files, RG 5 (John D. Rockefeller 3rd), Rockefeller Family Archives, RAC.

20. Confidential Security Information from Robert D. Murphy to Secretary of State, September 5, 1952, 511. 94/1—1953, U. S. Department of State, NARA.

21. John L. Stegmaier to John M. Allison and U. Alexis Johnson, Memorandum on Study Group on Japanese-American Cultural Relations, January 19, 1953, 511. 94/1—1953, U. S. Department of State, NARA.

22. Report to Ambassador John Foster Dulles, April 16, 1951.

23. 同上。

24. Enclosure: Memorandum to John D. Rockefeller 3rd from Saxton Bradford, October 17, 1951, in Charles N. Spinks, USPOLAD, Tokyo, Desp. No. 630, October 22, 1951, 511. 94/10—2251, U. S. Department of State, NARA.

25. Entry of December 14, 1949, Fahs Diaries, box 16.

26. Stegmaier to Allison and Johnson, Memorandum on Study Group on Japanese-American Cultural Relations.

27. Entry of Iwai Yūjirō, undated, Joh D. Rockefeller 3rd Diaries 1952, Japan section, folder 63, box 7, series 1—OMR files, RG 5 (John D. Rockefeller 3rd), Rockefeller Family Archives, RAC (Rockefeller Diaries). 关于岩井雄二郎的详细内容，参见岩井雄二郎：《大阪商人的哲学》，布井出版，1994 年。

28. Memorandum, John D. Rockefeller 3rd to John M. Allison, September 23, 1952, 511. 94/9—2352, U. S. Department of State, NARA.

29. Saxton Bradford, AMEMBASSY, Tokyo, Desp. No. 1343, "Semi-annual Evaluation Report," January 23, 1953, 511. 94/1—2353, U. S. Department of State, NARA.

30. Saxton Bradford, AMEMBASSY, Tokyo, to U. S. Department of State, "IIA Prospectus for Japan," April 30, 1953. 511. 94/4—3053, U. S. Department of State, NARA.

31. Willard A. Hanna, U. S. Information Service to U. S. Information Agency, "Semi-annual Evaluation Report," September 8, 1953, 511. 94/9—853. 而且，1956 年英语教育协议会成立。协议会的目的在于以现代语言学为基础有效地改善英语教育理论和教育法，同时将其普及全国。协议会的资金由美利坚合众国的经济·文化问题理事会和日本实业界提供，分别捐赠了约 1700 万日元和 1300 万日元。"Progress Report on the Recommen-dations Made by the First United States-Japan Conference on Cultural and Educational Interchange," September 17, 1963, folder 32, box 5, series 609, RG 1. 2, Rockefeller Foundation Archives, RAC.

32. Confidential Security Information, from Murphy to Secretary of State.

33. Bradford, AMEMBASSY, Tokyo, Desp. No. 1343, "Semi-annual Evaluation Report."

34. Saxton Bradford, AMEMBASSY, Tokyo, to U. S. Department of State, Desp. No. 161, "Japan Pen Club," July 24, 1952, 511. 94/7—2452, U. S. Department of State, NARA.

35. Overton to Johnson, "Rockefeller Report on U. S. -Japanese Cultural Relations."

36. Report to Ambassador John Foster Dulles, April 16, 1951; 同上。

37. Report to Ambassador John Foster Dulles, April 16, 1951; Confidential-Security Information, USIE Country Plan-Japan.

38. Bradford, AMEMBASSY, Tokyo, Desp. No. 1343, "Semi-annual Evaluation Report."

39. AMEMBASSY, Tokyo, to U. S. Department of State, Desp. No. 2259, April 27, 1953, 551. 94/4—2753, U. S. Department of State, NARA.

40. Bond, USPOLAD, Tokyo, to U. S. Department of State, USIE Country Paper on Japan.

41. 松尾尊兊:《向国际型国家出发》,《日本历史》第21卷,集英社,1993年,第177页。

42. AMEMBASSY, Tokyo, to U. S. Department of State, Desp. No. 2259.

43. Bond, USPOLAD, Tokyo, to U. S. Department of State, USIE Country Paper on Japan.

44. AMEMBASSY, Tokyo, to U. S. Department of State, Desp. No. 2259.

45. Bradford, AMEMBASSY, Tokyo, Desp. No. 1343, "Semi-annual Evaluation Report." 46. Bond, USPOLAD, Tokyo, to U. S. Department of State, USIE Country Paper on Japan.

47. 同上。

48. AMEMBASSY, Tokyo, to U. S. Department of State, Desp. No. 2259.

49. Entry of Otis Cary, undated, Rockefeller Diaries 1952, Japan section, folder 63, box 7, series 1—OMR files, RG 5, (John D. Rockefeller 3rd), Rockefeller Family Archives, RAC.

50. Enclosure: Undated draft of a reply to Louis C. Ieradi from Jack K. Mcfall, Assistant Secretary of State, in Jack K. McFall to Sen. James H. Duff, December 17, 1951, 511. 94/ 12—1751, U. S. Department of State, NARA.

51. Confidential-Security Information, USIE Country Plan-Japan.

52. Enclosure: Undated draft of a reply to Ieradi from Mc-Fall.

53. Entry of April 22, 1952, Fahs Diaries, box 17.

54. Entry of April 23, 1952, Fahs Diaries.

55. Entry of Hugh Borton, undated, Rockefeller Diaries 1952, Japan section, folder 63, box 7, series 1—OMR files, RG 5 (John D. Rockefeller 3rd), Rockefeller Family Archives, RAC.

56. Report to Ambassador John Foster Dulles, April 16, 1951.

57. 同上。

58. Bradford to Rockefeller, October 17, 1951.

59. Overton to Johnson, "Rockefeller Report on U. S. -Japanese Cultural Relations."

60. John D. Rockefeller 3rd to John Foster Dulles, April 19, 1951, confidential U. S. State Department special files, Japan, 1947—1956 (microfilm, University Publications of America, 1990, in reel 13, lot files 54—D—423: Japanese Peace Treaty Files, John Foster Dulles, 1947—1952).

61. Entry of April 16, 1951, Rockefeller Diaries: John D. Rockefeller 3rd to John Foster Dulles, April 23, 1951, confidential U. S. State Department special files, Japan, 1947—1956 (microfilm, University Publications of America, 1990, in reel 13, lot files 54—D—423: Japanese Peace Treaty Files, John Foster Dulles, 1947—1952).

62. John Foster Dulles to Rockefeller Diaries: John D. Rockefeller 3rd, May 4, 1951, confidential U. S. State Department special files, Japan, 1947—1956 (microfilm, University Publications of America, 1990, in reel 13, lot files 54—D—423: Japanese Peace Treaty Files, John Foster Dulles, 1947—1952).

63. "Comment on Mr. Rockefeller's Suggestions for the Japan program contained in his letter of April 19th to Mr. Dulles," Mr. Hulten to W. Bradley Connors, Junes 27, 1951, attachment to W. Bradley Connors to John Foster Dulles, July 18, 1951, confidential U. S. State Department special files, Japan, 1947—1956 (microfilm, University Publications of America, 1990, in reel 13, lot files 54—D—423: Japanese Peace Treaty Files, John Foster Dulles, 1947—1952); Bradford to Rockefeller, October 17, 1951.

64. Bradford to Rockefeller, October 17, 1951.

65. “Comment on Mr. Rockefeller's Suggestions for the Japan program contained in his letter of April 19th to Mr. Dulles.”

66. Confidential Memorandum of Conversation between John D. Rockefeller 3rd and Douglas Overton, August 20, 1951, 511. 94/8—2051, U. S. Department of State, NATA.

67. Charles B. Fahs, “John D. Rockefeller 3rd's Memorandum on Japanese-American Cultural Relations,” interoffice correspondence, September 6, 1951, folder 6, box 1, series 609, RG 1. 2, Rockefeller Foundation Archives, RAC.

68. John Foster Dulles to John D. Rockefeller 3rd, July 30, 1951, 511. 94/7—3051, U. S. Department of State, NARA.

69. Confidential Memorandum of Conversation between Rockefeller and Overton, August 20, 1951.

70. John D. Rockefeller 3rd to John Foster Dulles, August 16, 1951, confidential U. S. State Department special files, Japan, 1947—1956 (microfilm, University Publications of America, 1990, in reel 13, lot files 54—D—423: Japanese Peace Treaty Files, John Foster Dulles, 1947—1952); Entry of October 13, 1951, Rockefeller Diaries.

71. Entry of August 21, 1951, Rockefeller Diaries.

72. Entry of October 13, 1951, Rockefeller Diaries.

73. 同上。Rockefeller to Dulles, August 16, 1951.

74. 此外，洛克菲勒还与担任宣传文化交流的国务卿助理爱德华·巴雷特的部下威廉·约翰逊，负责远东地区宣传文化交流的官员布拉德利·康纳斯，以及负责远东地区的约翰逊的助理简·奥尔登等人进行了协商。Entries of September 25, 26, 1951, Rockefeller Diaries。

75. 同上。

76. Bradford to Rockefeller, October 17, 1951.

77. 同上。

78. 洛克菲勒及其一行人从纽约经由芝加哥飞往圣弗朗西斯科（飞行时间大约为 12 小时），接着到达火奴鲁鲁（9 小时 30 分），再前往威克岛（9 小时 40 分），最后飞往东京（8 小时 30 分）。Entries of October 13, 14 and 16, 1951, Rockefeller Diaries.

79. Charles N. Spinks, USPOLAD, Tokyo, Desp. No. 630, “Comment on Rockefeller Report,” October 22. 1951, 511. 94/10—251, U. S. Department of State, NARA.

80. Entry of June 5, 1947, Fahs Diaries, box 16；竹前荣治：《GHQ》，岩波书店，1983 年，第 127 页。

81. Entry of November 8, 1951, Rockefeller Diaries.

82. Entry of May 1, 1952, Fahs Diaries.

83. Sterling W. Fisher to John D. Rockefeller 3rd, February 6, 1952, folder 7, box 1, series 609, Japanese-American Cultural Relations 1950—1953 (January-June), RG 1. 2, Rockefeller Foundation Archives, RAC.

84. Entry of June 7, 1947, Fahs Diaries.

85. AMEMBASSY, Tokyo, to U. S. Department of State, Memorandum of Converstion between Prof. Makoto Saito of Tokyo University and Cultural Attaché Margaret H. Williams, May 11. 1953, 511. 94/5—1153, U. S. Department of State, NARA.

86. Entry of October 26, 1951, Rockefeller Diaries.

87. Entry of April 15, 1952, Fahs Diaries.

88. Entry of October 26, 1951, Rockefeller Diaries.

89. Entry of October 14, 1951, Rockefeller Diaries; Excerpt from interview, John D. Rockefeller 3rd by Charles B. Fahs, November 23, 1951, folder 6, box 1, series 609, RG 1. 2, Rockefeller Family Archives, RAC; Entry of April 15, 1952, Fahs Diaries. 松本重治：《上海时代》上，中央公社论，1974 年，第 32 页。

90. Entry of April 14, 1952, Fahs Diaries.

91. Entry of April 19, 1952, Fahs Diaries.

92. Memorandum Charles B. Fahs, undated, folder 470, box 52, series 1—OMR files, RG 5 (John D. Rockefeller 3rd), Rockefeller Family Archives, RAC.

93. Entry of November 5, 1951, Rockefeller Diaries.

94. 同上。

95. Entry of November 12, 1951, Rockefeller Diaries. 加藤干雄编著：《国际文化会馆 五十年的历程》增补改订版，国际文化会馆，2003 年，第 8 页。松本重治：《昭和史的 一则证言》，橘出版，2001 年，第 316 页。

96. 1952 年 7 月 25 日，“文化中心筹备委员会”的委员所选举出来的领导者如下。桦山爱辅（前日美协会会长）、戈登・鲍尔斯（东京大学文化人类学教授）、斯特林・费舍尔（读者文摘日本分社社长）、一万田尚登（日本银行总裁）、石川一郎（经济团体联合会会长）、上代たの（日本女子大学英国文学教授）、亀山直人（日本学术会议会长）、小泉信三（前庆应义塾大学校长）、松方三郎（共同通信社专务理事）、松本重治（前同盟通信社编辑局局长）、前田多门（前教育部长）、高木八尺（东京大学名誉教授）、涩泽敬三（前日本银行总裁、大藏大臣）和E. J. 格里菲斯（E. J. 格里菲斯公司总裁）。Entry of November 12, 1951, Rockefeller Diaries; Matsumoto Shigeharu to Charles B. Fahs, July 22, 1952, folder 462, box 51, International House of Japan, series 1—OMR files, RG 5 (John D. Rockefeller 3rd), Rockefeller Family Archives, RAC.

97. Entry of November 12, 1951, Rockefeller Diaries.

98. John D. Rockefeller 3rd to DeWitt Wallace, *Reader's Digest*, November 26, 1951, folder 461, box 51, series 1—OMR files, RG 5 (John D. Rockefeller 3rd), Rockefeller Family Archives, RAC.

99. 项目策划小委员会由以下各委员组成：前田多门、松方三郎、戈登·鲍尔斯、斯特林·费舍尔、古垣铁郎（日本放送协会会长）、哈罗德·哈克特（国际基督教大学副校长）、上代たの、桦山爱辅、龟山直人、加纳久朗（国际文化振兴会会长）、小泉信 三、松本重治、南原繁、坂西志保（评论家）、高木八尺、东之崎洁（日本时报社长）、东畑精一（东京大学教授）和都留重人（一桥大学教授）。Entry of November 15, 1951, Rockefeller Diaries; Saxton Bradford, USPOLAD, Tokyo, to U. S. Department of State, "Rockefeller 'Centers'" April 4, 1952, 511. 94/4—452, U. S. Department of State, NARA.

100. Entry of November 12, 1951, Rockefeller Diaries.

101. Entry of November 17, 1951, Rockefeller Diaries.

102. John D. Rockefeller 3rd to Chester Barnard, president of Rockefeller Foundation December 26, 1951, folder 6, box 1, RG 1. 2, Rockefeller Foundation Archives, RAC.

103. 财务小委员会由以下各委员组成：詹姆斯·丹迪（大通国家银行东京支行行长）、藤山爱一郎（日本工商联合会会长）、一万田尚登、石川一郎、Y. J. 约翰逊（美国银行东京分行行长）、加纳久朗、查尔斯·林顿（实业家）。此外，设施小委员由以下各成员组成：东之崎洁、松下荣（American International House 日本同窗会会长）、戈登·鲍尔斯、小泉信三、前田多门、高木八尺。Brad ford, USPOLAD, Tokyo, to U. S. Department of State, "Rockefeller 'Centers.'"

104. 同上。

105. Eldridge Sibley, executive associate, Social Science Research Council, to Joseph H. Willits, Rockefeller Foundation, October 19, 1953, folder 10, series 609,

RG 1. 2, Rockefeller Foundation Archives, RAC.

106. Entry of April 26, 1954, Fahs Diaries, box 17.

107. 这些学者和知识分子中有中山伊知郎（一桥大学校长）、东畑精一、笠信太郎（朝日新闻社论主笔）、蠟山政道（东京大学行政学教授）、冈义武（东京大学政治史教授）、辻清明（东京大学行政学教授）、丸山真男。Matsumoto Shigeharu to Charles B. Fahs, November 27, 1952, folder 462, box 51, series 1—OMR files, RG 5 (John D. Rockefeller 3rd), Rockefeller Family Archives, RAC.

108. Entry of April 26, 1954, Fahs Diaries.

109. Saxton Bradford, USPOLAD, Tokyo, to U. S. Department of State, "International Cultural Center in Japan," July 14, 1952, 511. 94/7—1452, U. S. Department of State, NARA.

110. 同上。松本重治："昭和史的见证——世界中的日本（二十六）在内外友情中设立国际文化会馆"，《经济学家》（1985 年 10 月 15 日），第 85 页。

111. Entry of April 26, 1954, Fahs Diaries.

112. Bradford, USPOLAD, Tokyo, to U. S. Department of State, "International Cultural Center in Japan."

113. Fisher to Rcokefeller, February 6, 1952.

114. Entry of April 15, 1952, Rockefeller Diaries.

115. Entries of April 9—14, 1952, Rockefeller Diaries.

116. Entries of April 17, 21, 1952, Rockefeller Diaries.

117. Entry of April 25, 1952, Rockefeller Diaries.

118. Rockefeller to Barnard, December 26, 1951.

119. Entry of May 18, 1952, Rockefeller Diaries.

120. 同上。

121. Entry of April 15, 1952, Fahs Diaries. 加藤干雄编著：《国际文化会馆五十年的历程》增补改订版，第 10 页。参照：Entries of April 18, 1952, Rockefeller Diaries.

122. Entry of May 18, 1952, Rockefeller Diaries.

123. "Proposal for a Cultural Center and Student International House"; Rockefeller to Barnard, December 26, 1951; Donald H. McLean Jr., Memorandum for Record, April 28, 1952, folder 462, box 51, series 1—OMR files, RG 5 (John D. Rockefeller 3rd), Rockefeller Family Archives, RAC.

124. Entry of May 18, 1952, Fahs Diaries.

125. Charles B. Fahs to John D. Rockefeller 3rd, August 29, 1951, folder 6, box 1, series 609, RG1. 2, Rockefeller Foundation Archives, RAC.

126. Entry of May 1, 1952, Fahs Diaries.

127. Dean Rusk (president), "Statement of the Rockefeller Foundation and the General Education Board to the Special Committee to Investigate Tax-Exempt Foundations." Eighty-third Cong., 2nd sess., August 3, 1954, pp. 1065—1213.

128. McLean, Memorandum for Record, April 28, 1952.

129. Bradford, USPOLAD, Tokyo, to U. S. Department of State, "Rockefeller 'Centers'."

130. Rockefeller to Bradford, December 26, 1951.

131. Entries of April 21, 25, 1952, Rockefeller Diaries.

132. 加藤干雄编著:《国际文化会馆五十年的历程》增补改订版,第 10 页。松本重治:《昭和史的见证之一》,第 319 页。

133. Entry of April 30, 1952, Fahs Diaries.

134. AMEMBASSY, Tokyo, to U. S. Department of State, "International Cultural Center in Japan."

135. AMEMBASSY, Tokyo, to U. S. Department of State, "Proposal to the Board of Trustees of the Rockefeller Foundation," July 14, 1952, 511. 94/7—1452, U. S. Department of State, NARA.

136. 同上。

137. 同上。

138. Bradford to Rockefeller, October 17, 1951.

139. AMEMBASSY, Tokyo, to U. S. Department of State, "Proposal to the Board of Tru-stees of the Rockefeller Foundation."

140. 同上。

141. Memorandum Charles B. Fahs, undated, folder 470, box 52, series 1—OMR files, RG 5 (John D. Rockefeller 3rd), Rockefeller Family Archives, RAC.

142. AMEMBASSY, Tokyo, to U. S. Department of State, "International Cultural Center in Japan."

143. 加藤干雄编著:《国际文化会馆五十年的历程》增补改订版,第 14—16 页。《朝日新闻》(1952 年 11 月 19 日)。

144. Olcott H. Deming to U. S. Department of State, October 14, 1952, 511. 94/

10—1452，U. S. Department of State，NARA.

145. 加藤干雄编著：《国际文化会馆五十年的历程》增补改订版，第12页。关于国际文化会馆的详细内容，参见松本重治：《听闻录·我心自传》，讲谈社，1992年，第181—194页。

146. 松本重治：《听闻录·我心自传》，第190页。松本重治：《昭和史的见证之 一》，第322页。

147. Takagi Yasaka and Matsumoto Shigeharu to John D. Rockefeller 3rd and Donald H. McLean Jr.，July 23，1952，folder 8，box 1，series 609，RG1. 2，Rockefeller Foundation Archives，RAC.

148. Entry of May 1，1952，Fahs Diaries. 松本重治：《昭和史的见证之一》，第321页。

149. 1952年11月19日国际文化会馆的募捐活动开始之际，美国大使罗伯特·D. 墨菲的发言。参照：Folder 462，box 51，series 1—OMR files，RG 5（John D. Rockefeller 3rd），Rockefeller Family Archives，RAC.

150. 国际文化会馆的理事如下：桦山爱辅（理事长）、松本重治（专务理事）、戈登·鲍尔斯（常务理事）、斯特林·费舍尔、E. J·格里菲斯、一万田尚登、上代たの、龟山直人、小泉信三、松方三郎、前田多门、南原繁、涩泽敬三、高木八尺。监事是詹姆斯·丹迪、藤山爱一郎、加纳久朗。International House，folder 465，box 51，series 1—OMR files，RG 5（John D. Rockefeller 3rd），Rockefeller Family Archives，RAC.

151. Resolved Rockefeller Foundation 62099，foleder 6，box 1，series 609，RG 1. 2，Rockefeller Foundation Archives，RAC.

152.《日本时报》（1955年6月12日）。关于国际文化会馆设立的起源和国际文化会馆的丰富活动的详细内容，参见加藤干雄编著：《国际文化会馆五十年的历程》增补改订版。五十岚武士：《战后日美文化交流计划的前兆》，井门富二夫编，《占领和日本宗教》，未来社，1993年，第119—142页。藤田文子：“‘日美知识交流计划’和1950年的日美关系”，《东京大学美国学习》第5号（2000年），第69—85页。

153. 松本重治：《昭和史的见证之一》，第325页。

154. 同上书，319页。

第六章

1. Walter L. Hixton，*Parting the Curtain*：*Propaganda*，*Culture*，*and the Cold*

War, *1945—1961* (London: Macmillan, 1997), p.5.

2. William Benton, "Statement," *Department of State Bulletin*, September 23, 1945, p. 430, Howard R. Ludden, "The International Information Program of the United States: State Department Years, 1945—1953," Ph. D. diss., Princeton University, Princeton, N. J., 1966 年，引自第 44 页。

3. Ludden, "International Information Program of the United States," p. 91.

4. Niles W. Bond, USPOLAD, Tokyo, to U. S. Department of State, USIE Country Paper on Japan, August 16, 1951, 511. 942113—1651, U. S. Department of State, National Archives and Records Administration, Washington, D. C. (NARA).

5. Warren M. Robbins (USIA), "Toward an American Global Cultural-Educational-Infor-mational Program in the Framework of the Present World Scene," December 14, 1960，引自：Bureau of Educational and Cultural Affairs Historical Collection, U. S. Department of State, box 301, file 28, Special Collections Division, University of Arkansas Libraries, Fayetteville, Arkansas.

6. 同上。

7. Hixton, *Parting the Curtain*, p.5. Rosemary O'Neil, "A Brief History of Department of State Involvement in International Exchange," fall 1972，同时参照：Bureau of Educational and Cultural Affairs Historical Collection, U. S. Department of State, box 103, file 12, Special Collections Division, University of Arkansas Libraries, Fayetteville, Arkansas。

8. Melvyn, P. Leffler, *A Preponderance of Power*: *National Security*, *the Truman Administration*, *and the Cold War* (Stanford, Calif.: Stanford University Press, 1992).

9. 亚力克·得宝，松井道男："首次揭下面纱的美国对日洗脑工作的全貌"，《概观》(1994 年 11、12 月，1995 年 1、2、3、4、5 月)，讲谈社。

10. 伍德罗·威尔逊政府将宣传运动和文化作为"为了民主主义而使世界变得安全"的武器加以利用。为此，他于 1917 年 4 月 13 日设置了以记者乔治·克里尔为委员长的"公共新闻委员会"。20 年之后的 1938 年，国务院又设置了"文化关系部门"。该部门的任务，是通过包括教育、艺术、科学的文化交流，加深与各国的友好与理解。在第二次世界大战中，成立了"战时情报局"和"美洲大陆各国问题协调局"。其目的是制订信息传播的计划以及实施所制订计划。而 1942 年，身兼作家和广播新闻节目评论员的埃尔默·H. 戴维斯被任命为战时情报教育局的局长。Stephen L. Vaughn, *Holding Fast Inner Lines*: *Democracy*, *Nationalism and the*

Committee on Public Information (Chapel Hill: University of North Carolina Press, 1980); James L McCamy, *The Administration of American Foreign Affairs* (New York: Knopf, 1950), pp. 51—52; William Barnes and John H. Morgan, *The Foreign Service of the United States: Origins, Development, and Functions*, Department of State Publication 7050, Department and Foreign Service Series 96, Historical Office, Bureau of Public Affairs, U. S. Department of State, (Washington, D. C. : Govern-ment Printing Office, 1961), p. 288.

11. 理查德・T. 阿恩特:"美国的文化外交——不稳定的平衡",《国际问题》388（1988 年 5 月），第 46 页。Ludden, "International Information Program of the United States".

12. U. S. Department of State, *Secretary's Sevevth Semiannual Report* 46, Ludden, "International Information Program of the United States", p. 175.

13. Hixton, *Partin the Curtain*, p. 16. 亚力克・得宝，松井道男："首次揭下面纱的美国对日洗脑工作的全貌"。

14. U. S. Department of State, *Secretary's Sevevth Semiannual Report*, Table 1, 5, Ludden, "International Information Program of the United States", p. 162.

15. 虽然美国新闻署的任务是制定情报政策，但其大前提是，所制定的政策须与政府的对外政策相一致。一方面，情报计划由新设立的美国新闻署管辖，另一方面，文化交流计划的实施及其责任，与以前一样还由国务院的教育交流局承担。美国新闻署的任务，是帮助外国人切身感觉到美国与美国的对外政策。设在美国大使馆中的美国新闻处（USIS）是美国新闻署的驻外机构，冷战期间，它在 150 多个国家的约 300 个城市开展了活动。美国新闻处在文化和教育交流计划之外，还开展了涵盖范围广阔的活动——包括报道、出版、电影、图书馆和广播节目。在日本的心理计划和情报计划，由美国新闻处负责实施，自 1953 年至 1959 年 7 月从未间断。美国新闻处的秘书处位于在东京的美国大使馆的配楼中。从总的人员数量这一点来看，特别针对日本的文化计划，在 1953 年末的阶段，算得上美国新闻署的海外实地活动中规模第三大的计划了。参照：Richard A. Johnson, *The Administration of United States Foreign Policy* (Austine: University of Texas Press, 1971), pp. 85, 89; Wilson Dizard Jr., "Telling America's Story," *American Heritage* (August/September 2003): pp. 41—47: John E. Harr and Peter J. Johnson, *The Rockefeller Century* (New York: Scribners' Sons, 1988), p. 505. 亚力克・得宝，松井道男："首次揭下面纱的美国对日洗脑工作的全貌",《概观》（1949 年 11 月），第 40、44 页。参照：

Ludden, "International Information Program of the United States," p. 96; Robert S. Schwantes, *Japanese and Americans: A Century of Cultural Relations* (New York: Harper and Brothers, 1955), pp. 313—314 (罗伯特·S. 施万特斯:《日本人和美国人——日美文化交流百年史》, 石川新一译, 创元社, 1957 年).

16. Schwantes, *Japanese and Americans*, pp. 313—314.

17. Saxton Bradford, USPOLAD, Tokyo to the Department of State, Desp. No. 370, September 7, 1951, 511. 94/9—751, U. S. Department of State, NARA.

18. Ludden, "International Information Program of the United States," pp. 38, 199.

19. Barnes and Morgan, *Foreign Service of the United States*, p. 289.

20. 同上书, 第 288 页。与负责占领地域的助理国务卿合作, 德国、奥地利、日本、朝鲜这些占领地域内也实施了相同的政策。参照: Ludden, "International Information Program of the United States," p. 96.

21. 在国务院的管辖下, 在海外开设的美国的图书馆, 被称作 American Information Library。与之相应, 在美国陆军部的管辖下, 在奥地利、日本、朝鲜的占领地域开设的图书馆, 被称为 Information Center。然而, 在德国, 1947 年 10 月以后 Information Center 改称为 America House。1951 年, 全德已经开设有 27 所这样的中心。今まど子: "美国的情报交流和图书馆",《中央大学文学院纪要社会学科》第 4 号 (通卷 156 号) (1994 年 6 月), 第 38 页。

22. Confidential memorandum, Notes on USIE Japan, March 3, 1951, 511. 9421/3—351, U. S. State Department, NARA.

23. Saxton Bradford, AMEMBASSY, Tokyo, to U. S. Department of State, "Attitudes of Japanese Intellectuals towards the United States," June 4, 1952, 511. 94/6—452, U. S. Department of State, NARA.

24. AMEMBASSY, Tokyo, to U. S. Department of State, Memorandum of Conversation between Professor Makoto Saitō of Tokyo University and Cultural Attaché Margaret H. Williams, May 11, 1953, 511. 94/5—1153, U. S. Department of State, NARA.

25. Bradford, AMEMBASSY, Tokyo, to U. S. Department of State, "Attitudes of Japanese Intellectuals towards the United States."

26. NSC 125/2, "United States Objectives and Courses of Action with Respect to Japan," August 7, 1952, *Papers Relating to Foreign Relations of the United States 1952—1954*, vol. 14, China and Japan, Part 2 (Washington, D. C.: Government Printing

Office, 1985), p. 136; Confidential memorandum, Notes on USIE Japan.

27. Earl R. Linch, AMCONSULATE, Nagoya, to AMEMBASSY, Tokyo, "Semi-annual Evaluation Report," December 18, 1952, 511. 94/12—1852, U. S. Department of State, NARA.

28. Confidential memorandum, Notes on USIE Japan.

29. Tokyo 1020 to U. S. Department of State, February 2, 1951, 794. 00/—251, U. S. Department of State, NARA; Saxton Bradford, AMEMBASSY, Tokyo, to U. S. Department of State, "IIA: ICS: American Books in Japanese Translation, 1952," April 1, 1953, 511. 9421/ 4—153, U. S. Department of State, NARA.

30. 同上。

31. Entry of June 19, 1951, John D. Rockefeller 3rd Diaries, folder 62, box 7, series 1—OMR files, record group (RG) 5 (John D. Rockefeller 3rd), Rockefeller Family Archives, Rockefeller Archive Center, Sleepy Hollow, N. Y. (RAC , Rockefeller Diaries).

32. Tokyo 1020 to U. S. Department of State, February 2, 1951.

33. Report to Ambassador John Foster Dulles, April 16, 1951, folder 446, box 49, series 1—OMR files, RG 5 (John D. Rockefeller 3rd), Rockefeller Family Archives, RAC.

34. John K. Emmerson to Dean Rusk, confidential office memorandum, May 18, 1951, 794. 00/5—1851, U. S. Department of State, NARA. 有关爱默生的思想的详细情况，请参照 John K. Emmerson, *The Japanese Dilemma*: *Arms*, *Yen and Power*, New York: Dunellen Publishing Co. , 1971（约翰・K. 爱默生：《日本的困境》，岩崎俊夫、佐藤纪久夫译，时事通信社，1972 年）以及：Emmerson, *The Japanese Thread*: *A Life in the U. S. Foreign Service*, New York: Holt, Rinehart and Winston, 1978（约翰・K. 爱默生：《风暴之中的外交官》，宫地健次郎译，朝日新闻社，1979 年）.

35. "Japanese Peace Treaty Problems, Sixth Meeting, May 5, 1951," Council on Foreign Relations Study Group Report, Manuscript Division, Council on Foreign Relations, New York.

36. 同上。

37. Entry of Otis Cary, undated, Rockefeller Diaries.

38. 小岛恒久：《日本资本主义论争史》，ありえす书房，1976 年，第 1 页、

25—44 页。

39. James W. Morley, ed., Dilemmas of Growth in Prewar Japan (Princeton, N. J.: Princeton University Press, 1971), pp. 12, 19 (詹姆斯·W. 莫利:《日本近代化的困境》, 小平修、冈本幸治监译, ミネルヴア书房, 1974 年).

40. 丸山真男:"近代日本的知识人士",《源于后卫的位置》, 未来社, 1982 年, 第 71—133 页。

41. 高内俊一:《现代日本资本主义论争》, 三一书房, 1973 年。小岛恒久,《日本资 本主义论争史》。

42. Entry of Kagawa Toyohiko, undated, Rockefeller Diaries.

43. Entry of Hyūga Hōsai, undated, Rockefeller Diaries.

44. Entry of Tsuru Shigeto, undated, Rockefeller Diaries.

45. "Japan between East and West, Fourth Meeting, May 21, 1956," Council on Foreign Relations Discussion Meeting Report, Manuscript Division, Council on Foreign Relations, New York, pp. 1—2.

46. Richard Hofstadter, *Anti-intellectualism in American Life* (New York: Knopf, 1962), pp. 24—25 (理查德·霍夫斯塔特:《美国的反智主义》, 田村哲夫译, 书房, 2003 年).

47. 列席意见交换会的, 有大平善悟 (一桥大学国际法教授)、雨宫庸藏 (读卖新闻 科学部长)、直井武夫 (《新领导》特派员)、迫间真治郎 (独立社会主义者)、福泽一郎 (画家)、对马忠行 (苏联经济研究者)、大仓旭 (日本文化自由委员会秘书长)、荒畑寒村 (社会主义领导者、原国会议员)、小堀甚二 (独立社会主义者)。据《读卖新闻》1952 年 1 月 16 日所载。参照: Saxton Bradford, USPOLAD, Tokyo, to U. S. Department of State, January 18, 1952, 511. 94/1—1852, U. S. Department of State, NARA.

48. Bradford, USPOLAD, Tokyo, U. S. Department of State, January 18, 1952.

49. Bond, USPOLAD, Tokyo, to U. S. Department of State, USIE Country Paperon Japan.

50. Bradford, AMEMBASSY, Tokyo, to U. S. Department of State, "Attitudes of Japanese Intellectuals towards the United States."

51. 同上。

52. Saxton Bradford, AMEMBASSY, Tokyo, U. S. Department of State, "Psychological Factors in Japan," February 28, 1952, 511. 94/2—2852, U. S. Department of State, NARA.

53. Robbins (USIA), "Toward an American Global Cultural-Educational-Informational Pro-gram in the Framework of the Present World Scene."

54. Linch, AMCONSULATE, Nagoya, to AMEMBASSY, Tokyo, "Semi-annual Evaluation Report."

55. Confidential-Security Information. USIE Country Plan-Japan, Priority Ⅲ, December 4, 1951, 511. 94/12—451, U. S. Department of State, NARA.

56. Civil Information and Education Section, General Headquarters, Supreme Commander for the Allied Powers, *Mission and Accomplishments of the Occupation in the Civil Information and Educational Fields*, January 1, 1950, folder 444, box 49, series 1—OMR files, RG 5 (John D. Rockefeller 3rd), Rockefeller Family Archives, RAC, 10; "Japan between East and West, Fourth Meeting, May 21, 1956", Council on Foreign Relations Study Group on American Cultural Relations with Japan, "The Exchange of Cultural Materials," Working Paper No. 5, prepared by Robert S. Schwantes, April 22, 1953, folder 42, box 6, collection Ⅲ, 2Q, RAC.

57. 佐藤忠男："对于我们来说美国到底是什么"，《思想的科学》第 68 号（1967 年 11 月），第 4 页。

58. Bradford, AMEMBASSY, Tokyo, U. S. Department of State, "Attitudes of Japanese Intellectuals towards the United States"; Arthur Thompson, "The Development of American Stu-dies in Japan," *American Studies* 5 (July 1960): p. 2.

59. 福田定良："反美思想"，《文艺春秋》（1953 年 9 月），第 77 页。

60. Saxton Bradford, AMEMBASSY, Tokyo, U. S. Department of State, "IIA: ICS: American Books in Japanese Translation, 1952."

61. 关于"赫本讲座"，参见龟井俊介编：《日美文化交流事典》，南云堂，1988 年，第 222—223 页。

62. 福田定良："反美思想"，第 76 页。参照：Enclosure: Memorandum to John D. Roc-kefeller 3rd from Saxton Bradford, October 17, 1951, in Charles N. Spinks, USPOLAD, Tokyo, Desp. No. 630, October 22, 1951, 511. 94/10—2251, U. S. Department of State, NARA。

63. 平野孝："日本的大学里关于美国研究的教育的现状"，《东京大学美国研究资料中心年报》第 1 号（1978 年），第 21 页。

64. 福田定良："反美思想"，第 77 页。

65. Memorandum from Round Table Conference on Christian Culture and Peace,

submitted to John Foster Dulles, April 19, 1951.

66. 同上。

67. 同上。

68. "American Cultural Relations with Japan, Sixth Meeting, June 3, 1953," Council on Foreign Relations Study Group Report, folder 42, box 6, collection Ⅲ 2Q, Rockefeller Foundation Archives, RAC.

69. Bradford, AMEMBASSY, Tokyo, U. S. Department of State, "Attitudes of Japanese Intellectuals towards the United States."

70. 同上。

71. 同上。

72. Tokyo 1275 to U. S. Department of State, March 15, 1951, 794. 00/3—1551, U. S. Department of State, NARA.

73. Saxton Bradford to Niles W. Bond. Top Secret Memorandum on Draft Psychological Strategy Plan for the Pro-U. S. Orientation of Japan, July 28, 1952, 511. 94/7—2852, U. S. Department of State, NARA.

74. 鹤见俊辅："日本知识分子的美国像"，《中央公论》（1956 年 7 月），第 170—178 页。

75. Robert D. Murphy to Secretary of State, confidential security information, September 5, 1952, 511. 94/9—552, U. S. Department of State, NARA.

76. Bradford to Bond, Top Secret Memorandum on Draft Psychological Strategy Plan for the Pro-U. S. Orientation of Japan, July 28, 1952.

77. Interview: entry of Matsumoto Shigeharu, November 4, 1954, folder 868, box 100, series 200, RG 1. 2, Rockefeller Foundation Archives, RAC.

78. "Seminars in American Studies in Japan, 1950, Report of the Stanford Professors: Joseph S. Davis, Claude A. Buss, John D. Goheen, George H. Knoles, and James T. Watkins," October 16, 1950, folder 5, box 1, series 205, RG 1. 2, Rockefeller Foundation Archives, RAC.

79. Entry of March 2, 1951, Charles B. Fahs Diaries, box 16, series 12. 1 diaries, Rockefeller Foundation Archives, RAC（略记为 Fahs Diaries）.

80. "American Cultural Relations with Japan, Sixth Meeting, June 3, 1953."

81. "Revitalizing the Social Sciences,"《日本时报》1948 年 10 月 12 日。"Report of the United States Cultural Science Mission to Japan," January 1949, Civil Information

and Education Section, Supreme Commander for the Allied Powers, p. 10, folder 444, box 49, RG 5 (John D. Rockefeller 3rd), Rockefeller Foundation Archives, RAC.

82. John L. Stegmaier to John M. Allison and U. Alexis Johnson, Memorandum on Study Group on Japanese-American Cultural Relations, January 19, 1953, 511. 94/1—1953, U. S. Department of State, NARA.

83. Entry of June 16, 1948, Fahs Diaries, box 16.

84. Thompson, "Development of American Studies in Japan," p. 2.

85. Ellis to Willits, September 2, 1951.

86. Entry of May 7, 1950, Fahs Diaries, box 16.

87. Bond, USPOLAD, Tokyo, to U. S. Department of State, USIE Country Paper on Japan.

88. Bradford, AMEMBASSY, Tokyo, to U. S. Department of State, "IIA: ICS: American Books in Japanese Translation, 1952."

89. 同上。

90. Bradford, AMEMBASSY, Tokyo, to U. S. Department of State, "Attitudes of Japanese Intellectuals towards the United States."

91. John W. Dower, "E. H. Norman, Japan and the Uses of History," in *Origins of the Modern Japaneses State: Selected Writings of E. H. Norman*, ed. John W. Dower (New York: Random House, 1975), p. 1.

92. 同上书，第 6 页。

93. Matsumoto Shigeharu to Charles B. Fahs, August 26, 1954, folder 12, box 2, series 609, RG 1. 2, Rockefeller Foundation Archives, RAC.

94. 同上。

95. Matsumoto Shigeharu to Charles B. Fahs, August 10, 1954, folder 12, box 2, series 609, RG 1. 2, Rockefeller Foundation Archives, RAC.

96. Entry of April 7, 1952 年, Fahs Diaries, box 17. 以松本重治和坂西志保这些自由派对日本历史学研究严厉的批判为基础，1950 年代展开了一场所谓“昭和史论争”。《昭和史》（岩波新书）是于 1955 年由远山茂树、今井清一、藤原彰这三位历史学家执笔完成的。而文艺评论家龟井胜一郎的论文“对现代历史学家的疑问”（《文艺春秋》，1956 年 3 月，第 58—68 页），围绕日本现代史的叙述方式，点燃了论争的战火。简洁地叙述了从 1926 年到 1988 年这段较短时期的这本《昭和史》，超越了意识形态上的立场，自 1955 年以后，受到了众多日本历史学家、政治学家、哲学家、批评家等人的注意和关心。

97. Entry of Paul Langer, undated, Rockefeller Diaries.

98. Dower, "E. H. Norman, Japan and the Uses of History," especially the section "Politics of Scholarship: Norman and His Successors," pp. 31—65.

99. "Humanities Program and Related Foundation Interests in History, 1950—1960," prepared by Charles B. Fahs, November 16, 1960, pp. 6—7, file 18, box 3, series 911, RG 3, Rockefeller Foundation Archives, RAC.

100. 同上。

101. 同上。

102. Entry of April 26, 1956, Fahs Diaries, box 18.

103. 东京大学美国研究资料中心编:《问上野直藏先生》,《日本的美国研究——口述历史系列》第10号,东京大学美国研究资料中心,1980年,第28页。

104. Entry of April 26, 1956, Fahs Diaries.

105. Dean Rusk (president), "Statement of the Rockefeller Foundation and the General Educational Board to the Special Committee to Investigate Tax-Exempt Foundations," Eighty-third Cong., 2nd sess., August 3, 1954, p. 1070.

106. "Humanities Program and Related Foundation Interests in History, 1950—1960."

107. 同上。

108. 同上。

109. Benjamin I. Schwarts, "Presidential Address: Area Studies as a Critical Discipline," *Journal of Asian Studies* 60 (November 1980): p. 15.

110. William N. Fenton, *Area Studies in American Universities* (Washington, D. C.: American Council on Education, 1947), p. 82.

111. 同上书,第22页。

112. Robert Hall, *Area Studies: With Special Reference to Their Implications for Research in the Social Sciences* (New York: Committee on World Area Research Program, Social Science Research Council, 1948); Miyoshi Masao and Harry D. Harootunian eds., *Learning Places: The Afterlives of Area Studies* (Durham, N. C.: Duke University Press, 2002). "讨论——地域研究的办法",《美国研究》第6号,1972年,第52—78页。东京大学美国研究资料中心编,《问松本重治老师》,《日本的美国研究——口述历史系列》第9号,东京大学美国研究资料中心,1980年,第

54—55 页。

113. Bruce Cummings, "Boundary Displacement: The State, the Foundations, Area Stu-dies during and after the Cold War," in *Learning Places*, eds. Miyoshi and Harootunian, p. 264.

114. Harry D. Harootunian, "Postcoloniality's Unconscious /Area Studies' Desire," in *Le-arning Places*, Miyoshi and Harootunian, p. 155.

115. Miyoshi and Harootunian, eds., *Learning Places*, p. 268.

116. "The Program in the Humanities: A Statement by Fahs," undated, folder 33, box 4, series 911, RG 3. 1, Rockefeller Foundation Archives, RAC; Robert Gordon Sproul, president of University of California, to Chester J. Barnard, president of Rockefeller Foundation, July 12, 1950, folder 5, box 1, series 911, RG 3, Rockefeller Foundation Archives, RAC.

117. Cummings, "Boundary Displacement," p. 261.

118. Harootunian, "Postcoloniality's Unconscious/Area Studies' Desire," p. 156.

119. Stanley J. Heginbotham, "Shifting the Focus of International Programs," *Chronicle of Higher Education*, October 19, 1994, A68.

第七章

1. 东京大学美国研究资料中心编，《问中屋健一老师》，《在日本的美国研究——口述历史系列》第 4 号，东京大学美国研究资料中心，1978 年，第 13 页。同第 9 号《问松本重治老师》，1980 年，第 40 页。同第 28 号《问斋藤真老师》，1991 年，第 31 页。

2. Takagi Yasaka, "Opening Remarks at the Conference of the Stanford Visiting Professors with Members of Society of Science and Thought and America Institute," July 24, 1950, Tokyo University-Stanford University American Studies Seminars file. 高木文库，东京大学美国太平 洋地区研究中心（简称高木文库）。

3. Saxton Bradford, AMEMBASSY, Tokyo, to U. S. Department of State, "Attitudes of Japanese Intellectualstowards the United States," June 4, 1952, 511. 94/6—452, U. S. Department of States, National Archives and Records Administration, Washington, D. C. (NARA); Bradford, AMEMBASSY, Tokyo, Desp. No. 1343. "Semi-annual Evaluation Report," January 23, 1953, 511. 94/1—2353, U. S. Department of States, NARA。

4. Aruga Tadashi, "Japanese Scholarship and the Meaning of American History," *Journal of American History* 79, no. 2 (1992): pp. 504—514; David Thelen, "Of Audiences, Borderlands, and Comparisons: Towards the Internationalization of American History," *Journal of American History* 79, no. 2 (1992): p. 434.

5. Takeshi Matsuda, "Ameican Studies: History," *International Encyclopedia of the Social and Behavioral Sciences* (Oxford: Elsevier, 2004).

6. "美国学会设立意向书草案",美国学会文件,高木文库。

7. "美国学会设立经过",美国学会文件,高木文库。

8. 东京大学美国研究资料中心编:《问清水博老师》,《在日本的美国研究——口述历史系列》第1号,1978年,第1、2页。

9. "美国学会设立经过"。

10. Institute for American Studies of Rikkyō University to Supreme Commander of the American Force and Staff, September 18, 1946. 美国学会文件,高木文库。

11. 东京大学美国研究资料中心编:《问松本重治老师》,第41—42页。

12. 东京大学美国研究资料中心编:《问清水博老师》。根据5份报告内容,美国学会的设立是在1947年3月。但是根据"美国学会设立经过"文书来看,美国学会是在1947年4月设立的。

13. Entry of February 26, 1951, Charles B. Fahs Diaries, box 16, series 12. 1 diaries, Rockefeller Foundation Archives, Rockefeller Archive Center, Sleepy Hollow, N. Y. (RAC).

14. 东京大学美国研究资料中心编:《问中屋健一老师》,第16页。

15. Entry of June 7, 1947, Fahs Diaries, box 16.

16. 东京大学美国研究资料中心编:《问松本重治老师》,第36页。

17. Entry of June 7, 1947, Fahs Diaries.

18. 同上。关于总司令部民间情报教育局的检阅请参照第一章。

19. Entries of July 3, 1947, June 9, 1948, May 4, 1950, and February 26, 1951, Fahs Diaries, box 16.

20. 东京大学美国研究资料中心编:《问松本重治老师》,第45页。

21. 东京大学美国研究资料中心编:《问清水博老师》,第8页。

22. Entry of February 26, 1951, Fahs Diaries.

23. Stanford University-Tokyo University, Resolved Rockefeller Foundation 50141, December 5, 1950, folder 4, box 1, series 205, record group (RG) 1. 2, Rockefeller

Foundation Archives, RAC.

24. 当时之前洛克菲勒基金会一直在进行对东京大学关于中国研究的支援。Interview, Claude A. Buss by Charles B. Fahs, November 10, 1949, folder 4, box 1, series 205, RG 1. 2, Rockefeller Foundation Archives, RAC; Entry of Hugh Borton, August 6, 1951, Fahs Diaries。

25. Entry of April 28, 1950, Fahs Diaries.

26. 摘自 J. E. 华莱士和查尔斯·B. 法斯在 1949 年 12 月 5 日的面谈。Folder 4, box 1, series 205, RG 1. 2, Rockefeller Foundation Archives, RAC.

27. Rockefeller Foundation, *Annual Report 1951* (New York: Rockefeller Foundation, 1952): pp. 81—82.

28. Claude A. Buss to Charles B. Fahs, November 4, 1949, folder 4, box 1. series 205, RG 1. 2, Rockefeller Foundation Archives, RAC.

29. 同上。

30. Claude A. Buss to Charles B. Fahs, February 6, 1950, folder 4, box 1, series 205, RG1. 2, Rockefeller Foundation Archives, RAC.

31. Address at reception opening the American Studies Seminar by President Nambara Shigeru, July 15, 1950, Tokyo University-Stanford University American Studies Seminars file, 高木文库。能登路雅子:“东京大学-斯坦福大学美国研究研讨会”,美国研究综合调查报告书《战后日本的“美国研究研讨会”的成长》,国际文化会馆,1998 年,第 21 页。

32. Claude A. Buss to Raymond Fosdick, Rockefeller Foundation, November 30, 1949, folder 4, box 1, series 205, RG 1. 2, Rockefeller Foundation Archives, RAC.

33. Buss to Fahs, November 4, 1949, February 6, 1950.

34. Interview, Sterling by Fahs, December 5, 1949, folder 4. box 1, series 205, RG 1.2, Rockefeller Foundation Archives, RAC.

35. Buss to Fosdick, November 30, 1949.

36. Interview, Buss by Fahs, November 10, 1949.

37. Claude A. Buss to Takagi Yasaka, December 1, 1949, Stanford University File. 高木文库。

38. 美国研究综合调查报告书《战后日本的“美国研究研讨会”的成长》第六章“座谈会”,第 93 页。

39. 加藤节:《南原繁》,岩波书店,1997 年。

40.《南原繁著作集》，第七章，岩波书店，1973 年，第 299—317 页。南原繁："在日本的教育改革的理想"，《中央公论》，1950 年 3 月，第 30—39 页。

41. Entry of December 14, 1949, Fahs Diaries, box 16.

42. 同上。

43. 丸山真男、福田欢一编：《回想之南原繁》，岩波书店，1975 年，第 216 页。

44. 东京大学美国研究资料中心编：《问斋藤真老师》，第 31 页。

45. 东京大学美国研究资料中心编：《问松本重治老师》，第 50 页。

46. Memorandum: Conversation of Nambara Shigeru, Ichihashi Yamato, Dr. Kawai, George Kerr, and Claude Buss, January 4, 1950, folder 4, box 1, series 205, RG 1. 2, Rockefeller Foundation Archives, RAC.

47. Buss to Fahs, February 6, 1950.

48. 同上。

49. Claude A. Buss to Charles B. Fahs, February 21, 1950, folder 4, box 1, series 205, RG 1. 2, Rockefeller Foundation Archives, RAC.

50. Entry of April 27, 1950, Fahs Diaries.

51. Charles B. Fahs to Claude A. Buss, January 19, 1950, folder 4, box 1, series 205, RG 1. 2, Rockefeller Foundation Archives, RAC.

52. Excerpt from entry of april 27, 1950, Fahs Diaries.

53. Entry of February 23, 1951, Fahs Diaries.

54. 其他出席这次会议的有高木八尺、经济学教授及教养学部长矢内原忠雄、宗教史教授及东洋研究所所长岸本英夫和政治史教授冈义武。Entry of April 28, 1950, Fahs Diaries。

55. Claude A. Buss to Charles B. Fahs, July 10, 1950, folder 4, box 1, series 205, RG 1. 2, Rockefeller Foundation Archives, RAC.

56. 同上。

57. "美国研究研讨会实行委员会"的成员有岸本英夫委员长及嘉治真三、羽柴正市、前田阳一、今野源八郎、中屋健一和斋藤真六位教授。嘉治元郎："东京大学-斯坦福大学美国研究研讨会和在日本的美国研究"，《东京大学美国研究资料中心年报》第 4 期（1981 年），第 4 页。"Proposal to the Rockefeller Foundation concerning the Seminar in American Studies in Japan," December 26, 1951, folder 6, box 1, series 205, RG 1. 2, Rockefeller Foundation Archives, RAC.

58. 能登路雅子：“东京大学-斯坦福大学美国研究研讨会”，第 20—21 页。

59. Interview, Sterling by Fahs, December 5, 1949; Buss to Fahs, February 6, 1950; Tokyo University, Resolved Rockefeller Foundation 50099, September 22, 1950, folder 4, box 1, series 205, RG 1. 2, Rockefeller Foundation Archives, RAC.

60. 能登路雅子：“东京大学-斯坦福大学美国研究研讨会”，第 20 页。

61. Address at reception opening the American Studies Seminar by President Nambara Shigeru, July 15, 1950.

62. Nambara Shigeru to Charles B. Fahs, July 26, 1950, folder 4, box 1, series 205, RG1. 2, Rockefeller Foundation Archives, RAC.

63. 同上。Address at reception opening the American Studies Seminar by President Nambara Shigeru, July 15, 1950.

64. Personal data of Stanford professors, 1950, Tokyo University-Stanford University American Studies Seminars file. 高木文库。

65.《朝日新闻》（1950 年 7 月 11 日），第 4 面。

66. Memorandum report for President J. E. Wallace Sterling prepared by Claude A. Buss, August 23, 1950, folder 5, box 1, series 205, RG 1.2, Rockefeller Foundation Archives, RAC.

67. “Seminars in American Studies in Japan, 1950, Report of the Stanford Professors: Joseph S. Davis, Claude A. Buss, John D. Goheen, George H. Knoles, and James T. Watkins,” October 16, 1950, folder 5, box 1, series 205, RG1. 2, Rockefeller Foundation Archives, RAC.

68. “Report of the Stanford Professors”.

69. Bass to Fahs, July 10, 1950.

70. 在美国研究研讨会上提出的主题如下：（1）美国社会・文化史——“塑造美国史的各种基本力量”“美国社会・文化史中的主要模式”“美国史中的国家主义和派别主义”“移民和美国人的形成和发展”“美国社会阶级的出现”“城市的作用”“基督教徒对于城市化和产业主义的反应”“不断变化中的社会科学研究方法和目的”“美国史的学说史”“近期的教育思想与其实践”“美国美术的出现”“20 世纪美国文学的各种潮流”“美国政治思想”；（2）哲学——“现代哲学中历史的各种影响”“英国经验主义论者与康德”“黑格尔与马克思”“美国现代哲学的诸学派”“詹姆斯与杜威的实用主义”“教育及社会理论中杜威的影响”“罗伊斯和怀特海德的理想主义”“实证主义与语言哲学”；（3）美国与国际机构——“美国政治

学”“美国国际关系论”“美国的对外政策与国际机构”“美国的战后国际机构设立计划”“旧金山会议和联合国宪章”“联合国中美国的政策”“联合国宪章的立宪发展”“美国的安全保障和联合国”“地区协定”“联合国中社会和经济方面的政策”“从属地区”“UNESCO（联合国教科文组织）”“舆论与联合国”“国际统合”；（4）美国外交史——“美国史中外交的要素”“美国的传统政策”“对外关系的机构”“舆论——市井之人”“国际政治中现在的美国的地位”“和平解决——第二次世界大战后”“安全保障的探索”“追求人类福祉改善的政策”“冷战——美苏关系”“在欧洲美国的诸问题”“在近东及中东地区美国的地位”“东南亚中的美国”“美国的中国政策”“美国与日本”；（5）经济学——“生活水平——基本的概念”“指标与指数”“消费及生活水平中国际的差距”“人口、资源、生产性”“生产与消费”“有关购买力的理论和实践”“最近的经济思想中看到的需要”“所得、消费以及雇用”“是长期的停滞，还是成熟的经济”“农业发展和政策”“景气循环问题和政策”“国际贸易和国际贸易机构宪章”“国际商品协定”“第四点计划和可能性”。参照：Memorandum report for President Sterling prepared by Buss，August 23，1950，folder 5，box 1，series 205，RG1.2，Rockefeller Foundation Archives. RAC。

71. 关于美国研究研讨会的参会人数众说纷纭。比如说，南原报告说共有 119 人参加了为期 3 周的正规研讨会，然而巴斯报告说约有 125 人。另外嘉治元郎说参加者有 128 名。参照：Nambara to Fahs，July 26，1950，September 12，1950，folder 4，box 1，series 205，RG 1. 2，Rockefeller Foundation Archives，RAC；Memorandum report for President Sterling prepared by Buss，August 23，1950. 嘉治元郎：“东京大学-斯坦福大学美国研究研讨会和日本的美国研究”，第 4 页。

72. 在他们之中包括高木八尺、前田阳一、都留重人、小原敬士、坂西志保与鹤见和子。Memorandum report for President Sterling prepared by Buss，August 23，1950. 嘉治元郎：“东京大学-斯坦福大学美国研究研讨会和日本的美国研究”，第 5 页。

73. Memorandum report for President Sterling prepared by Buss，August 23，1950.

74. 嘉治元郎：“东京大学-斯坦福大学美国研究研讨会和日本的美国研究”，第 415 页。

75. Memorandum report for President Sterling prepared by Buss，August 23，1950.

76. 关于 1950 年美国研究研讨会的参加者，参照“美国研究研讨会参加者名录”。另参照：Tokyo University-Stanford University American Studies Seminars file（高木文库）。

77. Buss to Fahs，July 10，1950.

78. Nambara to Fahs, September 12, 1950.

79. "Report of the Stanford Professors."

80. Howard S. Ellis, Department of Economics, Stanford University, to Joseph H. Willits, director for the Social Sciences, Rockefeller Foundation, September 2, 1951, folder 6, box 1, series 205, RG 1.2, Rockfeller Foundation Archives, RAC.

81. Memorandum report for President Sterling prepared by Buss, August 23, 1950.

82. Claude A. Buss to Dean Rusk, July 18, 1950, 511. 94/7—1850, U. S. Department of State, NARA.

83. Dean Rusk to Claude A. Buss, July 31, 1950, 511. 94/7—3150, U. S. Department of State, NARA.

84. Interviews with J. E. Wallace Sterling, October 30, 1950, folder 5, box 1, series 205, RG1. 2, Rockefeller Foundation Archives, RAC.

85. Nambara to Fahs, September 12, 1950.

86. 同志社《用现代语读新岛襄》编辑委员会编:《用现代语读新岛襄》,丸善,2000 年。

87. 出席该会议的教授如下:大塚节治(校长,神学)、冈本春海(经济学)、松井七郎(经济学),以上是同志社大学的代表。丰崎稔(经济政策)、原随园(古代西洋史)、阿部统(经济统计学)、横山春风(事务局长),以上是京都大学的代表(Report of the Stanford Professors)。

88. 同上。

89. Nambara to Fahs, September 12, 1950.

90. 同上。

91. 同上。

92. Nambara to Fahs, July 26, 1950.

93. Nambara Shigeru to Charles B. Fahs, October 25, 1950, folder 5, box 1, series 205, RG 1.2, Rockefeller Foundation Archives, RAC.

94. "Report of the Stanford Professors."

95. Memorandum report for President Sterling prepared by Buss, August 23, 1950.

96. Stanford University-Tokyo University, Resolved Rockefeller Foundation 51211, December 4—5, 1951, folder 4, box 1, series 205, RG1. 2 , Rockefeller Foundation Archives, RAC.

97. Interviews with Sterling, October 30, 1950.

98. 同上。“Proposal to the Rockefeller Foundation concerning the Seminar in American Studies in Japan,” December 26, 1951.

99. Stanford University-Tokyo University, Resolved Rockefeller Foundation 50141, December 5, 1950.

100. Interviews with John Goheen, September 17, 1951, folder 6, box 1, series 205, RG 1. 2, Rockefeller Foundation Archives, RAC.

101. Entries of February 24, 1951, and May 2, 1952, Fahs Diaries, box 17; Interviews, Stanford University professors by Charles B. Fahs, April 13, 1951, folder 6, box 1, series 205, RG 1. 2, Rockefeller Foundation Archives, RAC.

102. Interviews, Stanford University professors by Fahs, April 13, 1951.

103. Roger F. Evans (Rockefeller Foundation) to Joint Seminar in American Studies Kyoto Area Steering Committee chair professor Ariga Tetsutarō of Kyoto University and American Studies Seminar Tokyo University Steering Committee cochairs professors Kishimoto Hideo and Kaji Shinzō, February 10, 1952, folder 866, box 99, series 200, RG 1.2, Rockefeller Foundation Archives, RAC.

104. Memorandum from Institute for Educational Leadership to General Headquarters, March 1954, folder 445, box 49, series 1—OMR files, RG 5 (John D. Rockefeller 3rd), Rockefeller Family Archives, RAC. 文部省为教育的民主化而设立的教育指导研究所与总 司令部民间情报教育局教育再编科共同运营。请参照第一章。

105. 同上。

106. 同上。

107. 同上。

108. Takemae Eiji, *The Allied Occupation of Japan* (New York: Continuum, 2002), p. 366.

109. 战后大学史研究会，大崎仁等:《战后大学史》，第一法规出版，1988 年，第 139、144、200 页。

110. “Japan between East and West, Fifth Meeting, May 23, 1956,” Council on Foreign Relations Discussion Meeting Report, Manuscript Division, Council on Foreign Relations, New York, p. 4。

111. 战后大学史研究会，大崎仁等，《战后大学史》，第 139、144、200 页。

112. Takemae, *Allied Occupation of Japan*, p. 366.

113. Entry of April 14, 1956, Fahs Diaries, box 18.

114. Entry of April 29, 1956, Fahs Diaries.

115. 同上。

116. 阿列克谢·P. 基斯连科，“有关日本教育制度的根本改革”，库基马·N. 迪列文扬科（对日理事会苏联代表）等编，日苏亲善协会译编，《苏联对日本有何期待》，黄土社，1949 年，第 105 页。参照：Memorandum from Institute for Educational Leadership to General Headquarters, March 1954.

117. Takemae, *Allied Occupation of Japan*, p. 371.

118. 哈伯特·帕辛：“占领带来的东西”，国际共同编辑，山崎正和、高坂正尧监修，《日美的昭和》，TBS 不列颠，1990 年，第 101 页。

119. Nambara to Fahs, October 25, 1950.

120. 东京大学美国研究研讨会委员会及斯坦福大学美国研究研讨会委员会委员如下：东京大学——南原繁（名誉委员长）、岸本英夫（委员长）、羽柴正市、今野源八郎、前田护郎、宫泽俊义、中屋健一、西川正身、高木贞治、辻直四郎、鹈饲信成、宇野弘藏、山田盛太郎、矢内原忠雄。顾问——松本重治、中野好夫、高木八尺。斯坦福大学——J. E. Wallace Sterling (honorary chair), John D. Goheen (chair), Claude A. Buss, Joseph S. Davis, Harold Fisher, Kazuo Kawai, George Kerr, George H. Knoles, James T. Watkins. “Proposal to the Rockefeller Foundation concerning the Seminar in American Studies in Japan,” December 26, 1951.

121. 同上。

122. Memorandum report for President Sterling prepared by Buss, August 23, 1950.

123. “Proposal to the Rockefeller Foundation concerning the Seminar in American Studies in Japan,” December 26, 1951.

124. Memorandum report for President Sterling prepared by Buss, August 23, 1950.

125. 同上。

126. Entry of February 24, 1951, Fahs Diaries.

127. Donald R. Nugent to Charles B. Fahs, October 16, 1951, folder 5, box 1, series 205, RG 1. 2, Rockefeller Foundation Archives, RAC.

128. Dean Rusk (president), “Statement of the Rockefeller Foundation and the General Education Board to the Special Committee to Investigate Tax-Exempt Foundation,” Eighty-third Cong., 2nd sess., August 3, 1954, p. 1077.

129. “Proposal to the Rockefeller Foundation concerning the Seminar in American Studies in Japan,” December 26, 1951.

130. Entry of February 24, 1951, Fahs Diaries.

131. Entry of April 11, 1958, Fahs Diaries, box 18.

132. Entry of April 21, 1958, Fahs Diaries.

第八章

1. 梅丽尔·詹森："京都美国研究研讨会与人和思想的国际交流"，《同志社美国研究》第七号（1972 年 3 月），第 21 页。佐佐木隆，"京都美国研究夏季研讨会"，美国研究综合调查报告书《战后日本的"美国研究研讨会"的进程》，国际文化会馆，1998 年，第 54 页。

2. 这次短期美国研究研讨会分八个日程，五个部门成立了研讨小组。即，由罗伊登·丹泽菲尔德（伊利诺伊大学政治学教授、政治公共问题研究所所长）负责的政治学部门（特别是对外政策的实施）；由哈瓦德·S. 艾利斯教授（加利福尼亚大学经济学教授）负责的经济学部门（特别是经济停滞理论和美国经济）；由利昂·哈瓦德教授（加利福尼亚大学文学教授）负责的文学部门；由约翰·D. 戈欣教授（斯坦福大学哲学教授）的哲学部门（特别是现代美国哲学）；由乔治·H. 诺尔斯教授（斯坦福大学美国史教授）负责的美国史部门。106 名日本美国研究学者参加了 1951 年度京都研讨会。 "American Cultural Relations with Japan, Third Meeting, February 27. 1953." Council on Foreign Relations Discussion Meeting Report, Manuscript Division, Council on Foreign Relations, New York, p. 2, 3. 松山信直："京都美国研究夏季研讨会"，《东京大学美国研究资料中心年报》第 1 号（1978 年），第 27 页。

3. Kyoto University Social Sciences and American Studies, Resolved Rockefeller Foundation 58100, May 23, 1958, folder 34 box5, series 609, record group (RG) 1. 2, Rockefeller Foundation Archives, Rockefeller Archive Center, Sleepy Hollow, N. Y. (RAC) Kyoto University: American Studies, October 15, 1960, folder 37, box 5, series 609, RG 1. 2, Rockefeller Foundation Archives, RAC.

4. Torigai Risaburō and ōtsuka Setsuji to Charles B. Fahs, August 24, 1951, folder 866, box 99, series 200, RG 1.2, Rockefeller Foundation Archives, RAC.

5. John D. Goheen to Charles B. Fahs, October 4, 1951, folder 866, box 99, series 200, RG 1.2, Rockefeller Foundation Archives, RAC.

6. John D. Goheen to Edward F. D'Arms, October 12, 1951, folder 866, box 99, series 200, RG 1.2, Rockefeller Foundation Archives, RAC.

7. Interview, John D. Goheen by Charles B. Fahs, September 17, 1951, folder 6, box 1, series 205, RG 1.2, Rockefeller Foundation Archives, RAC.

8. Goheen to Fahs, October 4, 1951.

9. Donald R. Nugent to Charles B. Fahs, October 11, 1951, folder 866, box 99, series 200, RG 1.2, Rockefeller Foundation Archives, RAC.

10. 同上。

11. Kyoto University and Dōshisha University, University of Illinois, Resolved Rockefeller Foundation 53129, September 25, 1953, folder 866, box 99, series 200, RG1.2, Rockefeller Foundation Archives, RAC.

12. Edward F. D'Arms to John D. Goheen, October 5, 1951, folder 866, box 99, series 200, RG 1. 2, Rockefeller Foundation Archives, RAC.

13. 同上。Interview, Goheen by Fahs, September 17, 1951; Nugent to Fahs, October 11, 1951。

14. John D. Goheen to John Marshall, associate director, Humanities Division, Rockefeller Foundation, October 24, 1951, folder 866, box 99, series 200, RG 1.2, Rockefeller Foundation Archives, RAC.

15. Roger F. Evans, interoffice correspondence on Kyoto Seminars in American Studies, December 31, 1951, folder 866, box 99, series 200, RG 1. 2, Rockefeller Foundation Archives, RAC.

16. John D. Goheen to Charles B. Fahs, December 20, 1951, folder 866, box 99, series 200, RG 1. 2, Rockefeller Foundation Archives, RAC.

17. Interview, Royden J. Dangerfield by Roger F. Evans and Charles B. Fahs, January 10, 1952, folder 866, box 99, series, 200, RG 1.2, Rockefeller Foundation Archives, RAC.

18. Goheen to Fans, December 20, 1951.

19. Goheen to D'Arms, October 12, 1951.

20. Roger F. Evans to Charles B. Fahs, December 31, 1951, folder 866, box 99, series 200, RG 1.2, Rockefeller Foundation Archives, RAC.

21. Roger F. Evans to Joseph H. Willits, January 3, 1952, folder 866, box 99, series 200, RG 1.2, Rockefeller Foundation Archives, RAC.

22. University of Illinois, Kyoto University, and Dōshisha University, Resolved Rockefeller Foundation 52015, January 18, 1952, folder 866, box 99, series 200,

RG1.2, Rockefeller Foundation Archives, RAC.

23. Saxton Bradford, USPOLAD, Tokyo, to U. S. Department of State, Desp. No. 370, September 7, 1951, 511. 94/9—751, U. S. Department of State, National Archives and Records Administration, Washington, D. C. (NARA).

24. University of Illinois, Kyoto University, and Dōshisha University, Resolved Rockefeller Foundation 52015, January 18, 1952; George D. Stoddard to Charles B. Fahs, February 12, 1952, folder 866, box 99, series 200, RG 1. 2, Rockefeller Foundation Archives, RAC. 若将洛克菲勒基金会的补助金与当时日本的经济水平相比较的话，可以看到：1952 年东京大学一年的学费为 6000 日元，1953 年日本教授每月的工资为 14000 日元，週刊朝日编，《战后值段史年表》，朝日新闻社，1995 年，第 153 页。

25. Interview, Dangerfield by Evans and Fahs, January 10, 1952.

26. Evans to Willits, January 3, 1952.

27. John D. Goheen to Charles B. Fahs, February 15, 1952, folder 7, box 1, series 205, RG 1. 2, Rockefeller Foundation Archives, RAC.

28. 同上。

29. 同上。

30. Interview, Charles B. Fahs by Roger F. Evans, Illinois-Kyoto-Dōshisha Seminar in American Studies, January 10, 1952, folder 866, box 99, series 200, RG 1. 2, Rockefeller Foundation Archives, RAC.

31. Roger F. Evans to Joint Seminar in American Studies Kyoto Area Steering Committee chair professor Ariga Tetsutarō of Kyoto University and American Studies Seminar Tokyo University Steering Committee cochairs professors Kishimoto Hideo and Kaji Shinzō, February 10, 1952, folder 866, box 99, series 200, RG 1. 2, Rockefeller Foundation Archives, RAC.

32. Goheen to Fans, February 15, 1952.

33. Charles B. Fahs to Roger F. Evans, February 14, 1952 folder 866, box 99, series 200, RG 1.2, Rockefeller Foundation Archives, RAC.

34. Roger F. Evans, to Charles B. Fahs, February 17, 1952 folder 866, box 99, series 200, RG 1.2, Rockefeller Foundation Archives, RAC.

35. Entries of April 23, 1952, and April 17, 1953, Charles B. Fahs Diaries, box 17, series 12. 1 diaries, Rockefeller Foundation Archives, RAC (Fahs Diaries).

36. Rockefeller Foundation, *Annual Report 1955* (New York: Rockefeller Foundation, 1956), pp. 150—151.

37. Entries of April 23, 1952, and April 17, 1953, Fahs Diaries.

38. Entries of April 24, 1952, and April 17, 1953, Fahs Diaries.

39. Rockefeller Foundation, *Annual Report 1952* (New York: Rockefeller Foundation, 1953), pp. 273—274.

40. 讲师有威廉姆·O. 史丹利副教授、克拉伦斯·H. 格雷厄姆教授、约翰·T. 弗拉纳甘教授、约瑟夫·J. 斯宾格勒教授和罗伊登·J. 丹泽菲尔德教授。史丹利是伊利诺伊大学教育学副教授，讲授《实验心理学》；弗拉纳甘是伊利诺伊大学文学教授，讲授《现代美国文学》；斯宾格勒是杜克大学经济学教授，讲授《美利坚合众国劳务关系》；丹泽菲尔德是伊利诺伊大学政治学教授，讲授《美利坚合众国的政党和舆论》。参照：Kyoto University and Dōshisha University, University of Illinois, Resolved Rockefeller Foundation 53129, September 25, 1953.

41. Interview, Royden J. Dangerfield by Roger F. Evans and Charles B. Fahs, October 7, 1952, Illinois-Kyoto American Studies Seminar, folder 866, box 99, series 200, RG 1. 2, Rockefeller Foundation Archives, RAC.

42. Royden J. Dangerfield to Ariga Tetsutarō, April 4, 1952, folder 866, box 99, series 200, RG 1. 2, Rockefeller Foundation Archives, RAC; Rockefeller Foundation, *Annual Report 1952*: pp. 273—274.

43. Interview, Dangerfield by Evans and Fahs, October 7, 1952.

44. Royden J. Dangerfield to Charles B. Fahs, February 24, 1953, folder 867, box 99, series 200, RG 1. 2, Rockefeller Foundation Archives, RAC.

45. Interview, Dangerfield by Evans and Fahs, October 7, 1952.

46. Dangerfield to Fahs, February 24, 1953.

47. 同上。

48. Charles B. Fahs to Royden J. Dangerfield, February 26, 1953, folder 867, box 99, series 200, RG 1. 2, Rockefeller Foundation Archives, RAC.

49. Sterling T. Takeuchi to Charles B. Fahs, March 29, 1953, folder 867, box 99, series 200, RG 1. 2, Rockefeller Foundation Archives, RAC.

50. Dangerfield to Fahs, February 24, 1953.

51. 同上。

52. Interview, George Stoddard by Charles B. Fahs and Flora M. Rhind, February

15, 1952, folder 6, box 1, series 205, RG 1. 2, Rockefeller Foundation Archives, RAC.

53. Interview, Royden J. Dangerfield by Roger F. Evans, August 16, 1954, folder 868, box 100, series 200, RG 1. 2, Rockefeller Foundation Archives, RAC.

54. Royden J. Dangerfield to Charles B. Fahs, March 9, 1953, folder 867, box 99, series 200, RG1. 2, Rockefeller Foundation Archives, RAC.

55. Takeuchi to Fahs, March 29, 1953.

56. Dangerfield to Fahs, March 9, 1953.

57. Entry of April 14, 1953, Fahs Diaries.

58. Entry of April 17, 1953, Fahs Diaries.

59. Entries of April 16, 17, 1953, Fahs Diaries.

60. Matsui Shichirō to Charles B. Fahs and Tabata Shinobu, president of Dōshisha University, and Hattori Shunjirō, president of Kyoto, University, to Charles B. Fahs, August 1, 1953, folder 867, box 99, series 200, RG1. 2, Rockefeller Foundation Archives, RAC.

61. John Marshall to Charles B. Fahs, August 14, 1953, folder 867, box 99, series 200, RG 1.2, Rockefeller Foundation Archives, RAC.

62. Charles B. Fahs to John D. Goheen, June 25, 1953, folder 8, box 2, series 205, RG1.2, Rockefeller Foundation Archives, RAC.

63. Matsui to Fahs, and Tabata and Hattori to Fahs, August 1, 1953.

64. Marshall to Fahs, August 14, 1953.

65. Kyoto University and Dōshisha University, University of Illinois, Resolved Rockefeller Foundation 53129, September 25, 1953.

66. 讲师及讲义题目如下：查尔斯·M. 艾伦教授《当今美国教育实践中的动向》；印第安纳州立大学负责教育学的史丹利·E. 巴林杰教授《关于美国教育理论的最新争论》；罗德尼·L. 莫特教授《法庭与美国宪法》；同志社大学负责经济学的松井七郎教授《美国的劳动运动与劳务关系》；波士顿大学负责经济学的（MIYAGAWA·TETSUO）教授《产业社会学的贡献》；关西学院大学负责经济学的小寺武四郎教授《美国通货理论》；京都大学负责经济学的青山秀夫教授《经济动态论——过去和现在》；和歌山大学负责经济学的市村真一教授《近年来经济理论的主题》；神户女学院大学负责美国文学额 R. A. 杰里夫教授《艾德温·阿林敦·罗宾逊的诗歌》；东北大学负责美国文学的巴顿·E. 马丁教授《罗伯特·费罗斯

特的诗歌》；同志社大学负责美国文学的罗伯特·H. 格兰德教授《关于西奥多·德莱赛》；同志社大学负责美国文学的林德利·W. 哈勃教授《近年来美国戏剧的倾向》。美国研究综合调查报告书《战后日本'美国研究研讨会'的发展》。参照：Kyoto American Studies Summer Seminars, undated folder 869, box 100, series 200, RG 1. 2, Rockefeller Foundation Archives, RAC.

67. Roger F. Evans on Kyoto American Studies Seminar, September 16, 1954, folder 868, box 100, series 200, RG 1. 2, Rockefeller Foundation Archives, RAC.

68. Kyoto University and Dōshisha University, University of Michigan, Resolved Rockefeller Foundation 54146, October 29, 1954, folder 866, box 99, series 200, RG1. 2, Rockefeller Foundation Archives, RAC.

69. Evans on Kyoto American Studies Seminar, September 16, 1954.

70. Rodney L. Mott to Charles B. Fahs, September 27, 1954, folder 868, box 100, series 200, RG 1. 2, Rockefeller Foundation Archives, RAC.

71. 同上。

72. Kyoto University and Dōshisha University, University of Michigan, Resolved Rockefeller Foundation 54146, October 29, 1954.

73. Marvin L. Niehuss to Charles B. Fahs, October 8, 1954, folder 868, box 100, series 200, RG1. 2, Rockefeller Foundation Archives, RAC.

74. Ueno Naozō to Charles B. Fahs, October 9, 1954, folder 868, box 100, series 200, RG 1. 2, Rockefeller Foundation Archives, RAC.

75. 讲师及讲义题目如下：马瑞兹·玛库鲁布教授《竞争与垄断的问题点》和《国际贸易理论的问题点》；维吉尔·C. 阿尔德里奇教授《认知与评价理论、传统且语言学的》；科罗拉多大学负责人类学的戈登·W. 休斯教授《近来美国人类学的倾向》；费斯克大学负责美国文学的埃米利奥·A. 拉尼尔教授《美国文学中上流阶级的传统》；布鲁克林学院负责美国文学的凯瑟琳·马尔霍兰教授《现代美国戏剧和诗歌的戏剧性读法》；同志社大学负责教育学的罗伯特·H. 格兰德教授《考试和测定》；肯特州立大学负责美国文学的罗伊·E. 旺格教授《基于试听教材的课程改革》；西弗吉尼亚大学负责法学和政治学的梅韦思·马恩教授《州政府和地方政府》；同志社大学负责法学和政治学的高桥贞三教授《比较政治》；京都大学负责法学和政治学的须贝修一教授《美国行政法原理》。美国研究综合调查报告书《战后日本"美国研究研讨会"的发展》。参照：Kyoto American Studies Summer Seminars, undated.

76. ōshimo Kakuichi and Takikawa Yukitoki to Charles B. Fahs, May 24, 1955, folder 869, box 100, series 200, RG1. 2, Rockefeller Foundation Archives, RAC.

77. Kyoto University and Dōshisha University, University of Michigan, Resolved Rockefeller Foundation 55104 and 55105, June 24, 1955, folder 866, box 99, series 200, RG 1. 2, Rockefeller Foundation Archives, RAC.

78. Evans on Kyoto American Studies Seminar, September 16, 1954.

79. Entry of April 25, 1956, Fahs, Diaries, box 18.

80. Evans on Kyoto American Studies Seminar, September 16, 1954.

81. ōshimo and Takikawa to Fahs, May 24, 1955.

82. Entry of May 30, 1955, Fahs Diaries, box 17.

83. 东京大学美国研究资料中心编："日本的对美研究——口述历史系列"第10号,《听上野直藏先生说》，东京大学美国研究资料中心，1980年，第24页。

84. Fahs to Evans, February 14, 1952.

85. Interview, Prof. Rodney L. Mott, Coglate University, regarding Kyoto American Studies Seminar, April 6, 1956, folder 870, box 100, series 200, RG1. 2, Rockefeller Foundation Archives, RAC.

86. 同上。

87. Virgil C. Aldrich to Charles B. Fahs, February 27, 1956, folder 870, box 100, series 200, RG1. 2, Rockefeller Foundation Archives, RAC.

88. 同上。

89. Interview, Tasugi Kiso by Charles B. Fahs and Roger F. Evans, January 25, 28, 1957, folder 34, box 5, series 609, RG1. 2, Rockefeller Foundation Archives, RAC.

90. Evans on Kyoto American Studies Seminar, September 16, 1954.

91. Aldrich to Fahs, February 27, 1956.

92. Charles B. Fahs to Virgil C. Aldrich, March 9, 1956, folder 870, box 100, series 200, RG1. 2, Rockefeller Foundation Archives, RAC.

93. 同上。

94. Interview, Prof. John Hall, University of Michigan, March 26, 1957, folder 871, box 100, series 200, RG 1. 2, Rockefeller Foundation Archives, RAC.

95. 出席该会的代表如下：京都大学校长泷川幸辰、中西信太郎教授（英语学）、高坂正显教育学部长、田杉竞教授（经济学）、岩村忍教授（中国史及近代东亚史、考古学、人类学)。Charles B. Fahs, Kyoto University American Studies, October 9, 1957, folder 34, box 5, series 609, RG1. 2, Rockefeller Foundation Archives, RAC。

96. Dōshisha University-American Studies and Social Science, Resolved Rockefeller Foundation 58099, May 23, 1958, folder 1, box 1, series 200, RG 1. 2, Rockefeller Foundation Archives, RAC.

97. Wendell H. Bash to Roger F. Evans, April 4, 1958, folder 35, box 5, series 609, RG 1. 2, Rockefeller Foundation Archives, RAC.

98. 同上。

99. 笔者记得自己当初的印象也是如此。

100. 东京大学美国研究资料中心编:《听上野直藏先生说》,第25—26页。

101. ōshimo Kakuichi to Charles B. Fahs, February 21, 1958, folder 1, box 1, series 609, RG1. 2, Rockefeller Foundation Archives, RAC.

102. 同上。

103. Dōshisha University—American Studies and Social Science, Resolved Rockefeller Foundation 58099, May 23, 1958.

104. Roger F. Evans to Wendell H. Bash, April 21, 1958, folder 35, box 5, series 609, RG 1. 2, Rockefeller Foundation Archives, RAC.

105. Charles B. Fahs to ōshimo Kakuichi, January 30, 1958, folder 35, box 5, series 609, RG1. 2, Rockefeller Foundation Archives, RAC.

106. 同上。

107. 大下尚一:“同志社大学美国研究所”,《东京大学美国研究资料中心年报》第一号(1978年),第33页。

108. Kyoto American Studies Seminar's Summer Sessions, June 1, 1959, folder 1, box 1, series 609, RG 1. 2, Rockefeller Foundation Archives, RAC.

109. 佐佐木隆:“京都美国研究夏季研讨会”,第61页。松山信直,“京都美国研究夏季研讨会”,第28页。

110. Otis Cary to Charles B. Fahs, April 23, 1959, folder 1, box 1, series 609, RG 1.2. Rockefeller Foundation Archives, RAC.

111. 日本各大报纸报道盖瑞于2006年4月14日在美国加利福尼亚州的奥克兰逝世。《朝日新闻》(2006年4月16日);《产经新闻》(2006年4月16日)。

112. Kyoto American Studies Seminar's Summer Sessions, June 1, 1959.

113. Julian H. Steward to Charles B. Fahs, August 21, 1956, folder 870, box 100, series 200, RG 1.2, Rockefeller Foundation Archives, RAC.

114. Wendell H. Bash to Roger F. Evans, March 6, 1958, folder 35, box 5, series 609, RG 1.2, Rockefeller Foundation Archives, RAC.

115. Iwamura Shinobu to Charles B. Fahs, September 26, 1957, folder 34, box 5, series 609, RG 1.2, Rockefeller Foundation Archives, RAC.

116. 东京大学美国研究资料中心编："日本的对美研究——口述历史系列"第10号，《听松井七郎先生说》，东京大学美国研究资料中心，1980年，第29页。

117. 远藤泰生、阿部小凉编：《东京大学美国研究资料中心30年》，东京大学美国研究资料中心，1997年，第8页。

118. 开设讲座的国立大学有大阪大学、静冈大学、福岛大学、爱媛大学、冈山大学、山口大学、千叶大学、香川农业大学这八所。开设讲座的私立大学有三所，为成城大学、福冈女子大学、明治学院大学。另外，参加美国研究研讨会的20人还在各自的学校开展美国史的课程。Interview, Prof. Hideo Kishimoto by Roger F. Evans, January 28, 1957, folder 12, box 2, series 205, RG1. 2, Rockefeller Foundation Archives, RAC.

119. Entry of April 26, 1956, Fahs Diaries.

120. 平野孝："日本大学中美国研究方面的教育状况"，《东京大学美国研究资料中心年报》第1号（1978年），第21—26页。

121. "Seminars in American Studies in Japan, 1950, Report of the Stanford Professors: Joseph S. Davis, Claude A. Buss, John D. Goheen, George H. Knoles, and James T. Watkins," October 16, 1950, folder 5, box 1, series 205, RG 1. 2, Rockefeller Foundation Archives, RAC.

122. 1965年美国研究中心正式在东京大学驹场校区成立。

123. 参见：Tokyo University, American Studies, in Rockefeller Foundation, *Annual Report 1957* (New York: Rockefeller Foundation, 1958): p. 228。

124. Fahs, Kyoto University, American Studies, October 9, 1957.

125. Iwamura Shinobu to Roger F. Evans, May 6, 1958, folder 35, box 5, series 609, RG1.2, Rockefeller Foundation Archives, RAC.

126. Iwamura to Fahs, September 26, 1957.

127. Fahs, Kyoto University, American Studies, October 9, 1957.

128. Joseph S. Nye Jr., *Soft Power: The Means to Success in World Politics* (New

York: Public Affairs, 2004). (约瑟夫·S. 奈:《软实力》, 山冈洋一译, 日本经济新闻社, 2004 年). Nye, *The Paradox of American Power: Why the World's Only Superpower Can't Go It Alone* (New York: Oxford University Press, 2002). (约瑟夫·S. 奈:《对美国的警告》, 山冈洋一译, 日本经济新闻社, 2002 年). Nye, *Bound to Lead: The Changing Nature of American Power* (New York: Basic Books, 1990). (约瑟夫·S. 奈:《不灭的大国: 美国》, 久保伸太郎译, 读卖新闻社, 1990 年).

129. Nye, *Soft Power*, pp. 2, 5; Nye, *Paradox of American Power*, pp. 8—12.

130. Nye, *Paradox of American Power*, p. 9.

131. Entry of April 23, 1953, Fahs Diaries; Robert S. Schwantes, *Japanese and Americans: A Century of Cultural Relations* (New York: Harper and Brothers, 1955), pp. 270—271. (罗伯特·S. 塞万提斯:《日本人和美国人——日美文化交流百年史》, 石川欣一译, 创元社, 1957 年)。

132. Maurice Valency, "Some Observations on the Teaching of the Humanities in Japan, A Preliminary Report Submitted to the Ford Foundation, July 1, 1959," folder 430, box 48, series 1—OMR files, RG 5 (John D. Rockefeller 3rd), Rockefeller Family Archives, RAC.

133. Report of the United States Cultural Science Mission to Japan, January 1949, Supreme Commander for the Allied Powers, Civil Information and Education Section, p. 36, folder 444, box 49, RG 5 (John D. Rockefeller 3rd), Rockefeller Family Archives, RAC.

134. Valency, "Some Observations the Teaching of the Humanities in Japan," p. 6.

135. Takemae Eiji, *The Allied Occupation of Japan* (New York: Continuum, 2002), p. 366.

136. "American Culture Relations with Japan, Third Meeting, February 27, 1953," pp. 2, 3.

137. Soma Hewa and Philo Hove, eds., *Philanthropy and Cultural Context: Western Philanthropy in South, East, and Southeast Asia in the 20th Century* (New York: University Press of America, 1997); Robert F. Arnove, ed., *Philanthropy and Cultural Imperialism: The Foundations at Home and Abroad* (Boston: G. K. Hall, 1980); Warren Weaver, *U. S. Philanthropic Foundations* (New York: Harper and Row, 1967); Volker Berghahn, "Philanthropy and Diplomacy in the 'American Century,'" *Diplomatic History* 23, no. 3 (1999): pp. 393—419。

138. Dean Rusk (president), "Statement of the Rockefeller Foundation and the General Education Board to the Special Committee to Investigate Tax-Exempt Foundations," Eighty-third Cong., 2nd sess., August 3, 1954, pp. 1065—1213.

139. Valency, "Some Observations on the Teaching of the Humanities in Japan," p. 15.

140. 同上。

第九章

1. 1945 年，外交关系委员会迁到现纽约市 68 号区派克大街东 58 号的建筑中，即之前的哈罗德·普拉特大厦，多年来其基本结构没有发生什么变化。委员会在连续发行其机关杂志《外交事务》的同时，还保持着一贯的风格。例如，不支持机关杂志的各项原则即任何"主义""主张"，即使认司它们有着出色的价值，对"不同意见"采取宽容的态度，刊登在机关杂志上的论文也并不意味着委员会认同其中的观点。而且，该杂志一直站在这样的立场上，"以宽容之心热情欢迎各种不同的想法，扮演着介绍美国舆论的角色，对社会做出更大的贡献"。参见：Elisabeth Jakab, "The Council on Foreign Relations," *Book Forum* 3, no. 4 (1978): p. 444, cited by Leonard Silk and Mark Silk, *The American Establishment* (New York: Basic Books, 1980), pp. 187—189, 193, 201。

2. Silk and Silk, *American Establishment*, p. 184. 关于外交关系委员会的详细内容，参见：Laurence H. Shoup and William Minter, *Imperial Brain Trust: The Council on Foreign Relations and United States Foreign Policy* (New York: Monthly Review Press, 1977), pp. 14—15；以及五百旗头真，《美国占领日本的政策》上卷，中央公社论，1985 年，第 13—19 页。

3. Silk and Silk, *American Establishment*. p. 223.

4. 同上书，187—188 页。

5. 同上。

6. 研究班的成员如下：John M. Allison, U. S. Mission to the United Nations; Martin Toscan Bennett, consulting engineer; Arthur H. Dean, Sullivan and Cromwell; Wallace B. Donham; Eugene H. Dooman, McKay's Overseas Company; William H. Draper Jr., Dillon, Read; John Foster Dulles, U. S. Representative to the United Nations; Herbert Feis, Policy Planning Staff, U. S. Department of State; Abijah U. Fox, American Thread Company; Joseph C. Grew, former ambassador to Japan; William

R. Herod, International General Electric Company; William L. Holland, Institute of Pacific Relations; Charles L. Kades, Hawkins, Dalafield and Wood; August Maffry, Irving Trust Company; J. Morden Murphy, Bankers Trust Company; John E. Orchard, School of Business, Columbia University; Edwin O. Reischauer, Harvard University; Elihu Root Jr., Root, Ballantine, Harlan, Bushby and Palmer; Charles E. Saltzman, Henry Sears and Company; Francis B. Sayre, U.S. Mission to the United Nations (United Nations Trusteeship Council); Lewis L. Strauss, Rockefeller Brothers Inc.; Charles P. Taft, Headley, Taft and Headley; Henry P. Van Dusen, Union Theological Seminary. Council on Foreign Relations Study Group on Japanese Peace Treaty Problems, 1950—1951, Council on Foreign Relations Archives, New York.

7. 研究班的成员如下：Joseph W. Ballantine, Brookings Institution; Hugh Borton, Columbia University; W. Phillips Davison, Rand Corporation; Arthur H. Dean, Sullivan and Cromwell; Frederick S, Dunn, Princeton University; Russell Durgin, Japan, International Christian University Foundation; Charles B. Fahs, Rockefeller Foundation; Harold G. Henderson, Columbia University; Kenneth Holland, Institute of Pacific Relations; Alpheus Jessup, Carnegie Newspaper Fellow; Kenneth S. Latourette, Yale University; Donald McLean Jr., Rockefeller Brothers Inc.; J. Morden Murphy, Bankers Trust Company; Douglas Overton, Japan Society Inc.; Carleton Sprague Smith, New York Public Library; John L. Stegmaier, U.S. Department of State; Shephard Stone, Ford Foundation; Melville H. Walker, National Foreign Trade Council. Council on Foreign Relations Study Group on American Cultural Relations with Japan, 1952—1953, Council on Foreign Relations Archives, New York.

8. 关于民主主义的定义，参见：Raymond Williams, *Keyword: A Vocabulary of Culture and Society*, rev. ed. (New York: Oxford University Press, 1983), pp. 93—98.

9. 大塚久雄,《自由和独立》(1946 年),《大塚久雄著作集》第 8 卷，岩波书店, 1969 年，第 176—186 页。

10. 哲学家兼活动家久野收说，生活在民主主义下的市民有着两副面孔。有时作为“自发性的市民”，他们会按照教材所描述的那样进行思考、行动，有时只要和平与舒适得到保证，他们会选择“被动市民”的生活方式。久野收：“市民主义的成立”,《思想科学》, 1980 年 7 月。

11. Robert S. Schwantes, *Japanese and Americans: A Century of Cultural Relations* (New York: Harper and Brothers, 1955), p. 331 (罗伯特·S. 塞万提斯：《日本人

和美国人——日美文化交流百年史》，石川欣一译，创元社，1957 年）.

12. Warren M. Robbins (USIA), "Toward an American Global Cultural-Educational-Informational Program in the Framework of the Present World Scene," December 14, 1960, Bureau of Educational and Cultural Affairs Historical Collection, U. S. Department of State, box 301, file 28, Special Collections Division, University of Arkansas Libraries, Fayetteville, Arkansas.

13. Address given by Archibald MacLeish, Assistant Secretary of State, before the annual meeting of the Association of American Colleges, Atlantic City, N. J., January 10, 1945, Bureau of Educational and Cultural Affairs Historical Collection, U. S. Department of State, munuscript number 468, box 301, file 34, Special Collections Division, University of Arkansas Libraries, Fayetteville, Arkansas.

14. Rober S. Schwantes, Memorandum for the Committee on Studies, "Proposal for a Study of Japanese-American Cultural Relation," undated, Council on Foreign Relations Library, Council on Foreign Relations, New York; Schwantes to John D. Rockefeller 3rd, January 23, 1955, folder 42, box 6, collection Ⅲ 2Q, Foreign Policy, Index# 187. 1, Council on Foreign Relations, JDR3rd, American Cultural Relations with Japan, 1952—1956, Rockefeller Archive Center, Sleepy Hollow, N. Y. (RAC)

15. 也可参见："Japan between East and West, Fifth Meeting, May 23, 1956," Council on Foreign Relations Discussion Meeting Report, Manuscript Division, Council on Foreign Relations, New York, p. 2. 大藏省财政史室编：《美国的对日占领政策》，《昭和财政史》第 3 卷，东洋经济新报社，1967 年。

16. "Japan between East and West, Fifth Meeting, May 23, 1956," p. 2.

17. John W. Dower, *Embracing Defeat*: *Japan in the Wake of World War Ⅱ* (New York: Norton, 1999), p. 217（约翰·W. 道尔：《拥抱战败》增补版，三浦阳一、高杉忠明、田代泰子译，岩波书店，2004 年）.

18. 日高六郎："战后的'现代主义'"，日高六郎编，《现代主义》，《现代日本思想 体系》第 34 卷，筑摩书房，1964 年，第 37 页。

19. "Japan between East and West, Fifth Meeting, May 23, 1956," pp. 1—2.

20. 同上。

21. Conlon Associates Ltd., *United Stated Foreign Policy*: Asia, Studies prepared at the request of the Committee on Foreign Relations, U. S. Senate, November 1, 1959 (Washington, D. C.: Government Printing Office, 1959), p. 98 (Conlon report).

(康伦联营公司编:《亚洲的现状·美国的政策——“康伦组”调查报告》,时事通讯社外信部译时事通讯社,1959 年)

22. 同上。

23. Dean Rusk to Thomas L. Hughes, September 18, 1963, US-J 00270, Japan and the United Stated: Diplomatic, Security and Economic Relations, 1960—1976, National Security Archive, Gelman Library, George Washington University, Washington, D. C. (National Security Archive).

24. Conlon report, pp. 97—98.

25. “Japan between East and West, Fifth Meeting, May 23, 1956.”

26. 引用自:Ike Nobutaka, *Beginning of Political Democracy in Japan* (New York: Green-wood Press, 1969), pp. 53—59, *The Japan Reader*1: *Imperial Japan, 1800—1945*, eds, Jon Livingston, Joe Moore, and Felicia Oldfather (New York: Pantheon Books, 1973), p. 179。后藤靖:《自由民权运动的开展》,有斐阁,1966 年。

27. “Japan between East and West, Fifth Meeting, May 23, 1956.”

28. 同上。

29. 同上。

30. Entry of May 11. 1950, Charles B. Fahs Diaries, box 16, series 12. 1 diaries, Rockefeller Foundation Archives, RAC (Fahs Diaries).

31. Dower, *Embracing Defeat*, p. 218.

32. 同上书,第 219 页。

33. 关于美国自由派和新政革新主义者的详细内容,参见道尔:《拥抱战败》增补版第六章。

34. Earl R. Linch, AMCONSULATE, Nagoya, to AMEMBASSY, Tokyo, “Semi-annual Evaluation Report,” December 8, 1952, 511. 94/12—852, U. S. Department of State, National Archives and Records Administration, Washington, D. C. (NARA)

35. J. Graham Parsons to David M. Bane, “Unitec States Policy toward Japan,” Secret Memorandum, July 1, 1960, U. S. Department of State, US-J 00060, Japan and the United States: Diplomatic, Security and Economic Relations, 1960—1976, National Security Archive; “Guidelines of U. S. Policy toward Japan,” Secret Policy Paper, May 3, 1961, U. S. Department of State, US-J 00098, Japan and the United Stated: Diplomatic, Security and Economic Relations, 1960—1976, National Security Archive.

36. Niles W. Bond, USPOLAND, Tokyo, to U. S. Department of State, USIE

Country Paper on Japan, August 16, 1951, 511. 9421/8—1651, U. S. Department of State, NARA.

37. 昭和电工是一家肥料制造公司，1948年，这家公司由于在战后四大贪污案件之一的复兴金融金库融资案中的受贿行为而被广为人知。参照：Dower, *Embracing Defeat*, p. 117, 535; Bond, USPOLAD, Tokyo, to U. S. Department of State, USIE Country Paper on Japan.

38. 新堀通也编：《知日家的诞生》，东进堂，1986年，第138、148页。

39. 松尾尊兊：《向国际国家出发》，《日本的历史》第21卷，集英社，1993年，第24页。

40. I. 博鲁塔夫斯基：《占领下的日本》，牧山启译，仓树社，1953年，第32页（I. Poltavskii, Okkupirovannaya Yaponiya [USSR, 1952]）。

41. Conlon report, p. 96; Dower, *Embracing Defeat*, pp. 123—132.

42. 博鲁塔夫斯基：《占领下的日本》，第40—42页。

43. 同上。

44. Dower, *Embracing Defeat*, p. 206.

45. "Japan between East and West, Fifth Meeting, May 23, 1956," Council on Foreign Relations Discussion Meeting Report, Manuscript Division, Council on Foreign Relations, New York, p. 5.

46. Dower, *Embracing Defeat*, pp. 134—135.

47. "Japan between East and West, Fifth Meeting, April 17, 1956" and "Japan between East and West, Fourth Meeting, May 21, 1956," Council on Foreign Relations Discussion Meeting Report, Manuscript Division, Council on Foreign Relations, New York.

48. Entry of July 12, 1947, Fahs Diaries, box 16.

49. "Japan between East and West, Fifth Meeting, May 23, 1956," p. 4.

50. 同上书，2页。

51. 同上。

52. "American Cultural Relations with Japan, Fourth Meeting, March 30, 1953, Digest of Discussion," p. 14, Council on Foreign Relations Study Group Report, folder 41, box 6, collection Ⅲ 2Q, Rockefeller Foundation Archives, RAC.

53. "Japan between East and West, Fifth Meeting, May 23, 1956," p. 2.

54. "American Cultural Relations with Japan, Fourth Meeting, March 30, 1953,

Digest of Discussion," p. 16.

55. 关于哈罗德·亨德森，参见竹前荣治：《GHQ》，岩波书店，1983 年，第 118 页。参照：Takemae Eiji，*The Allied Occupation of Japan*（New York：Continuum，2002），p. 352；Dower，*Embracing Defeat*，p. 310.

56. "Japan between East and West，Fourth Meeting，May 21，1956，" p. 11.

57. "American Cultural Relations with Japan，Fourth Meeting，March 30，1953，Digest of Discussion，" p. 16.

58. "Japan between East and West，Fifth Meeting，May 23，1956，" p. 2.

59. 同上。

60. Bond，USPOLAND，Tokyo，to U. S. Department of State，USIE Country Paper on Japan.

61. Report to Ambassador John Foster Dulles，April 16，1951，folder 446，box 49，series 1—OMR files，record group 5（John D. Rockfeller 3rd），Rockefeller Family Archives，RAC，p. 64.（Report to Ambassador John Foster Dulles，April 16，1951.）

62. 菅道：《对日媾和与苏联的立场》，Kujima·N·Derevyanko（对日理事会苏维埃代表）等编，日苏亲善协会译编，《苏联对日本有何期待》，黄土社，1949 年，第 3 页。据说，1963 年罗伊·霍华德与斯大林会面时，斯大林作了以下发言。他说："输出革命这样的事情荒谬之极。如果所有的国家都希望革命的话，就必须靠自己的双手实现革命。如果不希望革命的话，那么就不会发生革命。举个例子，我们国家希望革命，我们 实现了。"

63. Report to Ambassador John Foster Dulles，April 16，1951.

64. 在其他场合，美国驻日大使道格拉斯·麦克阿瑟二世也吐露了对日本的温情主义之情。1960 年，日本国民为了反对批准新安保条约，举行了激烈的游行，因此德怀特·艾森豪威尔总统不得不中止访日计划。美国驻日大使麦克阿瑟一定被日本局势的发展乱了心神，处于失意的状态。他说："我们不应该因为近来的事件而陷入恐慌。日本的民主主义历时还很短暂，而且输出到日本的西方式民主主义的很多结构和制度，对于刚刚结束封建主义还不到 80 年的日本人而言仍然是不一样的、全新的东西，必须要时刻牢记。"参照：Ambassador Douglas MacArthur Ⅱ（U. S. Embassy，Japan）to Secretary Christian A. Herter Jr.，Presidential Visit（Confidential Cable #004231），May 15，1960，US－J 00053，Japan and the United States；Diplomatic，Security and Economic Relations，1960—1976，National Security Archive.

65. Entry of March 2, 1951, Fahs Diaries, box 16.

66. "Japan between East and West, Fifth Meeting, May 23, 1956," p. 3.

67. "Japan between East and West, Forth Meeting, May 21, 1956," p. 11.

68. Entry of Ōhara SōIchirō, undated, Rockefeller Diaries 1952, folder 63, box 7, series 1—OMR files, RG5 (John D. Rockefeller 3rd), Rockefeller Family Archives, RAC.

69. AMEMBASSY, Tokyo, to U. S. Department of State, Memorandum of Conversation between Professor Makoto Saitō of Tokyo University and Cultural Attaché Margeret H. Williams, May 11, 1953, 511. 94/5—1153, U. S. Department of State, NARA.

70. Max Weber, *The Protestant Ethic and the Spirit of Capitalism*, trans. Talcott Parsons (London: Unwin Paperbacks, 1985), p. 240.(马克斯·韦伯:《新教伦理和资本主义的精神》,大塚久雄译,宽开本岩波文库,岩波书店,1991 年。)

71. 同上书,240 页。

72. Entry of July 13, 1947, Fahs Diaries.

73. 同上。

74. Entry of April 17, 1952, Fahs Diaries, box 17.

75. Entry of February 28, 1951, Fahs Diaries.

76. Entry of June24, 1947, Fahs Diaries.

77. 东京大学美国研究资料中心编:《日本的美国研究——口述历史系列》第 8 号《访问松井七郎先生》,东京大学美国研究资料中心,1980 年,第 11 页。

78. Entry of July 7, 1947, Fahs Diaries.

79. Maruyama Masao, "Nationalism in Japan: Its Theoretical Background and Prospects," in *Thought and Behavior in Modern Japanese Politics*, ed. Ivan Morris (London: Oxford University Press, 1963), p. 152.(丸山真男:"日本的国家主义",《现代政治的思想和行动》增补版,未来社,1964 年。)

80. 石川达三:"反美情绪不会消失",《中央公论》(1953 年 11 月),第 35 页。

81. "Japan between East and West, Fifth Meeting, May 23, 1956," p. 3.

82. 石田雄:《社会科学再思考》,东京大学出版社,1995 年,第 51 页。

83. Niles W. Bond, confidential, Desp. No. 1246, "Future Implication of a Cultural Interchange Programs with Japan," March 12, 1951, 511. 94/3—1251, U. S. Department of State, NARA.

84. Ruth Benedict, *The Chrysanthemum and the Sword: Patterns of Japanese Culture* (Boston: Houghton Mifflin, 1946). (露丝·本尼迪克特:《菊与刀——日本文化的类型》,长谷川松译,社会思想社,1972 年。) Dower, *Embracing Defeat*, p. 19. 关于批判性的见解,参见 C. 道格拉斯·拉米斯:《内在的外国——〈菊与刀〉再考》,加地永都子译,时事通讯社,1981 年。青木保:《"日本文化论"的变容》,中央公论社,1990 年。

85. 关于这个问题的讨论,参见:Weber, *Protestant Ethic and the Spirit of Capitalism*, p. 240.

86. "American Cultural Relations with Japan, Sixth Meeting, June 3, 1953, Digest of Discussion," Council on Foreign Relations Study Group Report, folder 42, box 6, collection Ⅲ 2Q, Rockefeller Foundation Archives, RAC.

87. Bond, USPOLAND, Tokyo, to U. S. Department of State, USIE Country Paper on Japan.

88. Confidential—Security Information, USIE Country Plan—Japan, Priority Ⅲ, December 4, 1951, 511. 94/12—451, U. S. Department of State, NARA.

89. "Japan between East and West, Forth Meeting, May 21, 1956," p. 11.

90. Report to Ambassador John Foster Dulles, April 16, 1951.

91. Bond, confidential, Desp. No. 1246, "Future Implication of a Cultural Interchange Programs with Japan."

92. "American Cultural Relations with Japan, Fifth Meeting, April 30, 1953, Digest of Discussion," Council on Foreign Relations Study Group Report, folder 42, box 6, collection Ⅲ 2Q, Rockefeller Foundation Archives, RAC.

93. "Japan between East and West, First Meeting, April 17, 1956," p. 5.

94. "Japan between East and West, Forth Meeting, May 21, 1956," pp. 8—11.

95. 博鲁塔夫斯基:《占领下的日本》,第 25、68 页。

96. 本间长世:"日本文化的美国化",细谷千博、斋藤真编,《华盛顿体制和日美关系》,东京大学出版会,1978 年,第 603—630 页。这篇论文是以《日本文化的美国化》为主题的优秀论文。

97. 拉德金斯基从 1935 年 4 月到 1946 年 7 月以农业经济学者的身份在美国农业部工 作,从 1945 年 12 月到 1947 年 1 月担任农地改革的总司令部首席顾问。

98. Entry of April 28, 1952, Rockefeller Diaries, box17. 关于大原总一郎的详细内容参见大原总一郎:《大原总一郎随想全集》,福武书店,1981 年;井上太郎,

《永不消沉的理想主义者——大原总一郎》，讲谈社，1993 年。

99. Entry of May 19, 1954, Fahs Diaries, box 17.

100. 同上。

101. Conlon report, p. 87.

102. Entry of April 26, 1950, Fahs Diaries.

103. Entry of May 13, 1950, Fahs Diaries.

104. 安藤良雄编：《近代日本经济史要览》第二版，东京大学出版会，1979 年，第 164 页。

105. 关于池田勇人首相的对日占领观及经济政策，参见池田勇人：《均衡财政》，实业之日本社，1952 年。

106. 安藤良雄编：《近代日本经济史要览》，第 185 页。

107. Conlon report, p. 95.

108. Schwantes to Rockefeller 3rd, January 23, 1955.

109. Tokyo 1020 to U. S. Department of State, February 2, 1951, 794. 00/2—251, U. S. Department of State, NARA.

110. USPOLAD, Tokyo, to U. S. Department of State, September 7, 1951, 511. 94/9—751, U. S. Department of State, NARA.

结论

1. G. K. Weeks to C. E. Mitchell, president of the National City Company, November 1, 1919: Enclosure in Thomas Lamont to Breckenridge Long, December 18, 1919, 893. 51/ 2590, U. S. Department of State, National Archives and Records Administration, Washington, D. C. (NARA). 引用自 Matsuda Takeshi, "Woodrow Wilson's Dollar Diplomacy in the Far East: The New Chinese Consortium, 1917—1921," Ph. D. diss., University of Wisconsin-Madison, 1979, p. 297。

2. Joseph S. Nye Jr., *Soft Power: The Means to Success in World Politics* (New York: Public Affairs, 2004). (约瑟夫 · S. 奈：《软实力》，山冈洋一译，日本经济新闻社，2004 年。) Nye, *The Paradox of American Power: Why the World's Only Superpower Can't Go It Alone* (New York: Oxford University Press, 2002). (约瑟夫 · S. 奈：《对美国的警告》，山冈洋一译，日本经济新闻社，2002 年。) Nye, *Bound to Lead: The Changing Nature of American Power* (New York: Basic Books, 1990). (约瑟夫 · S. 奈：《不灭的大国：美国》，久保伸太郎译，读卖新闻社，1990 年。)

3. 理查德·T. 阿恩特："美国的文化外交——危险的平衡"，《国际问题》38号（1988年5月），第46页。参照：Howard R. Ludden，"The International Information Program of the United Stated：State Department Years，1945—1953，" Ph. D. diss.，Princeton University，Princeton，N. J.，1966.

4. Rosemary O'Neil，" A Brief History of Department of State Involvement in International Exchange，" fall 1972，Bureau of Educational and Cultural Affairs Historical Collection，U. S. Department of State，box 103，file 12，Special Collections Division，University of Arkansas Libraries，Fayetteville，Arkansas.

5. 理查德·T. 阿恩特："美国的文化外交——危险的平衡"，第46页。Ludden，"International Information Program of the United States."

6. Robert S. Schawantes，"Proposal for a Study of Japanese-American Cultural Relations，" Council on Foreign Relations Memorandum for the Committee on Studies，undated，Council on Foreign Relations Library，New York.

7. John W. Dower，*Embracing Defeat：Japan in the Wake of World War II*（New York：Norton，1999），p. 213（约翰·W. 道尔：《拥抱战败》增补版，三浦阳一、高杉忠明、田代泰子译，岩波书店，2004年）.

8. 同上书，439页。

9. Secret Minutes：Summary Record of Meeting，April 25，1960—U. S. Embassy，Tokyo，US-J 00036，April 25，1960；Secret Minutes：Summary Record of Meeting，April 26，1960—U. S. Embassy，Tokyo，US-J 00037，April 26，1960，Japan and the United States：Diplomatic，Security and Economic Relations，1960—1976，National Security Archive，Gelman Library，George Washington University，Washington，D. C.（National Security Archive）.

10. Dower，*Embracing Defeat*，pp. 550—551.

11. "Guideline of U. S. Policy toward Japan，" Secret Policy Paper，May 3，1961，U. S. Department of State，US-J 00098，Japan and the United States：Diplomatic，Security and Economic Relations，1960—1976，National Security Archive.

12. 同上。

13. 能登路雅子：《东京大学-斯坦福大学美国研究研讨会》，美国研究综合调查报告书《战后日本的"美国研究研讨会"的进程》，国际文化会馆，1998年，第25—26页。

14. Warren Obluck，"The Development of American Studies in Japan：As Observed

from an American Point of View."《东京大学美国研究资料中心年报》第 8 号（1985 年），第 1—7 页。

15. Howard S. Ellis, Stanford University, to Joseph H. Willits, Rockefeller Foundation, September 2, 1951, folder 6, box1, series 205, record group 1. 2, Rockefeller Foundation Archives, Archives Center Sleepy Hollow, N. Y.（草野厚："日本的美国研究",《LEVIATHAN》3（1988 年），第 190—261 页）.

16. 猪口孝："日本的美国政治研究——日美关系面临转机",《思想》, 1992 年 4 月，第 95 页。岛田晴雄、村上泰亮、理查德·塞缪尔斯："座谈会——被忽视的日美全局",《中央公论》（1992 年 5 月），第 124—133 页。北村汎、村田良平、冈崎久彦合著：《探究日美关系》，世界动向社，1983 年。草野厚：《日本的美国》，第 190—261 页。

17. Eric J. Gangloff, "American Studies and Public Responsibility."《东京大学美国研究资料中心年报》第 10 号（1986 年），第 9—11 页。

18. 草野厚：《日本的美国研究》，第 190—261 页。

19. Gangloff, "American Studies and Public Responsibility."

20. Sharon Minichiello, "Impressions of American Studies in Japan"（《东京大学美国研究资料中心年报》（1986 年），第 1—4 页）.

21. 同上。

22. 在麻省理工学院教授日本政治史的理查德·J. 塞缪尔斯教授指出，与在日本的美国史研究中所看到的酷似的现象，对将美国的日本政治研究和日本政治以及日本史作为专业的美国研究者的行为方式产生了影响。参见：Richard J. Samuels, "Japanese Political Studies and the Myth of the Independent Intellectual," in *The Political Culture of Foreign Area and International Studies: Essays in Honor of Lucian W. Pye*, eds. Richard J. Samuels and Myron Weiner (Washington, D. C. : Brassey's, 1992), pp. 17—56. 理查德·塞缪尔斯："美国的日本论的总检点",《中央公论》（1992 年 5 月），第 134—159 页。理查德·塞缪尔斯：《日本异质论者们的功与过》，《中央公论》，1992 年 6 月，第 190—207 页。岛田晴雄、村上泰亮、理查德·塞缪尔斯：《座谈会——被忽视的日美全局》，第 124—133 页。

23. Jacques Barzun, *The House of Intellect* (New York: Harper's, 1961), p. 198（雅克·巴赞：《知性的命运》，本多显彰译，纪伊国屋书店，1962 年）.

24. Dean Rusk (president), "Statement of the Rockefeller Foundation and the General Education Board to the Special Committee to Investigate Tax-Exempt Foundations," Eighty-

third Congress, 2nd sess. August 3. 1954, p. 1080.

25. 在关于“日本的美国研究的现状和问题点”的会议上（1992年10月5日于国际文化会馆），加藤干雄氏分发的资料。

26. Raymond B. Fosdick, *The Stoty of the Rockefeller Foundation* (New York: Harper and Brothers, 1952).（雷蒙德·B. 福斯迪克:《洛克菲勒基金会的历史和业绩》，井本威夫、大泽三千三译，法政大学出版局，1956年。）

27. 威廉·A. 威廉斯:“关于日语的翻译出版”（1986年4月），威廉·A. 威廉斯，《美国外交的悲剧》，高桥章等译，御茶水书房，1986年收录。

28. 内田树:《都市美国论》，NTT出版，2005年，第27页。

29. “Secret, Department of State Policy Planning Council, The Future of Japan. Highlights from the Secretary's Policy Planning Meeting held May 5, 1964,” US-J 00321, Japan and the United Stated; Diplomatic, Security and Economic Relations, 1960—1976, National Security Archive.

30. Roger Hilsman to Acting Secretary, August 9, 1963, on NSC Japan Presentation, US-J 00263, Japan and the United State: Diplomatic, Security and Economic Relations, 1960—1976, National Security Archive.

31. 同上。

32. “Secret Policy Paper, NSSM—12, Policy toward Japan: Part One: Political, Psychological, and Security Aspects of the Relationship,” National Security Council, US-J 01391, Japan and the United States: Diplomatic, Security and Economic Relations, 1960—1976, National Security Archive.

33. William Roseberry, *Anthropologies and Histories: Essays in Culture, History, and Political Economy* (New Brunswick, N. J.; Rugers University Press, 1989), p. 2.

附录1

1. Francis J. Colligan, “The Government and Cultural Interchange,” *Review of Politics* 20, no. 4 (1958).

2. Joseph. S. Nye Jr., *Soft Power: The Means to Success in Workd Politics* (New York: Public Affairs, 2004).（约瑟夫·S. 奈:《软实力》，山冈洋一译，日本经济新闻社，2004年）. Nye, *The Paradox of American Power: Why the World's Only Superpower Can't Go It Alone* (New York: Oxford University Press, 2002).（约瑟夫·

S. 奈：《对美国的警告》，山冈洋一译，日本经济新闻社，2002年。）Nye，*Bound to Lead*：*The Changing Nature of American Power*（New Ycrk：Basic Books，1990）.（约瑟夫·S. 奈：《不灭的大国：美国》，久保伸太郎译，读卖新闻社，1990年）.

3. Laura E. Hein，"Free-Floating Anxieties on the Pacific，" *Diplomatic History* 20（summer 1996）：pp. 411—437. 约翰·W. 道尔："揣摩日本"，《思想》，1995年10月，第67—89页。约翰·W. 道尔："当前的日本社会形象"，朝尾直弘、纲野善彦、石井进、鹿野政直、早川庄八、安丸良夫编：《当前的历史意识》，岩波讲座《日本通史》别卷1，岩波书店，1995年，第215—247页。

4. 普林斯顿大学出版社出版的下列关于日本现代化的丛书可以说是广为人知的基于现代化论的研究。参照：Marius B. Jansen，ed.，*Changing Japanese Attitudes toward Modernization*（1965）（马吕斯·B. 扬森编：《日本的近代化问题》，细谷千博编译，岩波书店，1968年）。William W. Lockwood，ed.，*The State and Economic Enterprise in Japan*（1956）；R. P. Dore，ed.，*Aspects of Social Change in Modern Japan*（1967）；Robert E. Ward，ed.，*Political Development in Modem Japan*（1968）；Donald H. Shively，ed.，*Tradition and Modernization in Japanese Culture*（1971）；James W. Morley，ed.，*Dilemmas of Growth in Prewar Japan*（*1971*）（詹姆斯·W. 莫里编：《日本现代化的两难境地》，小平修、冈本幸治监译，ミネルヴァ书房，1974年）。

5. 柄谷行人："理的批判"，《现代诗手帖》（1986年5月），第40页。参照：J. Victor Koschmannn，"Maruyama Masao and the Incomplete Project of Modernity." in *Postmo-dernism and Japan*，eds. Miyoshi Masao and Harry D. Harootuian（Durham，N. C.：Duke University Press，1989），p. 24.

6. 关于围绕着研究后现代主义的可能性和问题点，参见石田雄：《社会科学再考》，东京大学出版会，1995年，第123—132页以及：Masao Miyoshi and Harry D. Harootuian，eds. *Learning Places*：*The Afterlives of Area Studies*（Durham，N. C.：Duke University Press，2002）；Miyoshi and Harootunian，eds.，*Postmodernism and Japan*。

7. Rey Chow，"Theory，Area Studies，Cultural Studies：Issues of Pedagogy in Multiculturalism，" in *Learning Places*：*The Afterlives of Area Studies*，*eds.* Miyoshi and Harootuian，p. 113.

8. Ezra Vogel，*Japan as Number One*（Cambridge，Mass.：Harvard University Press，1979）.（以斯拉·F. 沃格尔：《日本第一》，广中和歌子、木本彰子译，TBS不列颠，1979年）. Chalmers Johnson，*MITI and the Japanese Miracle*：*The Growth of*

Industrial Policy, *1925—1975* (Stanford, Calif.: Stanford University Press, 1982). (查默斯・约翰逊:《通产省和日本的奇迹》,矢野俊比古监译,TBS 不列颠,1982年). Walter LaFeber, *The Clash*: *U. S. -Japanese Relations throughout History* (New York: 1997).

9. Hein, "Free-Floating Anxieties on the Pacific," pp. 411—437. 道尔:《揣摩日本》。

10. 二瓶敏:"日本资本主义的战后重组和危机的深入",《土地制度史学》十一(1968 年),第 1—23 页。大石嘉一郎:"战后改革和日本资本主义的结构变化——连续说和断绝说",东京大学社会科学研究所编,《战后改革》,东京大学出版会,1974 年,第 63—97 页。大岛雄一:"把握战后改革的基础视点",历史科学协议会编,《历史评论》322(1977 年 2 月),第 84—87 页。

11. 中村隆英:《昭和史》第 1 卷,东京经济新报社,1993 年,第 3—5 页。中村政则编:《占领和战后改革》,《近代日本的轨迹》第 6 卷,吉川弘文馆,1994 年,第 1—27 页。

12. 参见序章注(5)。

13. 参见从 2001 年 11 月到 2003 年 1 月卡罗尔・格鲁克、姜尚中、和田春树三者间进行的对话《从日美关系中独立出来》,藤原书店,2003 年。

索 引

（页码为原书页码，即本书边码）

ア 行

カ 行

サ　行

タ 行

ナ　行

ハ 行

マ 行

ヤ 行

ラ 行

ワ 行

图书在版编目(CIP)数据

战后美国在日本的软实力:半永久性依存的起源/(日)松田武著;金琮轩译.—北京:商务印书馆,2020
ISBN 978-7-100-18308-6

Ⅰ.①战… Ⅱ.①松… ②金… Ⅲ.①日美关系—研究—1945-1952 Ⅳ.①D831.39 ②D871.29

中国版本图书馆 CIP 数据核字(2020)第 059702 号

战后美国在日本的软实力
半永久性依存的起源
〔日〕松田武 著
金琮轩 译

商 务 印 书 馆 出 版
(北京王府井大街36号 邮政编码100710)
商 务 印 书 馆 发 行
北京通州皇家印刷厂印刷
ISBN 978-7-100-18308-6

2020年7月第1版 开本 710×1000 1/16
2020年7月北京第1次印刷 印张 24½
定价:76.00元